ÜBER DEN AUTOR

Dr. Jens Röhrkasten, Historiker und Anglist, lebt seit 1988 in Birmingham, wo er Dozent an der Universität ist, und hatte seitdem reichlich Gelegenheit, die Landschaften, Städte und Dörfer der englischen Midlands zu erkunden. Dabei entdeckte er außer den großen Zentren des Tourismus eine Vielzahl abgelegener und wenig beachteter Sehenswürdigkeiten, die den eigentlichen Reiz der Region ausmachen und ihren Charakter prägen. Sie sind hier detailliert beschrieben, so daß Besucher einen umfassenden Einblick in Kultur und natürlich die Geschichte des Landes erhalten.

PETER MEYER REISEFÜHRER

werden während monatelanger Aufenthalte der Autorinnen und Autoren vor Ort recherchiert – wenn sie nicht sowieso dort leben. So ist es nicht verwunderlich, daß sich diese Reihe den Ruf erwerben konnte, zuverlässig und informativ zu sein. Sowohl was den Hintergrund wie Natur, Geschichte, Wirtschaft und Kultur angeht, als auch die unverzichtbaren reisepraktischen Informationen: Unterkünfte, Verkehr, Essen und Trinken, Ausgehen, Aktivitäten, Besichtigungen und Ausflüge – immer mit konkreten Preisen und hilfreichen Tips.   *Für tolerantes Reisen in* einer *Welt.*

JENS RÖHRKASTEN

MITTEL-ENGLAND

Ein Kultur- und Landschaftsführer

PETER MEYER REISEFÜHRER
Frankfurt am Main 1998

IMPRESSUM
© 1998 Peter Meyer Reiseführer
Schopenhauerstraße 11, 60316 Frankfurt am Main
Umschlag- und Reihenkonzept, insbesondere
die Kombination von Griffmarken und
Schlagwort-System auf dem Umschlag, sowie
Text, Karten, Tabellen und Illustrationen sind
urheberrechtlich geschützt.
Druck und Bindung: Tiskarna DAN, Ljubljana
Umschlaggestaltung: Fuhr & Partner, Frankfurt am Main
Karten & Grundrisse: Silvio Imkemeyer, Peter Meyer
Fotos: Wolfgang Krömer, der Autor, Verlagsarchiv
Zeichnungen: Silke Schmidt, Offenbach; Annette Sievers
Lektorat & Gestaltung: Annette Sievers

VERTRIEB FÜR DEN BUCHHANDEL
PROLIT GMBH, Postfach 9, D-35463 Fernwald-Annerod
AVA/buch 2000, Postfach 89, CH-8910 Affoltern a.A.
FREYTAG & BERNDT, Postfach 169, A-1071 Wien
NILSSON & LAMM, Postbus 195, NL-1380 AD Weesp
andere Länder über den Verlag
ISBN 3-922 057-80-2

PETER MEYER REISEFÜHRER
sind nach ökologischen Grundsätzen hergestellte Reisebegleiter, gedruckt auf
umweltfreundlichem, chlorfrei gebleichtem Recyclingpapier und ohne Farbfotos:
Für umweltbewußten Urlaub von Anfang an.

INHALT

Vorwort *9*

▶ **GESCHICHTE & KULTUR**
Die Mitte Englands *12*
Geographische Bestimmung *15*
• Historischer Hintergrund *16*
Frühgeschichte und Römerzeit *16*
Kathedralen und Burgen,
   Bürger und Bauern *20*
Städtische Architektur und
   Dorfkirchen *28*
Landhäuser und Gärten *30*
Die Städte heute *33*

▶ **REISEHINWEISE**
Rund ums Praktische
• Reisedauer & -kosten *36*
Reisezeit & Wetter *36*
Informationsstellen *38*
Reisedokumente &
   Besonderheiten *37*
Vorher besorgen *39*
Literatur & Karten *40*
• Anreise *42*
Flug *42*
Eisenbahn *43*
Bus & Auto (Fährverbindungen &
   Eurotunnel) *44*
• Reisepraxis auf der Insel *47*
Feiertage, Öffnungszeiten, Geld *47*
Post und Telefon *48*
Touristeninformation *49*
National Trust &
   English Heritage *50*

Unterkunft *50*
Mietwagen in England *51*
Notfall & ärztliche Behandlung *53*
Einkaufen & Souvenirs *53*
Presse & Rundfunk *56*
• Mehr als Roast Beef und lauwarme
   Cervisia: Essen & Trinken *57*
Kulinarisches lexikalisch *61*

▶ **AKTIV IN DER NATUR**
Aktivurlaub in den Midlands *64*
Fünf Wandervorschläge *64*
Radfahren & Radverleih *71*
Urlaub auf dem Longboat:
   aktiv in größter Seelenruhe *71*
Reiterferien & Hacking *73*
Historische Eisenbahnen *74*
Höhlen und Bergwerke *76*

▶ **BIRMINGHAM & COVENTRY**
Die große Mitte: Birmingham *78*
Kulturelles *79*
Unerläßliches & Nützliches *84*
Ausflug nach Süden *86*
Ausflüge ins Black Country *87*
Lichfield *87*
Coventry *91*
Sehenswertes & Praktisches
• Ausflüge & Tourvorschläge *95*
Neogotisches in Arbury Hall *95*
Coombe Abbey *97*
Lutterworth und Umgebung *98*

▶ **VON STAFFORD NACH CHESTER**
Stafford- & Cheshire *102*
* Stafford *102*
  Besuch bei Käpt'n Anson:
    Shugborough Park *105*
  Stoke-on-Trent *106*
  Elisabethanische Stadt:
    Nantwich *107*
  Ausflüge von Nantwich *110*
  Zwei Burgen auf dem Weg nach
    Norden *110*
Chester, Hauptstadt
des Cheshire *112*
Sehenswertes & Praktisches
* Östlich von Chester *119*
  Northwich *119*
  Arley Hall *120*
  Tatton Park *121*
  Capesthorne Hall *123*
  Die Seidenweber von Macclesfield *125*
  Gawsworth Hall *125*
  Congleton und die
    Little Moreton Hall *126*

▶ **PEAK DISTRICT & DERBY**
Durch den Peak District
südwärts *130*
  Buxton *132*
  Ashford und Bakewell *134*
  Schloß und Park Chatsworth *135*
* Dörfer und Schlösser
    nahe Chatsworth *138*
  Chesterfield *139*
  Ault Hucknall *139*
  Hardwick – Elternhaus der Bess von
    Hardwick *140*
* Von Bakewell gen Süden *142*
  Abstecher in die Steinzeit *142*
  Die Burganlage Haddon Hall *143*
  Matlock *144*
  Well Dressing in Wirksworth *146*

  Daten einiger
    Well-Dressing-Feste *148*
* Zwei Routen nach Derby: *149*
  Kedleston Hall *149*
  Ashbourne und das Dovedale *151*
  Vergnügen mit Tradition:
    Alton Towers *152*
  Uttoxeter *153*
  Abbots Bromley *154*
  Sudbury *154*
  Die Burg von Tutbury *155*
Derby *156*
Sehenswertes & Praktisches
* Burton-on-Trent *159*
  Ausflüge östlich von Burton *161*

▶ **NOTTINGHAM- & LINCOLNSHIRE**
Nottingham *164*
Sehenswertes & Praktisches
  Die Welt der Rennkönige: Donington
    168
  Wo der schwarze Mönch spukt:
    Newstead Abbey *169*
  Mansfield, Stadt der Kohle *170*
  Southwell *171*
  Die Burg von Newark *171*
Rundfahrt durch Lincolnshire *175*
* Lincoln *175*
  Sehenswertes & Praktisches
* Von Lincoln zur Nordsee *180*
  Sport & Spaß in Skegness *182*
* Boston *182*
  Sehenswertes & Praktisches
  Grantham *184*
  Stamford und Burghley House *186*
* Leicester, Zentrum der
    gleichnamigen Grafschaft *186*
  Sehenswertes & Praktisches
  Bosworth und das Ende der Rosen-
    kriege *188*

► **SHROPSHIRE & DER SEVERN**

Auf den Spuren der Industriellen
Revolution den Fluß entlang *190*
Shrewsbury *190*
Haughmond Abbey *197*
Die Gemäldegalerie von Attingham
   Park *198*
Römer und Cornovier in
   Wroxeter *199*
• Wiege der Industriellen Revolution:
   Ironbridge *200*
   Besichtigung des Ironbridge
   Gorge Museum *203*
   Ausflüge von Ironbridge *208*
• Fortsetzung der Reise am Severn *212*
   Die 2 Hälften von Bridgnorth *212*
   Dudmaston Hall *215*
   Bewdley und Umgebung *215*
• Die Porzellan-Stadt Worcester *217*
   Ausflug nach Westen *222*
   Ausflug in die Malvern Hills *223*
   Ledbury *225*
• Den Severn weiter südwärts *226*
   Die Gräber von Tewkesbury *226*
   Die alte Kirche von Deerhurst *229*
   Cheltenham, ein allerliebster
      Badeort *230*
   An der Mündung: Gloucester *232*
Von den Wenlock-Höhen
zum Tal des Wye *236*
Much Wenlock *236*
Für Naturfreunde:
   Der Wenlock Edge *238*
Stokesay Castle *239*
Ludlow, die Perle der Grafschaft *240*
Berrington Hall *244*
Croft Castle *245*
Leominster *246*
Hereford und das Tal des Wye *247*

► **AVON & SKAKESPEARE-LAND**

Eine Reise den Avon entlang *254*
Stanford Hall *254*
• Rugby und Umgebung *257*
   Spazierwege am Avon *259*
   Althorp *260*
   Ausflug nach Süden *261*
• Am Avon entlang: Die 2. Etappe *263*
   Stoneleigh, ein altes Dorf *264*
   Die Burgruine von Kenilworth *266*
   Royal Leamington Spa *271*
• Warwick *274*
   Warwick Castle *274*
   Stadtrundgang *279*
• Stratford-upon-Avon *285*
   Stadtrundgang *289*
• Den Avon entlang: Die 3. Etappe, von
   Evesham zur Mündung *297*
   Die Flußlandschaft bei Evesham *300*
   Pershore *301*
   Die Umgebung von Pershore *302*
Das Skakespeare-Land *304*
• Ausflüge östlich und südlich von
   Stratford *304*
   Charlecote Park *304*
   Zu Gast bei Rover & mehr *307*
   Römisches in Farnborough *308*
   Upton House *311*
   Banbury *315*
   Sulgrave Manor & Canons Ashby
      House *316*
   Broughton Castle *316*
   Zurück ins Jahr 1500 v. Chr.:
      Rollright Stones *320*
• Ausflüge nördlich und westlich
   von Stratford *320*
   Kurioses rund um Alcester *321*
• Die Cotswolds *325*
   Broadway *326*
   Zwei Marktstädte *327*
   Hailes Abbey *328*
   Winchcombe und Sudeley Castle *329*

Urlaub, Freizeit und Erholung werden gemeinhin nicht mit den englischen Midlands assoziiert. In der Liste der populären Reiseziele tauchen sie nicht auf, da sie als Industrie- und Ballungszentren gelten. Mit Namen wie Birmingham oder Coventry verbindet man Autofabriken, Arbeitersiedlungen in unverputztem rotem Backstein, hohe Umweltbelastung durch veraltete Produktionsanlagen und die für viele Regionen Großbritanniens typischen Probleme der *Inner Cities:* hohe Arbeitslosigkeit, steigende Kriminalität, Mangel an Sport- Freizeit- und Kultureinrichtungen, Lücken im Bildungs- und Gesundheitswesen. Dazu kommen noch gelegentliche Spannungen zwischen verschiedenen ethnischen Gruppen, kurz, in mancher Hinsicht ein Spiegelbild bundesdeutscher Industrieregionen der 90er

Jahre: da kann man – und hiermit sei dieses Vorurteil zu Ende geführt – auch gleich zu Hause bleiben.

Tatsächlich gibt es in den englischen Midlands nur eine einzige international bekannte und herausragende Touristenattraktion: Stratford-upon-Avon, die Heimatstadt William Shakespeares, die Jahr für Jahr auch von vielen tausend Touristen aus Zentraleuropa besucht wird. Mit anderen Teilen der Midlands kommen viele Großbritannienbesucher nur auf der Durchfahrt nach Wales oder Schottland in Berührung. Doch schon ein Besuch der Umgebung Stratfords, der Dörfer und Kleinstädte an Avon und Severn oder weiter nördlich der Täler des Peak District eröffnet ganz andere Perspektiven. In den abgelegenen Dörfern kann man den Eindruck gewinnen, die Zeit sei stehengeblieben. Hier spielt sich das Leben in einem gemütlichen Tempo ab, wenn auch die Industriezentren gar nicht so weit entfernt sind. Die Midlands umfassen außer dünn besiedelten Grafschaften und ganz auf Landwirtschaft ausgerichteten Gebieten auch einige der schönsten Landschaften Englands. Menschen haben hier seit Tausenden von Jahren gesie-

Ich habe für Sie Orte und Routen zwischen der Severnmündung im Westen und der Nordseeküste im Osten so zusammengestellt, daß Sie mehrere Rundfahrten zu einer großen Tour oder aber auch einzelne »Häppchen« zu einer individuellen Reise kombinieren können. Ich wünsche Ihnen, daß Sie einen unbeschwerten, erlebnisreichen Urlaub verleben, wobei Ihnen dieses Reisebuch behilflich sein soll. Über Ihre Anregungen, Korrekturen und Kritik freue ich mich. Auch über Korrekturen in den Karten. Schreiben Sie an die Verlagsadresse, nennen Sie bitte den Zeitraum und die Art Ihrer Reise und vergessen Sie Ihren Absender nicht. Verwertbare Informationen honoriert der Verlag mit einem Produkt aus seinem Programm. Und wenn Ihnen dieser Reiseführer gefallen hat, dann empfehlen Sie ihn doch einfach weiter!

delt und die Spuren ihrer Aktivitäten sind allenthalben zu entdecken, sei es in der Form eisenzeitlicher Hügelsiedlungen, mittelalterlicher Marktstädte oder der ersten Industrieanlagen im 18. Jahrhundert.

Zugegeben gibt es da noch die Großstädte, doch selbst sie haben ihre reizvollen Winkel, entlang der alten Kanäle oder in den alten Industrievierteln, die heute nicht selten zu Besucherzentren umgestaltet worden sind. Diese große Vielfalt der Sehenswürdigkeiten macht Mittelengland – allen Vorurteilen zum Trotz – zu einem herausragenden Reiseziel, das anderen Teilen der britischen Insel in nichts nachsteht.

JENS RÖHRKASTEN
im Herbst 1997

Peter Meyer Reiseführer
– Mittel-England '98 –
Schopenhauerstraße 11
D-60316 Frankfurt am Main

9

GESCHICHTE & KULTUR

GESCHICHTE & KULTUR

REISEHINWEISE

AKTIV IN DER NATUR

BIRMINGHAM & COVENTRY

VON STAFFORD NACH CHESTER

PEAK DISTRIKT & DERBY

NOTTINGHAM- & LINCOLNSHIRE

SHROPSHIRE & DER SEVERN

AVON & SHAKESPEARE-LAND

DIE MITTE ENGLANDS

Am Westende des kleinen und ansonsten recht unbedeutenden Dorfes Meriden, das zwischen Birmingham und Coventry liegt, steht ein Kreuz auf einem achteckigen Schaft. Diese Stelle, so wird jeder Einheimische bestätigen, ist der Mittelpunkt Englands.

Meriden ist nicht der einzige Ort, der einen Anspruch auf diese Ehre erhebt, doch die unregelmäßige Form des Landes erlaubt keine genaue Festlegung und eine Debatte hat wenig Sinn. Wenn es auch schwer ist, den Mittelpunkt zu bestimmen, kann es doch keinen Zweifel geben, daß man sich hier im Zentrum des Landes, den *Midlands,* befindet. Diese Gewißheit mag insofern willkommen sein, als Zentralengland kein fest definiertes Gebiet ist. Zwar werden die nördlichen Großstädte Liverpool und Manchester nicht mehr den Midlands zugerechnet, und Oxford ist ohne Zweifel eine südenglische Stadt, festgelegte regionale Grenzen jedoch gibt es nicht.

England ist ein Land, dessen Nord-Süd-Gegensätze zuweilen hervorgehoben werden. Dies geschieht, wie auch in anderen Ländern, sicher oft aus einer Art Bierlaune heraus, benennt jedoch tatsächlich existierende Unterschiede. Der Großteil der Bevölkerung Englands ist in London und der Region um die Metropole (in den Grafschaften Essex, Hertfordshire, Bedfordshire und Surrey) konzentriert. Trotz einer Reihe großer Zentren ist der Norden dünner besiedelt. Er ist ärmer und hat schwer an der wirtschaftlichen Umstrukturierung, das heißt dem Niedergang der Schwerindustrien, zu tragen. Vor diesem Hintergrund schöpfen auch die Nordengländer ihren Stolz, und setzen sich bewußt von »denen im Süden« ab.

Zentralengland: Drehpunkt der Industriellen Revolution

Die Bewohner der Midlands betreffen derartige Rivalitäten nicht, denn hier fühlt man sich weder der einen noch der anderen Seite zugehörig, sondern betont eigene Traditionen. Schließlich ging die Industrielle Revolution vom Coalbrookdale in der Grafschaft Shropshire aus und verbreitete sich in weite Teile der Welt, nachdem sie zunächst in der unmittelbaren Region, man denke hier etwa an Birmingham, die »Fabrikhalle der Welt«, Fuß gefaßt hatte. Neben den nördlichen Großstädten waren Birmingham und Coventry, Nottingham sowie die Keramik- und Töpferwaren produzierenden Städte im Norden von Staffordshire – die 1910 zur neuen Großstadt *Stoke-on-Trent* zusammengefaßt wurden – Produktionszentren, von denen aus der riesige Markt des Britischen Imperiums mit den neuen Industriewaren versorgt wurde. 1851 kamen 40 Prozent der Industrieprodukte der Welt aus Großbritannien, Zentralengland hatte daran einen großen Anteil.

Die Sorge um Absatzmärkte bestand im 19. Jahrhundert noch nicht, so daß die Region als das industrielle Herz der Welt schlechthin betrachtet wurde. Birmingham und Coventry expandierten bis in das 3. Jahrzehnt des 20. Jahrhunderts hinein, die Auto- und im Zweiten Weltkrieg dann auch die Flugzeugproduktion hatten hier ihre Schwerpunkte. Besonders die Großstädte boten gute und relativ sichere Arbeitsplätze, zogen immer neue Menschen aus anderen Regionen – auch Wales und Irland – an und dehnten sich so aus, daß umliegende Dörfer mit einbezogen wurden.

Ermöglicht wurde die Expansion der Industrie durch eine gezielte Ausbeutung der Rohstoffreserven, vor allem Eisenerz und Kohle. Die schon im 13. Jahrhundert nachweisbare Kohleförderung prägte weite Teile der Region, den Osten von Warwickshire, den Norden von Staffordshire, den Süden von Derby- und Leicestershire. Kohle wurde zunächst für den Hausgebrauch beschafft, und als man sich nicht mehr mit dem Tagebau zufriedengab, wurde schon im 16. und 17. Jahrhundert für die kapitalintensiven Grubenerschließungen auf Bankkredite zurückgegriffen. Die Investitionen wurden durch Pächter oder auch durch die Landeigentümer, oft Großgrundbesitzer, vorgenommen. So gelang es *Sir Richard Newdigate* von Arbury (siehe Seite 95), zwischen 1700 und 1709 unter Einsatz neuer mechanischer Methoden die Kohleförderung auf seinem Besitz beträchtlich zu steigern. Die Zechen von Brereton warfen 1800 jährlich die phanta-

stische Summe von £3000 für ihren Besitzer, *Lord Gower,* ab. Neue Erfindungen, so die 1711 von *Thomas Newcomen* (1663 – 1729) entwickelte dampfbetriebene Pumpe, ermöglichten es, die Minen im Laufe des 18. Jahrhunderts zu vertiefen. Allein in Derbyshire und Nottinghamshire stieg die Produktion bis Mitte des 18. Jahrhunderts auf 140.000 Tonnen im Jahr. 1816 war der Umfang von 1,6 Millionen Tonnen erreicht, 1900 waren es 24 Millionen und 1965 schließlich 48 Millionen Tonnen. Kohle war das am häufigsten beförderte Massengut, das zunächst auf Wasserwegen, darunter auch den vielen Kanälen, später dann mit der Eisenbahn transportiert wurde. Über zwei Jahrhunderte hinweg war sie die Basis des Industrialisierungsprozesses in England.

Diese Resultate wurden durch große Opfer erreicht, Kinderarbeit unter Tage war im 19. Jahrhundert die Regel, und Unglücksfälle durch Stolleneinbrüche, Abstürze und Überflutungen waren an der Tagesordnung. Zwar stellten die Grubenbesitzer ihren Arbeitern zuweilen Wohnungen zur Verfügung, bauten sogar ganze Siedlungen, derartige Maßnahmen waren jedoch kein Zeichen sozialer Verantwortung, sondern eine Investition in wichtige Produktionsmittel. Als sich die Bergleute der östlichen Kohlefelder 1865 zur *Derbyshire and Nottinghamshire Miners' Association* zusammenschlossen, wurde die Organisation von den Grubenbesitzern brutal unterdrückt. Arbeitskräfte hatten nach Bedarf zur Verfügung zu stehen, Organisationen, die ihren Forderungen hätten Nachdruck verleihen können, waren unerwünscht.

Bei den Bergleuten und ihren Familien, oft in eigenen Siedlungen lebend, mit den gleichen Gefahren und Nöten konfrontiert, führte die Behandlung zur Ausbildung eines Gemeinschaftsgeistes, dessen Auswirkungen bis in die jüngste Vergangenheit spürbar waren.

Der Aufbau einer mächtigen Bergarbeitergewerkschaft ließ sich auf Dauer nicht verhindern. Beim großen

Streik von 1926 hielten die Bergleute am längsten aus, und an ihrer Kampfbereitschaft änderte auch die Verstaatlichung der Kohleindustrie 1946 nichts. Noch 1984 gelang es den Kumpeln fast, die Regierung Thatcher zu Fall zu bringen, obwohl sie zu diesem Zeitpunkt ihren Einfluß schon weitgehend eingebüßt hatten. Britische Kohle war durch Erdgas, billige Importkohle und den vorbehaltlosen Einsatz der Atomkraft allmählich verdrängt worden. Es gelang der Regie-

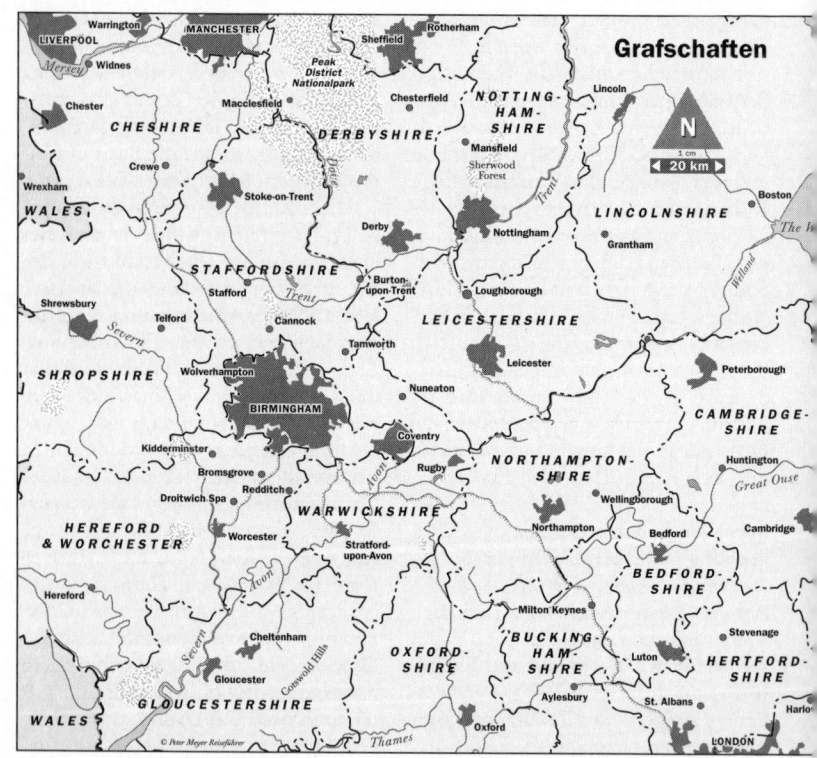

© Peter Meyer Reiseführer

rung, die Bewegung zu spalten, als ausgerechnet in Nottinghamshire die *Union of Democratic Mineworkers* gegründet wurde, deren Initiatoren versuchten, mit der Regierung einen Kompromiß einzugehen. Belohnt wurde dieser Versuch durch Zechenschließungen im großen Umfang, kaum ein Dutzend sind heute noch landesweit in Betrieb.

Das andere Gesicht der Midlands

Besuchern bleibt diese Vergangenheit der Region heute fast vollständig verborgen, denn abgesehen von grün bewachsenen Abraumhalden, grauen Siedlungen und einigen Museen ist von der großen Industrielandschaft wenig geblieben. Zwar werden in Coventry und Birmingham und auch an anderen Orten der Midlands noch Autos und andere Massenprodukte hergestellt, und es existiert hier nach wie vor ein wichtiger, sogar expandierender Industrieschwerpunkt, der einstige Rang der Region ist jedoch längst verlorengegangen.

Doch Zentralengland besteht keinesfalls nur aus Industriegebieten mit wenig ansprechender Architektur und hoher Umweltverschmutzung. In oft nur geringer Entfernung von den Zentren laden ländliche, dünn besiedelte Landschaften von großem Reiz zum Besuch ein. Dies sind außer den Naherholungsgebieten bei Nottingham, Leicester, Coventry und Birmingham, die eher von einheimischen als ausländischen Touristen aufgesucht werden, die Flußlandschaften an Avon, Severn und Trent sowie der südliche Peak District, die Hügel der walisischen Marken und die nördlichen Ausläufer der Cotswolds. Ebenfalls anzuführen ist eine breite Palette bedeutender Kunst- und Kulturdenkmäler, zu der die römischen Ruinen von Chester oder Wroxeter ebenso gehören wie die angelsächsischen Kirchen in Deerhurst oder Brixworth, die Kathedrale von Lincoln mit ihrer imposanten Fassade und die Brücke von Ironbridge, das Wahrzeichen der Industriellen Revolution.

Geographische Bestimmung

Zentralengland besteht aus zwei Teilen, den **West Midlands** mit dem Zentrum *Birmingham,* und den **East Midlands** mit dem Zentrum *Nottingham.* Die Grenze im Westen bilden die walisischen Grafschaften Clwyd und Powys, die sich geographisch durch ihre fast schon gebirgigen Formationen von den weiter östlich gelegenen Landschaften, zumal der Tiefebene von Chester, die sich bis nach **Shropshire** hinein erstreckt, unterscheiden. Das südliche Shropshire hat dann selbst schöne Höhenzüge aufzuweisen, einzelne Hügel wie den *Wrekin* bei Telford, Platz einer eisenzeitlichen Befestigungsanlage, und längere Höhenzüge, wie den *Long Mynd* bei Church Stretton oder parallel dazu *Wenlock Edge.* Shropshire ist wie die südliche Nachbargrafschaft Herefordshire bevölkerungsarm und wenig industrialisiert. Traditionelles Exportprodukt Herefordshires ist der *Cider,* die englische Version des Apfelmosts, dazu kommen andere landwirtschaftliche Produkte. In der Hügellandschaft zwischen Hereford und

Ledbury wird außerdem auch Hopfen angebaut. Landschaftlich besonders beeindruckend sind die *Black Mountains* westlich von Hereford (sie liegen größtenteils bereits in Wales), das Tal des aus Wales kommenden Flusses *Wye* sowie die *Malvern Hills* bei Great Malvern, die bei gutem Wetter einen Ausblick in die Ebene des Severn bis nach Worcester bieten. Jenseits des Severn beginnen die Hügel der *Cotswolds.* Sie prägen den Südwesten der Grafschaft Warwickshire.

Nördlich von Derby beginnt der **Peak District,** dessen Erhebungen mit über 600 Metern den Walisischen Bergen kaum nachstehen. Der Peak District, dessen Süden verwaltungstechnisch zur Grafschaft *Derbyshire* gehört (Ausläufer reichen bis nach Staffordshire hinein), wurde 1951 zum ersten Nationalpark Englands erklärt. Die Industrie konnte hier nie so recht Fuß fassen, die Verkehrsverbindungen waren ungünstig. Dennoch hinterließ sie in Form von Bleibergwerken, Steinbrüchen und Zementwerken auch hier ihre Spuren. Schon die Römer kannten den Wert der örtlichen Heilquellen, derer sich die Stadt *Buxton* heute noch rühmt.

Für viele heutige Besucher besteht die Attraktion der Gegend weder aus einladenden Wandergebieten noch aus Quellwasser. Größter Anziehungspunkt heute ist *Alton Towers,* der bekannteste Vergnügungspark Großbritanniens und gleichzeitig der mit Abstand erfolgreichste Versuch, einen alten Adelslandsitz zu vermarkten. Um einen im 18. Jahrhundert begon-

nenen neogotischen Palast mit seiner Gartenanlage entstand hier ein englisches Disneyland.

Weiter nach Osten fällt das Land ab. **Nottinghamshire** teilt sich geologisch in die schlechten Böden des sagenumwobenen *Sherwood Forest,* der entsprechend dünn besiedelt ist, und das fruchtbare Tal des *Trent.* Zur Küste hin schließt sich die Grafschaft **Lincolnshire** an. Besucher werden sich hier im Flachland, zum Teil sogar in weiten Marschgebieten wiederfinden, deren Urbarmachung viele Jahrhunderte dauerte. Der einzige Höhenzug, *Wolds,* verläuft bei Louth in Nord-Süd-Richtung. Eine Hügellandschaft beginnt erst wieder im Süden der Grafschaft, bei *Grantham,* um sich von dort bis nach Leicestershire und nach Northamptonshire hinein fortzusetzen.

Historischer Hintergrund
Frühgeschichte und Römerzeit

England ist seit einer Viertelmillion Jahren von Menschen bewohnt, die frühesten Funde stammen freilich nicht aus den Midlands, sondern aus dem Süden, wo die Einwanderer zuerst siedelten. Während der letzten Eiszeit, bis in das neunte vorchristliche Jahrtausend, bestand noch eine Landverbindung zum Kontinent, die den ersten, vermutlich als Nomaden lebenden Bewohnern Zugang bot. Archäologen haben erste Lager aus der mittleren Steinzeit, etwa 8000 bis 3500 vor Christus, nachgewiesen, für die Fluß- und Seeufer besonders bevorzugt wurden. Ein bedeutender Wandel trat um 3000 vor Christus, in der Jungsteinzeit ein, als die Bewohner seßhaft wurden, Landwirtschaft und Handel betrieben und neben der Töpferkunst auch die Herstellung von Stein- und Knochenwerkzeugen entwickelten. In dieser Phase wurden zudem monumentale Steinbauten errichtet, nicht nur Stonehenge, sondern auch beispielsweise die *Rollright Stones* samt der Grabkammer bei Great Rollright (siehe Seite 320) oder *Arbor Low* südwestlich von Bakewell in Derbyshire (siehe Seite 142). In dieser Grafschaft, in den Höhenlagen des Peak District mit seinen Höhlen und schroffen Felsformationen, befanden sich ausgedehnte Siedlungsgebiete. Im 19. Jahrhundert wurde hier ein Schnitzwerk aus Knochen mit der Teilansicht eines Pferdes gefunden, vielleicht die älteste bildliche Darstellung im ganzen Land.

Die Besiedlung scheint von Anfang an sehr ungleichmäßig gewesen zu sein. Die Gegend um Chester blieb, wohl aufgrund der ungünstigen geologischen Voraussetzungen, zunächst ganz ausgespart, während es an anderen Orten, etwa in Derbyshire, zur Begegnung mit neuen, nachrückenden Kulturen kam. Die neuen Siedler brachten Kenntnisse der Metallverarbeitung mit. Sie unterschieden sich auch dadurch, daß sie dem Verbrennen ihrer Toten die Erdbestattung vorzogen. Nach den in ihren Gräbern gefundenen Bronzebechern (*beaker*, Becher) werden sie *Beaker-Leute* genannt. Ihre Gefäße, Waffen und andere Gebrauchsgegenstände zeichnen sich durch schöne, fein ziselierte Or-

namente aus. Die Grabhügel dieser Epoche wurden in späteren Jahrhunderten, vor allem im Mittelalter, recht planmäßig ausgeräubert und dabei oft auch eingeebnet. Zu besichtigen gibt es hiervon nichts mehr.

Ab etwa 600 vor Christus begann mit neuen Einwanderungsschüben die *Eisenzeit.* Wiederum war vor allem der Süden und Südosten des Landes zuerst betroffen, doch die Begegnung verschiedener Kulturen machte sich auch im Zentrum bemerkbar. Hügelkuppen wurden zu permanent besiedelten Befestigungsanlagen ausgebaut, so etwa *Kinver Egde* westlich von Birmingham oder der *Bredon Hill* zwischen Tewkesbury und Evesham. Derartige Siedlungen, durch gestaffelte, ringförmig um den Hügel angelegte Stein- und Erdwälle geschützt, befinden sich auch bei *Oswestry* an der walisischen Grenze und auf dem *Wrekin* in Shropshire, dem Stammesgebiet der *Cornovii.*

Die Römer kamen, sahen – bauten

Dies waren die keltischen Siedlungen, die die römischen Legionen vorfanden, als *Kaiser Claudius* im Jahre 43 mit der Eroberung Britanniens begann. Innerhalb von vier Jahren waren sie bis über die Midlands hinaus vorgedrungen und legten Städte, Straßen und Militäranlagen an, deren Spuren bis heute sichtbar und oft auch sehenswert sind. Die große Befestigung auf dem Wrekin etwa wurde in diesen Jahren erobert und die Bevölkerung in einer neuen, nahegelegenen Stadt, VIROCONIUM (Wroxeter), angesiedelt. Die von LONDINIUM (London) nach

Nordwesten verlaufende *Watling Street* entstand und durchquerte die Region bis nach DEVA (Chester). Nördlich von Rugby wurde sie vom *Fosse Way* gekreuzt, der, von Devon kommend, über RATAE (Leicester) und Newark bis nach LINDUM (Lincoln) führte. Die Straßen waren etwa 6 Meter breit und ausgestattet mit

Brücken sowie verschiedenen Fahrbahnen für Sommer und Winter.

Neben den Großstädten, die als Stammeshauptstadt oder Legionshauptquartier ihren Ursprung nahmen, gab es ein Netz kleinerer Siedlungen und Stützpunkte, etwa LETOCETUM nördlich von Birmingham, wo noch die Reste eines Bades sowie ei-

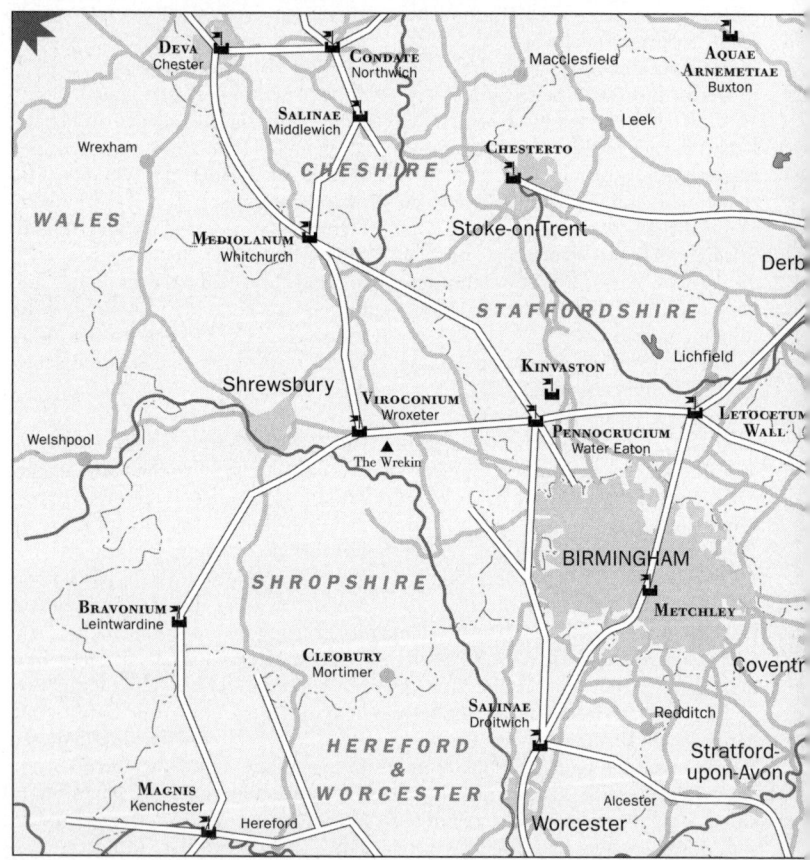

ner Herberge besichtigt werden können. Einige der Städte, etwa *Leicester,
Lincoln* oder auch das kleine *Alcester*
in Warwickshire, bestehen noch heute, wobei die Frage der Siedlungskon-
tinuität nicht immer eindeutig geklärt
ist. Andere, so etwa Viroconium, einst
die viertgrößte Stadt Britanniens,
wurden verlassen, vielleicht sogar be-

wußt zerstört. Die ab dem 5. Jahrhundert einwandernden Angelsachsen
konnten mit städtischer Kultur nicht
viel anfangen, die keltischen Einwohner wurden nach Norden und Westen
verdrängt, und viele der Bauten dienten allenfalls noch als Steinbrüche.
Dennoch sind auch in den Midlands
noch wichtige Spuren aus römischer

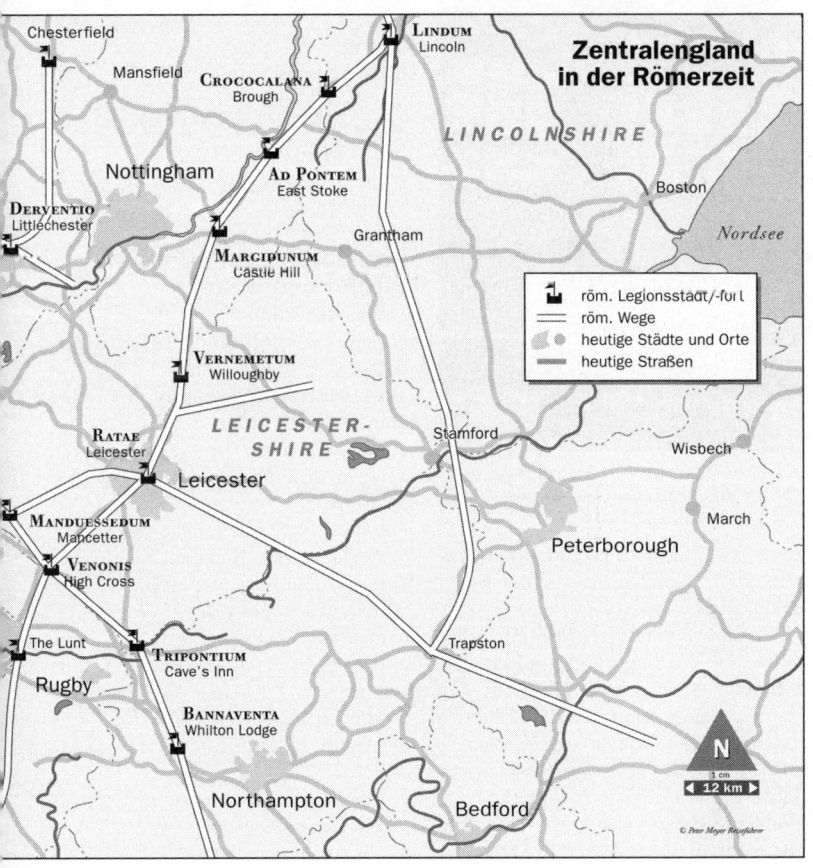

**Zentralengland
in der Römerzeit**

Chesterfield

Mansfield

LINDUM
Lincoln

CROCOCALANA
Brough

LINCOLNSHIRE

Nottingham

AD PONTEM
East Stoke

Boston

DERVENTIO
Littlechester

Grantham

Nordsee

MARGIDUNUM
Castle Hill

VERNEMETUM
Willoughby

🏛	röm. Legionsstadt/-fort
═══	röm. Wege
⬤	heutige Städte und Orte
━━	heutige Straßen

RATAE
Leicester

*LEICESTER-
SHIRE*

Stamford

Wisbech

Leicester

MANDUESSEDUM
Mancetter

March

VENONIS
High Cross

Peterborough

The Lunt

TRIPONTIUM
Cave's Inn

Trapston

Rugby

BANNAVENTA
Whilton Lodge

N

Northampton

Bedford

◀ 12 km ▶

© Peter Meyer Reiseführer

Zeit erhalten. Auf der Route der Watling Street liegen bis heute wichtige Verbindungswege, und die Ruinen des *Amphitheaters von Chester* oder des *Bades von Wroxeter* zeugen auch

Hat die Zeit überdauert: Römische Säule vor den Altstadthäusern von Chester

nach zweitausend Jahren noch von der römischen Kultur auf der britischen Insel.

Wroxeter war Garnison der XIV. sowie der XX. Legion, die später nach Chester verlegt wurde. Die Stadt war der Ausgangspunkt für den Feldzug des römischen Gouverneurs C. Suetonius Paulinus nach Nordwales im Jahre 61, wo ihn die Nachricht vom Aufstand der *Boadicea* erreichte. Sie, die Königin des Stammes der *Iceni* im heutigen Ostanglien, hatte nach der Beschlagnahme ihres Erbes in einer rohen Militäraktion zusammen mit einem Nachbarstamm einen großen Aufstand entfesselt. Nach der Zerstörung von CAMOLUDUNUM (Colchester) jagte sie die Truppen der IX. Legion in ihre Garnison nach Lincoln zurück und überfiel dann London und VERULAMIUM (St. Albans). Danach wandte sie sich wieder nach Norden und geriet dabei mit ihrem Heereszug irgendwo in den Midlands in einen Hinterhalt, den der inzwischen mit Verstärkung herbeigeeilte Paulinus vorbereitet hatte. Der Aufstand endete ebenso plötzlich, wie er begonnen hatte.

Kathedralen und Burgen, Bürger und Bauern

Neben dem römischen Götterglauben breitete sich nach der offiziellen Anerkennung durch Kaiser Konstantin 312 auch das Christentum in Britannien aus, das durch das Wirken des *heiligen Patricius* (um 385 – um 460) auch in Irland Fuß faßte, als dessen Schutzpatron dieser bis heute gilt. Der erste namentlich bekannte Christ in England war *Alban*, ein Einwohner von Verulamium, der während der Christenverfolgung des Diokletian einem Priester Unterkunft gewährte und sich sogar an dessen Stelle hinrichten ließ. Zu Ehren dieses 304 gestorbenen Märtyrers wurde der Name der Stadt später in *St. Albans* geändert.

Derartig frühe christliche Zeugnisse aus Zentralengland sind rar. Unter der Stiftskirche von *Much Wenlock* in

Shropshire wurden vor einigen Jahren die Reste einer römischen Villa entdeckt, in der eine christliche Kapelle vermutet wird, doch deren Existenz ist nicht bewiesen, und weitere Sehenswürdigkeiten aus dieser Zeit haben die Midlands nicht. Dafür gibt es zwei Gründe: einerseits gehörte die Region nicht zu den bevorzugten Siedlungsgebieten der verabschiedeten Legionäre und romanisierten Briten, die für ihre Villen die südenglischen Landschaften bevorzugten. Andererseits brachten – nachdem die römischen Truppen Anfang des 5. Jahrhunderts abgezogen und nicht mehr ersetzt worden waren – die neuen Einwanderer, Jüten, Angeln und Sachsen, ihre eigenen Götter mit. Das Christentum erhielt sich nur in Randgebieten, in Irland und Schottland.

Aus dieser frühen Phase der angelsächsischen Besiedlung sind keine sehenswerten Baudenkmäler erhalten, geblieben sind dagegen einige Ortsnamen. So lautet etwa die Übersetzung des Ortsnamens *Wednesbury*, heute ein Vorort von Walsall nördlich von Birmingham: Wotans Festung. Wahrscheinlich gab es hier in vorchristlicher Zeit ein Heiligtum der hinzugezogenen Siedler. In Zentralengland entstand das starke angelsächsische Königreich *Mercia (Mercia)*, dessen Zentrum sich in Tamworth im heutigen Staffordshire befand. Weiter westlich lagen die Unterkönigreiche der *Hwicce* (um Worcester) und der *Magonsaetan* (um Hereford).

Wie auch in den anderen angelsächsischen Königreichen existierte hier eine Agrargesellschaft, die streng hierarchisch gegeliedert war, wie man den angelsächsischen Gesetzen entnehmen kann, die vom 7. Jahrhundert an überliefert sind. Oft geht es hier um Viehzucht und Ackerbau. Ein großer Teil der Bevölkerung bestand aus freien Bauern, doch außer ihnen gab es noch andere Ränge – Strukturen, die sich von Region zu Region unterschieden. Unter dem König, dem Hoch- und Amtsadel gab es die freien Bauern, die ihrerseits wieder auf Halbfreie und Sklaven hinabblicken konnten. Diese Rangunterschiede machten sich besonders dann bemerkbar, wenn Schadensersatz für Straftaten oder Unfälle gezahlt werden mußte, denn die Höhe der Kompensationsansprüche richtete sich oft nach der gesellschaftlichen Stellung des Geschädigten.

Die Christianisierung Mercias begann 653, nicht von Süden her, wo der heilige *Augustinus von Canterbury* bereits mehr als ein halbes Jahrhundert zuvor sein Missionswerk begonnen hatte, sondern von Norden, wo das iro-schottische Christentum trotz vieler Rückschläge überlebt hatte. Ein erster Bischofssitz wurde in *Lichfield* von *Chad*, dem Bruder eines der ersten Missionare, eingerichtet. Das Bistum besteht noch heute (zusammen mit Coventry), und auch die Tradition des heiligen Chad wirkt fort – und, wie manche glauben, auch er selbst: Als Lichfield während des Bürgerkrieges von Parlamentstruppen belagert und am 2. März 1643, dem Festtag des Heiligen, deren Anführer *Robert Greville*, der Lord Brooke, vom Turm der Kathedrale aus erschossen wurde, sahen viele dies als ein Eingreifen des Gründungsvaters an.

In der 2. Hälfte des 7. Jahrhunderts entstanden auch Klöster in Peterborough (654) und Gloucester, die Bistümer Worcester und Leicester wurden gegründet, während die Kirchen in Hereford und Chester vielleicht schon frühere Anfänge haben. Die ersten religiösen Gemeinschaften waren oft Doppelklöster, in denen Frauen und Männer nebeneinander unter der Leitung einer Äbtissin (wie etwa in

Bei Bakewell, Derbyshire, steht dieser angelsächsische Kreuzesschaft

Much Wenlock) lebten. Ein architektonischer Überrest aus dieser Zeit ist die Krypta der Kirche von *Repton*

(siehe Seite 161). Andere Kirchen dagegen blieben von Neubauten und Veränderungen verschont. Bemerkenswert ist die im Jahre 675 zum Teil aus römischen Ziegeln errichtete Kirche in *Brixworth* (Northamptonshire), der größte Sakralbau seiner Zeit nördlich der Alpen. Auch die Kirche des kleinen Stiftes *Deerhurst* mit ihrer benachbarten Kapelle (bei Tewkesbury) sollte man nicht versäumen. Häufiger dagegen finden sich Kirchen, die noch teilweise in die Zeit vor der normannischen Eroberung zurückgehen, etwa *St.-Mary-le-Wigford* und *St.-Peter-at-Gowts* in der High Street in Lincoln oder die Kirche von *Wootton Wawen* nördlich von Stratford.

Unter normannischem Einfluß

Die Christianisierung verlief nicht ohne Rückschläge. In den letzten Jahren des 8. Jahrhunderts erschienen die ersten Wikinger auf ihren Plünderungszügen in der christlichen Welt. Ihren Überraschungsangriffen waren die angelsächsischen Königreiche nicht gewachsen. Bereits wenige Jahrzehnte später konnten sie Schutzgelder erpressen und nahmen maßgeblichen Einfluß auf das Land. Ein Vertrag von 877 gestand ihnen schließlich Siedlungsgebiete in Mercia, nördlich des Flusses *Welland* (Northamptonshire) zu. Die Dänen siedelten in weiten Gebieten Zentralenglands, vor allem um die fünf Städte Leicester, Lincoln, Nottingham, Stamford und Derby herum, die sie als Stützpunkte benutzten. In diesem Gebiet, dem *Danelaw*, hatten sie ihre eigenen

Rechtsbräuche. Lediglich *Alfred der Große*, 871 bis 899 König von Wessex, leistete erfolgreichen Widerstand. Auf der Basis seiner Reformen gelang im 9. Jahrhundert nicht nur die Rückeroberung und die Verdrängung der Dänen, sondern auch die Einigung zu einem englischen Königreich unter den Herrschern *Edmund* (939 – 946), *Edred* (946 – 955) und *Edgar* (959 – 975). Unter dem später heilig gesprochenen Theologen *Dunstan* (909 – 988), Ratgeber des Königs und Erzbischof von Canterbury, wurden verfallene oder zweckentfremdete Klöster wiedererrichtet. In dieser Reformbewegung wurde benediktinisches Mönchtum unter anderem in Peterborough, Worcester, Pershore und Evesham eingeführt. Die Reformen hatten Bestand und überdauerten die folgenden politischen Wirren, die Rückkehr der Dänen und die zeitweilige Eingliederung Englands in ein dänisches Großreich, das allerdings auch nur von kurzer Dauer war. Mit *Eduard dem Bekenner* (1042 – 1066) kam noch einmal ein angelsächsischer König auf den Thron.

Die normannische Eroberung von 1066 durch *Wilhelm I.* brachte in erster Linie einen politischen Wandel. Der angelsächsische Adel wurde, soweit er die Kämpfe überlebt hatte, verdrängt. Wilhelm I., der Eroberer, der bis 1087 an der Macht blieb, sah sich allerdings vor das Problem gestellt, mit einer relativ kleinen Anzahl von Anhängern – seine Armee mag vielleicht 5000 Kämpfer umfaßt haben – große Regionen kontrollieren zu müssen. Dazu waren gut ausgebaute Stützpunkte nötig, und allenthalben entstanden neue Burgen. In den meisten Fällen bestanden sie aus einem Erdhügel *(motte)*, der von einem ringförmigen Graben umgeben und durch Palisaden und Holztürme verstärkt war. Der Eingang war durch eine Vorburg *(bailey)* gesichert. Gut sichtbar ist der Motte noch in den Burgen von *Chester, Shrewsbury* oder *Lincoln*. Der Bau eines steinernen Burgturms erfolgte oft erst im 12. Jahrhundert, Ringmauern und Außengebäude schlossen sich dann in einer weiteren Phase an.

Bereits vor der normannischen Eroberung setzte auch in Zentralengland eine rege Bautätigkeit ein, die sich nach 1066 noch verstärkte. Viele der in dieser Zeit entstandenen Klöster und Kirchen stehen noch heute Besuchern offen. Der Neubau des alten Benediktinerklosters *St. Peter zu Gloucester* wurde 1058 begonnen, das Kirchenschiff dann im 12. Jahrhundert fertiggestellt. Es blieb in dieser Form erhalten, obwohl die Bautätigkeit an dem Klosterkomplex das ganze Mittelalter hindurch fortgesetzt wurde. In *Worcester* wurde auf Initiative des ab 1062 dort als Bischof fungierenden *Wulfstan* mit einem Kirchenneubau begonnen, dessen Krypta heute eine der Hauptattraktionen ist. Im benachbarten *Hereford* war bereits vor dieser Zeit eine neue Kathedrale entstanden, aber kurz darauf einem walisischen Kriegszug zum Opfer gefallen.

Der Wiederaufbau wurde bald begonnen, die neue Kirche 1142 eingeweiht. In den gleichen Jahrzehnten

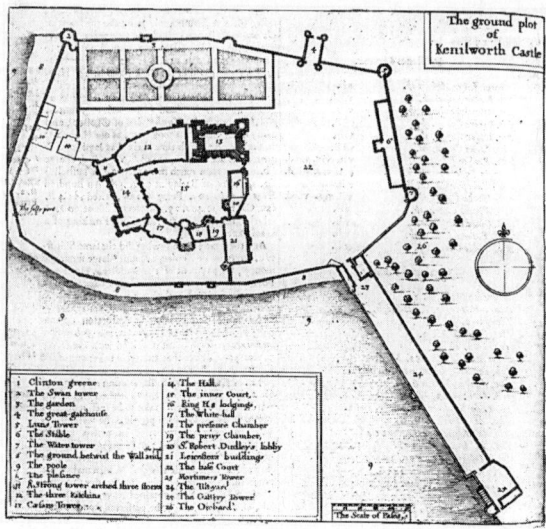

The ground plot
of
Kenilworth Castle

1 Clinton greene	14 The Hall.
2 The Swan tower	15 The inner Court,
3 The gardens	16 King H 2 lodginge.
4 The great-gatehouse	17 The White-hall
5 Lunn Tower	18 The presence Chamber
6 The Stable	19 The privy Chamber
7 The Water tower	20 S.r Robert Dudley's lobby
8 The ground betwixt the Wall and	21 Leicesters building
9 The poole	22 The base Court
10 The plesance	23 Mortimers Tower
11 A strong tower arched three stores	24 The Tiltyard
12 The three kitchins	25 The Gallery Tower
13 Cæsars Tower.	26 The Orchard.

Der Grundriß zeigt Kenilworth Castle, wie es noch im 16. Jahrhundert ausgesehen haben mag: der Nebenfluß des Avon zu einem See aufgestaut, ein langgestreckter Tunierplatz, neben dem Bergfried aus dem späten 12. Jahrhundert der Küchentrakt und daran anschließend die große Festhalle (vergl. Plan Seite 267).

entstanden auch die Kathedralen von *Lincoln* (nach 1072) und *Chester* (St. Johannes der Täufer), wo gleichzeitig noch eine Benediktinerabtei gebaut wurde (sie dient seit 1540 als Kathedrale). Klöster entstanden in *Tewkesbury*, dessen Kirche 1121 geweiht wurde, *Great Malvern* (ab 1085), und auch die Ruinen des Cluniazenserstiftes *Much Wenlock*, dessen Kapitelhaus, Krankenbau und Kreuzgang noch aus der ersten Bauphase stammen, zeugen von der Aufbruchstimmung, die in diesen Jahren geherrscht haben muß. Gleichzeitig wurde damit begonnen, viele der provisorischen Burganlagen auszubauen. Massive Steinbauten entstanden, wie sie zum Beispiel noch in *Goodrich Castle* mit seinem massiven Turm aus der Mitte des 12. Jahrhunderts, *Kenilworth* *Castle* oder der *Burg von Ludlow* zu sehen sind. All diese Anlagen wurden in späteren Jahrhunderten zum Teil beträchtlich erweitert.

Unter der Knute der Herrscher

Während Klerus und Adel sich so ihre Denkmäler schufen, sind vom Leben der einfachen Leute dieser Zeit wenig Spuren geblieben. In Lincoln gibt es noch Wohnhäuser aus dem 12. Jahrhundert, und in einigen Dörfern gibt es noch Bauzeugnisse des Alltagslebens der einfachen Leute. Hier ist auf die *Cruck*-Konstruktionen zu verweisen, die beim Bau von Bauernhäusern und Scheunen Verwendung fanden. Bei dieser englischen Art des Fachwerkbaus bestanden die tragenden Teile des Gebäudes aus großen gekrümmten Balken, die von der

Grundmauer aus gegeneinander aufragten und oben als Dachfirst zusammenstießen. Einige solcher Häuser gibt es zum Beispiel in *Stoneleigh* (Warwickshire).

Doch diese und andere Zeitzeugen sind selten. So sind zwar auf vielen Weideflächen noch die Streifen der mittelalterlichen Äcker *(ridge and furrow)* zu erkennen, doch im Gesamtbild bleibt das Ergebnis mager. Heute ist die englische Landschaft von den Einfriedungen *(enclosures)* bestimmt, durch die ab 1750 vor allem Weideland bereitgestellt wurde. Ein-

Beispiel einer Cruck-Konstruktion (Zeichnung nach einem Haus bei Wolston)

zeln gelegene Farmen inmitten kompakter Ländereien sind vorherrschend. Nur in einem Dorf Englands, in *Laxton* (nördliches Nottinghamshire, bei Ollerton), wurde die alte Wirtschaftsweise beibehalten.

Die normannische Eroberung von 1066 brachte gewiß tiefgreifende politische Veränderungen, im Leben der großen Masse der Bevölkerung veränderte sich jedoch nur wenig. Die alten Herren waren durch neue ersetzt worden; 170 Adelsfamilien teilten das Land mit seinen ungefähr 1,5 Millionen Einwohnern unter sich auf. Viele von diesen waren unfrei und mußten auf den Domänen der Herren Frondienste leisten. Die Verwaltungsstrukturen der Angelsachsen mit Grafschaften und Sheriffs wurden von Wilhelm dem Eroberer beibehalten. Man bediente sich ihrer sogar, als 1086 aus einer riesigen Zahl im ganzen Land gesammelter Einzelinformationen das *Domesday Book* erstellt wurde, das detaillierteste Verzeichnis seiner Zeit, das neben den der Krone geschuldeten Leistungen auch den Bestand der einzelnen Güter auflistete, bis hin zum Viehbestand und der »letzten Hufe Landes«, wie sich ein Autor der angelsächsischen Chronik ereifert.

Die Dornen des Krieges

Im Mittelalter und während des Bürgerkrieges und Commonwealth (1642 – 1660) fanden in den Midlands verschiedene kriegerische Auseinandersetzungen statt. *König Johann* (1199 – 1216), der sich trotz Verbriefung der Untertanenrechte in der Magna Carta nicht an der Macht halten konnte, starb in der Burg von Newark und wurde in der Kathedrale von Worcester beigesetzt. Sein Sohn *Heinrich III.* (1216 – 1272) geriet 1258 in ähnliche Bedrängnis, doch der Anführer der Gegenpartei, *Simon de Montfort*, Graf von Leicester, wurde 1265 in einer Schlacht bei Evesham besiegt und getötet. Die Rivalität der Häuser Lancaster mit der roten Rose und York

---

Die Herrscher Englands und Großbritanniens
(Regierungszeiten und Stichworte)

Normannische Könige
Wilhelm I. der Eroberer, 1066 – 1087, Domesday Book
Wilhelm II. Rufus, 1087 – 1100
Heinrich I., 1100 – 1035, vermählte seine Tochter Maud mit Geoffrey von Anjou
Stephan von Blois, 1135 – 1154

Haus Anjou-Plantagenet
Heinrich II., 1154 – 1189, Sohn von Maud, regierte auch über Aquitanien, Normandie, Anjou
Richard I. Löwenherz, 1189 – 1199, geriet nach Rückkehr vom 3. Kreuzzug in dt. Gefangenschaft
Johann ohne Land, 1199 – 1216, wird zu Zugeständnissen gezwungen (Magna Carta)
Heinrich III., 1216 – 1272, wurde von Simon de Montfort, Graf von Leicester, zeitweise verdrängt, aus dessen neugegründeten Hoftag (Barone und niederer Adel) sich das Parlament entwickelte
Eduard I., 1272 – 1307, endgültige Annektierung von Wales
Eduard II., 1307 – 1327
Eduard III., 1327 – 1377, Hundertjähriger Krieg gegen Frankreich beginnt

Richard II., 1377 – 1399, Bauernaufstand 1381, antipäpstliche Forderungen John Wycliffs

Haus Lancaster
Heinrich IV., 1399 – 1413
Heinrich V., 1413 – 1422, laut Shakespeare der Freund Falstaffs
Heinrich VI, 1422 – 1461, verlor Frankreich, das von Jeanne d'Arc aufgerüttelt wurde, Ende Hundertjähriger Krieg

Haus York (aus der Linie Plantagenet)
Eduard IV., 1461 – 1483, sollte in den Rosenkriegen abgesetzt und gegen einen Lancaster ausgetauscht werden
Eduard V., 1483
Richard III., 1483 – 1485, ließ die Erben Eduards IV. ermorden, fiel in der Schlacht gegen Heinrich Tudor (Earl of Richmond) bei Bosworth

Haus Tudor
Heinrich VII., 1485 – 1509, heiratete Elisabeth, Tochter von Eduard IV., beendet dadurch endgültig die Rosenkriege
Heinrich VIII., 1509 – 1547, genannt der »Ladykiller«: der Mann ohne Gewissen, aber mit vielen Ehefrauen; trennte die englische Kirche von Rom (Entstehung

---

der Anglikanischen Kirche), um sich für Anna Boleyn scheiden lassen zu können

Eduard VI., 1547 – 1553, für den unmündigen Sohn Heinrichs und Jane Seymours regierten der Herzog von Somerset bzw. der Herzog von Northumberland (Dudley), der nach Eduards Tod seine Schwiegertochter Lady Jane Grey zur Königin ausrufen ließ

Maria I. die Katholische, 1553 – 1558, Tochter Heinrichs aus erster Ehe, heiratete Philipp II. von Spanien

Elisabeth I., 1558 – 1603, Tochter Heinrichs und Anna Boleyns; stellte Staatskirchentum ihres Vaters wieder her, wodurch es zu Konflikten mit den Katholiken (Priesterverfolgungen) und damit mit Spanien (Sieg über die Armada 1588) und Schottland kam. Ließ die kath., mit Frankreich verbündetete Königin Maria II. Stuart von Schottland auf deren Flucht vor den Reformierten festsetzen und 1587 hinrichten. Elisabeth blieb ehe- und kinderlos.

Haus Stuart

Jakob I., 1603 – 1625, Sohn Maria Stuarts und Urgroßneffe Heinrich VIII., König von Schottland

Karl I., 1625 – 1649, »Kavalier« und Kunstförderer (van Dyck); unterlag mit seinen Truppen im Bürgerkrieg dem Parlamentsheer von Oliver Cromwell

Commonwealth, 1649 – 1653

Protektorat Oliver Cromwells, 1653 – 1658, regierte mit Hilfe des Militärs wie ein absoluter Herrscher; war aber religionstolerant (Quäker, Juden) und förderte Englands Aufstieg zur Weltmacht

Protektorat Richard Cromwells, 1658/59, hätte gar nicht erst anzutreten brauchen ...

Haus Stuart (Fortsetzung)

Karl II., 1660 – 1685, geflohener Sohn Karls I.; mußte das wiedererstarkte Parlament, ohne dessen Zustimmung kein König regieren durfte, wieder akzeptieren

Jakob II., 1685 – 1688, Bruder Karls II., wie dieser kath., regierte absolutistisch und willkürlich. Wurde daher von parlament. Opposition durch den Gemahl seiner Tochter Maria, Wilhelm von Oranien, abgesetzt.

Wilhelm III. von Oranien, 1689 – 1702, und *Maria II.,* 1689–94; unterzeichneten Bill of Rights

Anna, 1702 – 1714, Schwester Marias

Haus Hannover

Georg I., 1714 – 1727, durch den Act of Settlement eingesetzter Sohn Elisabeth Stuarts, Tochter Jakob I., und Friedrich V. von der Pfalz

Georg II., 1727 – 1760

Georg III., 1760 – 1820; verfiel seiner Geisteskrankheit, so daß ab 1810 Prinz Georg IV. die Regierung übernahm. Beginn der Industrialisierung.

Georg IV., 1820 – 1830

Wilhelm IV., 1830 – 1837; Bruder Georgs IV., reformierte das Wahlrecht (die neue »Middle Class« darf von nun an wählen), das Zweiparteiensystem besteht aus Konservativen (Tories) und Liberalen (Whigs)

Viktoria, 1837 – 1901, Nichte Wilhelm IV., wird 1877 »Kaiserin von Indien«

Haus Coburg, seit 1917 »Haus Windsor«

Eduard VII., 1901 – 1910

Georg V., 1910 – 1936

Eduard VIII., Jan. – Dez. 1936, verzichtete auf den Thron

Georg VI., 1936 – 1952, Bruder Eduards, Herzog von York

Elisabeth II., seit 1952, älteste Tochter Georg VI.

mit der weißen Rose im Wappen während der *Rosenkriege* (1455–85) wurde auch auf Schlachtfeldern in den Midlands ausgetragen, so bei Northampton, Ludlow, Mortimer's Cross (bei Ledbury) und Tewkesbury. Sie fanden Höhepunkt und Ende mit dem Tod *Richards III.* auf dem Feld von Bosworth, unweit Leicester. Allerdings darf man sich die Rosenkriege nicht als einen dreißigjährigen Krieg vorstellen. Die Militäraktionen waren kurz und dauerten zusammengenommen nur wenige Wochen. Die Bevölkerung wurde nicht so sehr durch Kampfhandlungen als durch Steuerbelastungen und ein allgemeines Klima der Unsicherheit bedrückt. Der wirtschaftliche Niedergang vieler englischer Städte in dieser Zeit, ein Beispiel ist Coventry, hatte andere Gründe, zum Beispiel die Umstrukturierung des Landes vom Wollexport zur Tuchherstellung, für die sich andere Zentren herausbildeten.

Die Kampfhandlungen des englischen Bürgerkrieges begannen, nachdem *König Karl I.* 1642 in Nottingham mit dem Aufziehen seiner Kriegsfahne seine Untertanen aufgerufen hatte, ihm im Kampf gegen die Truppen des Parlaments zu helfen. In den folgenden Jahren kam es zu einer Reihe von Schlachten in den Midlands, im Oktober 1642 bei Edghill in Warwickshire, im März 1644 bei Newark in Nottinghamshire, wo noch heute einige Schanzen und Erdbefestigungen zu sehen sind, und im Juni 1645 bei Naseby in Northamptonshire, wo den königlichen Truppen durch die Armee *Oliver Crom-*

wells eine Niederlage zugefügt wurde, die ihre Kampfkraft endgültig zerstörte. Folgenreicher für die Bevölkerung waren die Belagerungen, so etwa die des von Royalisten gehaltenen Newark, sowie die ständigen Forderungen beider Parteien nach Steuern, Nahrungsmitteln, Ausrüstungsstücken und Pferdefutter. In manchen Gegenden, so etwa in Worcestershire, schlossen sich Teile der Landbevölkerung zu einer inoffiziellen Miliz zusammen. Diese oft nur primitiv bewaffneten *Clubmen* (nach *club*, Keule oder Knüppel) griffen Plünderer und Steuereinnehmer an.

Städtische Architektur und Dorfkirchen

Die städtische Architektur des Spätmittelalters ist heute noch recht häufig vertreten, obgleich vollständig erhaltene Straßenzüge von Fach-

werkhäusern rar geworden sind. *Shrewsbury* (Wyle Cop), *Tewkesbury* und *Worcester* (Friar Street) sind unter diesem Aspekt hervorzuheben, ebenso einige Straßen in der alten Vorstadt von *Warwick*. Allerdings kann der erste Eindruck täuschen. So wie die meisten »Fachwerkhäuser« von Chester erst im 19. Jahrhundert entstanden sind – das Fachwerk ist hier oft nur als Verzierung außen angebracht –, gibt es Beispiele von Orten, in denen das Gegenteil geschah, indem nämlich alte Fachwerkhäuser durch oberflächliche Veränderungen in moderne Bauten umgewandelt wurden. Meist geschah das, indem man an der Straßenseite eine Ziegelfassade aufbaute. So scheint etwa die kleine Stadt *Pershore* ganz auf das 18. Jahrhundert zurückzugehen, der Kern vieler ihrer Häuser ist jedoch älter. Gut beobachten lassen sich diese Modernisierungsversuche dort, wo sie nicht recht gelangen, zum Beispiel in *Much Wenlock* (Shropshire).

An einem Gebäudetyp haben jedoch frühere Generationen überall, egal ob in Dorf oder Stadt, ihre Spuren hinterlassen: an den alten Pfarrkirchen. Sie waren Zentren nicht nur des religiösen, sondern auch des sozialen Lebens, ein Aspekt, der heute oft vergessen wird. Hier kamen die Angehörigen der unterschiedlichsten sozialen Gruppen zusammen, sorgten je nach ihren Möglichkeiten für die Ausstattung mit liturgischen Geräten und Gewändern, Büchern und Bildwerken. Die Gebäude mußten instand gehalten werden, Dächer und Mauerwerk waren zu reparieren, doch darauf blieben die Aktivitäten vieler Pfarrgemeinden nicht beschränkt. Neben der Stiftung von Altären und Kapellen, die nicht selten von eigenen Bruderschaften unterhalten wurden, setzte man oft testamentarisch erhebliche Summen in Vermächtnissen aus, um Neubauten, Umbauten, Erweiterungen, neue Türme und Portale zu finanzieren.

Viele der Pfarrkirchen der Midlands gehen in ihrem Ursprung auf das 12. Jahrhundert zurück, sind zum Teil sogar noch älter, doch nur ganz wenige existieren noch in ihrer ursprünglichen Form. Erkennbar sind die Urformen noch in den Kirchen von *Middle Tysoe* und dem benachbarten *Oxhill* (Warwickshire). Ältere Kirchen, wie die bereits erwähnten von *Deerhurst* (Gloucestershire) oder *Brixworth* (Northamptonshire), hatten anfangs andere Funktionen, etwa als Klöster oder Stiftskirchen, dienen jedoch heute einer Pfarrei. Der größte Teil der etwa 10.000 Pfarrkirchen in England geht auf das 15. oder 16. Jahrhundert zurück, fast alle wurden im 19. Jahrhundert restauriert und umgebaut.

Die mittelalterliche Pracht der englischen Kirchen ist nicht erhalten geblieben. Im Zuge der Reformation wurden sie eines großen Teils ihrer Ausstattung beraubt. Heiligenbilder, – skulpturen und -statuen, Kruzifixe, liturgische Bücher und Reliquien, Schätze, die über viele Generationen von den Mitgliedern der Pfarrgemeinden zusammengetragen worden waren, wurden zerstört oder konfisziert. Die oft mit Bildnissen geschmückten Kirchenwände wurden geweißt – in späteren Jahrhunderten kam so manches mittelalterliche Fresko wieder zum Vorschein (ein Beispiel ist die kleine Kapelle beim Zisterzienserkloster *Hailes,* siehe Seite 328) – und die Anrufungen der Heiligen von vielen Grabmonumenten getilgt, die Spuren lassen sich heute noch gut erkennen. Inwieweit diese Maßnahmen Rückhalt in der Bevölkerung hatten oder gegen ihren Willen geschahen, ist ein Streitpunkt zwischen Experten. Rebellionen gegen die Reformation gab es nur wenige, die Masse des Volkes blieb passiv.

Landhäuser und Gärten

Die zum Teil adligen Großgrundbesitzer schufen sich in oft Jahrzehnte währender Bautätigkeit Landsitze, die zuerst noch wie Burgen befestigt waren, sich später jedoch auf Wohnkomfort und die Repräsentation ausrichteten. Ein frühes Beispiel eines solchen Wohnsitzes ist *Stokesay Castle* bei Ludlow, noch halb Burg, doch die große Halle, der als Wohnzimmer und Eßraum dienende Mittelpunkt des Hauses, ist bereits nicht mehr befestigt (Ende 13. Jahrhundert). Der Mehrzweckraum »hall«, der etwa in *Lower Brockhampton, Little Moreton Hall* oder *Haddon Hall* noch im Originalzustand erhalten ist, gab seinen Namen einem ganzen Gebäudetyp. Dabei konnte es sich sowohl um schlichte Landhäuser wie wahrhaftige Paläste handeln. Im späten 16. Jahrhundert, das läßt sich gut in *Hardwick Hall* (siehe Seite 140) erkennen, war die »hall« zum Eingangsraum geworden, durch den man das Gebäude betrat, während die unterschiedlichen Funktionen auf eine Vielzahl von Räumen verteilt waren. Gebäude dieser Größenordnung wurden nicht mehr einfach von Maurern und Zimmerleuten aufgebaut, sondern von Architekten geplant.

Seit dem 16. Jahrhundert begegneten englische Aristokraten auf ihren Reisen italienischen Baumeistern oder zumindest deren Werken, die es in englischen Übersetzungen gab. Auch begannen englische Künstler, oft finanziert von aristokratischen Förderern, sich mit neuen Entwicklungen in Italien vertraut zu machen. Richtungsweisend wurde der Londoner Architekt *Inigo Jones* (1573 – 1652), der auf der Grundlage der Arbeiten des Palladio in England einen Architekturstil begründete, der bis zum Ende des 18. Jahrhunderts vorbildlich sein sollte. Seine Bankletthalle in *Whitehall* (1619–22) hatte Modellcharakter für das ganze Land. Selbst Oliver Cromwell schätzte den Katholiken und Gegner des Commonwealth, der während des Bürgerkrieges nur knapp dem wirtschaftlichen Ruin entkam.

Eine bemerkenswerte Entwicklung vollzog sich auch in der Gartenkunst. Nicht erhalten geblieben ist der besonders im elisabethanischen Zeitalter beliebte *Knot Garden*, der aus verschlungenen Formen bestand, die in Quadraten angelegt und nach strengen geometrischen Regeln ausgerichtet waren. Die heute zu besichtigenden »Knotengärten«, etwa am Shakespeare-Haus in Stratford, sind meist jüngeren Datums. Mit dem Beginn der Restaurationszeit, als mit der Wiedereinrichtung der Monarchie 1660 Karl II. aus dem Exil zurückkehrt, wird der Einfluß der französischen Gärten immer deutlicher. Sie bilden

den Rahmen des sozialen Lebens der vornehmen Gesellschaft, die Kulisse für Feuerwerk, Musik und Theater.

Die Gartenkunst machte in England jedoch auch bemerkenswerte eigenständige Fortschritte. Der Dichter *Alexander Pope* (1688 – 1744) verwarf das Konzept der vollständig kontrollierten Natur und propagierte seine Idee des natürlichen Gartens. Mit dem englischen Landschaftspark entstand im 18. Jahrhundert eine eigene Gartenkultur, die später oft nachgeahmt wurde. Ein Garten, so Pope, müsse sich von den natürlichen Gegebenheiten der Landschaft leiten lassen. Begrenzungen wurden unsichtbar, jeder Eingriff, etwa um Effekte wie Licht und Schatten zu erzielen, dem Betrachter verborgen. Dabei wa-

Die Bezeichnung Garten wäre tiefgestapelt: Hardwick Hall

ren diese Eingriffe zuweilen recht radikal. Künstliche Seen wurden angelegt, bereits hochgewachsene Bäume verpflanzt und Siedlungen versetzt. *William Kent* (1684 – 1748), der sich zuerst erfolglos als Maler und Designer und schließlich als Architekt versuchte, setzte die Ideen Popes zuerst um. Dennoch verbindet man mit dem englischen Landschaftspark eher den Namen des *Lancelot ›Capability‹ Brown* (1715 – 1783). Browns Werke können bei der Burg von *Warwick* und in *Charlecote Park*, in *Berrington Hall* (Herefordshire) oder auch in *Weston Park* (Shropshire) bewundert werden.

Der Lebensstil der Reichen im Wandel der Zeit

Diese Landsitze mit ihren Gärten, Parks und Nebengebäuden spiegeln das Leben der englischen Oberklasse und ihrer Dienerschaft über Jahrhunderte hinweg wider. Die Vielfalt ihrer Erscheinungsformen, vom elisabethanischen Fachwerkbau über die klassizistische Schloßanlage bis zum viktorianischen Herrensitz zeigt neben Veränderungen der Moden und Baustile auch die unterschiedlichen wirtschaftlichen Möglichkeiten dieser für soziale Aufsteiger offenen Klasse. Kleinen Gutshäusern, die ihren mittelalterlichen Charakter bewahrten, wie *Baddesley Clinton* bei Birmingham, stehen Schloßbauten des 18. Jahrhunderts gegenüber *(Chatsworth* und *Kedleston Hall* in Derbyshire sind die besten Beispiele), die sich nur wenige kontinentaleuropäische Potentaten hätten leisten können.

Trotz aller Unterschiede in Größe und Ausstattung ist der Aufbau dieser Häuser meist recht ähnlich. Die Dienerschaft ist auf wenige Räume und die Küche beschränkt, sie wird meist durch Glockenzeichen gerufen, wobei jeder der Wohnräume durch den Klang seiner eigenen Glocke identifiziert werden kann. Außer der Eingangshalle und dem Speisesaal gehören eine Bibliothek, ein Zimmer, in das sich vor allem die Damen der Gesellschaft zurückziehen konnten *(With-Drawing Room)*, ein Salon und auch ein Musikzimmer zur Grundausstattung. Die Schlafzimmer befinden sich meist im 1. Stock, Ausnahmen bilden dabei Repräsentationsräume, wie sie nur in den Schlössern zu finden sind. Je nach Größe des Hauses kamen Rauchzimmer für die Männer, Billardzimmer sowie verschiedene Vor- und Ankleideräume hinzu. Das Stallgebäude, in aller Regel um einen quadratischen Hof herum angelegt, lag in einiger Entfernung.

Finanziert wurde dieser Lebensstil zum großen Teil aus den Einkünften, die der Grundbesitz brachte, Pachtzinsen und den Erträgen der eigenen Landwirtschaft, doch auch Gewinne aus der Industrie wurden nicht verschmäht, wenn auch der soziale Abstand zu den neureichen Industriebaronen des 18. und 19. Jahrhunderts lange Zeit unüberbrückbar schien. Anspruchsvolle Bauvorhaben konnten Familien ruinieren, die *Byrons* von *Newstead Abbey* sind dafür ein gutes Beispiel (siehe Seite 169). Die Fehlkalkulationen in ihrem Fall unterliefen bereits im 18. Jahrhundert. Die generelle Krise des englischen Großgrundbesitzes wurde durch die Agrardepression im letzen Viertel des 19. Jahrhunderts ausgelöst. Der Effekt war langfristig spürbar. In vielen Fällen wurde den Pächtern Land zum Kauf angeboten, und statt einer vollzähligen Dienerschaft, die im Hause wohnte, verlegte man sich jetzt häufig darauf, Personal stundenweise aus den umliegenden Dörfern anzuheuern. Die Bautätigkeit kam ganz zum Erliegen, nicht zuletzt wegen der enormen Steuerforderungen, besonders der von der Aristokratie gefürchteten Erbschaftssteuer.

Ende des 19. Jahrhunderts wurde der *National Trust* gegründet, der (heute zusammen mit *English Heritage)* verkauften oder verpfändeten Besitz verwaltet und instandhält. Viele der im Privatbesitz verbliebenen Häuser wurden nach und nach der Öffentlichkeit zugänglich gemacht. Heute sind sie durchaus mit mittelständischen Unternehmen vergleichbar, deren Restaurants und Souvenirläden Arbeitsplätze für die Bevölkerung der umliegenden Dörfer bieten. An Sommerwochenenden finden mit großer Regelmäßigkeit Sonderveranstaltungen in den Parkanlagen statt, die dann von Automobilclubs, Ballonfahrern oder Sportlern bevölkert werden. Dazu kommen Theater, Oper, Feuerwerk; durch einen Telefonanruf bei den Verwaltungen sind die jeweiligen Termine leicht in Erfahrung bringen (nähere Informationen siehe auch »Reisepraxis«, Seite 50).

Die Städte heute

Schlösser und Parks, Kathedralen und Burgen sind von historischem Interesse und von ästhetischem Wert, das zeitgenössische England repräsentieren sie nicht, das findet man eher in den Großstädten. Aus den Industriehochburgen wurden im 19. und 20. Jahrhundert Ballungsräume mit endlos scheinenden, oft recht eintönig wirkenden Vorstädten, deren Stadtzentren nach dem Feierabend und an Sonntagen menschenleer sein können. Die meisten Engländer haben ihr eigenes Haus; das ist nicht unbedingt ein Zeichen von Wohlstand, zumal die Abzahlung der Kredite Jahrzehnte dauert. Die Preise richten sich übrigens nicht so sehr nach Größe und Zustand des Hauses, sondern werden von der Wohnlage beeinflußt. Die weniger attraktiven Gegenden sind dem sozialen Wohnungsbau vorbehalten. Besonders die nach dem Zweiten Weltkrieg entstandenen Neubausiedlungen haben sich dabei als Brutstätten sozialer Probleme erwiesen.

Nachdem bereits in den dreißiger Jahren eine Welle von Flüchtlingen aus Kontinentaleuropa gekommen war, zogen in den folgenden Jahrzehnten Einwanderer aus anderen Erdteilen nach, aus Indien und Pakistan, der Karibik, aus afrikanischen Ländern und China. Mit dem Ende der britischen Kolonien entstand eine neue, multikulturelle Gesellschaft in Großbritannien, in der jeder ethnischen Gruppe das Recht zur freien Entfaltung zugestanden wurde. In den größeren Städten der Midlands siedelten sich vor allem asiatische Einwanderer an, die im Einzelhandel und als Betreiber von Restaurants sehr erfolgreich sind. Es wird nicht ganz zu Unrecht behauptet, daß die moderne indische Küche in Birmingham ent-

Architektur heute: Funktionalität steht im Vordergrund

stand. Frei von Problemen ist die multikulturelle Gesellschaft allerdings nicht. Besonders in Vierteln mit hoher Arbeitslosigkeit entladen sich soziale Spannungen in der Form rassistischer Übergriffe, und die Beharrlichkeit, mit der patriarchalische Traditionen gepflegt werden, lassen sogar aus den eher liberalen Kreisen der englischen Mittelklasse Stimmen nach Bewahrung abendländischer Werte laut werden.

Die Folgen der Regierungspolitik nach 1979 bestehen nicht nur in einer für Besucher nicht sofort sichtbaren Akzentuierung sozialer Unterschiede, sondern auch in einer Veränderung der Transportpolitik, die für den Tourismus nicht ohne Bedeutung ist. Die Regierung setzte auf den Straßenbau. Die Zahl der Autos auf englischen Straßen stieg, traditionelle Zentren der Automobilherstellung wie Coventry, Birmingham und Derby werden vom Pkw geradezu beherrscht, während die öffentlichen Verkehrsmittel ins Hintertreffen gerieten. Dem Umweltschutz wird dabei eine eher nachgeordnete Rolle zugestanden.

Die Städte und Gemeinden selbst haben nur geringe Möglichkeiten, ihre Entwicklung zu gestalten. In dem zentralistisch regierten Land liegen viele wichtige Kompetenzen bei der Regierung in London, die besonders in der zweiten Hälfte dieses Jahrhunderts mit den Finanzen immer sehr knauserte. Der Bau eines Stadttheaters, einer Konzerthalle oder auch die Einrichtung von Sportstätten konnten leicht den Charakter eines nationalen Politikums bekommen, zumal sich immer politische Gruppierungen fanden, die solche Ausgaben als Verschwendung von Steuergeldern brandmarkten. Da die politische Kultur Englands traditionell auf Konfrontation basiert, was sich bei knappen Mehrheiten und dringenden Sachentscheidungen negativ bemerkbar machen kann, war man in der Kommunalpolitik oft auf private Initiativen und Spenden angewiesen. Wenn allerdings der politische Konsens für ein größeres Projekt hergestellt werden konnte, dann kamen beeindruckende Bauwerke zustande, das Theater in Nottingham oder die Symphony Hall in Birmingham zeugen davon.

In den letzten Jahren jedoch wurde eine neue Finanzquelle entdeckt und genutzt: die Regionalfonds der Europäischen Union. Seither hat ein Umbruch begonnen, denn mit neuen Geldern kommen auch neue Konzepte, die bereits zu positiven Veränderungen der Innenstädte geführt haben. Mit der Hilfe europäischer Finanzmittel wurde etwa in Birmingham nicht nur eine große Sporthalle, die *National Indoor Arena,* errichtet, sondern das ganze Stadtzentrum zu einer Zone umgestaltet, die einen angenehmen Aufenthalt ermöglicht, ja sogar einen Besuch lohnt. Große Teile des Stadtzentrums sind heute Fußgängerzone und entlang der Treidelpfade der die Innenstadt durchziehenden Kanäle, die noch vor wenigen Jahren von verfallenden Fabriken und Lagerhäusern gesäumt waren, entstanden Spazierwege mit Cafés, Jazzclubs, Restaurants und kleinen Einkaufspassagen. Diese Vorhaben sind bei weitem noch nicht abgeschlossen, doch bereits jetzt beginnt sich der herbe Charakter dieser und anderer Industriestädte zu wandeln. Die neu gestalteten Teile der Zentren sind auch an den Wochenenden belebt, ein Zeugnis für den Erfolg des Bemühens, den Einwohnern einen guten Lebensstandard und den Besuchern einen angenehmen Aufenthalt zu ermöglichen.

REISEHINWEISE

GESCHICHTE & KULTUR

REISEHINWEISE

AKTIV IN DER NATUR

BIRMINGHAM & COVENTRY

VON STAFFORD NACH CHESTER

PEAK DISTRIKT & DERBY

NOTTINGHAM- & LINCOLNSHIRE

SHROPSHIRE & DER SEVERN

AVON & SHAKESPEARE-LAND

RUND UMS PRAKTISCHE: REISETIPS

In diesem Kapitel sind alle Informationen zusammengefaßt, die Sie vor einer Reise nach Mittelengland brauchen, einschließlich aller nötigen Anreisefakten. Außerdem finden Sie hier wichtige Hinweise, die Sie vor Ort brauchen: Geldwechsel, Unterkunft und – immer ein besonderes Thema in England – übers Essen.

Reisedauer & -kosten

Der Reisende, der ein Auto zur Verfügung hat, kann schon innerhalb einer Woche einen recht detaillierten Eindruck von der Region gewinnen.

Wer mit dem Fahrrad reist, wandert oder die öffentlichen Verkehrsmittel benutzt, sollte mehr Zeit einplanen. Besonders die Busverbindungen sind nicht sehr häufig. Viele Sehenswürdigkeiten auf dem Lande sind von den Haltestellen mehrere Kilometer entfernt, es werden also längere Spaziergänge nötig.

Da die Übernachtungen recht teuer sein können, sollte schon ein Reisebudget von etwa DM 1000 pro Person und Woche eingeplant werden; in dieser Summe ist der Preis der Anfahrt enthalten.

Reisezeit & Wetter

Viele Sehenswürdigkeiten sind nur im Sommer zugänglich oder im Winter mit Einschränkungen geöffnet. Deshalb bietet sich eigentlich der Sommer als Reisezeit an. Dafür muß man freilich in Kauf nehmen, daß viele Attraktionen – besonders an Wochenenden – überfüllt sind. Für die Engländer beginnen die Schulferien – und damit die Hauptreisesaison – Anfang oder Mitte Juli und dauern bis September.

Wer das ruhigere Reisen liebt, sollte den Sommer meiden und die Nachsaison im September und Oktober wählen. Auch das ab Oktober mehr und mehr eingeschränkte Programm hat noch viel zu bieten.

Wer Wanderungen unternehmen will, sollte auch im Sommer an regenfeste Kleidung denken. Regenschirme kann man überall relativ billig kaufen (sie halten dann auch nicht länger als einen Urlaub). Die Sommer sind normalerweise mild, trocken und sonnig (die Durchschnittswerte liegen bei 21 Grad Celsius), doch die Sommer der letzten Jahre waren außergewöhnlich heiß und sonnig, so daß es sogar zu Wasserrationierung kam. Auch auf Hitze sollte man sich also einstellen.

Im Frühling und Herbst liegen die Durchschnittstemperaturen bei 8 – 10 Grad, in den regenreichen Wintern bei 5 °C, durch den warmen Golfstrom vor allem im Westen selten unter Null Grad.

Hat man die falsche *Garderobe* mitgebracht, kann man sich übrigens preiswert einkleiden: Schuhe und Oberbekleidung sind erheblich billiger als in Deutschland. Ein *Fernglas* oder *Opernglas* empfiehlt sich nicht nur bei Wanderungen, sondern auch bei Besichtigungen, etwa von Kirchen.

Klimatabelle

Durchschnittswerte	Januar	Februar	März	April	Mai	Juni	Juli	August	September	Oktober	November	Dezember
Temperatur °C	4	4	7	9	11	14	16	16	14	12	7	5
Temperatur in London	4	5	6	9	12	16	18	17	15	12	7	5
Sonnenstunden/Tag	2	3,5	4	4,5	6	7	8	8	6,5	4	2	1,5
Regentage	19	15	14	12	13	13	15	14	14	15	17	18
Regen in mm	87	66	65	56	64	64	69	84	82	80	95	93

Reisedokumente & Besonderheiten

Zwar ist Großbritannien Mitglied der EU, hat aber das Schengener Abkommen nicht unterschrieben. Bürger der Bundesrepublik Deutschland und anderer EU-Länder benötigen daher ihren gültigen Personalausweis oder Reisepaß, Schweizer Staatsbürger können entweder mit gültigem Reisepaß oder mit ihrer Identitätskarte und der *Pink Visitor Card*, die bei der Einreise erhältlich ist, einreisen. Bürger der Commonwealth-Länder und der USA brauchen ebenfalls kein Visum.

Autofahrer brauchen ihren Führerschein und den Kraftfahrzeugschein. Die Grüne Versicherungskarte (erhältlich bei Ihrer Versicherung) ist sinnvoll. Wer mit einem geliehenen Fahrzeug fährt, sollte darauf achten, daß sie nicht nur vom Fahrzeughalter, sondern auch vom Fahrer unterschrieben sein muß.

Haustiere sollten auf jeden Fall zu Hause bleiben, da man sie nicht ohne eine Quarantänezeit von 6 Monaten einreisen läßt. Eine Familienreise ist mit Sicherheit verdorben, wenn das von den Kindern eingeschmuggelte Meerschweinchen beschlagnahmt und womöglich getötet wird. Weitere Informationen: *Ministry of Agriculture, Fisheries and Food,* Government Buildings (Toba Jug Site), Hook Rise South, Tolworth, Subiton, Surray KT 6 7 NF; ✆ 0044-0181/3304411.

Waffen: Verboten ist die Einfuhr von Feuerwaffen, Gaspistolen und Springmessern. Jugendliche unter 16 Jahren dürfen auch keine Messer mit stehender Klinge (etwa Fahrtenmesser) mit sich führen. Bei Schrotflinten gibt es Sonderbestimmungen, nähere Auskünfte erteilt: *HM Customs and Excise,* Dorset House, Stamford Street, London SE1 9PS.

Die **Stromspannung** in Großbritannien entspricht etwa der in Deutschland (240 Volt), man braucht jedoch einen Adapter, um Elektrogeräte an die englischen Steckdosen anschließen zu können. Der kann zu Hause im Elektrofachhandel oder Globetrotterausrüsterläden sowie vor Ort erworben werden; dann sollte

Informationsstellen

▶ Allgemeine Auskünfte über Fragen, die bei der Reiseplanung auftauchen, erteilt die **British Tourist Authority,** Taunusstraße 52 – 60, 60329 Frankfurt a.M., ℰ 069/234504. Außerdem versendet das Fremdenverkehrsamt außergewöhnlich gute und informative Broschüren zu allen erdenklichen Themen, ob nun zu Unterkunft, Wandern, Radeln oder thematischen Rundreisen.

▶ Hilfe bei Fragen zur Ausbildung, zu Schulen, Universitäten oder Praktika gibt das **British Council:**

- *Köln,* 50667, Hahnenstraße 6, ℰ 0221/206440, Fax 20644-55 (hier erhalten Sie auch Informationen über die kostenpflichtige Ausleihe britischer Bücher, Videos oder Dias);
- *Berlin,* 10623, Hardenbergstraße 20, ℰ 030/3110990, Fax 31109920;
- *München,* 80469, Rumfordstraße 7, ℰ 089/2900860, Fax 29008688;
- *Hamburg,* 20148, Rothenbaumchaussee 34, ℰ 040/446057, Fax 447114;
- *Leipzig,* 04105, Lumumbastraße 11 – 13, ℰ 0341/5647153, Fax 5647152.

▶ Zu allen rechtlichen Fragen (Heirat, Zoll, Handel) gibt die **Britische Botschaft** sowie deren Generalkonsulate Auskunft: *Britsche Botschaft,* Friedrich-Ebert-Allee 77, 53113 Bonn, ℰ 0228/234061, Fax 234070;

für die neuen Bundesländer ist das Berliner Büro zuständig: Unter den Linden 32 – 34, 10117 Berlin, ℰ 030/2202431, Fax 6093938.

- Für *Österreich:* Britische Botschaft, Jauregasse 12, 1030 Wien, ℰ 02222/71375.

Generalkonsulate in:

- Frankfurt a.M., 60323, Bockenheimer Landstraße 42, ℰ 069/ 17000020, Fax 729553.
- Hamburg, 20148, Harvestehuder Weg 8a, ℰ 040/4480320, Fax 4107259;
- Stuttgart, 70173, Breite Straße 2, ℰ 0711/162690, Fax 1626930;
- 40476 Düsseldorf, Yorckstraße 19, ℰ 0211/94480, Fax 486359.

24 Stunden lang erreichbare Nummer der *Visa-Abteilung für Nicht-EU-Bürger:* ℰ 0190/240100, sonst Mo – Fr 13 – 16 Uhr ℰ 0211/ 9448299, Fax 488603.

Andere Informationsstellen

▶ Eine Liste der privaten **AuPair**-Vermittlungsstellen verschickt gegen einen internationalen Antwortcoupon: *The Federation of Recruitment and Employment Services*, FRES, 36 – 38 Mortimer Street, London WIN 7 RB.

▶ **Behinderte** dürften in England kaum auf Schwierigkeiten stoßen, Informationen über besonders geeignete Unterkünfte und Einrichtungen erhalten Sie von: *Holiday Care Service,* 2 Old Bank Chambers, Station Road, Horley, Surrey RH6 9 HW.

man jedoch beim Kauf darum bitten, eine etwas stärkere Sicherung *(fuse)* einzusetzen, da er sonst nur für Rasierapparate taugt. Außerdem darauf achten, daß er drei flache Pole hat.

Vorher besorgen

Für **Zugreisen innerhalb Englands** sollte man sich einen *BritRail*-Paß besorgen. Es gibt verschiedene Arten, die entweder die Benutzung des Gesamtnetzes oder eines Teilstücks an einer bestimmten Anzahl von Tagen innerhalb eines Monats zu beliebigen Uhrzeiten erlauben. Sie sind ideal, wenn man an den jeweiligen Zielorten mehrere Tage verweilen will. Zuschläge sind im Preis bereits enthalten. Die Ticket-Pässe müssen vor Ihrer Ankunft in England gekauft werden: *British Rail International,* Düsseldorfer Straße 15 – 17, 60329 Frankfurt a.M., © 069/232381, Fax 236000.

Der **BritRail Flexipass** kostet in der 2. Klasse für 4 Tage im Monat 270 DM (Senioren ab 60 Jahre 240, Jugendliche zwischen 16 und 25 Jahre 215 DM, Kinder ab 5 Jahre 135 DM); für 8 Tage 405 DM (360/285/200 DM) und für 15 Tage 595 DM (530/415/275 DM). Die Stationen geben Sie vorher an, an den von Ihnen ausgewählten Orten können Sie dann einige Tage bleiben.

Der **BritRail Pass** ermöglicht unbegrenztes Reisen an aufeinanderfolgenden Tagen. Um das Ticket auszunutzen, müssem Sie nicht jeden Tag fahren, können dafür aber wann und wohin Sie wollen reisen. Für 4 Tage kostet er 225 DM für Erwachsene (200 für Senioren, 180 für Judendliche

und Kinder ab 5 Jahre 110 DM), für 8 Tage 325 DM (290/255/160 DM), für 15 Tage 470 (425/325/245 DM), für 22 Tage 610 DM (545/400/305 DM) und für einen Monat 700 DM (625/430/350 DM).

Tip 1: Inhaber eines *BritRail-Passes* erhalten bei Benutzung des *Eurostars* (Eurotunnel) Ermäßigungen.
Tip 2: Kinder bis 15 Jahre reisen kostenlos, wenn sie von einem Erwachsenen mit BritRail-Paß begleitet werden.

Fahrradersatzteile

Wer sein Fahrrad mitnimmt, sollte daran denken, daß die Maße noch nicht standardisiert sind (inch = Zoll). Ersatzteile (Schläuche, Mäntel, 28-Zoll-Bereifung ist nicht überall aufzutreiben; Schrauben und Muttern) sollten also mitgebracht werden. Nur in den Fahrradgeschäften der großen Städte sind auch »kontinentale« Maße zu bekommen.

Tip fürs eigene Auto

Der Service an den Tankstellen ist gering, Geräte zum Putzen der Scheiben sollte man selbst mitbringen. Es empfiehlt sich, am Fahrzeug einen rechten Außenspiegel anzubringen, so ist der im ganzen Königreich herrschende Linksverkehr besser zu bewältigen.

Preiswert übernachten

Wer Übernachtungen in **Jugendherbergen** plant, benötigt für die meisten der landesweit rund 400 *Youth Hostels* den internationalen Jugendherbergsausweis mit Lichtbild. Jugendliche erhalten diesen für 15 DM, Erwachsene für 30 DM bei der örtlichen Jugendherberge oder beim *Deutschen Jugendherbergswerk,* Bismarckstraße 8, 32754 Detmold, ℰ 05231/7401-0. Dort oder im Buchhandel gibt's für etwa 20 DM »The Guide to Budged Accomodation«, in dem die genauen Öffnungszeiten der einzelnen Herbergen enthalten sind.

Eine Liste von Häusern des **YMCA** (Christlicher Verein junger Männer) bzw. *YWCA* (Frauen-Fraktion) ist gegen 10 DM in Briefmarken beim deutschen Gegenstück *CVJM Gesamtverband,* Postfach 410149, 34063 Kassel, ℰ 0561/3087-0, erhältlich.

Der umfangreichste **B&B**-Führer zu ganz Großbritannien mit rund 3000 jährlich aktualisierten Anschriften wird vom britischen Automobilclub herausgegeben. Der »A&A Bed and Breakfast Guide« ist für etwa 32 DM über den *British Bookshop,* Börsenstraße 17, 60313 Frankfurt a.M., ℰ 069/280492, Fax 287701, zu beziehen.

Das Fremdenverkehrsamt hält eine Karte mit B&B-Adressen bereit, kostenlos und ebenfalls jährlich überarbeitet.

Eintritt frei

Mit dem **Great British Heritage Pass** erwirbt man freien Eintritt bei rund 500 historischen Sehenswürdigkeiten (siehe auch »Reisepraxis vor Ort«). Der Ausweis kann auch zu Hause gekauft werden, vor Ort ist er jedoch günstiger. Für 7 Tage kostet er 62 DM, für 15 Tage 90 DM und für einen ganzen Monat zahlt man 130 DM. Bezug über *GB-Touristik Partner GmbH,* Krögerstraße 4, 60313 Frankfurt a.M., ℰ 069/295185.

Für Österreich (430/630/900 ÖS für 7, 15 oder 30 Tage): *British Book Shop,* Weihburggasse 8, 1010 Wien, ℰ 01/5121945.

Literatur & Karten

Allgemeine Hintergrundinformationen zu Großbritannien erhält man in dem Sympathie Magazin Nr. 35 »Großbritannien verstehen«, herausgegeben vom *Studienkreis für Tourismus und Entwicklung e.V.,* Kapellenweg 3, 82541 Ammerland/Starnberger See, ℰ 08177/1783, Fax 1349, gegen 6 DM als Verrechnungsscheck.

Krimifreunden können zur Einstimmung auf das Land von Sherlock Holmes die Werke der Bestsellerautorin *Ellis Peters* empfohlen werden. Ihre Kriminalfälle spielen im mittelalterlichen Shrewsbury in der Grafschaft Shropshire, die finstren Mordbuben werden stets von Bruder Cadfael zur Strecke gebracht. Schauplätze und Tatorte sind in Shrewsbury mit metallenen Fußspuren gekennzeichnet.

Nicht minder gruselig und very british geht es bei der Amerikanerin *Martha Grimes* zu, die ihren Inspektor Jury an jedem Tag der Woche durch Moore und Nebeltäler jagt und ihn in »Inspektor Jury küßt die Muse« nach – wohin sonst? – Stratfort-upon-Avon schickt.

Wem *Dorothy L. Sayers* Krimis zu antiquiert sind, greift zu *P.D. James,* die die Sümpfe östlich von Peterborough ebenfalls als Schauplatz für Mord- und Schauergeschichten verwendet, beispielsweise in »Death of an Expert Witness« und »Devices and Desires«.

Ruth Rendells feinfühlige Psychokrimis findet man auch unter dem Psydonym *Barbara Vine.*

Für **schöngeistigere Leser** empfehlen sich Autoren wie *Lord Byron* (siehe auch Newstead Abbey, Seite 169), *A.E. Housman,* der in manchen seiner Gedichte die Landschaft Shropshires beschrieb und in Ludlow begraben ist oder beispielsweise *D.H. Lawrence,* der Nottinghamshire als Kulisse für »Lady Chatterley's Lover« und »Sons and Lovers« benutzte.

George Eliot griff in ihrem Roman »Scenes of Clerical Life« auf Kindheitserinnerungen aus Arbury Hall zurück (siehe Seite 95). In »Middlemarch«, als dessen Vorbild wahrscheinlich Coventry diente, erzählt sie noch gekonnter in sehr dichten Bildern »Aus dem Leben der Provinz«. Anders als in ihrem historischen Kontext stehen bei George Eliot weibliche Figuren im Vordergrund.

Die Atmosphäre in den heute zur Stadt Newcastle zusammengeschlossenen Industrieorten der »Potteries« von Staffordshire beschrieb der 1931 verstorbene *Arnold Bennett* in seinen Romanen, Erfolgsautor *David Lodge* wählte seine Heimatstadt Birmingham zum Schauplatz einiger seiner Bücher. *Rosemarie Sutcliff* wählte das römische Lincoln für ihren spannenden Historien-Roman »The Eagle of the Ninth« (Der Adler der IX. Legion), bei dem es um das ungeklärte Schicksal einer ganzen Heerschar geht.

Für **Köche:** *Lunch, Dinner, Teatime – Very British,* von Cornelia Adam, GU Küchen-Ratgeber. Preiswerter schmaler Paperback mit leicht nachzukochenden Rezepten.

Karten

Für den bloßen Überblick genügen all die Pläne, die man kostenlos vom Tourist Board zugeschickt bekommt oder vor Ort erhält. Eine große, gute Übersichtkarte im Maßstab 1:1 Mio gibt es von dem britischen Verlag *Bartholomew.* Sie zeigt die britischen Inseln im Ganzen mit farblichen Höhendifferenzierungen, die Straßenkategorien sind jedoch nicht gut zu erkennen.

Für die nördlichen Midlands von der Linie Birmingham/Coventry bis zur schottischen Grenze besser geeignet ist die *Michelin*-Karte Nr. 402 1:400.000. Alles südlich von dieser Linie wird durch die beiden Kartenblätter Nr. 403 und 404 abgedeckt. Die

Pläne bieten gute Straßenklassifizierungen mit Entfernungsangaben, touristische Hinweise wie Campingplätze oder freistehende historische Sehenswürdigkeiten, zudem einzelne Stadtpläne zu großen Städten wie Birmingham sowie jeweils ein nützliches Ortsverzeichnis. Diese Karten sind im gut sortierten Buchhandel zu Hause erhältlich.

Vor Ort in den Buchläden erhältlich ist die *Landranger*-Serie von *Ordinance Survey* in etlichen Schnitten jeweils im Maßstab 1:50.000 (1¼ in = 1 mile; entspricht etwa 2 cm = 1 km). Die detailreichen Karten mit touristischen Informationen, Sehenswürdigkeiten und Straßen und Wegen (auch Fußwege) sind vor allem »Krümelsuchern«, Wanderern und Radlern zu empfehlen. Für die Midlands sind die Schnitte 116 – 122, 125 – 131, 137 – 141, 147 – 152 und 161 – 162 geeignet; eine Karte kostet circa 5£.

Anreise

Die großen Zentren Mittelenglands sind nach wie vor über schnelle Eisenbahnverbindungen zu erreichen, zwischen kleineren Städten gibt es Buslinien, doch viele Sehenswürdigkeiten liegen abseits der großen Straßen, fern der Vorstädte. Hier sind Auto oder Fahrrad einfach notwendig (Mietwagen vor Ort siehe Seite 51).

Flug

Für Zentralengland ist außer dem *Birmingham International Airport* und dem *East Midlands Airport* auch der Flughafen von *Manchester* zu empfehlen.

Wer nach *London Heathrow* fliegt, fährt mit der Piccadilly Line der U-Bahn in die Innenstadt, steigt in der Station Green Park in die Victoria Line in nördlicher Richtung (northbound) und fährt bis zur Station Euston. Vom Fernbahnhof Euston fahren die Züge etwa stündlich in die Midlands.

Pro Person sind bei europäischen Flügen £10, bei Langstreckenflügen £20 Flughafensteuer beim Abflug zu zahlen, die jedoch im Flugpreis schon inbegriffen ist.

Günstige Flugverbindungen mit Ziel *Birmingham International* kosten ab Hannover 424 DM, ab München 457 DM, ab Hamburg 409 und ab Düsseldorf 346 DM (jeweils Hin- und Rückflug). Preiswerte Angebote kann man bei folgenden Adressen erfahren und buchen:

Luftweg Follow Me, Internationale Flugreisen GmbH, Kaiserstraße 35, 80801 München, ☎ 089/38182-222, Fax 38182-244; Möglichkeit der Buchung von Mietwagen.

Last Minute Tours, Ernst Ulrich Pürschel, Terminal 4, Flughafen Hamburg, ☎ 040/5002400.

Stickrodt & Bangemann, Abflughalle B, Hannover-Langenhagen, ☎ 0511/731082.

Informationen der *Lufthansa,* ☎ 069/2554301 oder 2554510, in Großbritannien unter der Sammelnummer ☎ 0044/0345/737747.

Fahrradtransport im Flugzeug

Grundsätzlich muß Sondergepäck vorher angemeldet werden. Die Mitnahme des Fahrrades kostet beispielsweise bei der Lufthansa 50 DM, bei anderen Gesellschaften im Linienverkehr fällt es oft noch unter die 20-kg-Freigepäckgrenze. Bei Charterflügen zahlt man meist 120 DM extra für den Drahtesel.

Tips: Alle schweren Teile vom Rad abmontieren und ins Handgepäck packen, Teile des Gepäcks per Post vorausschicken oder Übergepäck unter Mitreisenden aufteilen.

Rad flugfertig machen: Lenker in Fahrtrichtung drehen, Pedale abschrauben, Schrauben und alle losen Teile fest anziehen, scharfe Kanten schützen, Luft aus den Reifen fast ganz herauslassen. Nützlich sind Radkartons oder Radtransporttaschen (im Fachhandel).

Eisenbahn

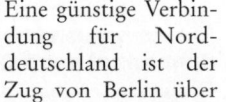

Eine günstige Verbindung für Norddeutschland ist der Zug von Berlin über Hannover nach Hoek van Holland. Die Überfahrt mit dem Nachtschiff von dort nach Harwich dauert etwa 8 Stunden. Man sollte auf jeden Fall eine Kabine mieten, denn die Sitze sind für die Nacht ungeeignet.

Wer lange Überfahrten vermeiden möchte, kann auch per Zug über Aachen nach Oostende fahren. Von hier geht es mit dem *Jetfoil* (zuschlagpflichtig) nach Ramsgate, die normale Fähre braucht etwa vier Stunden. Wer nur eine Woche bleiben will, kann sich die günstige 7-Tage-Rückfahrkarte besorgen, ansonsten bietet sich die 2 Monate gültige *Tourist Return* Fahrkarte an.

Fahrradtransport im Zug

Die Mitnahme ist in Zügen der Deutschen Bahn generell für 16 DM (einfache Strecke) mit Selbstverladung möglich. Für IC-Züge sollte man vorher reservieren, für Gruppen ebenfalls. Das Voraussenden des Rades ist nicht (mehr) möglich. Wer sein Rad im Zug unbeaufsichtigt lassen oder im Gepäckwagen unterbringen will, sollte alle wertvollen und losen Gegenstände mitnehmen und das Rad anschließen.

Die Mitnahme des Rades durch den Eurotunnel ist im Zug nicht möglich, Ziel ist also ein Hafen (Fähren transportieren Räder meist kostenlos).

Auf englischer Seite gilt: die Mitnahme ist generell in allen Zügen für rund 3£ möglich (keine Tandems). Auch hier sind Reservierungen empfehlenswert, für ICs sogar nötig.

Mit dem Eurostar durch den Eurotunnel

Von Brüssel (Gare de Midi, 3 Stunden Fahrzeit) und Paris (Gare du Nord, 3 1/4 Std.) fahren Züge über Calais durch den Eurotunnel nach London. Ab Frankfurt a.M. und Dortmund gibt es sogar eine durchgehende Verbindung im Schlafwagen, doch ein kurzer Aufenthalt in Paris kann ja auch ein guter Urlaubsanfang sein.

Der Passagierzug *Eurostar* von Paris zum Londoner Waterloo-Bahnhof kostet pro Person bei Vorausbuchung rund 300 DM (435 DM in der 1. Klasse mit Service und Menü), bei Buchung kurz vor Abfahrt 364 bzw. 517 DM. Platzreservierungen (6 DM pro Strecke) sind nicht unbedingt nötig.

Der 50 km lange Eurotunnel – das »technische Wunderwerk« (Eigenwerbung) – hat seit seiner Inbetriebnahme 1994 schon mehrmals Pannen und kleine Brände erlebt, seine Benutzung ist dennoch empfehlenswert.

Bus

Die Busreise ist eine preiswerte Art, nach Großbritannien zu gelangen. Trotz modernem Komfort und bequemen Sitzen wird sie jedoch nicht von allen als angenehm empfunden, da die Fahrzeit recht lang ist. Pro Person kann man zwei Koffer und ein Handgepäck gebührenfrei mitnehmen. Buchungen über die:

Deutschen Touring Gesellschaft mbH, Am Römerhof 7, 60442 Frankfurt am Main, ✆ 069/7903240 oder 7903248, Fax 706059; Stadtbüro München, Arnulfstraße 3, 80335 München, ✆ 089/591824, Fax 596133; Büro Köln, Breslauer Platz, 50668 Köln, ✆ 0221/120044, Fax 137415.

Die Busse fahren täglich um 17 Uhr in Köln und um 18 Uhr in Aachen ab, Ankunftszeit in London ist 6.30 Uhr. Abfahrtszeiten aus Mannheim sind Di, Fr und Sa 12.30 Uhr, von München geht es Di, Fr, Sa und So ab 7.30 Uhr, von Nürnberg jeweils So um 10 Uhr. Abfahrtsorte der Fähren sind Ostende, Zeebrügge oder Calais. Die Hin- und Rückfahrt von München nach London kostet knapp 300 DM, von Aachen sind es etwa 220 DM.

Wer in Großbritannien per Bus weiterreisen möchte, findet Anschlüsse im Netz der *National Express* Busse, 52 Grosvenor Gardens, Victoria, London SW1 2TP, ✆ 0990/808080.

Aus den norddeutschen Garnisonen der britischen Rheinarmee fahren jeweils Di, Fr, Sa und So Busse unter anderem nach Birmingham (Busbahnhof Digbeth), Keele (Autobahnraststätte an der M6), Leicester (Busbahnhof St. Margaret, K, L, M), Northampton (Busbahnhof Greyfriars, 25/28) und Nottingham (Busbahnhof Broadmarsh). Abfahrtsorte sind Bielefeld, Bochum, Braunschweig, Celle, Detmold, Dortmund, Düsseldorf, Essen, Hameln, Hannover, Herford, Hildesheim, Krefeld, Laarbruch, Minden, Münster, Osnabrück und Rinteln. Reservierungen kann man vornehmen bei der *Transline Bus GmbH,* Hansaring 26, 48268 Greven, ✆ 02571/1321 und 1324, Fax 1326. Hier wird nur ein Koffer pro Person sowie Handgepäck befördert.

Mit dem Auto über oder unter dem Kanal nach GB

Die kürzeste Überfahrt mit der Autofähre ist nicht nur die schnellste, sondern in der Regel auch die billigste. Deshalb empfiehlt sich die Verbindung von Calais nach Dover. Calais ist gut über Aachen und Brüssel oder Antwerpen, Gent und Veurne zu erreichen.

Fährverbindungen

Es bieten sich die Verbindungen von Hamburg, Rotterdam, Vlissingen, Zeebrügge, Oostende, Dünkirchen (Dunkerque), Calais und Boulogne an. Die kürzeste Verbindung ist die von Calais nach Dover (90 Minuten).

Die Preise sind sehr unterschiedlich. Sie richten sich für Autoreisende zunächst nach der Länge des Fahrzeugs und der Anzahl der mitreisenden Personen, Kinder zwischen 7 und 15 Jahre sowie Senioren zahlen meistens etwas mehr als die Hälfte. Viele Anbieter nehmen auch eine Kategorisierung in Vor-, Neben- (NS) und Hauptsaison (HS, Sommer) vor. Generell ist es günstiger, die Überfahrt nachts zu machen. Die Mitnahme von begleitenden Fahrrädern ist nur an Bord der Fähren, nicht aber an Bord der Jetfoils möglich. Der Fahrradtransport ist kostenlos.

Besonders im Sommer sollte man vorher buchen, um lange Wartezeiten zu vermeiden. Reservierungen kann man direkt bei den Reedereien oder über deutsche Reisebüros vornehmen. Nachfolgend außer den Reederei-Adressen und Verbindungen einige Tarifbeispiele:

▶ *P & O European Ferries,* © 0211/ 837060, Fax 38706971. Ab Calais und Zeebrügge, es gibt hier 5-Tage-Angebote. Wer nachts reisen will, verlange den E-Tarif.

▶ *Stena Sealink,* übers Reisebüro buchen; 40215 Düsseldorf, Hildebrandstraße 4d, © 0211/9055150, Fax 9055170. Informationen in Großbritannien: © 0044/1233/647047. Hoek van Holland – Harwich (2,30 Stunden Fahrzeit) in der VS 144 DM, NS 172 DM, HS 216 DM für Hin- und Rückfahrt. Pkw inklusive 9 Personen 518, 566 bzw. 728 DM.

▶ *Sally Line,* © 069/250197, Münchener Straße 48, 60329 Frankfurt a.M. Informationen in Großbritannien © 01843/595522. Drei Kinder unter 14 Jahre fahren frei.

Oostende – Ramsgate im Jetfoil (1,5 Stunden Fahrtzeit, keine Pkw-Beförderung) pro Person 92 DM, mit dem normalen Schiff (3 – 4 Stunden Fahrtzeit) für 2 Personen im Pkw ab 230 DM.

Dünkirchen – Ramsgate mit dem Schiff dauert 2,5 Stunden, Preise wie von Oostende. Durch kürzere Fahrt auf der Autobahn mindestens so schnell wie Calais – Dover, eventuell auch billiger.

▶ *Hoverspeed,* übers Reisebüro buchen; © 0211/3613021, Fax 351398. Von Calais nach Dover (1,5 Stunden) ab 480 DM für Pkw inklusive 5 Personen.

▶ *DFDS (Scandinavian) Seaways,* © 040/3890371, Fax 38903141, Van-der-Smissen-Straße 4, 22767 Hamburg. Hier gibt es Last-minute-Angebote. Hamburg – Harwich (20,5 Stunden Fahrzeit) in der NS 176 DM, HS 326 DM für Hin- und Rückfahrt. Für Pkw oder kleine Wohnmobile kommen je nach Saison 100 bzw. 240 DM hinzu. Eine Kabine kostet pro Person 220 bzw. 400 DM.

▶ *Brittany Ferries,* © 069/1333219, Fax 1333254. Von Cherbourg und St. Malo nach Südwestengland.

Mit Le Shuttle durch den Eurotunnel

Der französische Bahnhof liegt westlich von Calais in *Coquelles,* die englische Ausfahrt nördlich von *Folkestone.* Die Autozüge fahren zwischen 7 und 22 Uhr dreimal, zu Stoßzeiten viermal pro Stunde. Buchungen können in DER-Reisebüros vorgenommen werden.

Eine einfache Fahrt kostet in der Hauptreisezeit 305 DM, sonst *(off peak)* 170 DM (Januar – März, im Oktober – Dezember zwischen Mitternacht und 11 Uhr) oder 250 DM. Das 5-Tage-Ticket (Hin- und Rückfahrt) 340 bzw. 170/250 DM *off peak*. Von Juli bis September gibt es noch eine Haupt-Hauptreisezeit, dann kosten die Fahrten rund 380 DM. Man zahlt nur für das Fahrzeug. Camper kosten je nach Abmessungen genauso viel, Motorräder weniger als die Hälfte.

Die Fahrt dauert etwa 35 Minuten, dazu muß jedoch die Verladezeit gerechnet werden. Auf die Züge passen 180 Autos oder 120 Autos und Busse. Fahrräder werden in Containern befördert. Tiere werden nicht befördert, das Rauchen ist im Le Shuttle verboten.

Die Züge sind meist auf Tage hin ausgebucht, regelmäßige Ansagen gibt es über Autoradio, in Frankreich 97,8 FM, in Großbritannien 107,6 FM.

Auf beiden Seiten gibt es in den Terminals zur Ablenkung und Verführung Restaurants, Shops und Duty-Free-Läden. Die Grenzformalitäten werden beim Reinfahren am Ticketschalter gleich miterledigt; nicht vorbezahlte Fahrkarten können auch mit Kreditkarte (Euro, Visa, MasterCard) bezahlt werden.

Informationen: Eurotunnel, London, ✆ 0044/0990/353535 oder 0171/7156789; Calais 0033/21/006000.

Ankunft in England

Man benutzt am besten die Autobahnen *(Motorways,* M). Von Ramsgate, Dover und Folkestone sind dies die A2/M2 und die M20. Beide treffen auf die Londoner Ringautobahn M25, die in Richtung Norden (M1) befahren werden sollte. Die andere Richtung (nach Westen und südlich um London herum) ist ein großer Umweg. Die Fahrt durch den Dartford-Tunnel kostet £1 für Pkw, diese Gebühr muß vorher an einer Sperre entrichtet werden. An der Anschlußstelle 21 fährt man auf die M1 in Richtung Norden (Hinweise »The North« auf den blauen Autobahn-Wegweisern). Nach etwa 100 Kilometern ist man in Zentralengland.

An der Anschlußstelle 19 bei Rugby beginnt die M6, die nach Coventry, Birmingham und Stoke-on-Trent führt. Weiter der M1 in nördlicher Richtung folgend, gelangt man an Leicester vorbei nach Derby und Nottingham.

Reisepraxis auf der Insel
Zeitumstellung

Unser Inselnachbar liegt in einer anderen Zeitzone, man muß die Uhren um eine Stunde zurückdrehen (WEZ, das ist MEZ -1). Da auch die Briten Ende März auf Sommerzeit umstellen, im Herbst die Zeiger aber nicht zur gleichen Zeit wieder richtig drehen, kommt es dazu, daß Ende September/Anfang Oktober die Insel- und die »Kontinent«-Uhren gleich ticken.

Feiertage

Nationale Feiertage in ganz Großbritannien sind der
* 1. und 2. Januar, *New Year Holiday*
* Karfreitag und Ostermontag
* *Bank Holiday*, gewöhnlich der erste und der letzte Montag im Mai und der letzte Montag im August
* 25.12., erster Weihnachtstag
* 26.12., *Boxing Day*

An diesen Tagen sind Geschäfte, Museen und andere Sehenswürdigkeiten teilweise geschlossen, der öffentliche Nahverkehr ist auf wenige Verbindungen begrenzt. Am 25.12. sind fast alle Geschäfte geschlossen, es fahren keine Busse.

Öffnungszeiten

Die meisten Geschäfte sind zwischen 9 und 17 Uhr, die Supermärkte der großen Ketten *(Safeway, Sainsbury, Tesco)* von 8 bis 20 Uhr (So 10 – 16 Uhr) geöffnet. Spirituosen gibt es bis 22 Uhr in speziellen Geschäften; auch hier sind Ladenketten entstanden (beispielsweise *Thresher*). Kneipen *(Pubs)* schließen um 23 Uhr, ein Gesetzesrelikt aus der Zeit des Ersten Weltkrieges. In Gaststätten kann man alkoholische Getränke jedoch auch zu späterer Stunde bestellen, wenn man eine Mahlzeit einnimmt.

In Banken und Postämtern widmet man sich zwischen 9.30 und 17 Uhr dem Publikum, bei der Post auch samstags von 9 bis 12.30 Uhr. Dorfpostämter sind oft Bestandteil des örtlichen Krämerladens und richten sich nach dessen Öffnungszeiten.

Die großen Kirchen und Kathedralen öffnen meist schon um 8 Uhr und sind bis zum *Evensong* (zwischen 17 und 19 Uhr) zugänglich. Während der Gottesdienste werden Teile der Gebäude für Besucher gesperrt. Die Pfarrkirchen sind tagsüber oft geschlossen, die Öffnungszeiten recht willkürlich. Hier wende man sich an den Vikar oder den Kirchenvorstand, deren Telefonnummern zusammen mit den Zeiten der Gottesdienste auf Hinweistafeln an den Kirchhofstoren zu finden sind. Sie werden nach Möglichkeit gerne weiterhelfen; solche Hilfe oder extra-Führungen durch die Kirche sollten mit einer kleinen Spende in die Kollekte honoriert werden.

Geld

Zahlungsmittel in England und Wales ist das *Pfund Sterling*, abgekürzt GBP oder £. Münzen zu 1 *Penny*, 2, 5, 10, 20, 50 *Pence* und £1 sind im Umlauf, Banknoten werden zu £5, £10, £20

Wechselkurse vor Ort
Stand Oktober 1997

£1 = 2,90 DM
£1 = 2,40 SFr
£1 = 25 ÖS

und £50 ausgegeben. 20- und 50-Pfundscheine werden in kleineren Geschäften gelegentlich aus Angst vor Falschgeld abgelehnt.

Die Umtauschgebühren der Banken sind in Großbritannien und Deutschland etwa gleich hoch. Wer übriggebliebene Pfundnoten zurücktauschen will, tut dies allerdings am besten in Deutschland, denn die einzelnen Filialen in England haben meist keine Devisen vorrätig. Abgesehen von Bankfilialen ist der Geldumtausch auch in Reisebüros (etwa *Thomas Cook)* oder in großen Hotels möglich. Achten Sie jedoch auf den Wechselkurs und die Höhe der Gebühren!

Viele Geschäfte akzeptieren *Euroschecks* (nur mit Euroscheckkarte); Kunden sollten darauf achten, daß keine Gebühren berechnet werden. Bei Verlust oder Diebstahl muß das Konto gleich gesperrt werden (✆ 0049/69/747700 oder direkt bei Ihrer Bank).

In fast allen Geschäften und Restaurants (auch in einigen Telefonzellen) kann man mit *Kreditkarte* bezahlen, deren Vorteil vor allem in der Möglichkeit telefonischer Buchungen und Reservierungen besteht.
Wichtig: B&B-Reisende benötigen stets Bares, da Bed&Breakfast-Anbie-

ter keine Schecks oder Karten annehmen. Ebenso in kleineren Läden oder Restaurants wird oft *cash* verlangt.

Mehrwertsteuer

Die V*alue Added Tax* (VAT) in Höhe von 17,5 % wird auf fast alle Waren und Dienstleistungen erhoben, so auch auf Mietwagen- und Hotelpreise. Seit der Einführung des Europäischen Binnenmarktes entfällt die Mehrwertsteuer-Rückerstattung für Reisende aus EU-Ländern.

Post und Telefon

Briefmarken und Telefonkarten (£2 – £20) der *British Telecom* gibt es in den Postämtern und auch in vielen anderen Geschäften (dies wird durch Aufkleber an der Kasse angezeigt). Postkarte oder Brief (bis 20 Gramm) nach Deutschland und Österreich kosten

Vorwahlen

Nach Deutschland: 0049
nach Österreich: 0043
in die Schweiz: 0041
Jeweils nach der Länder-Vorwahl die Ortskennzahl ohne die 0 wählen.
Nach Großbritannien: 0044
Innerhalb des Vereinigten Königreichs sind die Nummern mit der Vorwahl 0800 gebührenfrei, die Vorwahlen 0345 und 0645 erlauben ein Gespräch zum Ortstarif, egal von welcher britischen Ortschaft der Anruf getätigt wird.
Telefonauskunft national ✆ 192
internationale Auskunft ✆ 153

26 Pence. Die Post wird immer per Flugzeug transportiert und ist drei bis sechs Tage unterwegs.

Außer Münzfernsprechern (Mindesteinwurf 10 Pence) gibt es auch solche, in denen mit Telefonkarte, manchmal auch per Kreditkarte bezahlt werden kann. Für die Kartentelefone der *Mercury Communications*-Gesellschaft benötigt man »Mercury-Phonecards« im Wert von 2, 4 oder 10 Pfund, sie sind in nahegelegenen Geschäften oder Kiosken erhältlich.

Die Gebühren entsprechen denen in Deutschland, verbilligte Tarife gibt es von 18 bis 6 Uhr und an Wochenenden.

Touristeninformation

Touristeninformationsbüros gibt es in allen größeren Orten. Sie sind gut ausgeschildert und bieten reichhaltiges Informationsmaterial über die örtlichen Sehenswürdigkeiten, Veranstaltungen, Unterkünfte und Verkehrsmittel, in der Regel auch über andere Landesteile. Fast immer kann man von hier aus Unterkünfte buchen. Zusätzlich sind oft noch Stadtpläne mit nützlichen Adressen an gut erreichbaren Orten wie etwa Marktplätzen aufgestellt. Die Telefonnummern und Öffnungszeiten sind jeweils am Ende der einzelnen Ortsbeschreibungen angegeben.

Mittel-England im Internet

http://www.uktravel.com/index.html. Einzelne Regionen und Städte stellen auch aktuelle Informationen auf dem internationalen Computernetz zur Verfügung:

• Staffordshire: http://www.cs.ucl.ac. uk/misc/uk/staffordshire/staff.htm. Hier gibt es eine Karte, Informationen über Städte, landschaftliche Besonderheiten sowie historische Sehenswürdigkeiten.

• Birmingham: http://www.cs.ucl.ac. uk/misc/uk/birmingham.html. Eine Reihe von Informationen über Stadt und Universität und natürlich auch die »Balti Houses« von Birmingham werden hier angeboten.

• Cheltenham: http://www.flair.co. uk/cheltenham. Geboten werden hier ein Einblick in die Geschichte der Stadt, eine Stadtführung und nützliche Adressen und Telefonnummern.

• Hereford: http://www.ibmpcug.co. uk/mserve/hereford.html. Hier gibt es neben Auskünften zu Hotels und Restaurants auch Informationen zum Musikfestival im Herbst.

• Leicester: http://www.cs.ucl.ac.uk/ misc/uk/leicester/html.

• Nottingham: http://www.cs.ucl.ac. uk/misc/uk/nottingham.html.

• Warwick: http://www.cs.ucl.ac.uk/ misc/uk/warwick.html. Bietet neben einer kurzen Geschichte der Stadt auch den aktuellen Busfahrplan.

Reiseauskunft vor Ort

British Travel Centre, 4 Lower Regent Street, London SW1, ✆ 0044/ 0171/7303400.

British Airways, West London Terminal, Cromwell Road, London SW1, ✆ 0044/0171/370541.

Deutsche Lufthansa, 23 – 26 Piccadilly, London W1, ✆ 0044/0171/ 4080322.

National Trust und English Heritage

Die beiden Organisationen – der National Trust feierte 1995 sein hundertjähriges Bestehen – haben sich die Pflege des kulturellen Erbes Großbritanniens beziehungsweise Englands sowie den Landschaftsschutz zum Ziel gesetzt. Eine große Zahl von Landhäusern und Parks, Burgen, Schlössern und anderen Monumenten wurde von ihnen aufgekauft oder untersteht ihrer Verwaltung. Mitglieder können fast alle Sehenswürdigkeiten kostenlos besuchen, durch den Erwerb einer Jahresmitgliedschaft in einer oder auch beiden Organisationen (ca. £25 pro Person oder £50 pro Familie) kann man also durchaus Geld sparen, selbst wenn der Aufenthalt im Land nur zwei Wochen dauert. Die nicht übertragbare Karte kann auch auch mit

Paßt gut auf: Ritter vom Broughton Castle

nur 7 Tage Gültigkeit (£22), 15 (£31) oder 30 Tage (£46) erworben werden.

Beitreten kann man an jeder Eintrittskasse. Hier wird dann eine Quittung über die erfolgte Zahlung der Gebühr ausgestellt, die bei allen anderen Sehenswürdigkeiten freien Einlaß gewährt. Wer nur kurz im Land bleibt, wird die eigentliche Mitgliedskarte dann an seine Heimatadresse geschickt bekommen. Sie gilt bis zum Ausstellungstag des folgenden Jahres.

Informationen über English Heritage gibt das *Customer Services Department,* PO Box 9019, London W1 A 0JA, ☎ 0171/9733434, oder das *English Heritage Membership Department,* PO Box 1BB, London W1A 1BB, ☎ 0171/9733400.

Informationen zum National Trust: *National Trust, Membership,* PO Box 39, Bromley, Kent BR1 1NH, ☎ 0181/4641111.

Unterkunft

Preiswert ist in aller Regel die Übernachtung in Privatpensionen, die **Bed and Breakfast** anbieten. Je nach Qualität und Lage muß man mit einem Preis von etwa £15 – £30 rechnen. Häufig weisen die Betreiber durch das Zeichen »B & B« am Wegesrand auf die Übernachtungsmöglichkeit hin. Selbst in Kleinstädten und in vielen Dörfern sind sie in großer Zahl vorhanden. Achtung: Normalerweise akzeptieren die privaten Vermieter keine Euroschecks und Kreditkarten, *cash* ist erwünscht.

Hotels sind oft teurer. Verschiedene Systeme der Klassifizierung sind üblich. Das British Tourist Board vergibt bis zu fünf Kronen für Hotels oder bis zu fünf Schlüsselsymbole für Ferienwohnungen. Unabhängig davon erteilen auch die Automobilorganisationen AA und RAC Sterne. Berücksichtigt werden dabei vor allem die Ausstattung der Zimmer mit fließend Wasser, Dusche, WC, Fernsehgerät sowie die Qualität der Speisen und die allgemeine Leistungsfähigkeit des Hotels. Im Text dieses Reiseführers werden durchgängig Sternsymbole zur Kategorisierung der Unterkunft verwendet:

★★★ sehr guter Standard
★★ Mittelklasse
★ einfach

Ein Doppelzimmer (DZ) mit Bad und inklusive Frühstück kostet in einem Mittelklassehotel außerhalb der großen Städte pro Nacht zwischen 50 und 90 Pfund. In einfachen Häusern beginnen die Preise bei £35.

Wenn Sie nicht über einen Reiseveranstalter gebucht haben, können Sie sich auch vor Ort noch über **Ferienhäuser** *(Cottages)* oder **Appartments** *(Lodges)* in ungewöhnlicher Umgebung informieren: *The Landmark Trust,* Shottesbrooke, Maidenhead, Berkshire SL6 3SW, ✆ 01628/825925.

Ebenso witzig wie eine Bleibe in einem Burgturm kann ein Urlaub im Blockhaus sein. Über *Log Cabins* und *Cottages* informiert die *Forestry Commission,* Forest Holidays, 231 Corstorphine Road, Edinburgh EH12 7AT.

Ein Cottage (Ferienhaus oder Blockhaus) für vier Personen kostet pro Woche zwischen £95 und £1100. Lodges für vier Personen ab £32 aufwärts pro Nacht.

Ein preiswerte Möglichkeit bieten **Studentenwohnheime,** die vor allem in den Sommersemesterferien über freie Kapazitäten verfügen. Bei der Vermittlung an eine der 60 teilnehmenden Unistädte hilft: *British Universities Accomodation Consortium Ltd.,* P.O. Box 1007, University Park, Nottingham NG7 2RD (gibt auch eine Broschüre dazu heraus); oder *Connect Venues,* 36 Collegiate Crescent, Sheffield S10 2BP.

Eine Übernachtung in den Ein- oder Zwei-Bett-Zimmern in den Studentenwohnheimen kostet zwischen 30 und 40 DM. Das Angebot der *University of East Anglia* (Conference Office, Norwich, Norfolk NR4 7TJ, ✆ 01603/593277, Fax 250585, Kontakt: Debbie Harris) sieht beispielsweise folgendermaßen aus: Von Juni bis September stehen 1500 Betten sowie ausreichend Zimmer, in den Osterferien 260 Zimmer und im übrigen Jahr 60 Zimmer zur Verfügung; £6,50 für Studenten mit internationalem Studentenausweis, £21 für B&B für Nicht-Studenten pro Nacht.

Jugendherbergen *(Youth Hostels)* oder Unterkünfte der *YMCA* sind besonders in den Ferienzeiten im Frühjahr und Sommer ausgebucht, Reservierungen sind empfehlenswert. Jugendliche zahlen rund £5, Erwachsene um die £8 pro Nacht. Auskunft gibt: *Youth Hostel Association National Office,* Trevelan House, 8 St. Stephens Hill, St. Albans, Herts AL 12 DY.

Mietwagen in England

Oft genügt der Führerschein zum Mieten eines Fahrzeugs. Die Bedingungen (Mehrwertsteuer, Zuschläge, Kaution) sollten vorher genau ausgehandelt werden.

Avis, 7 – 9 Park Street, Birmingham, ✆ 0121/6324361. Ein Kombi kostet für eine Woche etwa £220 und £100 Kaution.

Budget Rent-a-Car System, 95 Station Street, Birmingham, ℂ 0121/6430493, ab £169 pro Woche, £100 Eigenbeteiligung bei Beschädigung des Fahrzeugs.

Hertz Rent-a-Car, 7 Suffolk Street, Queensway, ℂ 0121/6435387, ab £168 pro Woche, wenn der Fahrer über 25 Jahre alt ist. Reservierungen unter ℂ 0345/555888.

Verkehrsregeln

Auf den britischen Inseln herrscht Linksverkehr. Die Höchstgeschwindigkeit in Ortschaften beträgt 48 km/h, auf Landstraßen 96 km/h und auf Autobahnen 112 km/h. Fahrzeuge im Kreisel *(roundabout)* haben Vorfahrt, es sei denn eine andere Regelung ist durch Ampeln oder Markierungen eingeführt. Sonst wird die Vorfahrt durch doppelte gestrichelte Linien (sie bedeuten: Vorfahrt beachten!) auf der Fahrbahn geregelt. Für alle Insassen herrscht Anschnallpflicht.

Tips: Besondere Vorsicht beim Rechtsabbiegen walten lassen, immer auf der linken Seite parken (so widersteht man leichter der Versuchung, später auf der falschen Seite weiterzufahren), im Kreisel immer im Uhrzeigersinn nach links fahren.

CXT 353

Falschparkern

drohen hohe Strafen, die Kontrolleure werden nach Leistung bezahlt und sind sehr emsig. Die Wiederbeschaffung eines abgeschleppten Autos kann bis zu einem halben Tag dauern und ist sehr teuer. Generelles Parkverbot herrscht auf der doppelten gelben Linie, auf einfachen gelben Linien herrscht zeitweilig (meist tagsüber) Parkverbot, die Zeiten werden auf Schildern mitgeteilt.

An Freitagen und Sonnabenden sollte man als Autofahrer in den Abendstunden besonders vorsichtig fahren, denn in dieser Zeit findet ein großer Ansturm auf die Pubs und Discotheken statt.

Wer beim **Tanken** Normalbenzin benötigt, kauft *3 Star,* gegebenenfalls bleifrei: *unleaded.* Super heißt *4 Star.* Unverbleites Benzin kostet pro Liter (die alten Maße und auch Gewichte wurden 1995 aufs europäische System umgestellt) 65 Pence, Super ist meist rund 3 Pence teurer, Diesel billiger.

Unfall

Bei Schadensfällen wende man sich an die *Automobile Association (AA),* Fanum House, Leicester Square, London WC2 7LY, 0171/9547373 oder den Royal Automobile Club (RAC), 83 – 85 Pall Mall, London SW1 5HW, ℂ 0171/8397050. Der Pannendienst des AA ist für Mitglieder des ADAC kostenlos:

- Birmingham ℂ 0121/5504858
- Nottingham ℂ 0115/9787751
- Stoke-on-Trent ℂ 01782/25881

Vertragswerkstätten der großen internationalen Autofirmen sind in der ganzen Region vertreten, Adressen und Telefonnummern befinden sich meist bei der Betriebsanleitung Ihres Fahrzeugs.

Notfall & ärztliche Behandlung

In England gibt es keine Apotheken, dafür Abteilungen in Drogerien *(che-mist,* überall zu finden sind Filialen der Ketten *Lloyds* und *Boots),* wo Aspirin und Mittel gegen Erkältungs-krankheiten sowie Medikamente ge-gen Rezept erhältlich sind.

Wer einen Arzt *(general practitio-ner* – Allgemeinmediziner) oder die Unfallstation eines Krankenhauses *(accident and emergency department)* aufsuchen muß, hat nach Vorlage des Personalausweises Anrecht auf freie ambulante Behandlung durch den *National Health Service,* das staatli-che Gesundheitssystem Großbritan-niens. Will man längere Wartezeiten vermeiden, muß man sich privat be-handeln lassen, dies dann aber auch bar bezahlen. Es ist also ratsam, sich vor der Reise bei der eigenen Versi-cherung zu erkundigen, welche Lei-stungen ersetzt werden, gegebenen-falls eine Zusatzversicherung abzu-schließen. Die Behandlung beim Zahnarzt muß man sofort begleichen, die Rechnung kann dann in Deutsch-land eingereicht werden.

Einkaufen & Souvenirs

Die **Lebensmittelpreise** sind in Eng-land nicht sehr viel höher als in ande-ren Teilen der Europäischen Union. Hier macht sich eine allgemeine Inter-nationalisierung bemerkbar. Käse gibt es aus Frankreich, Deutschland, Itali-en, Wein außerdem noch aus Südost-europa, Kalifornien, Südafrika und Australien, auch das Angebot an Brot und Gebäck ist sehr reichhaltig ge-worden, seit viele Briten ihren Jahres-urlaub im Ausland verbringen. Für Selbstversorger gibt es in den Super-märkten eine große Auswahl an Fer-tiggerichten, die schnell und problem-los zubereitet werden können. Für den Frühstückstisch – und hier mag mancher auch an die Zeit nach dem Urlaub denken und sich entsprechend eindecken – gibt es viele verschiedene Sorten herrlicher Orangen- oder auch Limonenmarmelade. Milch und Milchprodukte werden zum Teil von deutschen Firmen in England herge-stellt und sind in allen größeren Le-bensmittelgeschäften zu bekommen.

Billiger als in Deutschland sind manche **Elektroartikel,** und auch

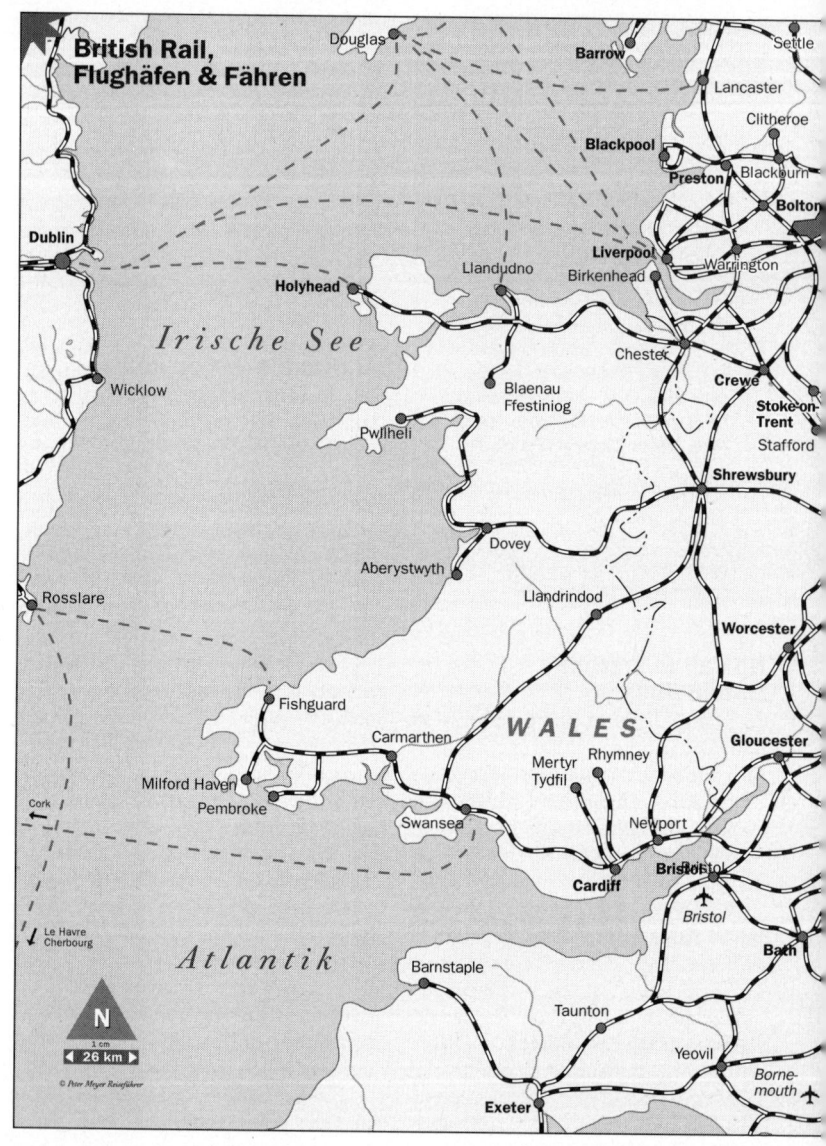

British Rail,
Flughäfen & Fähren

Douglas
Barrow
Settle
Lancaster
Clitheroe
Blackpool
Preston   Blackburn
Bolton
Liverpool   Warrington
Holyhead   Llandudno   Birkenhead
Irische See   Chester   Crewe
Wicklow   Blaenau   Stoke-on-Trent
Ffestiniog   Stafford
Pwllheli   Shrewsbury
Dublin
Dovey
Aberystwyth
Rosslare   Llandrindod   Worcester
WALES
Fishguard   Gloucester
Carmarthen   Mertyr   Rhymney
Cork   Milford Haven   Tydfil
Pembroke   Newport
Swansea   Bristol
Cardiff   Bristol
Le Havre   Bath
Cherbourg
Atlantik   Barnstaple
Taunton
N   Yeovil   Borne-
1 cm   mouth
◀ 26 km ▶
© Peter Meyer Reiseführer   Exeter

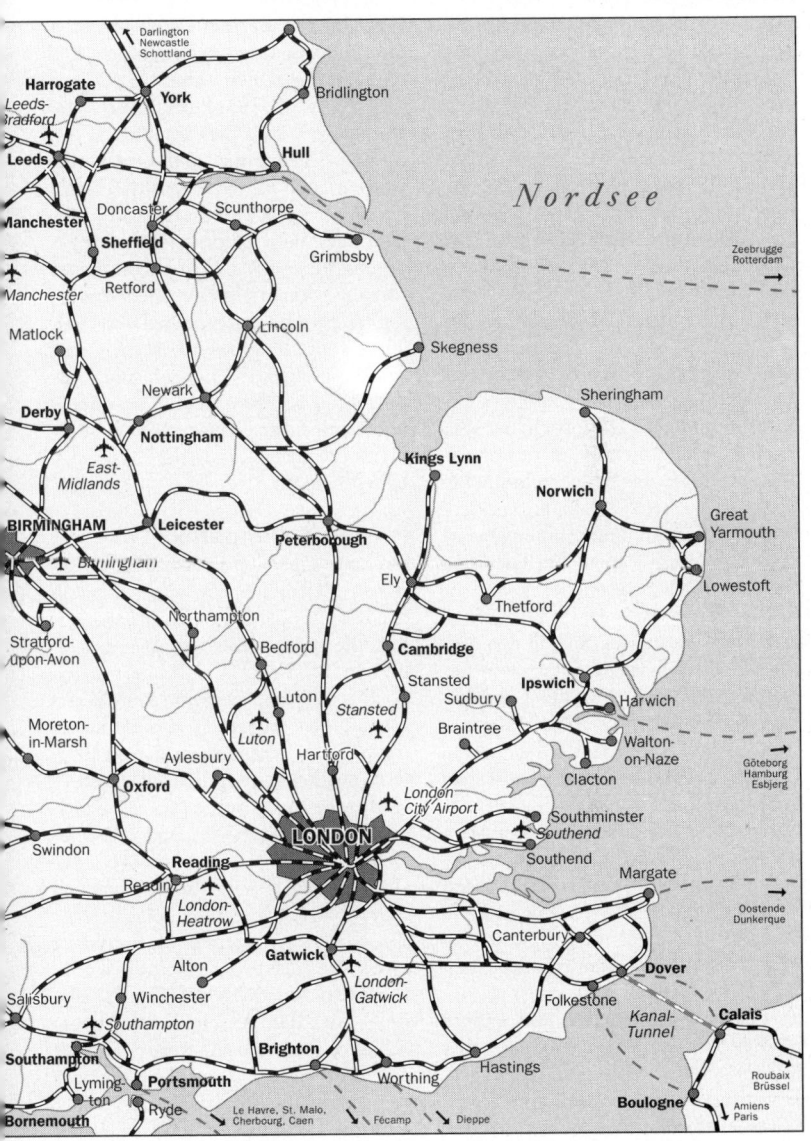

Nordsee

Darlington
Newcastle
Schottland

Harrogate
Leeds-Bradford
York
Bridlington
Leeds
Hull
Manchester
Doncaster
Scunthorpe
Sheffield
Grimsby
Manchester
Retford
Matlock
Lincoln
Skegness
Newark
Sheringham
Derby
Nottingham
Kings Lynn
Norwich
East-Midlands
BIRMINGHAM
Leicester
Great Yarmouth
Birmingham
Peterborough
Lowestoft
Ely
Stratford-upon-Avon
Northampton
Thetford
Moreton-in-Marsh
Bedford
Cambridge
Stansted
Ipswich
Harwich
Luton
Sudbury
Aylesbury
Luton
Stansted
Braintree
Walton-on-Naze
Oxford
Hartford
Clacton
London City Airport
Swindon
London
Southminster
Reading
Southend
Reading
Southend
London-Heathrow
Margate
Alton
Gatwick
Canterbury
Salisbury
Winchester
London-Gatwick
Dover
Southampton
Folkestone
Calais
Kanal-Tunnel
Southampton
Brighton
Lyming-ton
Portsmouth
Worthing
Hastings
Bornemouth
Ryde
Le Havre, St. Malo, Cherbourg, Caen
Fécamp
Dieppe
Boulogne

Zeebrugge Rotterdam

Göteborg Hamburg Esbjerg

Oostende Dunkerque

Roubaix Brüssel

Amiens Paris

Computer, es muß beim Kauf nur bedacht werden, wie die Frage der Wartung und Garantie geregelt werden soll. Außerdem kann die Frequenz, mit der Computer und Bildschirm laufen, zu niedrig sein, dann ist ein Trafo nötig (50 Hz), den man eventuell selbst einbauen können muß. Auch den Stecker am Stromkabel muß man selbst austauschen. Preislich günstiger sind auch viele **Textilien** sowie Schuhe (an die anderen Maße denken, am besten anprobieren). An vielen Geschäften prangen große Plakate, die den Schlußverkauf oder Sonderangebote ankündigen *(sale)*, doch hier sollte man den kühlen Kopf bewahren, denn es geht in der Regel nicht um besondere Verkaufsaktionen, sondern eher Werbemaßnahmen, einen Dauerzustand also, wie man bei längerem Aufenthalt leicht feststellen wird.

Farbfilme gibt es in Drogerien, außerdem werden sie auch in den Eintrittskiosks bei vielen Sehenswürdigkeiten angeboten. Für die Entwicklung von Papierfotos zahlt man pauschal für den Film, was billiger als in Deutschland ist, allerdings kann man mißratene oder schlecht abgezogene Fotos nicht zurückgeben. Schwarzweißfilme sind nicht so leicht zu bekommen (obwohl einer der größten europäischen Hersteller seinen Sitz in England hat). Hier muß man sich an Fotofachgeschäfte wenden oder einen Vorrat mitbringen.

Wer sich für **Bücher** und andere Medien interessiert, wird in den Buchgeschäften eine reiche Titelpalette vorfinden. In Großbritannien gibt es vor allem den Präsenzbuchhandel,

Bestellungen bei den Verlagen über die Buchläden dauern lange und sind nicht zu empfehlen – aber bei der großen Auswahl für Bettlektüre oder Mitbringsel wird dies auch kaum nötig sein. **Souvenirs** und **Geschenke** werden auch in den eigens dafür eingerichteten Läden von English Heritage oder dem National Trust angeboten, die es in fast jeder von diesen Organisationen betreuten Sehenswürdigkeiten gibt. Interessant sind vielleicht auch die großen *Garden Centres,* die nicht nur Pflanzen und Gartengeräte, sondern auch Ornamente und Skulpturen, schön verzierte Blumentöpfe oder klassische Gartenmöbel verkaufen.

Presse & Rundfunk

Bei der englischen **Presse** sind die seriösen Zeitungen *(broadsheets)* von der Regenbogenpresse zu unterscheiden, die größtenteils von dem australischen Medienmogul Rupert Murdoch beherrscht wird und kein Mittel scheut, den Absatz in die Höhe zu treiben. Im Vergleich zu diesen Blättern erscheint die deutsche Boulevardpresse so harmlos wie das Sandmännchen. Lesenswert und informativ sind der »Independent«, der »Guardian« und die »Financial Times« (letztere erscheinen auch als europäische Ausgaben in Frankfurt a.M.). Die ehrwürdige »Times« wurde auch von Murdoch aufgekauft, versucht aber den Anschein der Zuverlässigkeit zu wahren. Relativ neu ist der »European«, der über das etwas eingeengte Blickfeld vieler britischer Zeitungen hinausgeht und sein Augenmerk auch auf die europäische Politik richtet. Der »Daily Telegraph« gehört zu den konservativen Zeitungen, hier werden noch täglich die Nachrichten vom Hofe mitgeteilt.

Unter den einmal oder zweimal monatlich erscheinenden Blättern ist auf den »Economist« hinzuweisen, dessen Analysen manchmal etwas überspitzt formuliert, im ganzen aber doch oft zutreffend sind. Der »New Statesman« und der »Spectator« bringen politische Kommentare von einem linken beziehungsweise recht konservativen Standpunkt. Vierzehntägig erscheint das satirische Magazin »Private Eye«, das regelmäßig Skandale und Mißstände anprangert, ohne daß sich jemand darum schert. Beliebt ist es vor allem wegen seiner Karikaturen und der an das politische Kabarett erinnernden Beiträge.

Trotz zahlreicher Privatsender wird der **Rundfunk** nach wie vor von der BBC dominiert. *BBC1* und *BBC 2* bringen vorwiegend Unterhaltungsmusik, *BBC 3* spezialisiert sich auf klassische Musik und Jazz, *BBC 4* bringt Nachrichten und Informationen. Daneben gibt es eine Reihe von Regionalprogrammen, die regelmäßig aktuelle Straßenzustandsmeldungen senden. Moderne Autoradios blenden sie automatisch in die Programme der anderen Kanäle ein.

Die *BBC* strahlt auch zwei **Fernsehprogramme** aus, alle anderen Programme, einschließlich *ITN* und *Channel 4,* sind privat.

Wer einen **Kurzwellenempfänger** mitbringt, kann die *Deutsche Welle* auf folgenden Frequenzen hören: 6075 kHz, 7215 kHz, 9670 kHz, 9735 kHz; *Radio Österreich International* auf 6155 und 13.730 MHz; *Schweizer Radio International* auf 3.985, 6.165 und 9.535 MHz.

Mehr als Roast Beef und lauwarme Cervisia: Essen & Trinken

England ist nicht für kulinarische Köstlichkeiten berühmt, man ist es eher gewohnt, abfällige Beurteilungen über das englische Essen zu hören. Dieses Urteil ist so gewiß nicht hinzunehmen, denn sowohl in den größeren Städten als auch in den kleineren Orten Zentralenglands gibt es durchaus Restaurants, die einen Besuch lohnen. Die Pubs sind oft in der Mittagszeit geöffnet und offerieren neben Sandwiches und den in England ungemein beliebten *Crisps* (Kartoffelchips in Geschmacksrichtungen von Krabbe bis Käse) auch warme Küche. Wenn man nur die Mikrowellenkost meidet, die besonders mittags in den Pubs der Stadtzentren für die hektische Mahlzeit der Büroangestellten angeboten wird, kann man trotz gegenteiliger Behauptungen gut speisen.

Angsterreger BSE

Der manchmal tatsächlich leckere Rinderbraten ist das englische Nationalgericht schlechthin, hier liegt einer der wenigen Fälle vor, in denen ein kollektives Vorurteil über ein Land fast der Wahrheit nahe kommt. Schon 1735 besang der Londoner Komponist *Richard Leveridge* (1670 – 1758) in seinem Lied »The Roast Beef of

Das Feuer brennt gut, die Schweine hängen bereit: die Miserikordienschnitzereien der Ludlower Kirche verraten einiges über mittelalterliche Eß- und Trinkgewohnheiten

Old England« die gute alte Zeit, in der seine Landsleute sich noch von Rinderbraten ernährten, die Soldaten tapfer waren und die Welt erzitterte, wenn die alte Königin Elisabeth schlechter Stimmung war. Seit dieser Zeit, so klagt der Sänger weiter, sei die Einführung ausländischer Speisen und Getränke dem Volk auf den Magen geschlagen, hätte zu einem Verfall der Sitten und der Kraft der Bevölkerung geführt. Der Refrain »Oh! the Roast Beef of old England, and old English Roast Beef« zeugt von der Schaffung des Mythos einer Nationalspeise.

Mitte der achtziger Jahre dieses Jahrhunderts deutete sich das Ende dieser Idylle an. Mit dem Rinderwahnsinn BSE *(Bovine Spongiforme Encephalopathie)* trat eine neue Krankheit auf, der in wenigen Jahren Zehntausende Rinder auf der Insel zum Opfer fielen. Der Krankheitsverlauf war immer gleich: Orientierungslosigkeit, Taumeln, Bewegungsunfähigkeit und Tod. Hervorgerufen wurde diese zu einer Zerstörung des Gehirns führende Krankheit durch Futtermittel, die hauptsächlich aus Tierknochenmehl und Abfällen – meist Tierkadavern – bestanden. Da die Symptome denen der in seltenen Fällen bei Menschen auftretenden Creutzfeldt-Jakob-Krankheit nicht unähnlich waren, stellte sich schon früh die Frage, ob BSE auf Menschen übertragbar sei. Um den befürchteten Schaden für die Landwirtschaft zu minimieren, begegnete die britische Regierung diesen Befürchtungen nicht mit Informationen oder Forschungsergebnissen, sondern mit einer massiven Öffentlichkeitskampagne: britisches Rindfleisch sei sicher, eine Verbindung zwischen den beiden Krankheiten nicht nachweisbar.

Die Aufregung hatte sich schon lange wieder gelegt, als die europäische Öffentlichkeit im März 1996 durch eine Verlautbarung eben dieser Regierung aufgeschreckt wurde: eine Verbindung zwischen BSE und der Creutzfeldt-Jakob-Krankheit könne nicht mehr ausgeschlossen werden. Gaststätten und Restaurants, Schulen und Großküchen, Imbißketten und Supermärkte verbannten britisches

Rindfleisch über Nacht von ihren Speiseplänen, die Nachfrage brach vollständig zusammen und die Europäische Union verhängte ein Exportverbot. Es stellte sich heraus, daß mit den Futtermitteln am falschen Ende gespart worden war, nur durch die Notschlachtung des gesammten Rinderbestandes würde man das Vertrauen der Verbraucher wiedergewinnen.

Doch nichts dergleichen geschah. Stattdessen setzten sich politische Mechanismen durch. Die Regierung Major, bedrängt von der Opposition, verzweifelt um die Wählergunst bemüht und in ihrer Haltung zur Europäischen Union gespalten, sah in der BSE-Krise eine Möglichkeit sich durch Stärke und Entschlossenheit zu profilieren: nicht durch die Lösung des Problems, sondern durch die unnachgiebige Forderung, das Exportembargo aufzuheben.

Das Problem bestand auf einmal nicht mehr in der Beseitigung der Krankheit, sondern in der Wiedergewinnung des Vertrauens der Verbraucher. Britisches Rindfleisch, so hieß es einmal mehr, sei ohne Bedenken zu genießen. Durch die Politisierung des Problems hatte die Regierung Major mühelos den Bogen zurück in das Jahr 1735 geschlagen. Gemeinsam, so die Losung, galt es dem ausländischen Embargo eines Bestandteiles der nationalen Kultur zu trotzen und der Druck auf Supermärkte und Imbißketten zur Beendigung des Boykotts verstärkte sich. Im Mai 1996 erklärte die Schnellimbißkette »Wimpy«, nun doch wieder britische Rindfleischprodukte anzubieten. Und dabei ist es geblieben.

Besucher der Midlands werden in vielen Restaurants Aushänge mit Informationen finden. Wer ganz sicher gehen will, kann auf andere Fleischsorten zurückgreifen (auch der Lammbraten ist durchaus ein englisches Nationalgericht und auch der beliebten indischen Küche nicht unbekannt) und außerdem sind vegetarische Gerichte überall erhältlich. Daneben gibt es noch andere Alternativen.

Alternativen zu Rindfleisch

Eine andere englische Spezialität sind zum Beispiel *Yorkshire Puddings*, ein in Bratfett gebackener Eierteig, der ganz wohlschmeckend ist, wenn er gut zubereitet wurde. Yorkshire Pud-

dings werden gerne zu – *Roast Beef* gereicht, BSE siehe oben.

Populär ist das *Ploughman's Lunch* aus Brot, verschiedenen Käsesorten sowie Salat und Obst. Den deutschen Bratwurstbuden vergleichbar sind die *Chippies*. Wenn es auf der Insel ein Nationalgericht gibt, so ist das gewiß *Fish and Chips*. Die frittierten Fischfilets sind in der Regel lecker, dafür hat man oft bei den Pommes Frites weniger Glück. Sie werden übrigens nicht nur mit Salz, sondern auch mit Essig gewürzt. Andere Schnellküchen, *Take Aways,* sind zwar bequem, halten jedoch nicht immer hohe Hygienestandards ein und sind deshalb nicht zu empfehlen.

In den Teestuben, die zum Pausieren bevorzugt in den Nachmittagsstunden aufgesucht werden, gibt es Kleinigkeiten und Süßes, wie etwa den *Bakewell Tart,* eine Spezialität aus Derbyshire.

Oft begegnen werden Ihnen die berühmten Käsekreationen der Midlands: *Stilton, Leicester, Sage Derby* und natürlich *Cheddar*.

Außer der englischen Kost gibt es noch eine breite Auswahl an anderen Speisen, denn man muß genau unterscheiden zwischen englischen Restaurants und Restaurants in England. In kaum einem anderen Land der Welt ist **internationale Küche** so reichhaltig vertreten wie hier. Die indische Küche soll in und um Birmingham nach dem Zweiten Weltkrieg überhaupt erst entstanden sein. Heute gibt es in wohl allen Städten Zentralenglands indische Restaurants, darunter auch *Balti Houses,* in denen man das Essen aus der

Schüssel, in der es zubereitet wurde, mit Hilfe eines Fladenbrotes und ohne Besteck zu sich nimmt. Das Essen hier ist gut und preiswert, eine Mahlzeit kostet meist weniger als £5. Wer seine Speisen gern gut gewürzt ißt, wird die südindischen Gerichte (Madras, Vindaloo) bevorzugen.

Außer französischen, italienischen, griechischen und chinesischen Restaurants kann man zumindest in den Großstädten auch auf die japanische, türkische, thailändische, portugiesische oder koreanische Küche zurückgreifen.

Praktisches rund ums Lukullische

Das Essen in den meisten Restaurants ist freilich teuer, mit £10 – £15 pro Person muß man rechnen. Ist man mit der Bedienung zufrieden, sollte man ein Trinkgeld von 10 % geben.

Alkoholische Getränke sind in Großbritannien teurer als in Deutschland; doch die Bestimmungen der Europäischen Union erlauben die Einfuhr zum Eigenbedarf, wer auf das Bierchen abends nicht verzichten möchte, kann es sich also mitbringen. Restaurants benötigen eine besondere Lizenz, um Alkohol ausschenken zu dürfen; sie sind *Fully licensed*. Wo dies nicht der Fall ist, etwa in vielen Balti-Restaurants, muß man sich sein Bier oder seinen Wein selbst mitbringen, Gläser und Flaschenöffner werden dann vom Kellner bereitgestellt.

Im Pub ist es üblich, die Bestellung direkt an der Bar aufzugeben und gleich zu bezahlen. Essen und Trinken wird Ihnen jedoch an den Tisch gebracht.

Kulinarisches lexikalisch

Ale: Obergäriges, helles Bier mit etwa 6 % Alkohol, als *brown ale* dunkel und süß, als *light ale* hell und schäumend.

Bacon and scambled eggs with sausages and baked beans: Englischer Start in den Morgen mit Rührei, gebackenem Schinken oder Würstchen und Bohnen in Tomatensauce.

Bangers and Mash: Bratwurst mit Kartoffelbrei *(creamed potatoes).*

Barley Wine: Extra starkes Bier.

Bitter: Halbdunkles, obergäriges Bier vom Faß *(draught);* wird bei Zimmertemperatur serviert.

Black and Tan: Bier und Stout, übereinandergeschichtet.

Black Velvet: Cocktail aus Guiness und Champagner.

Cereals: Sind auch auf deutschen Müslipackungen in Mode gekommen, bedeutet schlicht Getreide und meint meist Cornflakes.

Cheddar: Fetter, orangefarbender Hartkäse aus dem gleichnamigen Ort in Somerset.

Chester: Hartkäse aus der Grafschaft Cheshire.

Cider: 10 – 11%iger Apfelwein.

Cornish Pasty: Blätterteig mit Fleisch und Kartoffeln gefüllt.

Cottage Pie: Hackfleisch mit Zwiebeln, mit Kartoffelbrei überbacken.

Crayfish: Flußkrebs.

Cream: Vanillesauce, oder als *fresh cream:* Schlagsahne, oder *clotted cream:* dickflüssige Sahne.

Cumberland Sauce: Pikant-süßer Dip zu Wildgerichten aus Rotwein, Johannisbeergelee und Apfelsinen.

Dumplings: Klöße aus Milch und Mehl.

Finnan haddie: Geräucherter Schellfisch.

Fish and Chips: Schellfisch oder Heilbutt mit Pommes, wenn's gut gemacht wird, ist der Fisch in Bierteig gehüllt und fritiert.

Fisherman's Lunch: nicht fragen, Räuchermakrele mit Brot und Salat essen.

Free House: Ein Pub, der nicht unter Vertrag einer bestimmten Brauerei läuft, sondern selbst bestimmen darf, welche Biersorten ausgeschenkt werden, was nicht nur Abwechslung verspricht, sondern oft auch mit lokalen Bierbrautraditionen bekannt macht.

Fried: Fritiert, *deep fried:* mit Semmelbröseln.

Fried eggs: Spiegeleier.

Ginger Ale: Erfrischungsgetränk mit Ingwer, leicht alkoholisch.

Gooseberry Fool: Stachelbeercreme.

Half a Pint: Maß für ein kleines Bier, entspricht 0,284 l.

Hot Apple Pie: Heißer Apfelkuchen.

Jam: Marmelade in vielerlei ausgefallenen Sorten. *Marmalade* hingegen ist speziell Orangen- und Zitronenkonfitüre.

Kippers: Geräucherte kleine Heringe.

Lager: Vergleichbar mit deutschem Pils; entweder aus der Flasche (teurer) oder direkt vom Faß (preiswerter) – aber wenigstens gekühlt.

Lamb with Mint Sauce: Lamm mit Pfefferminzsauce, very british.

Last Orders: Letzte Bestellung, 10 Minuten vor Kneipenschluß.

Leeks: Lauch, Poree.

Lemon Cheese: Art Butter mit Eiern, Zitronensaft und Zucker verrührt.

Maids of Honour: Baisertörtchen, gefüllt mit Himbeermarmelade oder *Mincemeat:* Masse aus Rosinen, Talg, Äpfeln, Mandeln, Zitronat und Orangeat, Muskat, Ingwer und Brandy.

Mulligatawny Soup: Geflügelsuppe mit Curry, stammt aus Englands Kolonialzeit in Indien. Dazu trinkt eine englische Lady (und eventuell ihr Butler) *Sherry.*

Pint: Maß für ein großes Bier, entspricht 0,568 l.

Plaice with Tartare sauce: Schollenfilet mit Remouladensauce.

Poached: Gekocht.

Pork Pie: Schweinefleischpastete.

Porridge: Haferbrei mit Zucker und Zimt.

Real Ale: Faßbier mit natürlicher Kohlensäure, entspricht der »lauwarmen Cervisia« aus Asterix.

Relishes: Gut gewürzte Dips.

Sandwich Spread: Sandwich-Grundlage aus Mayonnaise, verrührt mit Gurke und Gemüse. Macht die dreieckigen Toastscheiben oft etwas glitschig.

Scones: Mini-Milchbrötchen, zur Teatime möglichst frisch.

Shandy: Radler, Bier mit Limonade.

Shortbread: Butterplätzchen, mit Zucker bestreut.

Smoked: Geräuchert.

Snakebite: Bier mit Cider, schmeckt wie es heißt.

Steak and Kidney Pie: Rindfleisch-Nieren-Pastete.

Stout: Dunkles Starkbier aus Reis- und Maismalz, vom Faß mit cremigem Schaum; wird ebenfalls bei Zimmertemperatur serviert. *Guinness* (bitter) und *Mackeson* (süß) sind bekannte Varianten.

Sole: Seezunge.

Trifle: Keine Kleinigkeit dieses kalorienstarke Dessert aus Biskuit, Konfitüre, Sahnecreme und Brandy.

Ploughman's Lunch: Cheddar und andere Käsesorten, Brot, saure Zwiebeln oder Obst, Salat.

Welsh Rabbit (auch Rarebit): Sozusagen falscher Hase: In Butter und Bier geschmolzener Cheddar wird über in Schmalz gebackenen Toast gegossen und im Backofen überbacken.

Worcester Sauce: Ob die berühmte Würze, die kein Deutscher korrekt ausspricht (hier für alle: wuster soaß) aus der gleichnamigen Stadt kommt, ist umstritten. Ingredienzien wie Mango-Chutney und Sojasauce, gemischt mit weiteren süßen und scharfen Zutaten, lassen eher auf asiatische Wurzeln schließen.

AKTIV IN DER NATUR

GESCHICHTE & KULTUR

REISEHINWEISE

AKTIV IN DER NATUR

BIRMINGHAM & COVENTRY

VON STAFFORD NACH CHESTER

PEAK DISTRIKT & DERBY

NOTTINGHAM- & LINCOLNSHIRE

SHROPSHIRE & DER SEVERN

AVON & SHAKESPEARE-LAND

AKTIVURLAUB IN DEN MIDLANDS

*Nicht zu Unrecht hat England den Ruf als Land der Burgen und Schlösser,
der Landhäuser, Parks und Gärten. Besonders in Zentralengland bietet sich die
Besichtigung historischer Sehenswürdigkeiten an, in diesem Reisehandbuch
wird eine Fülle von ihnen vorgestellt. Damit sind allerdings die Urlaubs-
möglichkeiten nicht erschöpft: man kann Fuß- und Radwanderungen
unternehmen, Boot fahren, reiten, in alte Eisenbahnen steigen oder Höhlen
und Bergwerke besichtigen.*

Fünf Wandervorschläge

In England ist man stolz auf die Vielzahl der Wanderwege. Dabei ist jedoch zu beachten, daß die meisten
Wanderpfade über Privatbesitz führen. Öffentliche Wege und solche, wo
gewohnheitsrechtliche Ansprüche bestehen, sind ausgeschildert *(Public
Footpath)*, zu erkennen sind sie weiterhin an den Treppchen und Leitern
(stiles), die über Hindernisse hinweg-
führen. Das Gewohnheitsrecht besteht darin, daß die Eigentümer den
Weg in einem Zeitraum von mindestens 20 Jahren nicht für die Öffentlichkeit gesperrt haben. Wer vom Weg
abweicht, begeht eine Gesetzesüber-
tretung *(trespass)*. Führt der Weg über
Weideflächen, sollten Wanderer sich
mit Vorsicht bewegen, wenn Stuten
mit Fohlen oder einzelne Bullen sich
auf dem Land befinden, in der Regel
zeigt das Vieh jedoch größeres Interesse nur an den Frühstücksbroten der
Wanderer. Um Ärger mit den Landei-
gentümern zu vermeiden, sollte man
alle Gatter hinter sich schließen, Zäune und Hecken nicht beschädigen,
keine Abfälle wegwerfen und kein
Feuer machen. Nähere Information
gibt die *Ramblers' Association*, 1/5
Wandsworth Road, London SW8 2LJ.

Die **Ausrüstung** richtet sich nach
der Jahreszeit und der Länge der
Wanderung. Eine eiserne Ration und
für Notfälle auch eine Trillerpfeife
(Signal: sechs Pfiffe, danach eine Pau-
se) gehören zur Standardausrüstung.

Hier können nur einige Vorschläge
zu Wanderungen und Spaziergängen
gemacht werden. Viele weitere Wege
sowie die Fernwanderwege sind in
den handlichen Bänden der Pathfin-
der-Guide-Serie des *Ordnance Survey*
zu finden. Es sei auf die Bände »Heart
of England Walks«, »Peak District
Walks« sowie »Wye Valley and Forest
of Dean Walks« verwiesen.

Clent Hills bei Birmingham

Schöne Wandermöglichkeiten
werden auf den Clent Hills, südwestlich von Birmingham, geboten. Von
Birmingham aus sind sie am besten
über die Hagley Road zu erreichen,
die zur Auffahrt 3 der Autobahn M5
führt. Man fährt jedoch nicht auf die
Autobahn, sondern setzt den Weg auf
der A456 in Richtung Kidderminster
fort. Diese zweispurige Schnellstraße
eignet sich übrigens nicht zum Radfahren. Vom dritten Kreisel hinter der
Autobahn geht nach links ein schmaler Weg ab, der zum *Nimmings Lane*

Visitor Centre führt, wo sich auch der Parkplatz befindet (Parkgebühr £0,50).

Von hier aus kann man auf einem markierten Rundweg von knapp 9 km Länge um die Hügel herumspazieren. Vom Parkplatz aus geht es zunächst nach rechts auf die Fortsetzung der Straße, auf der man gekommen ist. Nach einigen hundert Metern wendet man sich nach links (abwärts) zu der kleinen Kirche *St. Kenelm,* die einem Prinzen des Königshauses von Mercia geweiht ist, der an der Quelle unterhalb des Gebäudes um 820 auf das Geheiß seiner ehrgeizigen Schwester ermordet worden sein soll. Um die Quelle herum wurde ein schöner kleiner Park angelegt.

An der nächsten Kreuzung des Rundweges geht es nach rechts (bergauf) in den eigentlichen *Clent Hill Country Park.* Dazu verläßt man die Straße und steigt an der vorgegebenen Stelle, sie ist durch einen *stile* markiert, über den Zaun. Der Weg führt etwa 1 km den *Walton Hill* hinauf und ebensoweit wieder hinab. Vom Fuß des Walton Hill nach *Clent* (man biegt nach rechts ab) sind es etwa 3 km. Zunächst gelangt man zur Kirche von Clent, danach in das Dorf. In Clent selbst geht man den *Adam's Hill* hinauf zu den *Four Stones.* Der Ausblick von hier oben lohnt bei schönem Wetter die Mühe.

Wer dem Rundweg einen kurzen Spaziergang vorzieht, der kann gleich vom Parkplatz aus den Adam's Hill hinaufgehen. Der Weg führt zu den vier Steinen, die allerdings nicht aus der Vorzeit stammen, sondern im 18. Jahrhundert hier als »folly« (Blickfang) aufgestellt wurden. Birmingham liegt im Osten, Kidderminster im Westen, Worcester und die Malvern Hügel im Süden. Der Weg geradeaus führt direkt in das Dorf Clent.

Essen & Trinken: *The Hill Tavern,* Adam's Hill, Clent, DY9 9PS, ☎ 01562/885024.

Henley-in-Arden, Preston Bagot und Stratford-upon-Avon-Kanal

Von den Waldgebieten im Forst von Arden nördlich von Stratford-upon-Avon ist nicht viel übriggeblieben. Bereits vor vielen hundert Jahren wichen sie großflächigen Gemarkungen, die ihrerseits zur Zeit der *enclosures* in heckenumzäunte Weidegebiete aufgeteilt wurden. Trotz dieser erheblichen Eingriffe ist die leicht hügelige Landschaft dieses Teils der Grafschaft Warwickshire nach wie vor sehenswert, zumal eine Reihe schöner Dörfer zu ihrer Attraktion beitragen.

Von der Kirche des kleinen Marktstädtchens *Henley-in-Arden* aus begibt man sich durch den von der Hauptstraße abgehenden Verbindungsweg nach *Beaudesert.* An der Kirche vorbei geht es auf die Motte, den Burghügel zu, auf dem einst die Burg von Beaudesert stand. Sie gehörte zum Besitz der Familie de Montfort und verfiel, nachdem das letzte Familienoberhaupt, Simon de Montfort, 1265 im Bürgerkrieg gegen König Heinrich III. den Tod gefunden hatte.

Man geht durch das Gatter (ein »Kissing Gate«, das immer nur einer Person den Durchgang gewährt) und

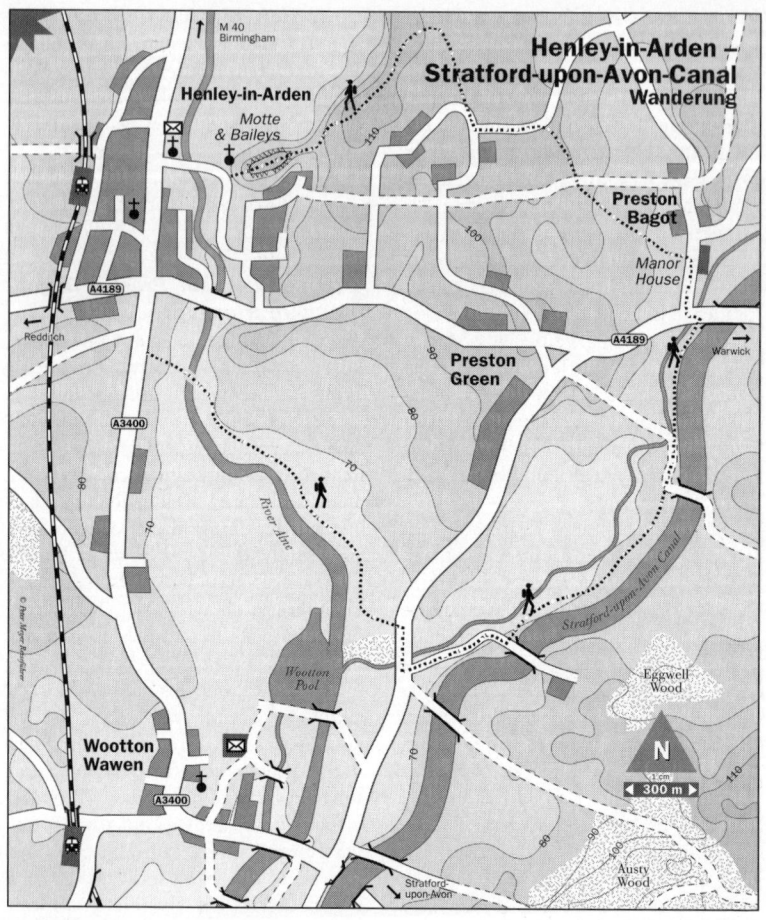

dann rechts an der Motte vorbei. Hinter der ehemaligen Burganlage geht es den Hang hinauf, dann am Zaun entlang, bis man zu einem Übergang kommt. Hier muß man über den Zaun steigen. Weiter nach Süden gelangt man auf das Nachbarfeld, wendet sich nach links und kommt auf einen befestigten Feldweg. Hier gibt es zwei Möglichkeiten: Erstens kann man den Weg in Richtung Süden bis zur Straße (A4189) fortsetzen – vorbei an einer kleinen Siedlung *Henley Engeneers* –, um, dort angelangt, nach

Osten (links) weiterzuwandern. Unerschrockene können aber auch den Weg geradeaus über die Felder wählen, rechts am Bauernhof vorbei, dann immer weiter durch verschiedene Pferdekoppeln, den (nicht immer gut sichtbaren) grün-gelben Markierungen des Wanderweges folgend, nach *Preston Bagot*. Auf der Straße dort hält man sich rechts (Richtung Süden) und kommt nach einigen hundert Metern ebenfalls auf die A4189.

Hier folgt man dem Wegweiser in Richtung Warwick, überquert einen Bach und erreicht bald das aus dem 16. Jahrhundert stammende Gutshaus von *Preston Bagot*. Es kann nicht besichtigt werden, ziert aber doch als schöne Fachwerkarchitektur die Landschaft. Diese Landstraße unterquert, erst auf den zweiten Blick sichtbar, der *Stratford-upon-Avon Canal*. Der Zugang zum Treidelpfad befindet sich auf der dem Gutshaus gegenüberliegenden Straßenseite. Auf dem Treidelpfad geht es in Richtung Süden weiter, bis man zur zweiten Brücke gelangt. Hier wendet man sich nach rechts, geht auf dem geteerten Weg, der alsbald eine Biegung macht und an einem Bach entlang führt. Dieser Weg führt auf eine Landstraße zu, auf der man sich nach rechts (Norden) wendet. Zunächst wird der kleine Wasserlauf überquert, ein kurzes Stück dahinter beginnt dann links ein Weg über die Felder nach Henley-in-Arden zurück. Dazu steigt man wieder über einen Tritt, entfernt sich von der Straße und gelangt nach einigen hundert Metern an den kleinen Fluß *Alne*. Hier geht es einmal mehr nach

rechts (Norden), Henley ist nun noch 2 km entfernt.

🚶 Wanderung durch das Umland von Pershore am Avon entlang

Ausgangspunkt dieser rund acht Kilometer langen Wanderung ist die *Klosterkirche* von Pershore. Es geht vom Park des Klosters aus rechts am Bowlingplatz vorbei zum Durchgang bei der Schule, dann New Road und Holloway entlang. Nach etwa 1 km führt ein Wegweiser *(Public Footpath)* nach links in die Felder. Nach einem weiteren Kilometer hat man die Möglichkeit, den Weg nach rechts am Saum des *Tyddesley Wood* fortzusetzen. Man gelangt schließlich an einen kleinen Bach *(Bow Brook)* und biegt hier nach links ab. Nach etwa einem Kilometer geht es über einen Tritt nach links in den Wald hinein. Geradeaus geht es nicht weiter, das Gelände ist gesperrt. Der Wald wird dann auf einem schönen breiten Weg durchquert. Es geht jetzt wieder Richtung Osten, also nach Pershore zurück. Bevor man die Stadt erreicht trifft man jedoch auf eine Straße (A4104) und biegt hier nach rechts (also nach Süden) ab. Schon bald zweigt auf der linken Seite ein Fußweg ab, der zum Avon führt. Auf dem Uferweg begibt man sich nach Osten, also der Strömung entgegen. Mehrere Kilometer lang geht es nun durch die Flußniederungen bis zur mittelalterlichen Pershore-Brücke. Dabei liegt die Silhouette der Stadt auf der linken Seite. Von der alten Brücke gelangt man leicht wieder zur Abteikirche oder zum Marktplatz zurück.

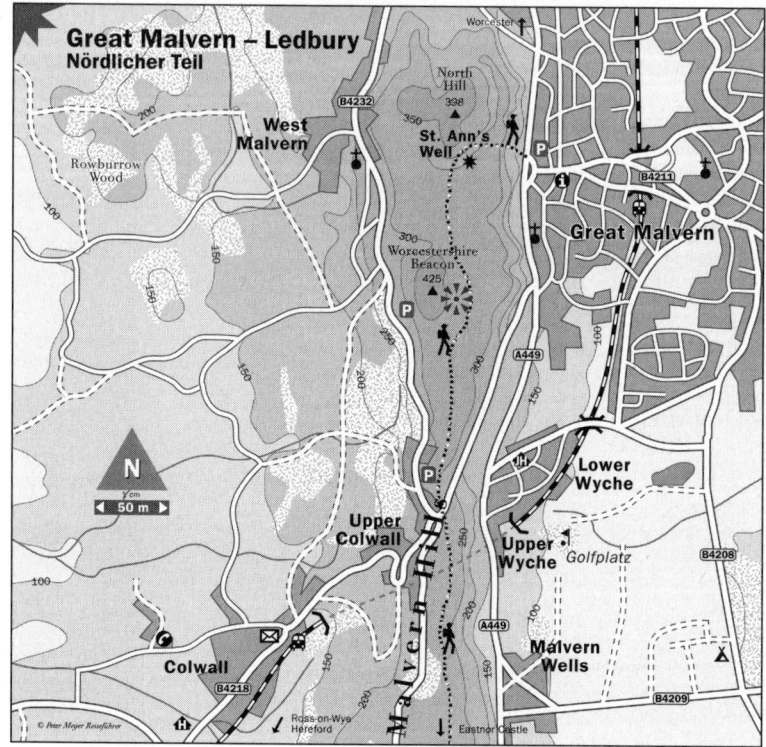

Great Malvern – Ledbury
Nördlicher Teil

West Malvern

Rowburrow Wood

North Hill 398

St. Ann's Well

Worcestershire Beacon 425

Great Malvern

N
1 cm
◄ 50 m ►

Upper Colwall

Lower Wyche

Upper Wyche Golfplatz

Colwall

Malvern Wells

© Peter Meyer Reiseführer

Ross-on-Wye Hereford

Eastnor Castle

🚶 Von Great Malvern nach Ledbury

Ein guter Ausgangspunkt für eine weitere schöne, circa 18 km lange Wanderung ist die Stadt Great Malvern. Von der Kirche aus führt der Weg über die Hauptstraße (Worcester Road) die St. Ann's Road hinauf zunächst zum *St. Ann's Well* und dann den steilen Aufstieg zum *Worcestershire Beacon* (425 Meter) hinauf. Der Kammweg kreuzt nach etwa anderthalb Kilometern die alte Salzstraße, *Wyche Cutting,* die von Droitwich nach Herefordshire führte. Der Weg geht dann gut 3 km auf der Ostseite der Hügel nach *Little Malvern.* Das kleine Benediktinerkloster hier wurde 1171 gegründet, die Bauten stammen aber meist aus dem späten 15. Jahrhundert. Geöffnet ist es zwischen 19. April und 20. Juli jeweils Mi und Do, 14.15 – 16.30 Uhr.

Von dort setzt man den Weg auf der nach Süden führenden Straße fort, einen Kilometer in Richtung *Under-*

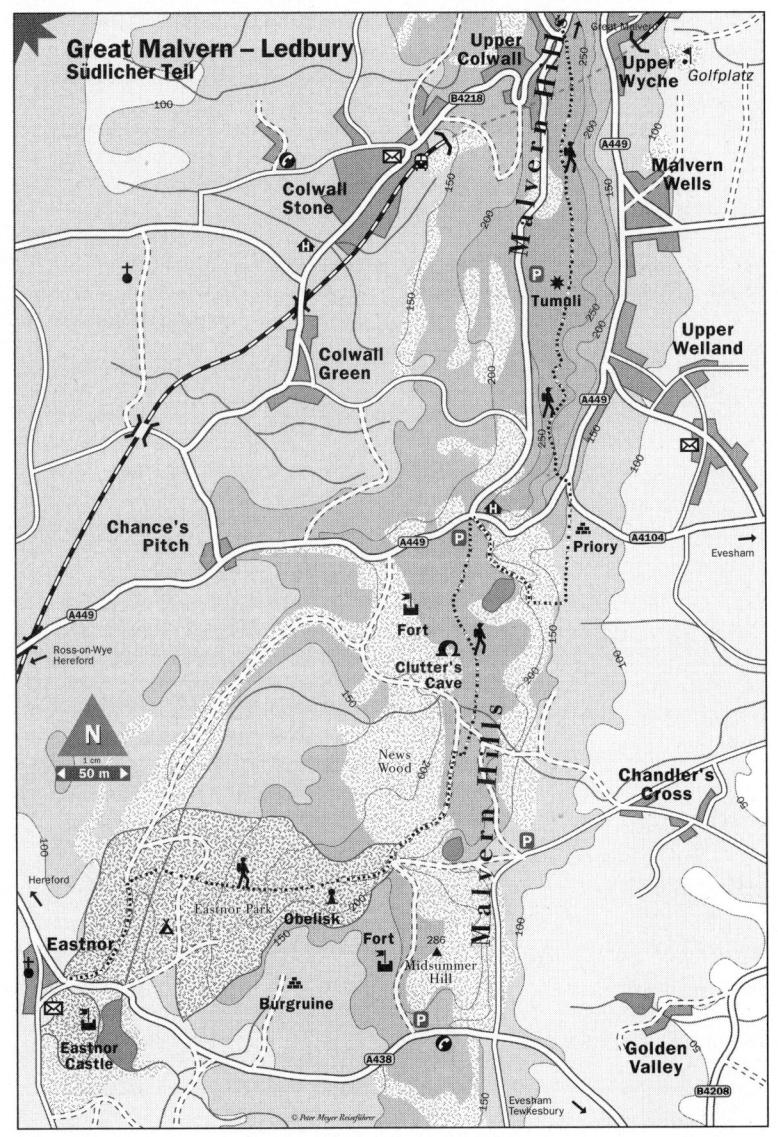

Great Malvern – Ledbury
Südlicher Teil

Upper Colwall

B4218

Colwall Stone

†

Colwall Green

Chance's Pitch

A449

Ross-on-Wye
Hereford

N
1 cm
◀ 50 m ▶

Hereford

100

Eastnor

Eastnor Castle

Eastnor Park

Obelisk

Burgruine

Fort

286
Midsummer Hill

A438

Golden Valley

B4208

Evesham
Tewkesbury

News Wood

Clutter's Cave

Fort

A449

P

Priory

A4104

Evesham →

Malvern Hills

Malvern Hill

Great Malvern

250

200

Upper Wyche
Golfplatz

A449

Malvern Wells

Tumuli

Upper Welland

Chandler's Cross

© Peter Meyer Reiseführer

hill Farm. Vor dem Bauernhof biegt man jedoch nach rechts ab zum steilen Aufstieg, am Wasserreservoir vorbei, zunächst zur Straße Great Malvern–Ledbury nach *Wynds Point* und hier vom Parkplatz zum *Herefordshire Beacon,* einem eisenzeitlichen Siedlungsplatz. Der Abstieg von hier auf der Westseite führt zu einem Weg, der sich nach 1 km gabelt. Über die rechte Abzweigung gelangt man nach weiteren 2 km nach *Eastnor Park.* Eastnor Castle ist eine historisierende Anlage des frühen 19. Jahrhunderts. Durch den Park geht es auf die A438 und so nach Ledbury.

🥾 Wanderung am Cromford Canal

In der Nähe des Dorfes Cromford, südlich von *Matlock* (Derbyshire), erbaute Richard Arkwright 1771 die erste Baumwollspinnerei. Obwohl sich hier keine Industriestadt entwickelte, wurde das Gebiet doch bald für den Verkehr erschlossen. Im Jahr 1793 wurde der *Cromford Canal* fertiggestellt, eine Eisenbahnverbindung folgte im 19. Jahrhundert.

Der Rundweg am Cromford Canal entlang, dann am *Derwent* zurück, ist etwa 6 km lang und beginnt am Park- und Picknickplatz am Ende des Kanals. Hierzu biegt man auf der A6, aus südlicher Richtung kommend, in Cromford nach rechts in Richtung *Crich* ab (auch die alte Fabrik ist ausgeschildert). Die Einfahrt zum Parkplatz befindet sich wiederum auf der rechten Seite. Zu Fuß folgt man dann dem Treidelpfad des Cromford Canal zunächst bis zum *Visitor Centre,* das auf der gegenüberliegenden Seite des Kanals liegt, dann bis zum Aquädukt, der Brücke des Kanals über den Fluß. Dieser Weg führt am 1840 erbauten *Lea Wood Pump House* vorbei, dessen Dampfmaschine, die jahrelang Wasser aus dem Fluß in den Kanal pumpte, erst kürzlich restauriert worden ist.

Hinter dem Aquädukt geht es nach links (Osten) bis zum Eisenbahntunnel. Der wird überquert, danach folgt man einen knappen Kilometer lang dem dort beginnenden Weg. Sobald sich die Möglichkeit ergibt, den links vom Weg zum Derwent fließenden Bach zu überqueren (bevor man die Straßenkreuzung an der Fabrik erreicht hat), geht es am Bach entlang

Zugegeben: Er ist zwar echt, aber nicht echt wild

zurück zum Fluß. Wer das Übersteigen einiger Zäune nicht scheut – sie sind durch Übergänge passierbar gemacht –, kann durch das Waldstück, den *Bow Wood* zurückwandern, es ist aber genauso gut möglich, dem Weg am Fluß zu folgen. Hinter einer Biegung wird wiederum die Eisenbahnlinie überquert. Es geht dann auf eine Straße, die zunächst über den Fluß führt. Nach etwa zehn Minuten gelangt man dann zum Picknickplatz, dem Ausgangspunkt der Wanderung, zurück.

Radfahren & Radverleih

Nach dem Ausbau des englischen Straßennetzes ist Radwandern nur noch auf den kleinen Nebenstraßen zu empfehlen. Es ist in England üblich, daß auch Radfahrer Helme tragen und sich durch Reflektoren deutlicher sichtbar machen.

An einigen Orten können Fahrräder gemietet werden. Der Mietpreis beträgt meist um die £10 pro Tag. Weitere Verleihstationen sind örtlich genannt.

K. and C. Dartnell, Wheely Wonderful Cycling, **Elton** (südwestlich Ludlow), Petchfield Farm, SY8 2JH, ✆ 01568/770755. Mietkosten pro Tag £10/£6, Mountainbike £12. Herr und Frau Dartnell bieten auch Radfahrerferien an, holen Reisende aus Ludlow ab, organisieren Unterkunft und Touren, etwa eine *Castle Tour* in die walisischen Marken, Fahrten nach Ironbridge und nach Wales.

Fahrradverleih **Ashbourne**, Derbyshire, Mapleton Lane, DE6 2AA, ✆ 01335/343156.

Fahrradverleih Waterhouses, Earlsway, Waterhouses, **Stoke-on-Trent,** ST10 3WG, ✆ 01536/308609.

Fahrradverleih **Middleton Top** (bei Cromford und Wirksworth), Derbyshire, ✆ 01629/823204.

Urlaub auf dem Longboat: aktiv in größter Seelenruhe

Mit der Industrialisierung entstand in Zentralengland ein dichtes Netz von Kanälen mit Brücken, Schleusen, Aquädukten und Tunneln, über die vor allem Massengüter wie Kohle und Erz transportiert wurden. Aufgrund ihrer geringen Breite können auf ihnen nur die sehr schmalen *longboats* verkehren, die heutzutage, mit Dieselmotoren ausgerüstet, so an die 4 km pro Stunde hinter sich bringen. Diese mit Schlafkabinen, Küchen und WC ausgestatteten Fahrzeuge sind ideal zur Erkundung sowohl der großen Zentren wie auch der Landschaft der Midlands. Sie bieten 6 und mehr Personen bequem Platz. Beim Abschluß des Mietvertrages sollte man genau auf die Konditionen achten. Manche Vermieter berechnen Pauschalpreise pro Tag oder pro Woche, andere verlangen Aufschläge pro Person.

Führerscheine oder Vorkenntnisse sind nicht notwendig. Bevor es losgeht, wird zuerst an der nächstgelegenen Schleuse *(lock)* das Durchfahren geübt. Einfahrt, das Öffnen der Regler und Ausfahrt erscheinen am Anfang vielleicht kompliziert, doch nach dem ersten Dutzend Schleusen hat sich jeder zum routinierten Binnenschiffer entwickelt, und auf der Fahrt (gemietet wird meist wochenweise) werden noch viele, viele Dutzend folgen. Die Boote sind meist bis hin zur Bettwäsche ausgestattet, Näheres ist bei der Buchung zu erfragen. Tankstellen, Lebensmittelgeschäfte und Pubs gibt es an den Anlegeplätzen.

My home is my castle: Bordküche eines Longboats.
Links: In den Staircase Locks bei Bunbury

Die meisten Kanäle werden von *British Waterways* verwaltet, Broomhill Lane, Lapworth, Solihull, West Midlands, B94 6LH, ℃ 01345/626252; für die Gegend von Birmingham ℃ 01902/409010.

Simolda Ltd., Basin End, **Nantwich,** Cheshire (an der Straße nach Chester), *Shropshire Union Canal,* ℃ 01270/624075. Je nach Größe des Bootes und Saison liegt der Preis zwischen £350 und £750 pro Woche; bei Buchungen von mehr als zwei Wochen wird Rabatt gewährt. Kaution £30. Vorgeschlagen werden Rund-

fahrten, etwa Richtung Birmingham, dann über Stoke-on-Trent und Middlewich zurück, nach Chester oder auf dem Llangollen Canal nach Wales.

Handy Boat Hire, Upton Marina, **Upton-on-Severn,** ℃ 01684/593594; auch tageweise Buchungen für Fahrten auf dem Severn oder Avon möglich.

Stratford Marina Ltd, an der Clopton Bridge, **Stratford,** ℃ 01789/269669, Fax 204483. Preise je nach Größe des Bootes und Saison zwischen £350 und £1050 pro Woche; Kaution £100. Fahrtziele auf dem Avon sind etwa Evesham und Tewkesbury, auf dem Severn geht es nach Gloucester oder Worcester, von dort führt der Worcester-Birmingham-Canal nach Birmingham, über den Grand Union Canal geht es von da bis Warwick oder auf dem Stratford Canal zurück nach Stratford.

Clubline Cruisers, **Coventry,** zu buchen über *Blakes Holiday Boating* (Stammsitz Wroxham, Norwich), ✆ 01603/784131, Fax 782871. Je nach Fahrzeug wird hier entweder wöchentlich oder pro Person berechnet.

Narrow Boat/Holiday Boats, **Evesham,** Marina, ✆ 01386/47813.

Rose Narrowboats, bei **Rugby,** ✆ 01788/832449.

Jannel Cruisers Ltd., Shobnall Marina, Shobnall Road, **Burton-on-Trent,** Staffordshire DE14 2AU, ✆ 01283/42718.

Swan Line Cruiser, Staffordshire, ✆ 01283/790332 (Derby).

Reiterferien & Hacking

Der Reitsport hat einen hohen Stellenwert in England. Viele Reitschulen bieten stunden- oder tageweise Ausritte, *hacking,* für Besucher an, manche Bauernhöfe haben sich auf Reiterferien spezialisiert. Die Ausrüstung (bis auf Reitkappen) muß man selbst mitbringen.

Bridgnorth Riding Centre, Hook Farm, **Tasley,** bei Bridgnorth, ✆ 01746/ 761119. Liegt am westlichen Stadtrand. Reitstunden für Anfänger und Fortgeschrittene £6 je 30 Minuten. Geländeritte: £9 pro Stunde oder £13 für 2 Stunden, £20 für einen ganzen Tag, in Begleitung Ortskundiger. Reitkappen werden gestellt. Kutschfahrten können organisiert werden.

Riding Centre Mrs. Sallie Barrett, **Bredenbury,** Bromyard, ✆ 01885/ 483467 (2 km westlich Bromyard), Reitstunden (auch für Anfänger), Ausritte unter Aufsicht, £8 pro Stunde für Kinder.

Mrs. S. Adams, The Ox House, **Shobdon,** Herefordshire (westlich Leominster, an der B4362) ✆ 01568/ 708973, Kinder £5 pro Stunde, Erwachsene £12, Privatstunden £18; Voltigierunterricht. Stiefel und Reitkappen können gemietet werden; die Schule stellt Unterkunft in der Nähe zur Verfügung, wenn man hier Reiterferien machen möchte.

Meadow Bank Riding School, Miss S. Tucker, **Hamnish,** Leominster, Herefordshire (östlich Leominster, Richtung Pudleston), ✆ 01568/ 760267. Geboten werden hier Ausritte (auch im Damensattel), £6 pro Stunde, Reitkappen können für £0,50 ausgeliehen werden.

Lea Bailey Riding School, Mrs. J. Price, **Byeways,** südlich von Ross-on-Wye, Herefordshire, ✆ 01989/ 750360, Ausritte in den Forst von Dean £8 pro Stunde, Privatstunde (40 Minuten) £10. Reitkappen werden gestellt.

Little Dean Riding Centre, Gill und Terry Chamberlain, Wellington Farm, **Littledean,** Gloucestershire, ✆ 01594/8233955, westlich Gloucester über die A48 und die A4151 zu erreichen. Ausritte durch den Forst von Dean, »pub-rides« und auch Reitstunden werden hier angeboten. Ausritt (2 Stunden) £12 Anfänger, £18 für Fortgeschrittene. Reitunterricht £6 je 30 Minuten. Ein Reiterurlaub für 8 bis 16jährige Kinder und Jugendliche (jeweils Di – Mo) kostet £230. Die Kinder müssen allerdings gebracht werden. Auch Behinderte können hier reiten. Die Farm hat 35 Pferde, Kappen werden gestellt, das Übrige muß man mitbringen.

Mill Farm Riding School, Mrs. Caroline Valentine, **Credenhill,** Hereford (5 km westlich Hereford, über die A438 und die A480 zu erreichen), © 01432/761798; Reitstunde £8, £20 pro Tag.

Buxton Riding School, Mrs. Andrews-Smith, Fern Farm, Fern Lane (zu erreichen durch die London Road), **Buxton,** © 01298/72319, Gruppenstunde £9, Privatunterricht 30 Minuten £7,50.

Endon Riding School, Coltslow Farm, Stanley Moss Lane, **Stockton Brook,** Stoke-on-Trent, Staffordshire (an der A53 nordöstlich Stoke-on-Trent, Richtung Leek), © 01782/502114. Ein großer Familienbetrieb mit Reithalle und 60 Pferden. Privatunterricht £12, Ausritt £8,50 pro Stunde, Gruppenstunde £8,50. Zwischen April und September werden hier auch einwöchige Reiterferien angeboten (jeweils Mo – So) wobei neben Reiten (und Stalldienst) auch Ausflüge auf dem Programm stehen (Badezeug mitbringen). Behinderte sind willkommen und werden betreut. Kinder, die allein anreisen, werden vom Flughafen Manchester oder Birmingham oder natürlich vom Bahnhof in Stoke-on-Trent abgeholt.

Weitere Informationen: *Kutschenmuseum,* Matlock, siehe Seite 145.

The British Horse Society, British Equestrian Centre, Kenilworth CV8 2LR, © 01203/696697.

Association of British Riding Schools, National Office, Old Brewery Yard, Penzance, Cornwall TR18 2SL, © 01736/69440.

East Midlands Riding Association for the Handicapped, The Riding Centre, Scropton, Derby DE6 5PN, © 01283/812753.

Historische Eisenbahnen

England ist das traditionelle Eisenbahnland schlechthin. Bis in die Mitte des 20. Jahrhunderts waren sogar viele Dörfer durch die Bahn miteinander verbunden. Aus Kostengründen erfolgten dann Streckenstillegungen im großen Umfang, doch gleichzeitig begann man an vielen Orten mit der Gründung von Museumseisenbahnen. In Vereinen organisiert, erwarben Enthusiasten eigene Strecken, restaurierten alte Schienenfahrzeuge und Gebäude. Heute bieten sie Fahrten und oft auch verschiedene Sonderveranstaltungen an.

Great Central

Auf der Strecke zwischen **Leicester** und **Loughborough** fahren über 20 Dampfloks, die einen Park von 50 historischen Waggons bewegen. Abfahrtszeiten der an den meisten Tagen des Jahres verkehrenden Züge sind: Loughborough 10.15 Uhr, Leicester

Tip: Wer sich einen Kindheitstraum erfüllen und selbst einmal eine Lok fahren will, sollte sich ans *Birmingham Railway Museum* wenden, siehe Seite 83.

10.20 Uhr. Nähere Informationen gibt es unter © 01509/230726 oder © 0115/9252140.

Interessant ist auch der Bahnhof in *Quorn,* wo es nähere Informationen über Aktivitäten und Pläne des Vereins gibt.

Matlock & Darley Steam Railway
Verkehrt vom Bahnhof Matlock aus an Sonntagen, April – Oktober, © 01629/580381, Fahrpreis £3,50/£1,50.

Foxfield Steam Railway
Blythe Bridge, Stoke-on-Trent, Staffordshire; verkehrt zwischen Ostern und Oktober an Sonntagen und Bank-Holiday-Montagen, ab 11.30 Uhr. © 01270/874959, Fahrpreis £3/£1,50.

Nene Valley Railway
Wansford Station, Stibbington (westlich von Peterborough). Fährt bis nach Peterborough hinein, Fahrplaninformationen © 01780/782921; allgemeine Informationen © 01780/782854.

Severn Valley Railway
Seit seiner Gründung 1962 hat sich der Klub in eine Aktiengesellschaft mit 55 Angestellten und 14.000 Mitgliedern umgewandelt. 35 Dampf- und Diesellokomotiven und 90 Wagen (der älteste von 1911) bilden den Grundstock. Die Dividende wird in Form von Fahrkarten ausgezahlt. Doch muß man nicht Aktionär sein, um mit dieser schönsten Museumsbahn des Landes durch das Tal des Severn von **Bridgnorth** über *Bewdley*

nach **Kidderminster** fahren zu können. Karten gibt es am Schalter. Der Fahrbetrieb wird das ganze Jahr über aufrechterhalten, im Sommer täglich, im Winter nur an Wochenenden. Die Fahrt von Bridgnorth nach Kidderminster dauert 70 Minuten und kostet £12,90 (1. Klasse) oder £9,90 in der 3. Klasse (Rückfahrkarte). Man muß freilich nicht die ganze Strecke fahren. Besonders im Sommer finden zahlreiche Sonderveranstaltungen statt: © 01299/403816. Fahrplaninformationen auch © 01299/401001. Die Züge haben Speisewagen und sind behindertengerecht ausgebaut.

Gloucestershire & Warwickshire Railway
Am Ortseingang von Broadway biegt nach Süden die B4632 ab, die in das einige Kilometer entfernte **Toddington** führt. Eisenbahnenthusiasten haben am Dorfbahnhof 1976 die Gloucestershire & Warwickshire Railway gegründet und mittlerweile nun auch eine Gleisstrecke gekauft, die von hier bis nach **Greet** bei Winchcombe führt (Länge knapp 4 km). Zwischen März und September werden an einigen Wochentagen Zugverbindungen eingerichtet. Wer bereit ist, etwas Geld anzulegen, kann regelrechte Kurse als Dampflokführer absolvieren (und dabei womöglich einen Kindheitstraum verwirklichen). Das kostet zwischen £135 und £150. Jedes Jahr gibt es besondere Veranstaltungen, etwa die Vorführung der mittlerweile zahlreichen restaurierten Dampflocks; die Termine sollte man am besten telefonisch erfragen, © 01242/621405.

Höhlen und Bergwerke

Caving wird vor allem im Peak District angeboten. Die meisten alten Bergwerke befinden sich in Privatbesitz, und zu einer Besichtigung ist die Zustimmung des Eigentümers notwendig. Ohne sachkundige Begleitung und Ausrüstung (dazu gehören Helme, Lampen, Seile, Notverpflegung) sollte man sich auf keinen Fall in die Stollen begeben. Auch sollten andere von dem Vorhaben und der voraussichtlichen Zeit der Rückkehr informiert werden. Beim Ausbleiben

Geheimnisumwittert: die Tropfsteinhöhle von Poole's Cavern bei Buxton

einer Gruppe die Polizei verständigen (Notruf 999) und *Cave Rescue* verlangen. Eine ganze Reihe von Höhlen und Bergwerken ist für Besucher erschlossen. In der Regel empfiehlt es sich, Zeiten und Treffpunkte telefo-

nisch zu erfragen, da meist Gruppen geführt werden.

Bagshawe Cavern, **Bradwell,** nordöstlich Buxton, zu erreichen über die A619 und A623 von Chesterfield und die B6049. Im Ort die Kirche passieren, gegenüber der Feuerwache den Hügel hinauf, am *Bowling Green* vorbei in die Granby Road. ✆ 01433/620540, £5. Ehemalige Bleimine, die natürliche Höhlen mit einschließt.

Blue John Cavern & Blue John Mine, **Castleton.** Eingang an der A625 westlich Castleton. Öffnungszeiten: täglich (außer Weihnachten, mit Einschränkungen im Januar und Februar) 9.30 – 17.30 Uhr, ✆ 01433/ 620638, im Winter ✆ 620642. Eintritt £4/£2. *Blue John* ist eine nur in Derbyshire vorkommende Art von Flußspat.

Goodluck Lead Mine, Via Gellia, **Cromford** (südlich Matlock), geöffnet jeden ersten So im Monat, Einzelabsprachen möglich, ✆ 01246/272375.

Weitere Informationen zu Höhlen und Bergwerken finden sich unter den Einträgen Buxton (Seite 133) und Matlock (Seite 144). Auskünfte gibt auch: *The National Association of Mining History Organisations,* Peak District Mining Museum, The Pavilion, Matlock Bath, DE4 3NR, ✆ 01629/583834.

Wer sich intensiver mit der Höhlenforschung befassen möchte, kann einen Kurs absolvieren: *Pennine National Caving,* Specialist Caver Training, Wharfedale House, Springfield Close, Midway, Swadlincote, DE11 0DB, ✆ 01283/216507, Fax 214436.

BIRMINGHAM & COVENTRY

GESCHICHTE & KULTUR

REISEHINWEISE

AKTIV IN DER NATUR

BIRMINGHAM & COVENTRY

VON STAFFORD NACH CHESTER

PEAK DISTRIKT & DERBY

NOTTINGHAM- & LINCOLNSHIRE

SHROPSHIRE & DER SEVERN

AVON & SHAKESPEARE-LAND

BIRMINGHAM: DIE GROSSE MITTE DER MIDLANDS

Die Großstadt Birmingham ist ein Produkt der Industriellen Revolution. Zwar gab es hier, etwa in der Gegend des Hauptbahnhofes New Street, eine kleine Marktsiedlung, die sich allmählich zu einem regionalen Zentrum entwickelte, doch an diese kleine Marktstadt in der Grafschaft Warwickshire erinnert hier nichts mehr. Allenfalls ein paar Gräber der Familie der de Birminghams in St. Martin, der Kirche im Stadtzentrum, sind geblieben.

Birmingham ist eine Arbeiterstadt, auch heute noch. Der Ring der Fabriken und Lagerhäuser schließt sich unmittelbar an das kleine Stadtzentrum an. In der Zeit des ungehemmten Industriewachstums dachte man nicht viel an Planung. Das Resultat war ein Sammelsurium von Fabriken, Wohnquartieren und Kanälen. Letztere bilden heute – etwa am *Gas Street Basin* (direkt hinter dem International Convention Centre) – sogar eine der Attraktionen. *Fürst Pückler* berichtete von seiner Englandreise 1826/27: »Birmingham ist eine der ansehnlichsten und zugleich häßlichsten Städte Englands. Sie zählt 120.000 Einwohner, wovon gewiß zwei Drittel Fabrikarbeiter sind …«.

Heute zählt Birmingham über eine Million Einwohner. In den sechziger Jahren begann man, ganze Straßenzüge niederzulegen und die Reihenhäuser im Stadtzentrum durch Hochhäuser zu ersetzen. Familien bewohnten jetzt also nicht mehr ein kleines Haus mit Garten, sondern eine Wohnung vielleicht im 11. oder 14. Stock. Wer es sich leisten konnte, zog weg, meist in die Vorstädte, zurück blieben diejenigen, die auf die erschwinglichen Sozialwohnungen angewiesen waren: in erster Linie die Angehörigen ethnischer Minderheiten. Die Folge ist eine Stadt, die im Wettstreit um die Lebensqualität ihrer Einwohner über Jahrzehnte hinweg vom letzten Platz der Vergleichsskala verdrängt werden konnte, und das mitunter auf internationalem Niveau. Und dennoch, vielleicht sogar gerade deshalb, lieben die an ihrer Mundart leicht erkennbaren (und nicht selten verspotteten) »Brummies« ihre Stadt, die sie gegen jede Kritik vehement zu verteidigen bereit sind.

Dabei ist nebenbei bemerkt zu bedenken, daß ein Dialekt in England nicht nur zur regionalen, sondern auch zur sozialen Einordnung führt. Besonders die gebildeten Schichten legten bis in die jüngste Vergangenheit großen Wert darauf, eben keinen Dialekt zu sprechen. Die alte Faustregel, daß die soziale Zuordnung bereits nach dem ersten Wortwechsel vorgenommen wird, trifft auch heute noch weitgehend zu – trotz einer sich langsam wandelnden Einstellung.

Birmingham, so kann man es immer wieder von seinen Kritikern hören, sei eine Stadt ohne kulturelles

Leben, mit veralteten Industrien, die nicht mehr wettbewerbsfähig seien, eine Stadt, die über ihren eigenen Horizont nicht hinauskomme. Doch das sind Vorurteile. Der Lokalpatriotismus der Einwohner ist durchaus nicht unbegründet. Sie sind stolz auf ihre Geschichte, die Leistungen ihrer Vorfahren und der vielen Zuwanderer, die in den letzten zwei Jahrhunderten von den Verdienstmöglichkeiten in der Stadt angezogen wurden. Eigentlich gibt es gar keinen Grund für ein so großes Industrie- und Bevölkerungszentrum an dieser Stelle.

Das Landgut Birmingham des Mittelalters lag auf unfruchtbarem Heideboden, viele Flurnamen *(King's Heath, Small Heath)* erinnern noch daran. Dies führte vielleicht frühzeitig zu einem gewissen Desinteresse der Herren. Zwar wurde 1166 ein Markt eingerichtet, doch allgemein galt: Hier war wenig zu holen. Aus dem Markt wurde eine kleine Stadt, die sich zu einem Zentrum der Metallverarbeitung und auch der Waffenproduktion entwickelte. Bereits im 17. Jahrhundert wurde für die Parlamentsarmeen des englischen Bürgerkrieges produziert. Die expandierende Industrie konnte dabei auf die Kohle- und Erzvorkommen nördlich der Stadt, im *Black Country,* zurückgreifen. Zu den großen Familien Birminghams zählen die *Chamberlains,* deren Wohlstand nicht zuletzt auf Waffenlieferungen während des Krimkrieges beruhte. »As the Crimean War expands, Chamberlain contracts« soll es damals geheißen haben. Nach dem Fehlschlag der nachgiebigen Politik des Premier-Ministers Neville Chamberlain (1869 – 1940) gegenüber Hitler 1938 zog sich die Familie aus dem öffentlichen Leben zurück.

Nicht weniger berühmt ist die Familie Cadbury. Der Gründer des Schokoladenimperiums, *George Cadbury* (1839 – 1922), war Quäker und hielt sich von der Rüstungsindustrie fern. Seine fürsorgliche – freilich auch paternalistische – Einstellung gegenüber seinen Arbeitern ist bis heute unvergessen. Auf dem alten Fabrikgelände im Bezirk Bournville befindet sich heute *Cadbury world,* ein Schokoladenmuseum, in dem es vielerlei Informationen und neben den verschiedensten Arten von Süßigkeiten auch das mexikanische Nationalgetränk »Chocolatl« gibt, siehe unter Museen.

Kulturelles

Birmingham hat ein reges kulturelles Leben entwickelt. Ein wichtiger Impuls hierfür ging vom *Birmingham Symphony Orchestra* und seinem international gefeierten Dirigenten *Sir Simon Rattle* aus. Er machte die Stadt für die große Kultur salonfähig und überzeugte die sonst in Kulturangelegenheiten eher knickerigen Stadtoberen von der Notwendigkeit eines Konzerthallenneubaus, der *Symphony Hall* im International Convention Centre, neben der National Indoor Arena, Kasse ✆ 0121/2123333.

Feste: Im Februar/April *Festival der 60er Jahre* mit Veranstaltungen in der ganzen Stadt, ✆ 0121/6032000.

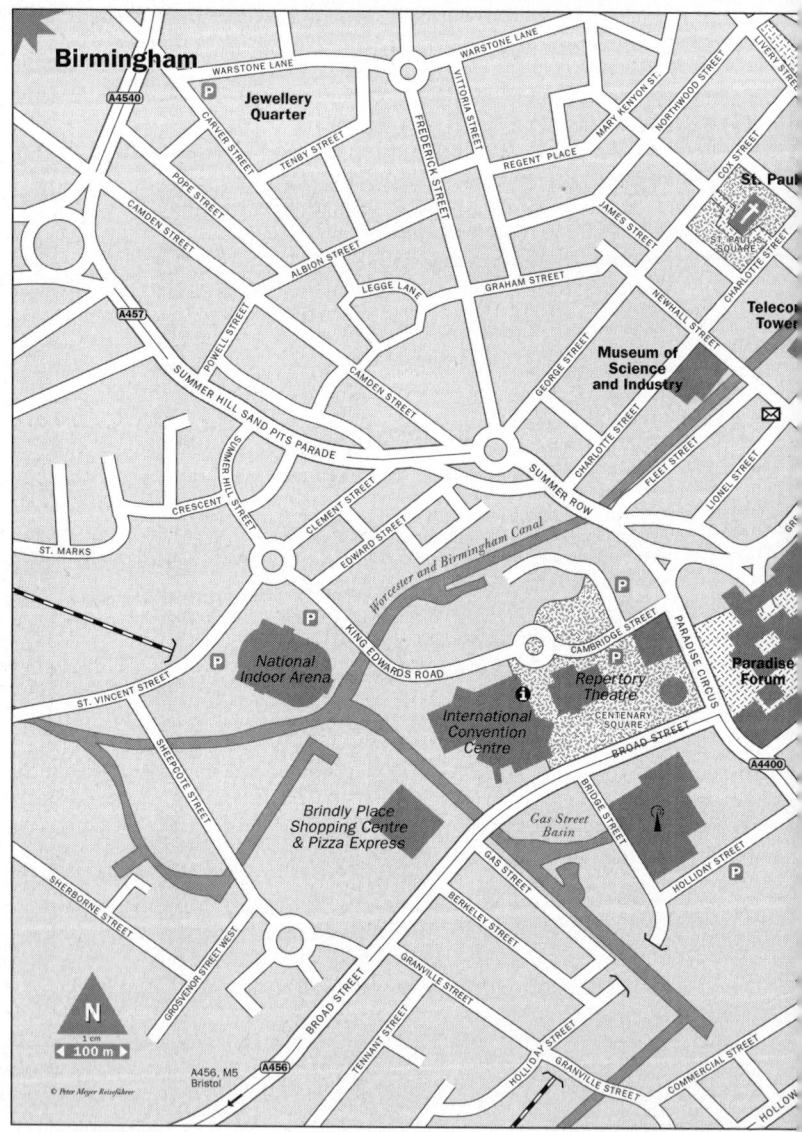

Birmingham

Jewellery Quarter

WARSTONE LANE
WARSTONE LANE
VITTORIA STREET
FREDERICK STREET
REGENT PLACE
MARY KENYON ST.
NORTHWOOD STREET
COX STREET
LIVERY STREET

St. Paul

A4540
CARVER STREET
TENBY STREET
POPE STREET
CAMDEN STREET
ALBION STREET
LEGGE LANE
GRAHAM STREET
JAMES STREET
ST. PAUL'S SQUARE
CHARLOTTE STREET

A457
POWELL'S STREET
GEORGE STREET
NEWHALL STREET

Telecom Tower

SUMMER HILL SAND PITS PARADE
CAMDEN STREET
Museum of Science and Industry
CHARLOTTE STREET
FLEET STREET
LIONEL STREET

SUMMER HILL
CRESCENT
ST. MARKS
SUMMER HILL STREET
CLEMENT STREET
EDWARD STREET
SUMMER ROW

Worcester and Birmingham Canal

National Indoor Arena
KING EDWARDS ROAD
CAMBRIDGE STREET
PARADISE CIRCUS
Paradise Forum

ST. VINCENT STREET
Repertory Theatre
CENTENARY SQUARE
International Convention Centre
BROAD STREET
A4400

SHEEPCOTE STREET
Brindly Place Shopping Centre & Pizza Express
Gas Street Basin
BRIDGE STREET
HOLLIDAY STREET

SHERBORNE STREET
GAS STREET
BERKELEY STREET

GROSVENOR STREET WEST
BROAD STREET
GRANVILLE STREET
TENNANT STREET
HOLLIDAY STREET
GRANVILLE STREET
COMMERCIAL STREET
HOLLOW

N
1 cm
◄ 100 m ►
© Peter Meyer Reiseführer

A456, M5 Bristol
A456

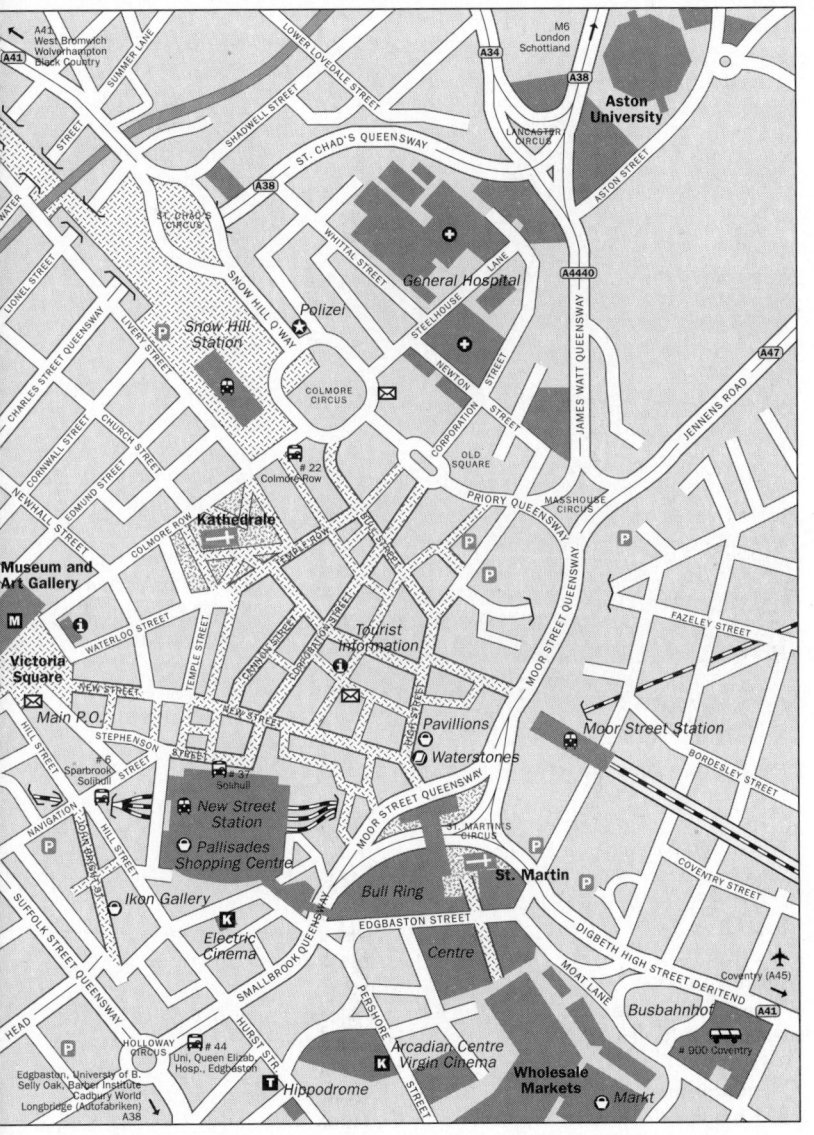

Zentraler und unübersehbarer Treffpunkt: Victoria Square

Im Mai: *Leser und Schriftsteller-festival* mit Lesungen und Veranstaltungen rund ums Buch in der Stadt.

Im Juli: *The Birmingham International Jazz Festival,* © 0121/4547020.

Konzerthallen

Town Hall, Paradise Circus (gleich neben dem Rathaus), Kasse © 0121/2362392.

Adrian Boult Hall, Paradise Place, im Komplex der Stadtbibliothek, ne-ben der Town Hall, Kasse © 0121/2363889.

National Exhibition Centre (NEC), Bickenhill, außerhalb der Stadt, in Flughafennähe, vom Hauptbahnhof New Street bequem mit der Eisenbahn zu erreichen; gewöhnlich finden hier Großveranstaltungen statt, Kasse © 0121/7804141.

Theater

Mittlerweile ist auch das *Royal Ballet* in Birmingham beheimatet, ist die Stadt eine enge Partnerschaft mit der *Welsh National Opera* eingegangen und außerdem hat sich auch ein reges Theaterleben entwickelt.

Alexandra Theatre, Suffolk Street, Kasse © 0121/6431231, Fax 6326841.

Crescent Theatre, Brindley Place, nahe der Broad Street, Kasse © 0121/6435858.

Hall Green Little Theatre, Pemberley Road, Acocks Green, Kasse © 0121/7061541.

Birmingham Hippodrome, Hurst Street, Kasse © 0121/6227486 oder 6226071.

Repertory Theatre (Rep), Broad Street, Kasse © 0121/2364455 oder 2366771.

Midlands Arts Centre (MAC), Cannon Hill Park; Theater, Kino,

Ausstellungen; Informationen und Kasse ✆ 0121/4403838.
Old Rep, Station Street (hinter dem Bahnhof), Kasse ✆ 0121/6161519.

Museen

Birmingham Museum and Art Gallery, Chamberlain Square, geöffnet Mo – Sa 11 – 17 Uhr, So 11 – 17.30 Uhr, ✆ 0121/2352834. Eintritt frei; Sonderausstellungen in der Gas Hall (auf der anderen Straßenseite), ✆ 0121/2351966.

Barber Institute, University of Birmingham, Edgbaston, geöffnet Mo – Fr 10 – 17, Sa 10 – 13 Uhr; Eintritt frei. ✆ 0121/4720962. Busse 61, 62, 63 vom Stadtzentrum die Bristol Road entlang bis zur Edgbaston Park Road. Kleine, aber weltberühmte Sammlung von Gemälden, Skulpturen und Zeichnungen.

Cadbury World, Schokoladenmuseum, Linden Road, Bournville, B30 2LD (vom Stadtzentrum aus durch die Bristol Road A38 und Linden Road A4040, die Buslinien 43 oder 83 Midland Red oder mit der Stadtbahn Richtung Redditch vom Bahnhof Bournville aus zu erreichen. April – Oktober täglich 10 – 16 Uhr geöffnet, ✆ 0121/4514180. Es wird empfohlen, sich vorher anzumelden, ✆ 0121/4514159, Eintritt £4,90/£3,75.

Ikon Gallery, 58 – 72 John Bright Street, B1 1BN, Öffnungszeiten Di, Mi 11 – 18, Do 11 – 20 Uhr, Fr/Sa 11 – 18 Uhr; ✆ 0121/6430708; Eintritt frei. Spezialisiert auf zeitgenössische Kunst.

Museum of Science and Industry, Newhall Street, Mo – Sa 11 – 17 Uhr, So 11 – 17.30 Uhr, ✆ 0121/2351661, Eintritt frei. Dampfmaschinen (darunter die älteste noch funktionsfähige, von 1779), Autos, Motorräder, Fahrräder, Gewehre und Pistolen, ein bemerkenswerter Querschnitt durch die Industriegeschichte der Stadt.

Aston Manor Transport Museum, 208 – 216 Witton Lance, Aston, geöffnet täglich 11 – 17 Uhr, ✆ 0121/3222298. Eintritt £1. Liebhaber alter Automobile werden sich hier an den noch fahrbereiten Oldtimern erfreuen. Im Sommer finden manchmal Rallyes statt.

Birmingham Railway Museum, 670 Warwick Road, Tyseley, geöffnet täglich 11 – 17 Uhr, ✆ 0121/7074696. Die hier gehegten und gepflegten alten Dampfloks kann man nicht nur besichtigen, sonden sogar fahren. Ein ganztägiger Lockführerlehrgang kostet £110, wer nur einen halben Tag Zeit hat, bezahlt £75.

Jewellery Quarter, Discovery Centre, 77 – 79 Vyse Street, Hockley, geöffnet Mo – Fr 10 – 16, Sa 11 – 17 Uhr, ✆ 0121/75543598, Eintritt £2/ £1,50; Busse 74, 78, 79 oder 101. Die Herstellung von Schmuck hat in Birmingham Tradition. Noch heute gibt es in dieser Gegend zwischen Constitution Hill und Frederick Street zahlreiche Juweliergeschäfte. Für Besucher wurde an der Newhall Street, Ecke Charlotte Street ein Museum eingerichtet, geboten wird auch eine Führung durch eine alte Fabrik (Dauer etwa 1 Stunde).

National Motorcycle Museum, Bickenhill, beim National Eexhibition Centre und dem Flugplatz außerhalb der Stadt, geöffnet täglich 10 – 18 Uhr, © 01675/443311, Eintritt £4,50/ £3,25.

Botanischer Garten, Westbourne Road, Edgbaston, geöffnet Mo – Sa 9 – 20, So 10 – 20 Uhr, © 0121/4541860, Busse 10, 21, 23, 29 und 103.

Unerläßliches & Nützliches
Unterkunft

★★★ *Wentworth Hotel,* 103 Wentworth Road, Harborne, Birmingham B17 9SU, © 0121/4272839, ab £20. Viktorianischer Bau, nicht alle Zimmer mit Bad/Dusche; ein Familienzimmer steht zur Auswahl.

★★ *Grasmere,* 37 Serpentine Road, Harborne, Birmingham B17 9RD, © 0121/4274546, ab £15.

★★ *Prince Hotel,* 4 Stanmore Road, Edgbaston, Birmingham B16 9TA, © 0121/4292598, Fax 4343123, ab £20.

Woodville House B & B, 39 Portland Road, Edgbaston, Birmingham B16 9HN, © 0121/4540174, ab £15.

Kennedy Guest House, 38 York Road, Edgbaston, Birmingham B16 9JB, © 0121/4541284, ab £15.

Essen & Trinken

In Birmingham gibt es zahlreiche indische Restaurants. Die indische Küche, so ein Gerücht, soll hier ihre Ursprünge haben. Ohne Zweifel gehen die über die Grenzen der Stadt hinaus bekannten »Balti Houses« auf die vielen Einwohner zurück, die aus Kaschmir in die englischen Midlands kamen. *Balti* ist eigentlich nur der mit zwei Henkeln versehene Topf, in dem das aus frischem Fleisch und Gemüse bestehende Gericht auf großer Flamme unter stetiger Zugabe zum Teil recht scharfer Gewürze gekocht und auch gleich heiß serviert wird. Das Essen nimmt man ohne Besteck nur mit Hilfe von Fladenbrot *(Naan)* zu sich. Die meisten (nicht teuren) Balti-Restaurants gibt es in den Stadtbezirken Moseley, Balsall Heath und Sparkbrook. Im Stadtzentrum gibt es auch zahlreiche empfehlenswerte chinesische Restaurants.

Indische Küche: *Harborne Tandoori,* 10 South Street (Nebenstraße der High Street, Harborne, Birmingham B17 0DB, © 0121/4276114. Auf Curry und Tandoori-Gerichte spezialisiert.

Agra Fort Northern Indian, 14/16 Suffolk Street, Queensway, Birmingham B1 1 LT, © 0121/6432230.

Al Moughal Tandoori & Balti Restaurant, 622 Bearwood Road, Edgbaston, Birmingham B66 4BW.

Balti Nights Tandoori Restaurant, 1480 Pershore Road, Stirchley, Birmingham B 30, © 0121/4596867.

Meghna Balti House, 13 – 15 York Road, King's Heath, Birmingham B14 7SA, © 0121/4415923.

Modu-Metha Balti & Tandoori, 570 Moseley Road, Birmingham B13, © 0121/4495532.

Chinesische Restaurants: *Chung Ying Garden,* 17 Thorp Street, Birmingham B5 4AT, © 0121/6221668, Fax 6225860. Nicht ganz billig; an Wochenenden sollte man Plätze reservieren.

Dynasty Restaurant, 93 – 103 Hurst Street, Birmingham, © 0121/6221410.

Satay House, 69 Hurst Street, Birmingham, © 0121/6221313.

Belebte Straßen rund um die Uhr, Einkaufs- und Verpflegungsmöglichkeiten en masse

⊠ **Andere empfehlenswerte Restaurants:** *Bobby Brown's The Club,* 52 Gas Street, Birmingham B1 2JP, ✆ 0121/6432573.

The Brasshouse, 44 Broad Street, B1 2HP, ✆ 0121/6333383.

Le Provençal, 1 Albany Road, Harborne, Birmingham B17 9JX, ✆ 0121/4262444.

Abendliches Vergnügen

Kinos: *Virgin Cinemas,* The Arcadian (beim Hippodrome), ✆ 0121/6223323. Vorwiegend Hollywood-, gelegentlich auch europäische oder indische Filme.

Electric Cinema, Station Street, 0121/6437277. Programmkino, empfehlenswert.

Odeon, New Street, 0121/6436103; Hollywood-Filme.

Jazzclub: *Ronnie Scott's,* Broad Street, ✆ 0121/6434525, ab 19.30 Uhr geöffnet.

Discothek: *Dome II,* Horsefair, größte Disco der Region, ✆ 0121/6222233, Fax 6222310.

Weitere Infotmationen

Touristeninformation: *Convention and Visitor Bureau,* 2 City Arcade (in einer der von New Street abgehenden Einkaufspassagen), geöffnet Mo – Sa 9.30 – 17.30 Uhr, ✆ 0121/6432514, Fax 6161038. Hier gibt es auch Veranstaltungs-Tickets.

Stadtrundfahrten: Am besten vom Victoria Square aus, täglich ab 10 Uhr; ✆ 0121/6936300, £6, Dauer circa 90 Minuten.

Stadtbus: Eine Wochenkarte für das Busnetz kostet £13.50 (Kinder £7) und kann im Hauptbahnhof New Street Station erworben werden.

Bahn: Vom Bahnhof *Newstreet* gibt es Anschlüsse nach Coventry, Rugby und London (Euston), Wolverhampton, dem Knotenpunkt Crewe, Lichfield und Tamworth.

Vom Bahnhof *Snowhill Station* beim St. Chad's Circus geht es nach Stourbridge und über Umwegen auch nach London (Paddington), dies ist eine recht langsame und auch etwas billigere Verbindung in die Metropole.

Von der *Moor Street Station* geht es nach Stratford-upon-Avon (etwa £10 hin und zurück), die Züge fahren wochentags jeweils 20 Minuten nach der vollen Stunde. Voraussichtlich ab 1998 soll der »Shakespeare-Express«, der zur Zeit probeweise eingesetzt ist, regelmäßig zwischen Birmingham und Stratford-upon-Avon verkehren. Die Fahrt mit einer historischen Eisenbahn kann für den Besuch des Warwick Castle unterbrochen werden und kostet ebenfalls um die £10.

Flughafen: er liegt 13 km südöstlich der Stadtmitte an der InterCity-Bahnstrecke nach London. Es fahren ständig Pendelbusse *(Flightlink)* zum Hbf, Reservierung ✆ 0990/757747, Fax 0121/6667513.

Information Desk, ✆ 0121/7677145, 0800/128128.

Ausflug nach Süden
Baddesley Clinton

Abseits der A4141 (zu erreichen über Knowle, Abfahrt 5 der M42) liegt dieser gemütlich wirkende Adelssitz inmitten schöner Parkanlagen. Graben

und Torhaus zeigen, daß man es hier mit einer mittelalterlichen Befestigung zu tun hat, die im 17. Jahrhundert umgebaut, seitdem allerdings kaum noch verändert wurde.

Besucher gehen durch den Hof zunächst in die Eingangshalle, dann in die *Küche.* Hier befindet sich der Zugang zu einem *Priesterversteck (priest's hole),* das angelegt wurde, um den unter der Königin Elisabeth und ihren Nachfolgern zeitweise verfolgten katholischen Priestern Schutz zu gewähren. Manche Landbesitzer waren der alten Religion treu geblieben, doch der Staat, der sich außenpolitisch von den katholischen Mächten Europas bedroht sah, tolerierte Vertreter des Papsttums nicht. Messen mußten in den Privatkapellen der Landhäuser heimlich gelesen werden und oft kamen Soldaten, um die Geistlichen zu verhaften, die dann stunden- oder auch tagelang in ihren engen und dunklen Verstecken ausharren mußten.

Nach der Besichtigung der Küche begibt man sich in das *Archivzimmer,* in welchem Dokumente zur Geschichte des Hauses ausgestellt sind. Das große Wohnzimmer, *Drawing Room,* und Speisezimmer folgen. Schlafzimmer und Kapelle befinden sich im Obergeschoß, dazu das *Great Parlour* über der Tordurchfahrt und die *Bibliothek.* Im *Moat Room* (mit einem weiteren Priesterversteck) wird der Rundgang beendet.

Öffnungszeiten: National Trust, 4. März – 30. September Mi/So 14 – 18 Uhr, im Oktober Mi/So 12.30 – 16.30 Uhr. ✆ 01564/783294; Eintritt £4,20.

Packwood House

Lapworth, Solihull, verwaltet vom National Trust; 3 km östlich von Baddesley Clinton, geöffnet April – September Mi – So 14 – 18 Uhr, Oktober Mi – So 12.30 – 16.30 Uhr, ✆ 01564/782024; Eintritt £3,50. Der Fachwerk-Kern des Gebäudes mit seinem alten Mobiliar ist sehenswert, die Gartenanlage außergewöhnlich.

🚶 Zu den **Clent Hills** im Südwesten Birminghams führt eine schöne Wanderung, siehe Seite 64.

Ausflüge ins Black Country

In Birmingham und dem *Black Country* nördlich von Birmingham gibt es über 200 Kilometer Kanäle, deren Uferwege sich hervorragend für Spaziergänge und zum Radwandern eignen. In etwas größerer Entfernung befinden sich folgende Attraktionen:

Avoncroft Museum of Buildings, Stoke Heath, *Bromsgrove,* B60 4JR, westlich von Birmingham, der Weg geht von der A38 ab. Zahlreiche historische Bauten aus dem Umland wurden hier wieder aufgebaut. Öffnungszeiten: Juni – August täglich 11 – 17.30 Uhr, sonst 11 – 16.30 Uhr, ✆ 01527/31886.

Black Country Museum, Tipton Road, *Dudley,* DY1 4SQ, März – Oktober Mi – So 10 – 17 Uhr, Nov – Feb Mi – So 10 – 16 Uhr, ✆ 0121/5579643, Eintritt £5,95/£3,95. Auf einem großen Freigelände wird hier das Leben der Arbeiterfamilien im Black Country während der Industriellen Revolution dargestellt. Bus 126 von Birmingham oder 226, 245, 262, 270, 311, 313 vom Busbahnhof in Dudley.

Cannock Chase, nördlich von *Cannock,* größeres Waldgebiet, im ersten Weltkrieg waren hier Lazarette und Übungsgelände eingerichtet. 1965 wurde in Cannock Chase die einzige deutsche Kriegsgräberstätte in Großbritannien angelegt.

Von St. Chad bis Johnson: Lichfield

»Lichfield ist eine schöne, saubere, baulich ansprechende mittelgroße Stadt«, schrieb *Daniel Defoe* in seiner 1724–26 erschienen »Tour Through the Whole Island of Great Britain«, um dann mit der Beschreibung des langgestreckten Teiches in der Mitte der Stadt fortzufahren, der die Siedlung in den Kathedralbezirk und die

Die Kathedrale von Lichfield

eigentliche Stadt teilt und ihr heute eine angenehm ruhige Atmosphäre verleiht. Der Ort ist eines der ältesten christlichen Zentren Mittelenglands. Bereits im 7. Jahrhundert gründete der *hl. Chad* hier eine Diözese für das Königreich Mercia. Der Sitz wurde im 11. Jahrhundert kurzfristig nach Chester verlegt, seitdem wird das Bistum gemeinsam von Coventry und Lichfield aus verwaltet. Die kleine dreitürmige Kathedrale mit der imposanten Westfront wurde ab 1190 neu gebaut, die Querhäuser stammen aus dem 13. Jahrhundert, und weitere Modernisierungen folgten. Die Mittel dazu wurden nicht zuletzt von den vielen Pilgern bereitgestellt, die in dieser Zeit zum Grab des Heiligen kamen. Damit war in der Reformationszeit Schluß, doch die Kapelle des St. Chad ist an der Südseite noch zu besichtigen. Gegenüber auf der Nordseite befindet sich das 1249 vollendete *Kapitelhaus,* darüber die Bibliothek, zu deren Schätzen eine berühmte frühmittelalterliche Handschrift, das

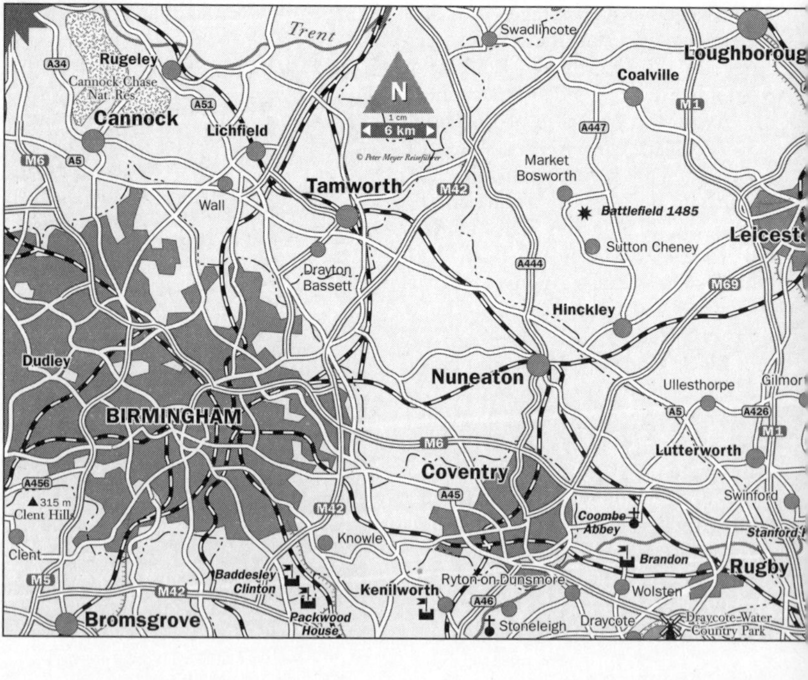

Lichfield Evangeliar, gehört. Die Kirche wurde während des Bürgerkrieges schwer beschädigt, nach drei Belagerungen fiel 1646 der Vierungsturm in den Chor. Das machte aufwendige Reparaturarbeiten bis in das 19. Jahrhundert hinein notwendig.

Der bekannteste Sohn Lichfields ist der Literat *Samuel Johnson* (1709 – 1784), dessen Vater hier als Buchhändler tätig war. Die Geschäfte gingen schlecht, und der junge Samuel konnte seine Ausbildung in Oxford nicht abschließen. Er versuchte sich zunächst als Privatlehrer in den Midlands, mußte jedoch aufgeben, obwohl David und George Garrick zu seinen Schülern gehörten. Das lag wohl daran, daß außer den beiden nur ein weiterer Schüler gewonnen werden konnte. Er ging mit den Garricks nach London und arbeitete sich mühsam nach oben. Sein Ruhm gründet sich vor allem auf dem 1755 erschienen »Dictionary, with a Grammar and History of the English Language«. Er erhielt nun eine Pension aus der Staatskasse, empfing auch die Doktorwürde aus Oxford und war aus den Intellektuellen- und Künstlerzirkeln der Hauptstadt nicht mehr wegzudenken. Hier begegnete er auch seinem Freund und Biographen *James Boswell*. Dieser lebenslustige Schotte hatte die Fähigkeit, lange Unterhaltungen mehr oder weniger wörtlich zu behalten. Sein »Life of Samuel Johnson« (1791) wurde so zu einer Fundgrube von Anekdoten, Aussprüchen und Kommentaren, die das Leben des etwas schwerfälligen Gelehrten zusammen mit Dokumenten und Briefen auf einzigartige Weise dokumentieren. Johnson hat die Verbindung zu seiner Heimat nie abreißen lassen. Ihm und seinem Biographen wurden auf dem Marktplatz Denkmäler gesetzt, und hier befindet sich auch sein Geburtshaus:

Sehr klassisch: das Samuel-Johnson-Haus

Samuel Johnson Birthplace Museum, täglich 10 – 17 Uhr, ℰ 01543/ 264972, Eintritt £1/£0,50. Eine weitere, kleinere Ausstellung befindet sich in der ehemaligen *Pfarrkirche St. Mary* (heute Gemeindezentrum), geöffnet täglich 10 – 17 Uhr, ℰ 01543/ 256611, Eintritt £1,25/£0,75. Wer beide Museen besuchen möchte, kann im Johnson-Haus eine Sammelkarte kaufen £1,80/£1.

Unterkunft

The Swan, Bird Street, Lichfield, WS13 6PT, © 01543/414777, ab £37,50, Wochenendangebote ab £23,50. Das Inn stammt aus dem 18. Jahrhundert, liegt zentral.

Coppers End Guest House, Walsall Road, Muckley Corner, Lichfield WS14 0BG, © 01543/372910, ab £25.

Ferienwohnungen: *Old Haybarn Apartment,* Corporation Farm, Watery Lane, Curborough, WS13 8ER, © 01543/263095. Ab £100 pro Woche; liegt 1 km nördlich der Stadt, zu erreichen über die Umgehungsstraße A5192.

Touristeninformation, Donegal House, Bore Street, © 01543/252109, Fax 417308.

In der Nähe

Hanch Hall, 3 km nördlich der Stadt an der B5014 nach Handsacre. Öffnungszeiten: April – Oktober, jeweils So 14 – 17 Uhr. © 01543/490308, Eintritt £4/£2. Landsitz aus dem 17. Jahrhundert mit altem Mobiliar und kleinem Garten.

Wall: Etwas südlich der Stadt, an der A5 *(Watling Street)* wurden die Fundamente einer römischen Reisestation (LETOCETUM) freigelegt, Bad und Gasthaus sind noch gut erkennbar, Fundstücke sind im Museum ausgestellt. English Heritage; Öffnungszeiten: 1. April – 30. September täglich 10 – 13 Uhr und 14 – 18 Uhr; © 01543/480768, Eintritt £1,30/£1.

Tamworth, eine ruhige Stadt mit alter Burg und anderen historischen Gebäuden, liegt nur wenige km nordöstlich. Touristeninformation im Rathaus, Market Street, © 01827/223344.

Drayton Manor Park, Vergnügungspark etwas südlich von Tamworth und 15 km nördlich Birminghams an der A4091, geöffnet Ende März – Ende September 9 – 17 Uhr, © 01827/287979, Eintritt £2,50/£1,50.

COVENTRY

Coventry, nur 10 km südöstlich Birminghams,
ist neben seiner großen Schwester eine der größten Industriestädte
Mittelenglands (304.100 Einwohner). Allein in diesem Jahrhundert hat sich
seine Bevölkerung mehr als vervierfacht. Die Wirtschaft der Stadt
basiert vor allem auf dem Automobil- und Maschinenbau. Deshalb wurde die
Stadt am 14. November 1940 das Ziel eines schweren deutschen
Luftangriffs, bei dem das alte Stadtzentrum zum großen Teil zerstört wurde.
Die Ruinen der Kathedrale erinnern daran.

Eine Industriestadt mit einem breiten Gürtel von Wohngebieten erscheint für einen Besuch nicht besonders verlockend, dennoch kann zu Besuch und Besichtigung nur dringend geraten werden, denn Coventry hat viel zu bieten. Eine zentrale Rolle in dieser Gegend hatte es bereits erreicht, als Birmingham noch ein kleiner Marktflecken war. Dies machte sich nicht zuletzt darin bemerkbar, daß der örtliche Bischof hier und in Lichfield residierte.

Die Stadt geht auf eine Ansiedlung um ein spätestens im 11. Jahrhundert gegründetes Kloster zurück, das von *Leofric,* dem Grafen von Mercia, gefördert wurde. Seine Frau *Godiva,* die nach seinem Tode reiche Güter in der Umgegend der Stadt verwaltete, ging in die Mythologie ein und wurde gleichsam zur Schutzpatronin des Ortes. Sie soll, so die Sage, ihren Mann von der übermäßigen Besteuerung der Bürger abgehalten haben. Als der erzürnte Ehemann auf ihre Bitte erwiderte, er würde von seinen Plänen nur Abstand nehmen, wenn sie bereit wäre, am hellichten Tage unbekleidet durch die Stadt zu reiten, ging sie im Schutz ihres langen Haupthaares mutig ans Werk. Die Bürger von Coventry verschlossen selbstverständlich die Fensterläden und richteten ihre Blicke vermutlich in die Hinterhöfe. Nur *Peeping Tom* versuchte seine nackte Landesherrin zu erspähen. Zur Strafe erblindete er sofort. Godiva zu Ehren fanden bis in das 20. Jahrhundert hinein Umzüge statt, im Zentrum der Stadt hat man ihr ein Denkmal gesetzt. Das Standbild von Roß und Reiterin ist heute ein bevorzugter Treffpunkt für Einheimische.

Einer der frühen Historiker Englands, der Antiquar *Sir William Dugdale* (1605–86), besuchte die Grammar School von Coventry fünf Jahre lang. Sein Werk »Antiquities of Warwickshire« (1656) wird noch heute als genealogische Fundgrube hoch geschätzt.

Spon Street vermittelt durch die zahlreichen Fachwerkbauten noch die Atmosphäre einer mittelalterlichen Straße. In den Häusern befinden sich recht elegante Geschäfte, auch Bars, die dem Besucher die Möglichkeit einer Besichtigung ermöglichen. Allerdings liegen nicht alle Gebäude hier an ihrem angestammten Platz, einige Häuser standen ursprünglich in ande-

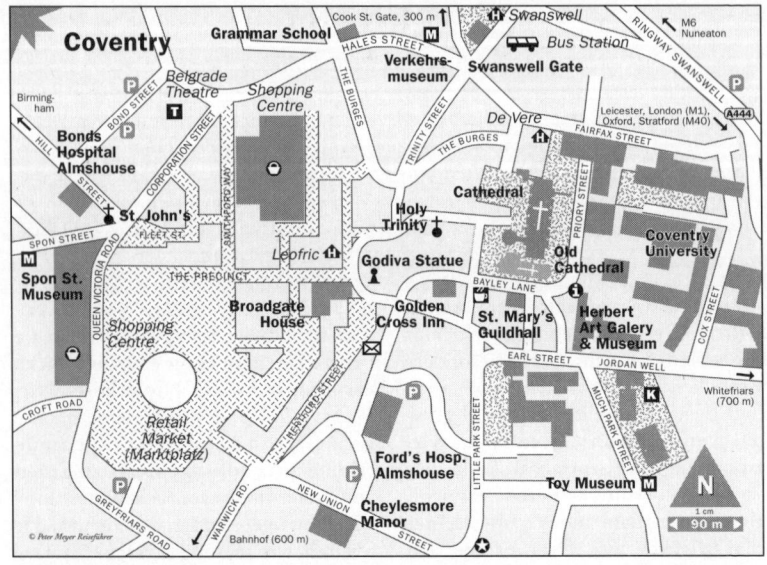

Coventry

Cook St. Gate, 300 m
Grammar School
HALES STREET
Swanswell
Bus Station
M6 Nuneaton
RINGWAY SWANSWELL
Belgrade Theatre
Shopping Centre
Verkehrs-museum
Swanswell Gate
Birmingham
BOND STREET
CORPORATION STREET
THE BURGES
TRINITY STREET
De Vere
THE BURGES
Leicester, London (M1), Oxford, Stratford (M40)
A444
Bonds Hospital Almshouse
HILL STREET
St. John's
FLEET ST.
Cathedral
PRIORY STREET
Coventry University
COX STREET
Spon St. Museum
SPON STREET
QUEEN VICTORIA ROAD
THE PRECINCT
Leofric
Holy Trinity
Godiva Statue
Old Cathedral
Shopping Centre
Broadgate House
Golden Cross Inn
BAYLEY LANE
St. Mary's Guildhall
Herbert Art Galery & Museum
HERTFORD STREET
EARL STREET
JORDAN WELL
MUCH PARK STREET
Whitefriars (700 m)
Retail Market (Marktplatz)
CROFT ROAD
GREYFRIARS ROAD
LITTLE PARK STREET
Ford's Hosp. Almshouse
NEW UNION STREET
Toy Museum
N
1 cm 90 m
Cheylesmore Manor
WARWICK RD
Bahnhof (600 m)
© Peter Meyer Reiseführer

ren Straßen der Stadt und wurden hier erst vor wenigen Jahren neu aufgebaut. An der Verlängerung der Straße zum Stadtzentrum hin *(Fleet Street)* befindet sich die **Pfarrkirche St. John,** ein aus dem 14. Jahrhundert stammender Bau aus rotem Sandstein. Ursprünglich war dies die Kirche der 1342 gegründeten Gilde von Coventry, die sich Johannes den Täufer als ihren Patron gewählt hatte. Heute ist der Bau charakterisiert durch Umbauten des 15. Jahrhunderts im *Perpendikular-Stil,* dessen Name sich von dem besonders feingliedrigen Maßwerk der Fenster und den streng vertikalen Blenden des Mauerwerks (wie ein ruhendes Pendel) herleitet. Diese ab etwa 1350 entwickelte englische Architekturform war bis in die ersten

Jahrzehnte des 16. Jahrhunderts in Mode und fand ihren Höhepunkt in der Konstruktion phantastischer Fächergewölbe.

Die Kirche ist zwar »open most times«, an Wochentagen bis 17.30 Uhr, notfalls muß man jedoch einen Termin mit dem Pfarrer machen, ℂ 01203/673203.

Sehenswert ist **St. Mary's Guildhall,** der nach 1340 auf älteren mittelalterlichen Gebäuden entstandene Treffpunkt der *Mariengilde* (Bayley Lane, geöffnet April – September täglich 10 – 16 Uhr, ℂ 01203/833041, Eintritt frei). Prunkstück der großen *Versammlungshalle* ist der Wandteppich an der Stirnseite, der wohl Heinrich VI. und seine Königin Margarete von Anjou zeigt, und auch die reich verzierte Holzdecke zeugt von den Fähigkeiten mittelalterlicher Handwerker. Ausgestellt werden auch die alten Helme und Piken der Stadtwache sowie in den Nebenräumen altes Mobiliar, das zum Teil aus den reichen Kaufmannshäusern des 16. und 17. Jahrhunderts stammt. Zu diesen Nebenräumen gehört außer dem *Sitzungszimmer des Stadtrates,* einer *Gallerie für Musikanten* und der alten *Schatzkammer* auch ein Raum, in dem Mary, Königin von Schottland im Winter 1570/71 inhaftiert gewesen sein soll. In der großen Halle wird alljährlich immer noch der neue Bürgermeister von Coventry in sein Amt eingeführt.

Noch während des Krieges wurden Pläne für den Wiederaufbau der Stadt und auch der **Kathedrale** ausgearbeitet, für deren Errichtung 1951 ein Wettbewerb veranstaltet wurde. Der Neubau der Kathedrale von Sir Basil Spence, 1962 vollendet, ist ein sehenswertes Beispiel für moderne britische Architektur. Er bildet eine Einheit mit den Ruinen des gotischen Baus, der seit 1918 als Kathedrale gedient hatte. (Die alte Kathedrale St. Mary war nach 1539 abgerissen worden, ihre Fundamente können noch an der Priory Row besichtigt werden.) Nach dem Ende des Krieges war hier der Ausgangspunkt einer internationalen Versöhnungsbewegung, die schon früh auch das zerstörte Dresden mit umfaßte.

Museen & Theater
Herbert Art Gallery and Museum, Jordan Well, geöffnet Mo – Sa 10 –

Die moderne St. Michael's Cathedral von Coventry

Der Historiker William Dugdale besuchte in Coventry die Lateinschule

17.30 Uhr, So 14 – 17 Uhr, ✆ 01203/ 832381. In diesem mit einer Gemälde-galerie kombinierten Museum wird die tausendjährige Geschichte der Stadt vorgestellt, daneben gibt es Wanderausstellungen moderner Ge-mälde, Aquarelle und Zeichnungen.

The Museum of British Road Transport, St. Agnes Lane, Hales Street, Coventry CV1 1PN, geöffnet täglich 10 – 17 Uhr, ✆ 01203/832425, Fax 832465. Dokumentiert die Ge-schichte des Straßenverkehrs im 20. Jahrhundert anhand vieler gut erhal-tener Oldtimer und anderer zum Teil seltener Kraftwagen und Motorräder.

Coventry Toy Museum, Much Park Street, geöffnet täglich 12 – 18 Uhr, ✆ 01203/227560, Eintritt £1,50/£1.

Midland Air Museum, Baginton Airport (am Flugplatz Coventry), ge-öffnet Mo – Sa 10.30 – 17 Uhr, So 10.30 – 18 Uhr, ✆ 01203/301033, Ein-tritt £3/£2. Dieses Museum wurde erst vor wenigen Jahren gegründet und befindet sich noch im Aufbau. Trotzdem umfaßt die Sammlung schon viele ausgemusterte Flugzeuge, vor allem des Düsenzeitalters.

Theater: *Belgrade Theatre,* Corpora-tion Street, Kasse 01203/553055.

Unterkunft

★★★ *Leofric Hotel,* Broadgate, Co-ventry CV1 1LZ, ✆ 01203/221371, Übernachtungen ab £50.

★★★ *De Vere Hotel,* Cathedral Square, Coventry CV1 5RP, ✆ 01203/ 633733, in unmittelbarer Nähe der Kathdrale, Übernachtungen ab £45.

★★ *Crest Guest House,* 39 Friars Road, Coventry CV1 2LJ, 01203/ 227822.

★★ *Lodge Farm House,* Westwood Heath Road, Coventry CV4 8AA, ✆ 01203/466786, ab £18.

★ *Brymar Guest House,* 39a St.Pa-trick Road, Coventry CV1 2LP, ✆ 01203/225969, ab £15.

Avalon Guest House, 28 Friars Road, Coventry CV1 2LL, ✆ 01203/ 251839, ab £15.

🅱 *The Swanswell Hotel,* Trinity Street, gleich beim Swanswell Gate, Übernachtung um die £20 pro Person; keine Parkgelegenheit, tagsüber keine warme Mahlzeiten.

Weitere Informationen

Touristeninformation, an der Kathe-drale, geöffnet Mo – Fr 9.30 – 17 Uhr, im Sommer auch So 10 – 16.30 Uhr, ✆ 01203/832312.

Anreise: der Bahnhof liegt südlich des Stadtzentrums, das durch die Unterführung der inneren Ringstraße leicht zu erreichen ist. Autofahrer können die um das Zentrum gelegenen Parkplätze benutzen.

Nahverkehr: Informationen zum *Busverkehr* gibt es unter ✆ 01203/220014; *Bahnverkehr* ✆ 555211.

Auslüge & Tourvorschläge

Von Coventry aus bieten sich zwei Richtungen für Ausflüge oder die Weiterfahrt an. Wer ins nächste große städtische Zentrum der Midlands fahren möchte, nämlich nach *Leicester* (siehe Seite 186), um zum Beispiel nach Nottingham und an die Ostküste weiterzureisen, sollte über *Nuneaton* (zunächst auf der A444, dann auf die A47) fahren und den Besuch der Arbury Hall einplanen.

Denjenigen, die es ins Shakespeare-Land und an den Avon zieht (siehe letzte Griffmarke ab Seite 304), empfehle ich einen Abstecher zum *Coomb-Kloster* sowie einen Umweg nach *Lutterworth* im Nordosten Coventrys (ein zusätzlicher Tag), um von dort bei *Rugby* den Einstieg zur Avon-Tour zu nehmen.

Neogotisches in Arbury Hall

Arbury Hall liegt außerhalb und südlich von Nuneaton (nördlich von Coventry, B4112 Richtung Ansley). Die Anfahrt vom Tor durch den Park ist recht weit, man folgt der geteerten Straße. Geparkt wird auf einer Wiese vor dem Toreingang des eigentlichen Areals, das aus Haus, Nebengebäuden und Gärten besteht.

Arburys Anspruch auf Berühmtheit beruht einerseits auf seinen architektonischen Besonderheiten, andererseits auf der Tatsache, daß eine wichtige englische Schriftstellerin des 19. Jahrhunderts auf einer der Bauernstellen geboren wurde: *Mary Ann Evans*, besser bekannt unter ihrem Pseudonym *George Eliot* (1819 – 1880). Ihr Vater war hier Verwalter, und sie hatte in ihrer Kindheit Gelegenheit, das Haus kennenzulernen. Als Cheveral Manor taucht es auf in ihrem Roman »Scenes of Clerical Life«.

Im Mittelalter befand sich an dieser Stelle ein Stift der Augustinerchorherren, das nach der Welle der Klosterauflösungen unter Heinrich VIII. in Privatbesitz überging, als der König es mit vielen anderen Ländereien dem Herzog von Suffolk schenkte. Der verkaufte es an einen jungen Rechtsanwalt, Edmund Anderson, unter dessen Regie das Kloster zu einem privaten Wohnsitz umgestaltet wurde. Anderson machte Karriere, wurde schließlich mit hohen Richterfunktionen betraut, die seine Anwesenheit in der Nähe der Hauptstadt erforderlich machten, und entschloß sich deshalb, das Anwesen gegen einen anderen Landsitz einzutauschen. 1586 zog er nach Middlesex, und seit diesem Zeitpunkt residiert die Familie Newdigate in Arbury. In der Mitte des 18. Jahrhunderts begann ein Mitglied dieser Familie mit einem weiteren Umbau in einen Stil, den man zu jener Zeit gotisch nannte. Im Zuge dieser Arbeiten, die erst nach über fünfzig Jahren zum Abschluß kamen, wurde eine Veränderung und Neudekoration der Räume vorgenommen, die das Haus schließlich zu einem wichtigen Repräsentanten des *Gothic Revival* in England machen.

Rundgang

Trotz all dieser Umbauten und stilistischen Veränderungen liegt dem Plan des Hauses noch immer die alte Klosteranlage zugrunde: der viereckige Innenhof wird vom ehemaligen **Kreuzgang** gebildet. Dies ist auch der erste Raum, in den man bei der Besichtigung des Hauses von der Eingangshalle aus gelangt. Ausgestellt ist in dem Gang eine Sammlung von Fechtwaffen von der Zeit des englischen Bürgerkrieges bis in das letzte Jahrhundert. Der nächste Raum ist die mit reichen Stuckverzierungen geschmückte **Kapelle,** die in die Umbauten des Gothic Revival nicht mit einbezogen wurde, sich also noch ganz im Zustand des 17. Jahrhunderts befindet. Die Wandverkleidungen nehmen seit dieser Zeit den Blick auf die Wände des elisabethanischen Hauses, das auf das Kloster folgte. Das nächste Zimmer, der **School Room,** war ursprünglich Wohnzimmer des Kaplans. Die Medaillons der Kaminverkleidung wurden von Josiah Wedgwood als Motive für seine Porzellangefäße benutzt. In dem sich anschließenden *Little Sitting Room* werden neben einer Sammlung von Porzellan und Trinkgefäßen Porträts größtenteils der Familie Newdigate ausgestellt, es befindet sich auch eine Arbeit *Friedrich Tischbeins (1750 – 1812)* darunter (Porträt der Charlotte von Westruik).

Als nächstes gelangt man in den *Saloon,* der mit seinem großen halbrunden Fenster und der prachtvollen Decke, die der Kapelle König Heinrichs VII. in Westminster Abbey nachempfunden ist, die Hauptsehenswürdigkeit an der Ostseite des Hauses ist. Unter den Gemälden sei die Darstellung Johannes des Täufers (über dem Kamin) von *Sir Joshua Reynolds (1723 – 1792)* hervorgehoben, der als Hauptmeister der englischen Malerei des 18. Jahrhunderts gilt und Hunderte von Portraits schuf. Er war so berühmt, daß er 1782 pro Portrait 45 Guineas verlangen konnte (1753 bekam er noch 5 Guineas).

An der Südseite des Hauses wird zunächst der *Drawing Room* gezeigt. Auch hier wurden Anregungen aus Westminster Abbey aufgegriffen; der Kamin ist die Nachbildung eines Grabmonuments dieser Kirche. Durch ein kleines Nebenzimmer wird man sodann in den *Dining Room* geführt. Auch dieser Raum, vielleicht die große Halle des elisabethanischen Hauses, ist vollständig im gotischen Stil gestaltet. Unter den Sehenswürdigkeiten ist neben einem Porträt Königin Elisabeths I., das dem Maler *John Bettes (1547 – circa 1570)* zugeschrieben wird, auf die beiden römischen Urnen an der Ostwand und das darüber befindliche Relief, Seite eines römischen Sarkophages, hinzuweisen. Rechts neben dem Kamin hängt ein Porträt der Mary Fitton aus Gawsworth in Cheshire (siehe Seite 125). Sie wurde 1595 Hofdame der Königin Elisabeth I., wurde jedoch nach einer

Liebesaffäre des Hofes verwiesen und zog nach Arbury zu ihrer Schwester. Bei ihr soll es sich um die von Shakespeare besungene *dark lady* handeln.

Schließlich wird noch die *Long Gallery* gezeigt, die das ganze Obergeschoß auf der Eingangsseite einnimmt. Hier befinden sich Teile der Bibliothek des Hauses und – als Kuriositäten – Tisch und Stuhl des Heinrich, Herzog von Suffolk.

Vom eigenen Glanz geblendet? Selbstbildnis Sir Joshua Reynolds, 1748 (London, National Portrait Gallery)

Er war der Vater der sechzehnjährigen Lady Jane Grey, die 1553 für wenige Tage Königin von England war. Die in der Long Gallery befindlichen Bücher stellen nur einen Teil der Bibiothek dar, der größere Teil ist nicht zugänglich.

Öffnungszeiten & Eintritt

Privatbesitz, nicht immer zugänglich. Von Ostersonntag bis Ende September jeweils So 14 – 17.30 Uhr geöffnet. © 01203/382804, Eintritt £3/£1,60.

Bereits auf der Anfahrt gewinnt man einen Eindruck von den weiten Parkanlagen. Hervorzuheben ist der *Rosengarten* an der Ostseite des Hauses. Besuche sind deshalb besonders im Juni und Juli lohnend.

Die Stallgebäude, mit Sonnenuhr unter der mechanischen Uhr, können nicht besichtigt werden, Besuchern steht dort nur eine *Teestube* offen.

Coombe Abbey

Das Zisterzienserkloster Coombe wurde 1150 gegründet, Erfolge in der Schafzucht machten es bald zur reichsten Abtei in der Grafschaft Warwickshire.

Dieser Ausschnitt einer Handschrift des Lutrell-Psalters von 1340 zeigt einen Mann bei der Schafschur, umrankt wird er von der minuziösen Darstellung einer Erdbeerpflanze.

Nach der Klosterauflösung 1539 wandelte man es in einen privaten Wohnsitz um, dessen Park 1771 von ›Capability‹ Brown gestaltet wurde. 1958 ging es an die öffentliche Hand. Durch Haus und Garten werden Führungen angeboten, im Besucherzentrum wird für Information und Unterhaltung gesorgt.

Coombe Abbey liegt an der Brinklow Road A4027 östlich Coventry, zu erreichen über die A46 und die A4082. Informationen zu den Konzerten und anderen Veranstaltungen ✆ 01203/453720.

Lutterworth und Umgebung

Das im Süden der Grafschaft *Leicestershire* gelegene Lutterworth ist von Coventry aus bequem über die Autobahnen M6 und M1 zu erreichen (Abfahrt 20). Bereits bei der Anfahrt kann man sich an dem Turm der auf einer Anhöhe gelegenen Pfarrkirche orientieren. An geschäftigen Wochentagen ist es ratsam, von den ausgeschilderten freien Parkmöglichkeiten Gebrauch zu machen, um sich dann in dem hübschen Landstädtchen umzusehen.

Es ist anzunehmen, daß die Anfänge der späteren Stadt in der angelsächsischen Zeit zu suchen sind. Im Domesday Book Wilhelms des Eroberers (siehe auch Seite 25) taucht die am Flüßchen *Swift*, einem Nebenfluß des Avon, gelegene Siedlung als Besitz eines französischen Ritters, einer der Gefolgsleute des Eroberers, auf. Als regionales Zentrum zwischen

Coventry und Leicester erhielt Lutterworth 1214 Marktrecht.

Im späten 14. Jahrhundert zieht es plötzlich das Interesse höchster Kreise in Staat und Kirche auf sich. Diese Entwicklung steht nicht im Zusammenhang mit der Marktsiedlung selbst, sondern erklärt sich dadurch, daß einer der bekanntesten Kirchenkritiker, der noch heute als Vorkämpfer der Reformation gefeierte *John Wycliffe* (etwa 1329, gestorben 1384), von 1374 bis 1384 die Pfarrei innehatte. Die Pfarre war eigentlich nur eine Einkunftsquelle für Wycliffe, der als Theologe in Oxford lehrte. Doch seine zunehmend schärfere Kritik an der Kirche führte schließlich zum Bruch, und er mußte Oxford verlassen. Erst jetzt zog er sich nach Lutterworth zurück, wo er bis zu seinem Tode wirkte. Dem Brauch gemäß wurde er in der Pfarrkirche *St. Mary* begraben, doch der Besucher wird das Grab des Theologen vergeblich suchen. Zu seinen Lebzeiten hatte er unter dem Schutz des mächtigsten Adeligen im Lande, *John of Gaunt*, Herzog von Lancaster, gestanden, posthum wurde er dann als Häretiker verurteilt, 1428 wurden seine Gebeine exhumiert, verbrannt und die Asche in den Fluß vor der Stadt gestreut.

Stolz ist man in Lutterworth auch auf einen anderen ehemaligen Mitbürger, *Sir Frank Whittle*, den Konstrukteur eines Strahlentriebwerkes für Flugzeuge. Ihm wurde 1987 in der kleinen Parkanlage des Kriegerdenkmals eine Gedenkbüste errichtet.

Seit dem 18. Jahrhundert war Lutterworth eine der Haltestationen der Postkutschenverbindung zwischen Chester und London, doch die bedeutendste Veränderung für die Entwicklung der Stadt geschah im 19. Jahrhundert. Ab 1840 gab es einen Pferdebus, der Passagiere in das etwa 5 km entfernte *Ullesthorpe* beförderte, von wo sie mit der Bahn nach Leicester oder Rugby weiterreisen konnten. Einen eigenen Bahnanschluß erhielt die Stadt dann 1899, doch die Bahnlinie wurde Mitte der 60er Jahre eingestellt. Heute liegt Lutterworth dank der Autobahn verkehrsgünstig, und der kleinstädtische Charakter (etwa 7500 Einwohner) kann nicht über die ortsansässig gewordene Industrie hinwegtäuschen: das alte Industriegelände liegt an der A426 in Richtung Leicester, das neue, *Magna Park,* ist

Bowling im Freien ist ein beliebter Freizeitsport

über die nach Westen führende A427 zu erreichen.

Pfarrkirche St. Mary: Die Church Street hinauf gelangt man zur Pfarrkirche St. Mary. Auf der Tafel im Kirchhof wird der Besucher mit dem Hinweis empfangen: »John de Wycliffe was Rector 1374 – 1384«.

Links vom Eingang zum Kirchhof befindet sich das *Heimatmuseum* der Stadt. Die hier ausgestellten Exponate stammen aus allen Phasen der Geschichte, von der Steinzeit bis in die heutige Zeit. Öffnungszeiten: Do, Fr, Sa 10 – 16 Uhr.

Bibliothek, Mo/Fr 10 – 12.30 und 13.30 – 17.30 Uhr; Di/Do 10 – 12.30 und 13.30 – 19; Sa 9.30 – 12.30 Uhr geöffnet.

Unterkunft & Essen

★★★ *Denbigh Arms,* High Street, Lutterworth, ✆ 01455/553537, Hotel und Restaurant, Parkmöglichkeiten vorhanden. EZ £55, DZ £65, an Wochenenden im Sommer DZ £56 pro Nacht (ab 2 Übernachtungen).

★★★ *The Grey Hound Hotel,* 9 Market Street, Lutterworth, ✆ 01455/553307, EZ £45, DZ £55, Wochenende DZ ab £39.

The Hind Hotel, Free House, 8 High Street, Lutterworth, ✆ 01455/552341, EZ £14, DZ £24.

Gilmorton

Kurz hinter dem Stadtzentrum von Lutterworth in Richtung Leicester geht von der A426 nach Osten die Straße in das knapp 5 km entfernte Dorf Gilmorton ab. Bei schönem Wetter bietet sich die Strecke für kleine Wanderungen an, ein *Public Footpath* durch die Felder ist auf etwa halber Strecke ausgeschildert. Gilmorton besteht aus einer Mischung von Landarbeiterkaten *(Cottages)* aus verschiedenen Epochen, zum Teil noch aus dem Mittelalter, und Fachwerkbauten. In der Nähe der Kirche befinden sich die Reste einer alten Erdbefestigung, der kleine Burghügel mit Graben ist noch deutlich zu erkennen.

❎ Wer in ein Gasthaus einkehren möchte hat die Wahl zwischen *The Talbot* (am südlichen Ortsausgang), *The Crown* und *The Red Lion.*

Radtour zu Stanford Hall

Nach Süden läßt sich ein Ausflug nach *Stanford-on-Avon* und dem dortigen Landadelssitz (siehe Seite 257) anschließen. Der Weg ist ausgeschildert; da die Straßen nach Stanford wenig befahren sind, bietet sich diese Strecke für Radfahrer an. Man folgt zunächst der A426 Richtung Rugby, biegt aber kurz nach dem Ortsausgang links ab, überquert die Autobahn und gelangt dann in das knapp 5 km entfernte **Swinford.** Zu besichtigen gibt es hier die kleine Dorfkirche, ansonsten wird das Dorf mehr und mehr zu einer Wohnsiedlung von Leuten, die ihren Arbeitsplatz in einer der größeren Städte haben, ein Prozeß, der sich in Großbritannien allenthalben vollzieht. Von hier sind es noch knapp 2 km bis zu Stanford Hall.

❎ In Swinford kann im *Cave Arms* (Free House) oder *The Chequers* (Restaurant und Gastwirtschaft) Rast gemacht werden.

VON STAFFORD NACH CHESTER

GESCHICHTE & KULTUR

REISEHINWEISE

AKTIV IN DER NATUR

BIRMINGHAM & COVENTRY

VON STAFFORD NACH CHESTER

PEAK DISTRIKT & DERBY

NOTTINGHAM- & LINCOLNSHIRE

SHROPSHIRE & DER SEVERN

AVON & SHAKESPEARE-LAND

STAFFORD- & CHESHIRE

*Die walisischen Marken, die sich von Cheshire nach Süden
durch die Grafschaften Shropshire, Herefordshire und Gloucestershire
erstrecken, sind ein Grenzgebiet, in dem jahrhundertelang
Spannungen geherrscht haben, obwohl die korrespondierenden walisischen
Regionen Clwyd und Powys dünn besiedelt sind. Bereits im späten
8. Jahrhundert sah sich der angelsächsische König Offa veranlaßt, sein Reich
Mercia durch eine etwa 120 km lange Erdbefestigung zu schützen – »Offa's
Dyke« –, die noch heute über weite Strecken verfolgt werden kann.
Im späteren Mittelalter kämpften normannische Barone hier mit ihren walisi-
schen Nachbarn, aber auch mit den eigenen Königen um das höchstmögliche
Maß an Unabhängigkeit. Diese Könige selbst betrachteten die Gegend oft als
militärisches Aufmarschgebiet, eine Reihe von Burgen zeugen noch davon.*

Mein Routenvorschlag führt von Birmingham über Stafford in den Norden nach Chester, von dort können
Sie durch den Peak District wieder
südwärts fahren. Die Strecke kann
man in einer knappen Woche bequem
bewältigen. Stellen Sie sich aber darauf ein, daß Sie in Chester vielleicht
einige Tage verweilen möchten.

Stafford

Die Hauptstadt der Grafschaft Staffordshire geht in ihren Anfängen mindestens bis in das 10. Jahrhundert zurück, in jüngerer Zeit hat sie sich zu
einer Industriestadt von ungefähr
70.000 Einwohnern entwickelt. Das
Stadtzentrum mit einem großzügig
angelegten Marktplatz macht einen
angenehmen Eindruck. Außer einigen
der kleinen Straßen, wie etwa Church
Lane, ist vor allem das **Ancient High
House,** ein Fachwerkbau von 1595,
sehenswert. Heute beherbergt er das
Heimatmuseum und die *Touristeninformation,* Greengate Street, geöffnet
April – September Mo – Fr 9 – 17

Uhr, Sa 10 – 16 Uhr; Oktober – März
Mo – Fr 9 – 17 Uhr, Sa 10 – 15 Uhr. ℂ
01785/402204 oder 223181, Fax
223156.

Nur wenige Schritte weiter steht
die **Kirche St. Mary,** eine beeindruckende Stadtkirche aus dem 13.
und 14. Jahrhundert. Sie war die erste
Kirche, die von *George Gilbert Scott*
(1811 – 1878) restauriert wurde, dem
viktorianischen Architekten, dessen
Vorliebe für die Formen der Gotik
ihn zum idealen Baumeister bei Hun-
derten von Reparatur- und Umbauarbeiten dieser Art machen sollte. Die
Arbeiten in Stafford führte er 1840/41
durch, kurze Zeit später war er in Oxford tätig, und fünf Jahre später führte er in Hamburg den Bau der St.
Nikolaikirche aus. Herausragend in
der Kirche selbst sind das Alabaster-
monument der Familie Aston (1562)
und das alte Taufbecken. An der
Nordwand wurde 1878 eine Gedenk-
tafel für *Izaak Walton* (1593 – 1683)
angebracht, der aus dieser Pfarrei
stammt. In seiner Jugend begab er

sich nach London und machte dort zunächst eine kaufmännische Karriere, trat jedoch bald als Dichter und Literat in Erscheinung. Sein Hauptwerk ist »The Compleat Angler« (1653), ein Traktat weniger über das Angeln als über Naturbetrachtung und Freizeitgestaltung allgemein. Angel- und Freizeitfreunde können im Dorf *Shallowford,* nördlich der A5013 zwischen Stafford und Eccleshall, noch das Haus der Familie Walton sehen (✆ 01785/760278).

In der **Stadtkirche** von Stafford ist der Chor vom Hauptschiff deutlich getrennt, das erklärt sich aus der Funktion des Gebäudes: bis 1548 diente der Chor als Stiftskirche, in der für die königliche Familie gebetet wurde, das Hauptschiff diente hingegen als Pfarrkirche. Hinter der Kirche sind die Fundamente eines früheren Gotteshauses freigelegt, das einer Legende zufolge auf den hl. Bertelin, einen Missionar des 8. Jahrhunderts, zurückgehen soll, sich jedoch als schlichter Bau aus der Zeit der normannischen Eroberung erwies.

Stafford Castle liegt 2 km südwestlich des Stadtzentrums an der A518. Die alte Burg wurde 1643 zerstört, die vorhandenen Bauten stammen aus der Zeit der Romantik, als man hier ein gotisches Wohnhaus aufstellen wollte.

Unterkunft
The Swan Hotel, Greengate Street, Stafford, ✆ 01785/58142. Einst das erste Haus am Platze, doch verlor es nach dem Anschluß der Stadt an das Eisenbahnnetz an Bedeutung. Einzel-

zimmer £36, Doppelzimmer £39; Sonderangebot an Wochenenden £16,50 pro Person (ab 2 Nächten).

Danally House Hotel, 46 – 48 Lichfield Road, Stafford, 01785/42523. B & B ab £16.

Albridge Hotel, Wolverhampton Road, Stafford, ✆ 01785/54100, B & B ab £15.

Essen & Trinken
Stephanie's Confiserie, kleines Café bei der Kirche St. Mary, geöffnet Mo – Sa 8 – 18 Uhr, ✆ 01785/212034.

Soup Kitchen, Church Lane, geöffnet 10 – 17 Uhr.

Kultur & Aktivitäten
Kunst: *Shire Hall Gallery,* Market Square, ✆ 01785/278345. Die Räume werden für Wanderausstellungen ge-

nutzt, meist sind hier moderne Gemälde zu sehen.

Bücher: *The William Salt Library*, Eastgate Street, geöffnet Di – Sa 10 – 12.45 Uhr, 13.45 – 17 Uhr; eine vollständige Sammlung zur Regionalgeschichte.

Theater: *Gatehouse Theatre*, Eastgate Street. Das 1877 gebaute Haus ist mit 570 Plätzen eines der größeren englischen Provinztheater. Kasse Mo – Sa 10 – 17 Uhr, an Tagen mit Abendvorstellung bis 20 Uhr, ✆ 01785/54653.

Nicht ohne Stolz erinnert man in Stafford daran, daß der Dramatiker *Richard Sheridan* (1751 – 1816) den Wahlkreis viele Jahre lang im Unterhaus vertrat. Da er keine Verbindungen zur Stadt hatte, war dies ein teurer Spaß. Über £1000 mußten seine Freunde an Freibier, zur Aufnahme von Neubürgern und an sonstigen Spenden und Bestechungsgeldern zahlen. Aus dem Theater von Stafford holte er die Schauspielerin *Harriet Mellon* in die Londoner Drury Lane,

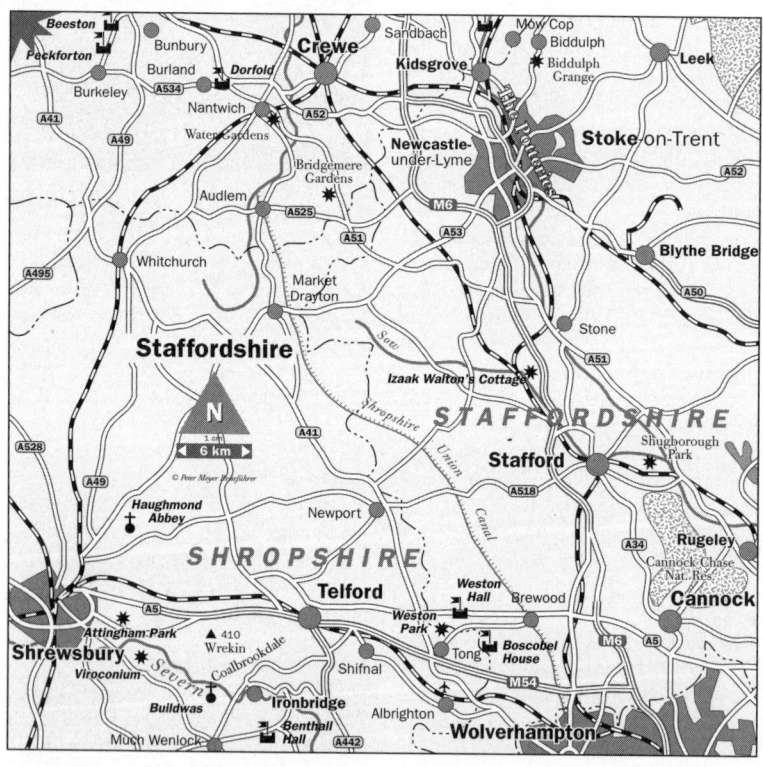

wo sie einen solchen Eindruck machte, daß sie ihre Karriere nach einer Heirat als Herzogin von St. Albans beendete.

Baden: *Riverside Recreation Centre,* South Walls, ✆ 01785/54559. Hier gibt es außer einem Hallenbad auch eine Sauna, eine Squash-Halle sowie ein Fitness-Studio. Da die Öffnungszeiten häufig wechseln, sind sie telefonisch zu erfragen.

Besuch bei Käpt'n Anson: Shugborough Park

Shugborough war der Wohnsitz der Familie Anson. *Thomas Anson* (1695 – 1773), der das Gebäude und etwas Land geerbt hatte, erweiterte den Bau und kaufte große Ländereien, darunter das Dorf *Shugborough*. Entlang der Flüsse *Sow* und *Trent* entstand ein Landschaftspark mit Brücken, künstlichen Ruinen, einem Triumphbogen, dem *Arch of Hadrian,* und einer kleinen chinesischen Pagode. Die neoklassischen Monumente waren das Werk des vielseitigen Architekten und Bildhauers *James ›Athenian‹ Stuart* (1713 – 1788). Während seines zweijährigen Aufenthalts in Athen fertigte er genaue Abbildungen der erhaltenen klassischen Gebäude an und bestimmte ihre Proportionen. Die Veröffentlichung seines Werkes »The Antiquities of Athens Measured and Delineated« verhalf der klassischen griechischen Kunst in England zu Popularität. Einer seiner Entwürfe, die Skulptur »Das Leuchtfeuer des Demosthenes« am Sow, wurde von *Matthew Boulton* aus Birmingham und *Josiah Wedgwood* aus Stoke-on-Trent ausgeführt. Leider verschwand das Original und ist heute durch eine Kopie ersetzt.

Die Bedeutung Shugboroughs gründet sich allerdings nicht auf Thomas Anson, sondern auf die Berühmtheit seines Bruders, des *Admirals George Anson* (1697 – 1762), des zweiten englischen Weltumseglers nach Sir Francis Drake. Als Kapitän des Dreimasters »Centurion«, begleitet von vier weiteren Schiffen, stach er 1740 mit dem Auftrag in See, die spanische Schiffahrt in der Südsee zu unterbinden. Es folgte eine Odyssee, wie sie nicht besser hätte erfunden werden können. Für die Umseglung von Kap Horn wurden Monate benötigt, der Verband wurde auseinandergerissen, und auf der »Centurion« brach eine Seuche aus. Mit weniger als der Hälfte der Besatzung wurde eine kleine Insel vor der chilenischen Küste erreicht, wo Anson ein notdürftiges Zeltlager errichten ließ, in dem sich der Rest der Besatzung erholte. Nach einer Weile trafen hier zwei weitere Schiffe ein, ebenfalls arg ramponiert – sie wurden später aufgegeben – und nur noch mit Resten der Besatzung. Trotz der Schwierigkeiten setzte Anson seinen Auftrag fort, kaperte eine Reihe kleinerer Schiffe und plünderte einen spanischen Flottenstützpunkt. Am 20. Juni 1743 brachte er schließlich das alljährlich aus Südamerika kommende spanische Schatzschiff auf. Bei seiner Rückkehr fuhr sein Schiff – geschützt vom Nebel – mitten durch eine französische Flotte im Ärmelkanal. Der Kaplan der »Centurion«, *Richard Walter,* schilderte die Reise in seinem

Buch »Voyage Round the World 1740 – 1744«, das 1748 erschien. Der Anteil an der Beute von mindestens 400.000 Pfund war die Grundlage des Vermögens der Familie Anson. Der Kapitän machte Karriere, zerstörte 1747 in einer großen Schlacht vor Cap Finisterre eine französische Flotte, wurde in den Adelsstand erhoben und schließlich erster Lord der Admiralität.

Die Nachkommen des Admirals erbten nicht nur einen riesigen Landbesitz, sondern auch das entsprechende Vermögen. Das bewahrte jedoch einen von ihnen nicht davor, sich durch eine maßlose Spielleidenschaft so zu verschulden, daß die Kunstsammlungen des Hauses, darunter antike Skulpturen und Gemälde von Rembrandt und Claude Lorrain, 1842 versteigert werden mußten.

Trotzdem bietet das **Haus** noch eine Reihe von Attraktionen. In der *Eingangshalle* befinden sich noch vier Kopien antiker Skulpturen, darunter zwei Zentauren, an der Wand sind zwei alte römische Reliefs befestigt. Im folgenden *Bust Parlour* gibt es dagegen keine Büsten oder Skulpturen mehr. Der *Speisesaal* wird durch eine kostbare Rokokodecke geziert, über dem Kamin hängt ein Porträt des Admirals Anson. Im *Blue Drawing Room* wird altes Porzellan ausgestellt, einige Stücke brachte George Anson von seiner Weltumseglung aus China mit. In den prächtigen *Red Drawing Room* kann man nur von der Tür aus einen kurzen Blick werfen. Unter den Porträts im *Saloon* befinden sich drei Arbeiten von Sir Joshua Reynolds (Nummer 39, 40), darunter auch ein

Bild des Admirals (Nummer 42). Im *Anson Room* steht ein Modell der »Centurion« und sogar noch ein Teil ihrer Bugfigur.

Im **Nebengebäude** können die Quartiere der Dienerschaft sowie die Stallungen besichtigt werden. Im Parkgelände befindet sich auch ein **Musterbauernhof,** der als lebendes Museum dient, in dem Arbeitsweisen des 18. Jahrhunderts vermittelt werden. Öffnungszeiten: Ostern bis Oktober täglich 11 – 17 Uhr, ✆ 01889/881388.

Anfahrt & Öffnungszeiten

Die Anfahrt erfolgt auf der A513 von Stafford in Richtung *Rugeley,* nach 6 km geht's bereits links ab (bzw. wer über das kleine *Tixall* gefahren ist, biegt nach rechts ab). Der Zufahrtsweg von der Einfahrt bis zum Haus führt mehrere Kilometer durch wechselnde Parklandschaft. Wer das Glück hat, im Sommer zu kommen, wird darunter ein nicht enden wollendes Spalier blühender Rhododendronbüsche finden; schon die Fahrt zum Haus ist ein Erlebnis, das man so schnell nicht vergessen wird.

Geöffnet 25. März – 27. Oktober täglich 11 – 17 Uhr; ✆ 01889/881388; Eintritt £3,50/£2. Haus und Park werden vom National Trust verwaltet.

Stoke-on-Trent

Die Stadt Stoke-on-Trent war traditionell eines der Zentren der englischen Fliesen- und Ziegelindustrie. Unter den seit Generationen von der Töpferei lebenden Familien waren auch die Wedgwoods, deren berühmtestes Mitglied, *Josiah Wedgwood* (1730 – 1795), hier 1769 als erster in England mit der Porzellanfabrikation begann. Josiah arbeitete schon mit 9 Jahren in der Werkstatt seines Bruders Thomas, der den experimentierfreudigen, aber auch kränklichen Mitarbeiter gerne los wurde. Josiah ging in die Werkstätten nach Worcester und beendete dort seine Ausbildung. Nach seiner Rückkehr machte er sich selbständig und hatte mit seinen Produkten, die sich durch ihre matte Oberfläche auszeichneten und denen oft klassische Formen zugrunde lagen, großen Erfolg. Schließlich eröffnete er eine eigene Fabrik, der er den Namen *Etruria* gab. Der Name ist heute auf den ganzen Stadtbezirk übergegangen.

Stoke ist allerdings keine Stadt im eigentlichen Sinne, ein Zentrum wird man hier nicht finden. Es waren fünf benachbarte Siedlungen, *Burslem, Fenton, Hanley, Longton* und *Tunstall,* die 1910 mit Stoke zur Ortschaft Stoke-on-Trent zusammengelegt wurden. Sie sind zwar durch Verbindungsstraßen miteinander verbunden, bilden jedoch keine Einheit. Reisende, die sich für Industriegeschichte im allgemeinen und Porzellan im besonderen interessieren, werden hier gut aufgebaute Museen finden:

Etruria Industrial Museum, Lower Bedford Street, geöffnet Mi – So 10 – 16 Uhr, ✆ 01782/287557. Hauptstück ist die große Dampfmaschine der Feuersteinmühle, die einmal im Monat in Betrieb gesetzt wird. Von der Fabrik der Wedgwoods ist kaum etwas erhalten geblieben. Das Spektrum der Erzeugnisse von Stoke und den Tochtergemeinden wird im **City Museum and Art Gallery** ausgestellt, Bethesda Street, Hanley, ✆ 01782/202173. Ebenso zu empfehlen ist die Ausstellung der Firma **Royal Doulton,** Nile Street, Burslem, ✆ 01782/292434.

Weitere Auskünfte gibt das **Tourist Information Centre,** 01782/284600.

Das Unternehmen *China Link* bietet **Bustouren** durch die Töpfereien und Porzellanmanufakturen an. Abfahrtspunkt ist der Hauptbahnhof von Stoke-on-Trent, die Busse fahren zwischen 10 und 16 Uhr stündlich, ✆ 01782/522101.

Die Wedgwood-Werkstätten befinden sich heute einige Kilometer südlich von Stoke, im **Dorf Wedgwood.** Das dortige Besucherzentrum ist Mo – Fr 9 – 17 Uhr, Sa 10 – 17 Uhr und So 10 – 16 Uhr geöffnet, Weihnachten und Neujahr geschlossen. Eintritt £3,25 (in den Wintermonaten £1,50).

Elisabethanische Stadt: Nantwich

Die kleine Stadt am Fluß *Weaver,* bereits in der Grafschaft Cheshire gelegen, ist eine der alten Salzstädte. Im Gegensatz zu den anderen Zentren der Salzproduktion (Droitwich, Middlewich und Northwich) ist Nantwich überaus sehenswert.

Schon zur Römerzeit gab es hier Salinen, die aus einer Salzwasser führenden Quelle gespeist wurden. Als *John Leland* Mitte des 16. Jahrhunderts auf einer seiner Reisen durch die Gegend kam, beschrieb er den Vorgang der Salzgewinnung:

Am Kanal erinnert eine Plakette an das Große Feuer von Nantwich

»Viele kleine Kanäle bringen Wasser zu den Salzpfannen. Das Wasser verdampft in Bleipfannen, das Salz wird in einem Korbgeflecht gelagert, durch das weiteres Wasser versickert.«

Nur wenige Jahrzehnte nach Lelands Besuch, im Jahre 1584, wurde die Stadt in einem zwanzig Tage währenden Feuer fast vollständig zerstört. Der Wiederaufbau erfolgte mit Unterstützung der Königin Elisabeth. Die dadurch entstandene Bindung an die Krone überdauerte den Dynastiewechsel von 1603 allerdings nicht lange. Im Bürgerkrieg war Nantwich der bedeutendste Stützpunkt der Parlamentspartei in Cheshire.

Alljährlich findet am *Holy Holly Day* im Januar (am dem 25. Januar nächstgelegenen Sonnabend) noch ein Umzug in historischen Kostümen statt, der an diese Zeit erinnert.

Mit dem Niedergang der Salzindustrie setzte dann eine Stagnation ein, so daß große Teile des Stadtkerns erhalten blieben.

Die meisten Besucher werden mit dem Auto in die Stadt kommen, ihnen ist der gebührenpflichtige Parkplatz hinter der Kirche zu empfehlen. Wer mit dem Kanalboot hier anlegt, gelangt hinter der Kanalunterführung durch Welsh Row ins Stadtzentrum. Zu den Sehenswürdigkeiten gehört die **Kirche St. Mary,** die jedoch später zahlreiche Veränderungen erfuhr. Im Bürgerkrieg wurde sie von der Parlamentspartei als Gefangenenlager für bis zu 1800 Personen benutzt. Zwanzig der Chorsitze haben mit Schnitzereien verzierte Miserikordien, darunter Samson und den Löwen, St. Georg und den Drachen, Ringer und eine Frau, die den Ehemann mit der Suppenkelle verhaut. Im südlichen Querhaus ist noch ein Grabmal aus dem 14. Jahrhundert erhalten.

Einige Häuser sind vom Feuer verschont geblieben, sehenswert ist **The Red Cow** in Beam Street, ein Haus aus dem 15. Jahrhundert, in dem Gerüchten zufolge noch der Geist von *Ann Salmon* umgeht, einer früheren Bewohnerin, die einer der mittelalterlichen Pestwellen zum Opfer fiel. Heute ist hier übrigens ein *Hotel,* man kann also im Spukhaus übernachten.

Unbeschädigt vom Feuer blieb auch **Sweet Briar Hall** in der Hospital Street, ein Haus aus der Mitte des 15. Jahrhunderts. Sehenswert ist weiterhin **Churche's Mansion** am südlichen Ortsausgang. Das 1577 für den Kaufmann *Richard Churche* errichtete Haus ist kaum verändert worden. Während der untere Teil des Hauses durch das Fachwerk in sachliche Rechtecke geteilt wird, sind die leicht vorstehenden Obergeschosse mit einem verspielt wirkenden Muster versehen. Das Haus beherbergt heute ein Restaurant (siehe unten).

Bei einem Rundgang sollten auch die **High Street** mit dem *Crown Hotel* und, auf der anderen Seite des Flusses, *Welsh Row* nicht ausgelassen werden.

Aktivitäten & Stadtführung

Sowohl am Fluß als auch am Shropshire Union Canal gibt es schöne Spazierwege. Verschiedene Ausstellungen zur Geschichte von Stadt und Umland gibt es im **Nantwich Museum,** Pillory Street, ℐ 01270/627104, wobei auch die Spezialität der Grafschaft, der *Cheshire Cheese,* berücksichtigt wird.

Im *Players' Theatre,* Love Lane, ℐ 01270/624556, finden das ganze Jahr über Aufführungen von Laienspielgruppen statt.

Die *Badeanstalt* mit Frei- und Hallenbad ist in Wall Lane, ℐ 01270/610606.

Führungen durch die Stadt können im **Tourist Information Centre** gebucht werden: *Church House,* Church Walk, Mo – Fr 10 – 17 Uhr, Sa 10 – 16 Uhr, ℐ 01270/610983.

Unterkunft

The Crown Hotel, High Street, Nantwich, CW5 5FS, ℐ 01270/625283.

The Red Cow, Beam Street, Nantwich ℐ 01270/628581.

Hübsche Fachwerkhäuser wie das Crown Hotel zieren Nantwichs Fußgängerzone

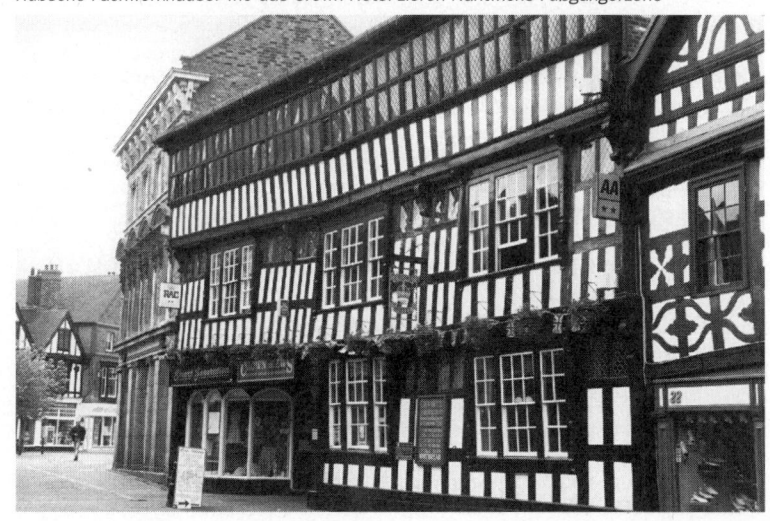

B *Oakland House,* 252 Newcastle Road, Blakelow, Shavington, CW5 7ET, ✆ 01270/67134. Etwa 3 km außerhalb, südlich von Nantwich an der A500.

Essen und Trinken

Churche's Mansion Restaurant, Hospital Street, Nantwich CW5 0RY, ✆ 01270/625933, Fax 74256. *Morning Coffee* 10 – 12 Uhr, *Mittagstisch* 12 – 14.30 Uhr, *Afternoon Tea* 15 – 17 Uhr (sonntags Reservierung nötig), *Dinner* 19 – 21.30 Uhr. Montags Ruhetag. Dies ist sicher das führende Restaurant der Stadt. Wer sich Nouvelle Cuisine in der Atmosphäre des elisabethanischen Zeitalters gönnen will, wird sich hier wohl fühlen.

The Bowling Green, Pub und Restaurant, liegt gleich hinter der Kirche, ✆ 01270/629051.

The Vine Inn, Hospital Street, ✆ 01270/624177.

Ausflüge von Nantwich

Eine Reihe von Ausflugszielen im südlichen Cheshire bieten sich an. **Dorfold Hall,** ein Landsitz aus dem 17. Jahrhundert mit schöner Innenausstattung, liegt an der A534 nur etwa 2 km westlich in Richtung Wrexham, noch vor Burland. April bis Oktober jeweils Di von 14 – 17 Uhr, auch an Bank-Holiday-Montagen geöffnet. Führungen zu anderen Zeiten nach telefonischer Absprache ✆ 01270/625245.

Gartenliebhaber sollten ihre Aufmerksamkeit auf zwei neue Anlagen richten. Da sind einmal die **Stapeley Water Gardens,** gleich südlich von Nantwich mit einer Vielzahl von Teichanlagen sowie einer Gärtnerei. Ein *Museum* mit alten Landwirtschaftsfahrzeugen befindet sich auch auf dem Gelände. Öffnungszeiten: Täglich außer an den Weihnachtsfeiertagen, Gärten 9 – 18 Uhr, Museum 10 – 17.30 Uhr. Etwa 8 km südlich von Nantwich, an der A51, liegt zum anderen die **Bridgemere Garden World,** die sich ihres Artenreichtumes rühmt. Täglich außer an den Weihnachtsfeiertagen 9 – 17 Uhr (Winter) 20 Uhr (Sommer) geöffnet, ✆ 01270/520381 oder 520239.

Eines der schönsten Dörfer von Cheshire, die Ortschaft **Audlem,** liegt etwa 10 km südlich von Nantwich an der A529. Von der Nantwich Marina aus kann man auch eine Wanderung dorthin am *Shropshire Union Canal* entlang unternehmen. Wer auf dem Kanal entlangfährt, hat unterhalb von Audlem ein ganzes System von Schleusen zu überwinden. Außer der *Pfarrkirche St. James,* einem Bau aus dem 13. und 14. Jahrhundert, ist auch auf die alte *Lateinschule* von 1652 in School Lane hinzuweisen. Etwas nördlich am Kanal liegt *Moss Hall,* ein Fachwerkbau von 1616.

Zwei Burgen auf dem Weg nach Norden

Auf einem steilen Fels in der Nähe des Dorfes Beeston noch 15 km südöstlich von Chester ragen die Ruinen von **Beeston Castle** auf. Menschliche Siedlungen lassen sich hier bis in die Bronzezeit zurückverfolgen. Die Überreste stammen dagegen von einer Burg, die Graf *Ranulf von Chester* um 1220 bauen ließ. Mit dem Aussterben der Familie der Grafen von Chester 1237 fiel die Grafschaft samt Burg Beeston an die Krone. König Heinrich III. und seinem Sohn Eduard I. kam die Festung bei ihren Kriegen gegen Wales sehr gelegen. Der mit Türmen und Ringmauern geschützte untere Burgbezirk konnte ganze Armeen beherbergen, während die Hauptburg auf dem Felsvorsprung uneinnehmbar war. Trotz jahrhundertelanger Vernachlässigung war sie im Bürgerkrieg noch als Festung brauchbar und wurde mehrfach belagert. Von der Hauptburg aus hat man bei gutem Wetter Ausblick bis nach Wales und Shropshire.

Im unteren Burgbezirk befindet sich ein nicht abgesicherter Brunnen, auch beim Besuch der Felshöhlen ist Vorsicht geboten.

Öffnungszeiten: 1. April bis 30. September täglich 10 – 18 Uhr; 1. Oktober – 31. März täglich 10 – 13 Uhr und 14 – 16 Uhr, Weihnachten und Neujahr geschlossen. Eintritt £2.20. Erreichbar mit dem Bus C83, L2 von Chester.

Peckforton Castle

Gegenüber von Beeston steht die ganz intakte Burg Peckforton, deren Bau allerdings erst 1844 begonnen wurde. Ihr Bauherr war *John Tollemache*, einer der Großgrundbesitzer von Cheshire, über lange Jahre Parlamentsabgeordneter. Als Beispiel der viktorianischen Gotik ist der Bau durchaus sehenswert.

Öffnungszeiten: Von Ostern bis Mitte September täglich 10 – 18 Uhr. ✆

01829/260930. Eintritt £2,50. Peckforton, Taporley, CW6 9TN.

Bunbury

Wer in Beeston noch etwas Zeit übrig hat, sollte einen Besuch im Nachbardorf Bunbury (10 km nördlich von Nantwich) nicht versäumen. Die schöne große *Pfarrkirche St. Bonifatius* war zeitweise Kollegiatstift, das von *Sir Hugh de Calveley* (um 1315-1394), einem der Ritter des Hundertjährigen Krieges, gestiftet worden war. Sein Grab dort ist durch ein prächtiges Monument geschmückt. Im Chor befindet sich auch das Grab eines der gegen die spanische Armada siegreichen Admirale: *Sir George Beeston* (1499 – 1601), der in dieser Schlacht mit 89 Jahren noch ein Schiff

kommandierte, ist hier beigesetzt. Kürzlich restauriert wurde ein Gemäldezyklus aus der Mitte des 15. Jahrhunderts, Szenen aus Heiligenleben, die hier von wandernden Handwerkern auf Eichenholz gemalt wurden.

An der etwas außerhalb gelegenen *Schleuse,* die einen beträchtlichen Höhenunterschied überwindet, gibt es eine **Bootsvermietung,** *Dartline Cruiser,* ✆ 01829/260638.

CHESTER, DIE »MITTELALTERLICHE« HAUPTSTADT DES CHESHIRE

*Chester ist ein beliebtes Touristenziel und gilt in
England als mittelalterliche Stadt. Dieser Eindruck entsteht durch
die Kathedrale, die römischen Stadtmauern und vor allem
durch das Straßenbild, das von den Fachwerkhäusern mit ihren Einkaufs-
galerien geprägt wird. Der Eindruck trügt jedoch. Ein Großteil der
Häuser entstand im 19. Jahrhundert, in der Regel ist nicht einmal
das Fachwerk echt, sondern nur als Verzierung angebracht.
Das verringert jedoch die optische Wirkung nicht.*

Die Topographie der Altstadt von
Chester zeigt noch deutlich den Ursprung der Stadt als römisches Mili-
tärlager DEVA. Die XX. Legion hatte
hier ihren Standort. Die fast vollständig erhaltenen Mauern der in einer
Schleife des Flusses *Dee* gelegenen
Stadt sind fast exakt rechteckig, und
die wichtigen Straßen verlaufen noch
kreuzförmig innerhalb dieser Befestigungen.

Der früheste datierbare Überrest
Chesters ist ein Bleirohr, Teil einer
Wasserleitung aus dem Jahr 79. In dieser frühen Zeit war an dieser Stelle das
Lager der II. Legion, die von hier aus
nach Nordwales vorrücken sollte. Zur
gleichen Zeit wie die Wasserversorgung entstand auch das **Amphitheater,** mit seinen etwa 7000 Plätzen eines der größten der Provinz Britanni-
en. Es liegt außerhalb des Newgate.
Unmittelbar vor dem Tor wurde 1949
der **Roman Garden** eingerichtet, in
dem die Säulen des römischen Bades
aufgestellt wurden. Die Fußbodenhei-
zung *(Hypokaustum)* wurde nachge-
baut. Original ist dagegen das Funda-
ment des Turmes auf der anderen
Straßenseite. Im **Grosvenor Museum**

werden neben römischen Gegenständen des täglichen Gebrauchs und
Münzen auch römische Grabsteine
ausgestellt.

Über das Schicksal der Stadt nach
dem Ende der Römerzeit ist kaum etwas bekannt. Es entstand hier, vielleicht bereits im 7. Jahrhundert, eine
christliche Kirche. Dieses angelsächsische Gotteshaus, Johannes dem Täufer geweiht, wurde 1057 in ein Kollegiatstift umgewandelt. Die Initiative
dazu ergriff *Leofric, Graf von Mercia,*
bekannt als Ehemann der sagenumwobenen Godiva (siehe auch Seite
91). Die **Kirche St. John the Baptist**
steht gleich hinter dem Amphitheater.
Da sie aus dem gleichen Baumaterial,
rotem Sandstein, errichtet ist, drängt
sich dem Betrachter der Eindruch auf,
daß hier verwendet wurde, was dort
fehlt. Von außen ist sie dem viktorianischen Zeitalter zuzuordnen, nur die
Ruinen an beiden Enden der Kirche
weisen auf die frühere, viel größere
Anlage hin. Der hoch aufragende
Westturm stürzte 1881 ein. Im *Inneren* begegnen die Besucher jedoch der
Architektur des späten 11. Jahrhunderts, als diese Kirche die Kathedrale

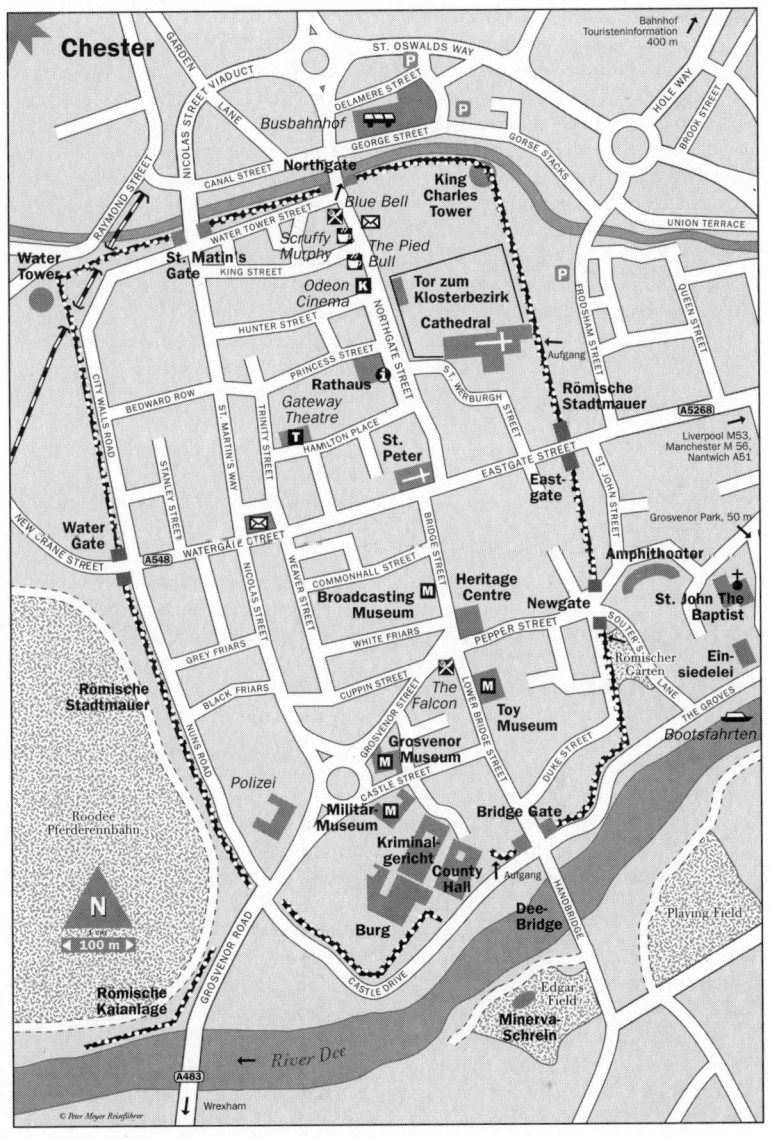

Chester

ST. OSWALDS WAY

Bahnhof
Touristeninformation
400 m

Busbahnhof

GARDEN LANE

NICOLAS STREET VIADUCT

RAYMOND STREET

GEORGE STREET

DELAMERE STREET

HOLE WAY

BROOK STREET

GORSE STACKS

Northgate

CANAL STREET

WATER TOWER STREET

UNION TERRACE

Blue Bell

King
Charles
Tower

Water
Tower

St. Matin's
Gate

KING STREET

Scruffy
Murphy

The Pied
Bull

QUEEN STREET

FRODSHAM STREET

Odeon
Cinema

Tor zum
Klosterbezirk

CITY WALLS ROAD

HUNTER STREET

Cathedral

Aufgang

Römische
Stadtmauer

A5268

BEDWARD ROW

PRINCESS STREET

NORTHGATE STREET

ST. WERBURGH STREET

Rathaus

Liverpool M53,
Manchester M 56,
Nantwich A51

NEW CRANE STREET

Gateway
Theatre

Hamilton Place

St. Peter

EASTGATE STREET

Eastgate

ST. JOHN STREET

Grosvenor Park, 50 m

STANLEY STREET

TRINITY STREET

ST. MARTIN'S WAY

Water
Gate

A548

WATERGATE STREET

NICOLAS STREET

WEAVER STREET

COMMONHALL STREET

BRIDGE STREET

Amphitheater

SOUTER LANE

St. John The
Baptist

Broadcasting
Museum

Heritage
Centre

Newgate

Römischer
Garten

Ein-
siedelei

Römische
Stadtmauer

GREY FRIARS

WHITE FRIARS

PEPPER STREET

THE GROVES

Bootsfahrten

BLACK FRIARS

CUPPIN STREET

GROSVENOR STREET

The
Falcon

Toy
Museum

LOWER BRIDGE STREET

DUKE STREET

Römische
Stadtmauer

NUNS ROAD

Polizei

Grosvenor
Museum

HANDBRIDGE

Playing Field

Roodee
Pferderennbahn

Militär
Museum

CASTLE STREET

Kriminal-
gericht

County
Hall

Bridge Gate

Dee-
Bridge

Aufgang

N

100 m

Burg

GROSVENOR ROAD

CASTLE DRIVE

Edgar's
Field

Römische
Kaianlage

Minerva
Schrein

A483

← River Dee

↓ Wrexham

© Peter Meyer Reiseführer

VON STAFFORD NACH CHESTER

der Diözese Lichfield war (1075 – 1102). Das Schiff mit seinen mächtigen Säulen und die Proportionen des Vierungsgewölbes sagen aus, daß es sich nicht um eine gewöhnliche Pfarrkirche handelte. Der Chor wurde im 14. Jahrhundert neu errichtet.

Östlich der Kirche entlang des Dee erstreckt sich der **Grosvenor Park.** Von der Kirche aus führt der Weg an einer alten *Einsiedlerklause* vorbei zur Promenade am Fluß, wo *Bootsfahrten* angeboten werden. Damit sind heutzutage die Möglichkeiten des Dee erschöpft, doch im Mittelalter bis zur Versandung des Flusses war Chester eine Hafenstadt.

Die Kathedrale

Die alte Kathedrale, St. John the Baptist, findet heute wenig Beachtung, sie wurde in ihrer Bedeutung verdrängt von dem viel größeren Bau der neueren Kathedrale von Chester im Nordosten der Altstadt. Als Kathedrale fungiert dieser Bau allerdings erst seit 1540, konzipiert war er als Benediktinerkloster, das der Graf von Chester, *Hugo von Avranches,* dem seine walisischen Nachbarn übrigens den Namen *Lupus* (Wolf) gaben, 1092 an Stelle eines früheren Stiftes gründete. Geweiht wurde das neue Kloster der *hl. Werburga,* einer angelsächsischen Prinzessin und Äbtissin von Ely, die schon zu Lebzeiten Wunder gewirkt haben soll. So wird berichtet, daß sie einer geschlachteten Gans das Leben wiedergegeben haben soll. Noch heute werden Gänse im Kathedralbezirk gehalten. Der Leichnam der Heiligen war um 875 vor den dänischen Invasoren nach Chester gerettet worden.

Der Besuchereingang der Kathedrale führt ins *südliche* **Querhaus.** Dieser Teil des Baues wurde um die Mitte des 14. Jahrhunderts errichtet und ist damit vergleichsweise jung. Die ältesten Elemente der alten Abteikirche sind gegenüber, im *nördlichen Querhaus* zu finden. Auf dem Weg dorthin passiert man die schöne, säulengetragene *Orgelempore.* Die alten Rundbogen an beiden Seitenwänden des Querhauses wurden brüsk abgeschnitten, spätere Umbauten wurden einfach draufgesetzt, gewiß nicht schön eingefügt. Gleich um die Ecke, in der Nordseite des Chors wurde eine Säulenbasis der alten Kirche freigelegt. Diese Seite des Chors mündet in der *Werburga-Kapelle,* einem Anbau aus dem 15. Jahrhundert. Daneben liegt die *Marienkapelle* von etwa 1260, in der sich auch der Schrein der hl. Werburga befindet.

Die Rippen des *Deckengewölbes* münden in drei Schlußsteinen. Sie zeigen die Trinitas mit Jesus am Kreuz über dem Altar, Maria mit dem Kind und die Ermordung des Thomas Becket, Erzbischof von Canterbury.

Der **Chor** selbst wurde um die Wende vom 13. zum 14. Jahrhundert gebaut. Zu bewundern ist hier das außerordentliche Chorgestühl, das etwa hundert Jahre später entstand. Von höchster Qualität sind die Miserikordienschnitzereien des Chorgestühls, die eine Vielzahl von Szenen zeigen (St. Werburga mit der Gans, Hirschjagd, Ritter und Monster, Liebespaar, Engel mit Harfe, um nur einige zu nennen). Die Miserikordien dienten als Stehhilfe am Klappsitz des Chorgestühls.

Ein erhöht liegender Raum in der Südwestecke der Kirche beherbergte nach der Umwandlung zur Kathedrale das *Konsistorialgericht,* in welchem nach anglikanischem Kirchenrecht über Missetaten oder Klagen wegen Beleidigungen innerhalb der Diözese gerichtet wurde. Die Einrichtung wurde seit 1636 nicht mehr verändert.

Den **Kreuzgang** hat man zwischen 1525 und 1530 weitgehend neu errichtet, offensichtlich herrschte hier wie auch an anderen Orten großes Vertrauen in die Zukunft der Klöster. Allerdings stammt die Südwand noch von der alten Abteikirche. Auch die heute als Ausstellungsräume genutzten Gemächer an der Westseite wurden von dem Umbau nicht beeinträchtigt.

Das **Refektorium** an der Nordseite ist heute *Besuchercafé.* Ob seine Ausmaße Rückschlüsse auf die Mitgliederzahl des Konvents in der Bauzeit (um 1300) zulassen?

An der Westseite des Kreuzgangs befindet sich das **Kapitelhaus**, daneben ein Durchgang *(slype),* der ur-

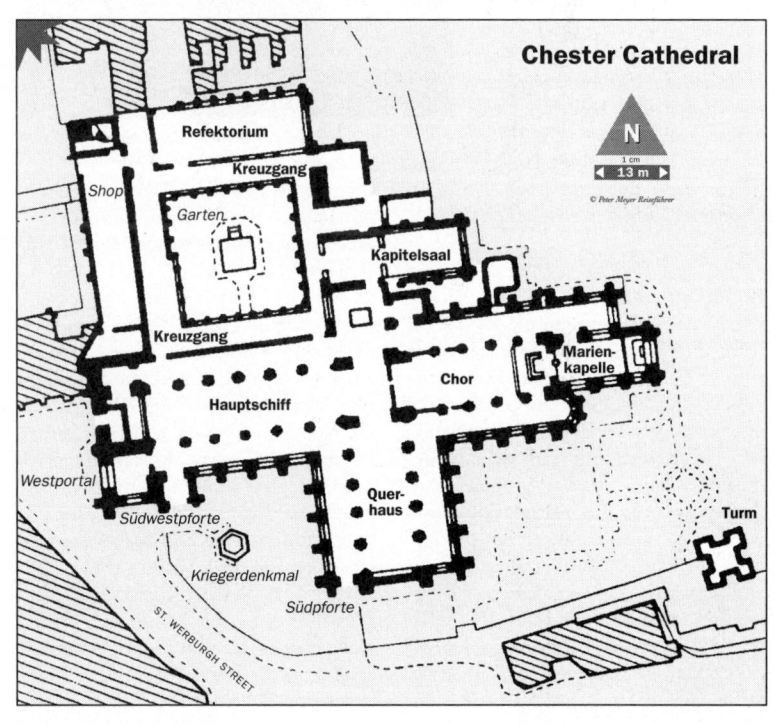

sprünglich in den Krankenbau, heute in den Garten
führt. Das sich anschließende
Parlour war der einzige be-
heizte Raum des Klosters. Ein
Ausgang beim Refektorium
führt in den **Klosterhof.** Das
mächtige Tor ist noch ein Teil
der alten Anlage, der Weg von
dort geht direkt in das
Stadtzentrum. Die Wirt-
schaftsgebäude wurden wohl
nicht mehr benötigt und nach
und nach durch Wohnhäuser
für den Kathedralklerus ersetzt. In diesem Kloster lebte
von 1299 bis etwa 1360 einer
der berühmtesten englischen
Historiker, *Ranulf Higden,*
als Mönch und Bibliothekar.
Seine Universalchronik »Po-
lychronicon« war weit verbreitet und existiert noch heute in
über 120 handgeschriebenen Exem-
plaren.

Eine Stadt für Romantiker: hier der Water Tower

Rundgang von oben

Die römischen Ruinen, die Kirche St.
John the Baptist und die Kathedrale
sind wohl die bemerkenswertesten
Sehenswürdigkeiten von Chester. Einen ersten Eindruck der Stadt vermittelt ein **Rundgang auf der Stadtmauer** (Dauer etwa 1 Stunde). Am
östlichen Ende des Kathedralbezirks
wurde vor einigen Jahren ein moderner *Glockenturm* gebaut, hier ist auch
ein bequemer Zugang zu dieser Befestigung, die noch während des englischen Bürgerkrieges ihren Zweck erfüllte, als die königstreue Stadt zwei
Jahre lang belagert wurde. Auf dem
Weg in die nördliche Richtung geht es
zunächst am *Kaleyard Gate* (1275)
zum **King Charles Tower.** Die Nordseite verläuft parallel zum *Shropshire
Union Canal.* Man passiert *Northgate*
(1808–10 neu erbaut) und gelangt an
Morgan's Mount vobei zum **St. Martin's Gate,** das heute nur noch ein
Durchbruch für die innere Ringstraße
ist. Vorbei an einem weiteren Turm,
Pemberton Parlour, kommt man zu
zwei anderen Bauten, dem *Bonewal-
desthorne Tower* und dem *Water Tower,* mit denen die Nordwestecke verstärkt wurde. Das **Watergate** am Ende der City Walls Road führt zum
Fluß hinunter, der früher vermutlich
viel näher an die Befestigungen heran-
reichte. Im weiteren Verlauf der Mauer hat man einen guten Blick auf das

Roodee, die Galopprennbahn der Stadt. Ein Weg hinunter führt zu den Resten der römischen Kaianlagen. Die Stadtmauer wird kurz darauf von der *Grosvenor Road* durchbrochen, einer neuen Straße, die in Verbindung mit einer neuen Brücke die Verkehrsstaus des 19. Jahrhunderts beheben sollte.

Die alte **Burg,** einst Verwaltungszentrum und darum heute auch mit dem *Gericht* und der *County Hall* verbunden, bewacht die Südwestecke der Stadt. Um einen Zugang zur County Hall zu schaffen, ist hier an einer einzigen Stelle die Mauer abgetragen worden. **Bridgegate** bietet dafür einen wundervollen Blick sowohl auf die alte *Dee-Brücke* (um 1400) und den Vorort *Handbridge* als auch in die *Lower Bridge Street* mit ihren (echten und unechten) Fachwerkhäusern. Dieser Teil des Rundgangs ist gewiß der beste, es besteht die Möglichkeit, in Cafés zu verweilen oder sogar in einem der Gasthäuser Quartier zu nehmen. Danach wendet sich der Weg wieder nach Norden, am *Römischen Garten* vorbei zum **Newgate** und sodann zum Eastgate mit seinem Wahrzeichen, dem Uhrentürmchen.

Weitere Sehenswürdigkeiten

Zu den anderen Sehenswürdigkeiten von Chester gehört die von der Stadtmauer aus bereits erspähte **Burg** mit dem Crown-Court-Gelände. Sie wurde unter Wilhelm dem Eroberer gebaut, die erste Version, ein Erdhügel *(Motte)* mit Ringgraben, ist noch erkennbar. Im 12. Jahrhundert folgten dann massive Steinbauten, so der

Agricola-Turm mit seiner Kapelle. Trotz diverser An- und Umbauten ließ es sich nicht verhindern, daß die ganze Anlage allmählich verfiel. So ist überliefert, daß 1585 die Brücke zusammenbrach. Das Areal wurde dabei weiter genutzt, als Manövergelände, Gefängnis und vielleicht auch für die Sitzungen der Kriminalgerichte. Während des Bürgerkrieges fungierte sie auch wieder als Militäranlage. Trotz des Alters der Befestigungen wurde Chester nie erstürmt. Als die Parlamentstruppen am 18. Juli 1643 die Eroberung versuchten, scheiterten sie. Nach dem Ende der inneren Wirren wurde hier eine Münzstätte eingerichtet, Teile der Bauten dienten wieder als Gefängnis. Eine vollständige Umgestaltung wurde 1785 unter der Leitung des Architekten *Thomas Harrison* (1744 – 1829) begonnen. Er baute im Burggelände ein Schwurgericht und eine Kaserne im klassizistischen Stil und entwarf auch die bereits erwähnte Grosvenor-Brücke. In einem der Gebäude ist heute ein *Militärmuseum* untergebracht, das die Geschichte der Cheshire-Regimenter dokumentiert. Burg & Museum: 1. April – 30. Oktober täglich 10 – 18 Uhr; 1. Oktober – 31. März täglich 10 – 16 Uhr, Weihnachten und Neujahr geschlossen.

Einen schönen Querschnitt durch die Geschichte der Stadt bietet das **Grosvenor Museum** in der Grosvenor Street, geöffnet Mo – Sa 10.30 – 17 Uhr, So 14 – 17 Uhr, Eintritt frei. In einer großen Abteilung werden römische Funde gezeigt, darunter auch die vor der Stadt gefundenen Grabsteine. In einem benachbarten Haus *(Georgian House)* werden Zimmereinrichtungen und Kleidung aus verschiedenen Epochen ausgestellt, weiterhin gibt es eine naturkundliche Galerie und Ausstellungen zur Thematik des Bürgerkrieges.

Toy Museum, 13a Lower Bridge Street, täglich 11 – 17 Uhr. ℰ 01244/346297. Es ist jüngeren Datums, gezeigt werden vor allem Blechspielzeug und Puppenhäuser.

Eine neuere Einrichtung ist auch *»On the Air«* **The Broadcasting Museum,** 42 Bridge Street Row. Geöffnet Mo – Sa 10 – 17 Uhr, So 11 – 16.30 Uhr, ℰ 01244/348468.

In der ehemaligen **Pfarrkirche St. Michael** an der Kreuzung von Pepper Street und Bridge Street wurde das *Chester Heritage Centre,* ein kleines Heimatmuseum, untergebracht; geöffnet Mo – Sa 11 – 17 Uhr, So 12 – 17 Uhr. ℰ 01244/321616.

Das *Gasthaus The Falcon* schräg gegenüber ist ein Fachwerkbau aus dem 17. Jahrhundert auf einem Kellergewölbe des 13. Jahrhunderts. Kurze Informationen zu diesem und anderen herausragenden Gebäuden befinden sich auf blauen Schildern an der Fassade.

Chester beherbergt den mit 5000 Tieren größten **Zoo** des Landes. Er liegt am nördlichen Stadtrand und ist über die A41 zu erreichen. Im Sommer täglich geöffnet 10 – 17 Uhr (Einlaßschluß, die Besuchszeit endet um 19 Uhr); im Winter täglich 10 – 15.30 Uhr geöffnet (die Besuchszeit endet um 16.30 Uhr).

Unterkunft

Das Angebot ist reichhaltig und erstreckt sich über verschiedene Preislagen. Eine umfassende Liste der Unterkünfte bietet der vom Verkehrsbüro herausgegebene *Chester Visitors' Guide.*

The Chester Grosvenor, Eastgate Street, Chester CH1 1LT, ℰ 01244/324024, Fax 313246. Ein traditionsreiches Luxushotel im Stadtzentrum.

The Blossoms Hotel, St. Johns Street, Chester, ℰ 01244/323186, Fax 346433. Gehört zur Kette der Forte-Hotels.

The Riverside Hotel, 22 City Walls (von Lower Bridge Street zu erreichen), Chester CH1 1SB, ℰ 01244/326580, Fax 311567. Empfiehlt sich nicht zuletzt durch seine Lage am Fluß.

Grove Villa, 18 The Groves, Chester CH1 1SD, ℰ 01244/349713.

Ferienwohnungen: *Chester Holiday Homes*, PO Box 799, Chester CH1 3GB, ℗ 01270/610633.

Essen & Trinken

Einige interessante Kneipen gibt es in Northgate Street, so das *Pied Bull Hotel*, ursprünglich Bull Mansion und 1533 Wohnhaus des Stadtschreibers.

Scruffy Murphy, 59 Northgate Street, bietet abends oft Musikveranstaltungen.

The Blue Bell, 65 Northgate Street, Restaurant. Das Haus stammt aus dem 15. Jahrhundert.

Praktische Informationen

Die Altstadt ist weitgehend als Fußgängerzone eingerichtet. Parkplätze sind entlang der inneren Ringstraße ausgeschildert.

Touristeninformation: Im Bahnhof, ℗ 01244/351609; Information Centre im Rathaus, ℗ 01244/313126 oder 318356, Fax 315789.

Führungen: Die Touristenberatung organisiert für Interessierte auch Stadtführungen. Stadtrundfahrten werden vor dem Tor der Abtei angeboten, im März ab 9.30 Uhr, So – Fr alle 30 Minuten, Sa alle 15 Minuten; im April ab 9.30 Uhr So – Fr alle 20 Minuten, Sa alle 15 Minuten.

Die Firma *Guide Friday* offeriert auch Rundfahrten in Birmingham, Lincoln und Stratford-upon-Avon sowie anderen englischen Städten. Stammkunden werden verbilligte Fahrten angeboten: ℗ 01789/294466, Fax 414681.

Theater: *Gateway Theatre* (am Market Centre), Kasse Mo – Sa 10 – 20 Uhr (bis 17 Uhr an Tagen ohne Abendveranstaltung), ℗ 01244/340392.

The Little Theatre Club, Gloucester Street (Stadtteil Newtown), ℗ 01244/322674.

Ausflüge nach Wales: Natürlich eignet sich die Stadt auch sehr gut als Ausgangspunkt für Fahrten nach Nordwales, das hier nicht behandelt wird. Wer dorthin mit dem Auto reisen will, sollte bedenken, daß es sich bei dieser Region um ein Naherholungsgebiet für die Bewohner von Liverpool und Manchester handelt. Mit Verzögerungen auf den Küstenstraßen A55 und A548 muß besonders an Wochenenden in den Sommermonaten gerechnet werden.

Östlich von Chester
Northwich

Northwich liegt an der A556 knapp 25 km östlich von Chester. An die römische Siedlung CONDATE erinnert hier nichts mehr. Einst ein Zentrum der Salzproduktion, bot es später gute Voraussetzungen für den Aufbau einer chemischen Industrie. Sehenswert ist hier das **Salzmuseum**, dessen Lage etwa einen Kilometer südlich des Stadtzentrums gut ausgeschildert ist. *The Salt Museum*, 162 London Road, Northwich CW9 8AB, Öffnungszeiten Di – Fr 10 – 17 Uhr, Sa und So 14 – 17 Uhr, an Bank Holidays und im August auch an Montagen geöffnet. ℗ 01606/41331. Eintritt: £1 Erwachsene, 50p Kinder.

⚐ *Lamb Cottage*, Dalefords Lane, Whitegate, liegt südwestlich Northwich, von der A556 von Sandiway

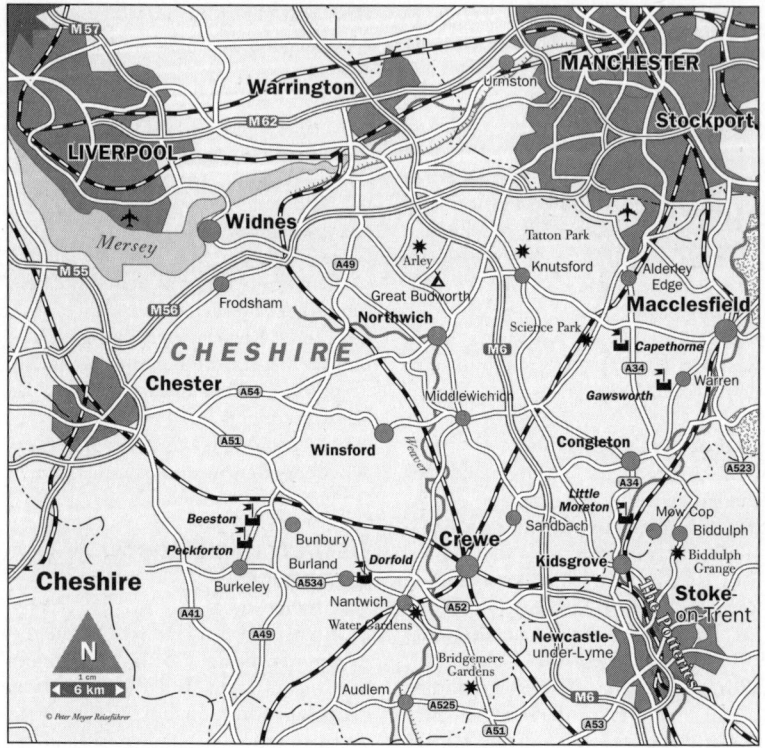

Richtung Winsford, geöffnet Februar
– Oktober, © 01606/882302.

Arley Hall

Obwohl sich Arley Hall
seit fünf Jahrhunderten
in Familienbesitz befin-
det, stammt der größte
Teil der Anlage aus den
Jahren 1832 bis 1845. Le-
diglich die in der mit-
telalterlichen *Cruck*-
Bauweise errich-

tete Scheune, durch die Besucher das
innere Areal betreten, blieb erhalten.
1850 wurde ihr das Türmchen mit der
Uhr aufgesetzt, eine Idee, die dem Erbauer des jetzigen viktorianischen
Hauses auf Reisen in Süddeutschland
gekommen war. Der Rundgang durch
das Haus beginnt mit der Bibliothek,
in der außer der reich verzierten
Decke auch die mit schönen Schnitzereien versehenen Bücherschränke auf-
fallen. Dem Speisezimmer *(Front
Hall)* schließt sich die Gallery an, das

eigentliche Wohnzimmer. Es ist der Kamin dieses Raumes, durch den der Geist des viktorianischen Zeitalters am besten zum Ausdruck kommt: Der Drachentöter St. Georg über dem Motto »Hope confidently. Do valiantly. Wait patiently«. Es folgt der *Drawing Room,* in dem sich – dem Kamin gegenüber – ein Porträt des viktorianischen Hausherrn Rowland Egerton-Warburton befindet. Die Einkünfte von 30.000 acres Land, etwa 15.000 Fußballfeldern, standen ihm für den Bau zur Verfügung. Aufwendige Deckenkonstruktionen wie die im *Small Dining Room,* der letzten Sehenswürdigkeit des Erdgeschosses, fielen da nicht weiter ins Gewicht. In einem der Schlafräume des Obergeschosses befindet sich eine gute **Ausstellung** über die Geschichte des Hauses, in einem anderen – *The Emperor's Room* – hat der spätere Napoleon III. die Jagdsaison 1847/48 verbracht. **Gärten** liegen zu beiden Seiten des Hauses. Vom Hof aus geht es in einen sorgsam gepflegten Gartenbereich, der aus verschiedenen Elementen wie Rosengarten und Kräutergarten besteht.

Öffnungszeiten: April bis Oktober Di – So 12 – 17 Uhr, an Bank-Holiday-Montagen geöffnet. Das Haus liegt bei *Great Budworth,* 8 km nördlich von Northwich. ✆ 01565/777353, Fax 777465.

Tatton Park

Inmitten eines riesigen Areals nördlich von *Knutsford* liegt Tatton, der von außen recht bescheiden anmutende Sitz der Familie *Egerton.* Ein Rundgang zeigt, daß dieser erste Eindruck trügt. Auch lagen die Anfänge des Gutes nicht hier, sondern etwa 2 km abseits im Park, bei der *Old Hall,* einem bis auf das Mittelalter zurückgehenden Gebäude, das im 16. Jahrhundert von den Egertons gekauft wurde. Erst hundert Jahre später zog man um, der jetzige Bau wurde zwischen 1780 und 1813 nach Plänen von *Samuel Wyatt* (1737 – 1807) errichtet und von seinem Neffen, dem Londoner Architekten *William Lewis Wyatt* (1777 – 1853) fertiggestellt.

Rundgang durch das Haus

Besucher betreten das Haus durch den *Family Entrance* und begeben sich von dort erst einmal in die **Haupteingangshalle,** deren Säulen und Gewölbe keinen Zweifel daran lassen, daß es sich hier um einen Herrschaftssitz ersten Ranges handelt. Zwei italienische Truhen aus Nußbaumholz und Kommoden mit kostbaren Intarsienarbeiten unterstreichen die Repräsentationsfunktion dieses Raumes. Unter den Gemälden ist das Porträt des Vincenzo Gonzaga, Herzogs von Mantua (1562 – 1612), hervorzuheben, eine Arbeit des flämischen Porträtmalers *Frans Pourbus d.J.* (1569 – 1622), der fast ein Jahrzehnt lang als Hofmaler in Mantua arbeitete.

Links von der Halle liegt der *Music Room,* noch ganz mit dem ursprünglichen Mobiliar ausgestattet. An Stelle des Bücherregals war eigentlich eine Orgel geplant, die jedoch nicht zur Ausführung kam. Die kleine Ebenholzkommode neben dem Kamin stammt aus Augsburg (17. Jahrhundert). Im *Drawing Room* ist besonders auf die Gemälde hinzuweisen. Die beiden Arbeiten von *Canaletto* (1697 – 1768) rechts und links des Durchgangs gehören zu seinen ersten für englische Kunden angefertigten Bildern und waren von Anfang an im Besitz der Familie Egerton, andere, etwa »Noahs Opfer« von *Nicolas Poussin* (1594 – 1665) oder »Der Tod

Imposant: Tatton Hall

des hl. Stephan« von *Anthonis van Dyck* (1599 – 1641) wurden zu Beginn des 19. Jahrhunderts gekauft. Der folgende Raum, die *Bibliothek,* bietet einen schönen Blick in den Garten. Über 8000 Bücher wurden hier in drei Jahrhunderten gesammelt, einige illustrierte Exemplare sind ausgestellt. Der benachbarte *Speisesaal* erfüllte zweifellos seine Funktion der standesgemäßen Repräsentation einer adligen Familie im 19. Jahrhundert; ob die aus der weit entfernten Küche herbeigeschafften Speisen noch warm waren, wenn sie serviert wurden, sei

dahingestellt. Gemütlicher wirkt der Yellow Drawing Room, der sich auf der anderen Seite des Gartenausgangs anschließt.

Im **oberen Stockwerk** sind verschiedene *Schlafzimmer* sowie eine *Ausstellung* des Familienporzellans, das zum Teil auf Bestellung angefertigt wurde, zu sehen.

Die **Wirtschaftsräume** schließen sich in einem eigenen Flügel an. Sie haben enorme Ausmaße und demonstrieren, welcher Arbeitsaufwand zur Aufrechterhaltung der hochherrschaftlichen Existenz nötig war. Tatton hatte eine eigene *Bäckerei*, eine *Fleischerei,* eine Vielzahl von *Speisekammern* und *Vorratsräumen.* Das Hauspersonal umfaßte etwa vierzig Personen, dazu kamen noch Gärtner, Stall-

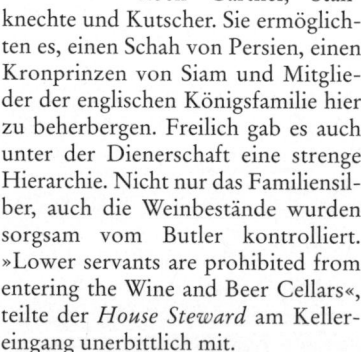

knechte und Kutscher. Sie ermöglichten es, einen Schah von Persien, einen Kronprinzen von Siam und Mitglieder der englischen Königsfamilie hier zu beherbergen. Freilich gab es auch unter der Dienerschaft eine strenge Hierarchie. Nicht nur das Familiensilber, auch die Weinbestände wurden sorgsam vom Butler kontrolliert. »Lower servants are prohibited from entering the Wine and Beer Cellars«, teilte der *House Steward* am Kellereingang unerbittlich mit.

In den ehemaligen **Stallungen** sind einige alte Kutschen und ein dampfbetriebener Löschwagen zu sehen. Für *Rundfahrten* im Park können hier *Fahrräder* ausgeliehen werden.

Der **Garten** hinter dem Haus ist mehrere hundert Meter lang. Besonders sehenswert sind die *Orangerie* in der Nähe des Eingangs, das *Labyrinth* sowie der 1910 hinzugefügte *japanische Garten.*

Etwa 2 km abseits liegt die **Old Hall,** der ursprüngliche Landsitz. Nach dem Neubau des Haupthauses wurde er zum Wohnsitz der Bediensteten umfunktioniert und behielt diese Funktion bis in die Zeit nach dem Zweiten Weltkrieg. Hier werden Führungen angeboten. Im Park befinden sich außerdem noch ein **Kinderbauernhof** *(Home Farm)* und ein großer Spielplatz. Kleine Segelboote können auf dem *Tatton Mere* gemietet werden.

Anfahrt & Öffnungszeiten

Der Haupteingang *(Rostherne Entrance)* ist von der Abfahrt 19 der Autobahn M6 etwa 6 km entfernt und gekennzeichnet, ein weiterer Eingang liegt in *Knutsford.*

Der Park wird von der Grafschaft Cheshire verwaltet, die von den Besuchern Eintritt erhebt (£2,50 pro Pkw). Alle anderen Anlagen kosten extra, Mansion und Gärten sind jedoch für Mitglieder der National Trust frei.

Öffnungszeiten 1. April – 22. Oktober: *Park* täglich 10 – 19 Uhr; *Gärten* Di – So 10.30 – 18 Uhr; *Mansion* Di – So 12 – 16 Uhr (an Bank-Holiday-Montagen geöffnet); *Old Hall* Sa und So 12 – 17 Uhr. Knutsford WA16 6QN, ✆ 01565/750250.

Capesthorne Hall

Dieser große Landsitz liegt 5 km westlich vor *Macclesfield* an der A34. Das Hauptgebäude sieht besonders aus der Ferne inmitten des Parks beeindruckend aus. Eine nähere Betrachtung vermittelt dagegen den Eindruck, hier habe ein Konzept durch wahllose Anbauten allmählich seine Form verloren. Begonnen wurde der Bau in der Nähe eines älteren, nicht mehr existierenden Landsitzes nach 1719.

Die ausladenden Proportionen des Hauses werden bereits im **Eingangssaal** deutlich. Die ausgestellten Kunstwerke, darunter ein Bild der Herzöge von Kleve aus dem 16. Jahrhundert, können hier aus der Nähe betrachtet werden, in den anderen Räumen ist das kaum möglich, die Besucher müssen sich auf abgeteilte Wegen halten oder an der Tür verweilen. Im *Korridor* ist auf drei antike Skulpturen hinzuweisen, die erste auf der rechten Seite (eine römische Dame) sowie die vierte und fünfte auf der linken Seite, eine Büste Sullas und die Figur eines Mannes. Der *Saloon* wurde 1879 angebaut, als Capesthorne nach einem Großbrand wiederhergestellt wurde. Der folgende *Drawing Room* ist mit italienischer Malerei des 18. Jahrhunderts geschmückt. In den **Kellerräumen** werden allerlei Kuriositäten zur Schau gestellt, so eine Fotoserie von 15 Bildern, die die Segnung von 15 verschiedenen Bäumen im Park zeigt, und eine Spazierstocksammlung.

Die **Gärten** an der Südseite des Hauses und der große **Park** laden zu

Rundgängen, zum Beispiel über die Brücke und um die Teiche ein.

Öffnungszeiten & Eintritt

Capesthorne Hall, Macclesfield, SK11 9JY. Öffnungszeiten: im April nur So 14 – 16 Uhr, im Mai an jedem So und Mi 14 – 16 Uhr, im Juni und Juli Di, Mi, Do, So jeweils 14 – 16 Uhr, August und September Mi und So 14 – 16 Uhr. Eintritt £3,50. ✆ 01625/ 861221, Fax 861619.

Im Parkgelände befindet sich auch ein *Campingplatz* (nur Wohnwagen).

Jodrell Bank Science Park

Etwa 5 km westlich von Capesthorne Hall, an der A535, befindet sich die größte bewegliche Parabolantenne der Welt, 1957 fertiggestellt als Außenstelle des Astronomischen Instituts der Universität Manchester. Mit einem Durchmesser von 80 Metern und einer Höhe von etwa 100 Metern ist sie weithin sichtbar. Nach und nach wurde die Anlage noch um kleinere ähnliche Geräte erweitert.

Das Institut selbst ist für die Öffentlichkeit nicht zugänglich, auf dem Gelände befindet sich jedoch ein *Planetarium* (Vorführungen alle halbe Stunde) sowie eine Ausstellung mit physikalischen Versuchsaufbauten, die sich allerdings, der unkritischen Art nach zu urteilen, mit der die Kernenergie angepriesen wird, vor allem an jüngere Generationen richtet. Falls den Besuchern dies nicht zusagt, kann man sich in dem schönen kleinen *Botanischen Garten* erfreuen, der auf der gegenüberliegenden Seite des Geländes eingerichtet wurde. Eintritt einschließlich Vorführung im Planetarium: £3,50.

Die Seidenweber von Macclesfield

Macclesfield liegt knapp 50 km östlich von Chester am Rande des *Peak District* (siehe nächste Griffmarke). An die frühe Geschichte dieser mittelalterlichen Stadt erinnern allerdings nur noch die *Kirche St. Michael* und die engen Straßen der *Altstadt*. Der Charakter der Stadt änderte sich grundlegend, nachdem hier 1743 eine Seidenspinnerei eingerichtet worden war. Dies war zwar nicht die erste derartige Fabrik des Landes, in Derby hatte man bereits 1717 mit der Produktion von Seidengeweben begonnen, doch Macclesfield entwickelte sich rasch zu einem Schwerpunkt der englischen Seidenindustrie mit über 30 Fabriken noch im 18. Jahrhundert.

Den an Textilien oder alten Maschinen interessierten Besuchern seien zwei Museen empfohlen. Da ist zunächst das **Seidenmuseum** im *Heritage Centre,* Roe Street, Macclesfield SK11 6UT, (der Ausschilderung Richtung Town Centre folgen), geöffnet Mo – Sa 11 – 17 Uhr, So und Bank Holidays 13 – 17 Uhr, Weihnachten und Neujahr geschlossen, ✆ 01625/ 613210, Fax 617880. Eintritt £2,20, Ermäßigung £1,50. In dem Gebäude war früher die Sonntagsschule untergebracht, die man den in den Fabriken arbeitenden Kindern zugestand.

Außerdem ist da noch die **Paradise Mill** in Park Lane, Macclesfield SK11 6TJ (nur einige Minuten vom Stadtzentrum entfernt), Di – So 13 – 17

Uhr geöffnet, Weihnachten und Neujahr geschlossen. © 01625/618228. Eintritt £2,20, Ermäßigung £1,50. Hier werden alle Arbeitsprozesse der Seidentextilproduktion an alten Maschinen vorgeführt. Interessant dabei sind nicht nur die technischen Details über Entwurf und Umsetzung neuer Muster, sondern auch die Informationen über die soziale Lage der Seidenweber, die im 18. Jahrhundert noch einen hoch spezialisierten Berufsstand bildeten. Zeitweilig gab es bis zu 12.000 Weber in der Stadt, daneben zahlreiche Zuarbeiter. Für die Vorbereitung der feinen Fäden zur Verarbeitung hielt man Kinder für besonders geeignet. In den *Silk Mills* arbeiteten sie ab ihrem 7. Lebensjahr 10 Stunden am Tag. Eine Ausbildung bekamen sie nur in der Sonntagsschule und ihre Entlohnung war lediglich ein kleiner Zuverdienst für die Familie. Dabei war die Arbeit an einigen der lauten und vor allem ungesicherten Maschinen sehr gefährlich. Die Konsequenzen dieser Verhältnisse schilderte *Friedrich Engels* 1845 in seiner Studie zur Lage der arbeitenden Klasse in England: durch lange Stunden monotoner Arbeit verkrüppelte Kinder, zum Teil unfähig, eine Treppe hinaufzugehen. Die Weber selbst wurden im Stücklohn bezahlt. Fehlerhaftes Material mußten sie selbst erwerben, in der Hoffnung auf Weiterverkauf. Selbstverständlich wurde ihnen am Ende der Woche eine Mietgebühr für den Webstuhl an ihrem Arbeitsplatz vom Lohn abgezogen. Dies alles geschah vor dem Hintergrund fehlender Sozial-, Alters- und Krankenversicherung.

Im Zweiten Weltkrieg blühte die Seidenindustrie in Macclesfield noch einmal auf, als hier außer Fallschirmen auch Seidentücher hergestellt wurden, die mit Landkarten bedruckt waren. Sie sollten gefangenen Piloten zur Orientierung auf der Flucht verhelfen. Die Produktion in der Fabrikhalle der Paradise Mill lief bis 1981, heute spielt die Seidenindustrie in der Stadt keine Rolle mehr.

Gawsworth Hall

Nur etwa 2 km südlich von Macclesfield, an der A536 nach Congleton, zu erreichen durch die Ortschaft *Warren*, liegt ein zunächst unscheinbares Landhaus, daß sich auf den zweiten Blick jedoch als eines der gemütlichsten und schönsten der ganzen Grafschaft erweist.

Gawsworth besteht aus der Old Hall, einer mittelalterlichen Kirche, der New Hall (die nicht besichtigt werden kann) sowie verschiedenen Nebengebäuden. Sie alle sind eingebettet in eine angenehme Parkanlage, deren Zentrum aus einer Reihe von Teichen besteht. In dem alten Gutshaus, es wurde 1480 errichtet und Anfang des 18. Jahrhunderts noch einmal erweitert, wuchs *Mary Fitton* (gestorben 1647) auf, die – wie man annimmt – »dark lady« Shakespeares. Sie wurde Hofdame der Königin Elisabeth, fiel jedoch in Ungnade und zog zu ihrer Schwester nach Arbury. Ihr Grabmonument befindet sich in der Kirche. In die Schlagzeilen geriet Gawsworth als Teil einer größeren Erbschaft 1712, als es Gegenstand eines spektakulären Duells wurde. Die Rechtsstreitigkeiten zwischen *James, Herzog von Hamilton* (1658 – 1712), und dem Baron Charles Mohun (1675 – 1712) hatten sich zu diesem Zeitpunkt schon mehr als ein Jahrzehnt hingezogen. Beide Herren waren vorher schon als Duellanten in Erscheinung getreten, besonders Charles Mohun, der bereits im Alter von 17 Jahren unter Mordanklage vor dem Oberhaus gestanden hatte, und dies war nicht sein einziger derartiger Auftritt. Der Kampf, ausgelöst durch einen kurzen Wortwechsel über die Glaubwürdigkeit eines Zeugen, fand am 15. November 1712 im Londoner Hyde Park statt und führte zum Tod beider Kontrahenten. Da die Protagonisten auch im House of Lords politische Gegner waren, wurde das Ereignis von der zeitgenössischen Presse dankbar aufgegriffen.

Das dreiflüglige Haus erscheint von außen kleiner als es ist, ein Eindruck, der durch die geringe Höhe der Räume, angefangen mit der **Entrance Hall,** noch verstärkt wird. Der erste beherbergt die *Bibliothek* und das darüber liegende *Billardzimmer.* Das eigentliche Wohnzimmer ist die **Long Hall,** an die sich die *Kapelle* und das alte *Speisezimmer* anschließen. Eine Reihe kleinerer Zimmer, *Drawing Room, Gold Room, Green Room,* folgen diesem. Die *Schlafräume* im Obergeschoß sind geschickt in die Deckenkonstruktion des Fachwerkhauses integriert.

Die **Gartenanlage** geht auf *Sir Edward Fitton* zurück, den Vater eben jener Mary, der den Besitz 1579 übernahm. Die Größenordnung dieses Vorhabens, das neben der Erweiterung der Teiche auch andere Erdarbeiten einschloß, wurde erst vor einigen Jahren durch Ausgrabungen erkannt. Es wird angenommen, daß Sir Edward einen Besuch der Königin erwartete, der nach dem Ende der Karriere seiner Tochter am Hof natürlich nicht stattfand. In der *Kirche St. James* ist vor allem auf die Grabmonumente der Familie Fitton hinzuweisen, deren letztes Oberhaupt 1643 auf der Seite des Königs im Bürgerkrieg fiel.

Öffnungszeiten & Eintritt
3. April – 3. Oktober täglich 14 – 17.30 Uhr geöffnet. Eintritt £3,20/ £1,60, ✆ 01260/223456.

In den Sommermonaten wird ein *Freilichttheater* aufgebaut, die Zeiten der Aufführungen und Musikveranstaltungen sind am besten telefonisch zu erfragen.

Congleton und die Little Moreton Hall
Macclesfields Nachbarstadt Congleton war ebenfalls ein frühes Zentrum der englischen Seidenindustrie. Einige **Fachwerkhäuser** aus der vorindustriellen Zeit sind im Stadtzentrum noch erhalten (zum Beispiel *The King's Arms* von 1583).

Touristeninformation in der *Town Hall,* High Street, Congleton, CW12 1 BN, Mo – Fr 9 – 17 Uhr, Sa 9 – 13 Uhr geöffnet (im Sommer bis 16.30 Uhr), ✆ 01260/271095, Fax 2989243.

Fünf Kilometer südlich von Congleton an der A34 liegt **Little Moreton Hall.** Der Architekt, der Little

Moreton Hall vor der Restaurierung inspizierte, so erzählt die Führerin der Tour, habe seinen Auftraggebern eröffnet, daß das Haus nach allen Gesetzen der Statik schon vor Jahrhunderten hätte zusammenbrechen müssen. Das ist dank der Restaurierung nicht mehr zu erwarten, und so wird Englands bekanntestes Fachwerkhaus die Besucher hoffentlich noch lange erfreuen. Das Haus entstand nach und nach zwischen 1450 und 1580 als Familiensitz der *Moretons,* erfolgreicher Landbesitzer der Gegend, die wegen ihrer Loyalität zur Krone in der Zeit des Commonwealth empfindliche wirtschaftliche Einbußen erlitten.

Durch das *Torhaus* im Südflügel (1570–80) gelangt man in den Hof, und dort beginnt der **Rundgang.** Zuerst geht es in die *Great Hall,* den ältesten Teil des Komplexes (etwa 1450). Sie ist bis heute der zentrale Raum geblieben. Das hier ausgestellte Zinngeschirr gehörte vermutlich von Anfang an zum Haus. Das nächste Zimmer, *Parlour,* hatte ursprünglich keine Zwischendecke, ging also wie die Great Hall über zwei Stockwerke. 1976 wurden hier unter der Holzverkleidung die schönen Wandmalereien mit Ornamenten und biblischen Szenen entdeckt. Im *Withdrawing Room,* dessen Fensternische fast an die der

Wie ein zu groß geratenes Hexenhaus: Little Moreton Hall

Great Hall stößt (im Obergeschoß gehen sie tatsächlich ineinander über, doch ist hier kein Zugang für die Öffentlichkeit), steht noch altes Mobiliar, so ein runder Tisch, der bereits in einem Verzeichnis von 1601 aufgeführt wird. Die beiden folgenden Zimmer, die abwechselnd als Arbeitsraum, Schlafraum und sogar als Küche dienten, beherbergen eine Ausstellung zur Geschichte des Hauses.

Auf sie folgt die *Kapelle* (etwa 1530), ein Raum, der etwa 1598 um eine Kanzel erweitert wurde. Von hier aus geht es in das *oberste Stockwerk* des Südflügels, der für sich allein wohl hinter keinem Stadthaus seiner Zeit zurückgestanden hätte. Der dritte Stock wird von der *Long Gallery* eingenommen, die sowohl für Feste als auch für Spiele wie Tennis (einen Ball fand man hinter der Vertäfelung) geeignet war. In einer Zeit, in der verglaste Fenster kostbar waren, war sie auch ein Ausdruck des sozialen Ranges der Bewohner nach außen. Der mit einem Kamin ausgestattete Nebenraum hat einen feuerfesten Fußboden, eine Sicherheitsmaßnahme von 1580. Im 2. Stock befindet sich ein geräumiges Gästezimmer, in dessen Vertäfelung der Zugang zu einem Raum für die Diener versteckt ist. Für Gäste war auch ein eigenes Wohnzimmer *(Guests' Hall)* vorgesehen.

Im früheren *Prayer Room* (über der Kapelle) ist neben einer Ausstellung zur Fachwerktechnik auch ein Modell der Holzkonstruktion des Gebäudes zu sehen. Der neu angelegte *Knot Garden* hinter dem Ostflügel vermittelt einen Eindruck von der Gartenanlage des 17. Jahrhunderts.

Anfahrt & Öffnungszeiten
Bus ab Bahnhof Congleton Richtung Hanley bis Brownlow Heath.
1. April – 30. September Mi und So 12 – 17.30 Uhr, im Oktober Sa und So 12 – 17.30 Uhr geöffnet. ✆ 01260/272018. Eintritt £3,50 (£6 als Sammelticket auch für *Biddulph Grange Garden),* verwaltet vom National Trust.

Unterkunft
Braeside Guest House, 93 – 95 Lower Heath, Congleton CW12 1NJ, ✆ 01260/274605. £13,50 – £15.

Egerton Arms Hotel, Astbury, ✆ 01260/273946, £23 – £25. Liegt 2 km südlich von Congleton an der A34.

Cuttleford Farm, Newcastle Road, Astbury, ✆ 01260/272499, £13 – £19. Unweit Little Moreton Hall.

Biddulph Grange
Zwischen Congleton und der südlichen Nachbarstadt Biddulph gibt es eine weitere Sehenswürdigkeit, auf die hingewiesen werden soll: Biddulph Grange. Die Anlage gehört zu den berühmten Gärten Englands. Es dauerte über 20 Jahre, bis die 1842 begonnenen Arbeiten, in deren Verlauf viele Tonnen Erde bewegt werden mußten, abgeschlossen waren. *James* und *Maria Bateman,* die Initiatoren, sammelten Pflanzen aus allen Teilen der Welt und richteten den Garten entsprechend ein. So gibt es eine chinesische Pagode, einen *Egyptian Court* und einen japanischen Garten. Vom Konzept her war das Vorhaben typisch für das 19. Jahrhundert, doch nur wenige Gärten aus dieser Zeit sind erhalten geblieben. Das Wohnhaus der Batemans brannte 1895 ab, der Nachfolgebau wurde später in ein Krankenhaus umgewandelt, der Garten wurde gepflegt, aber nicht verändert.

🚶 Zwischen Biddulph und Little Moreton Hall bietet die Umgebung des Dorfes **Mow Cop** Gelegenheit zu Spaziergängen und kleinen *Wanderungen.* Es liegt auf einem über 300 Meter hohen, recht steilen Felsen, der bei gutem Wetter einen schönen Ausblick ins Cheshire gewährt.

Öffnungszeiten & Eintritt
Lage: etwa 1 km nördlich von Biddulph an der A527.
1. April – 29. Oktober Mi – Fr 12 – 18 Uhr geöffnet, Sa/So und an Bank-Holiday-Montagen 11 – 18 Uhr geöffnet; 4. November – 17. Dezember Sa/So 12 – 16 Uhr geöffnet. ✆ 01782/517999. Eintritt: £3,90 (£6 als Sammelticket auch für *Little Moreton Hall).* Für Rollstuhlfahrer nicht geeignet.

PEAK DISTRICT & DERBY

GESCHICHTE & KULTUR

REISEHINWEISE

AKTIV IN DER NATUR

BIRMINGHAM & COVENTRY

VON STAFFORD NACH CHESTER

PEAK DISTRIKT & DERBY

NOTTINGHAM- & LINCOLNSHIRE

SHROPSHIRE & DER SEVERN

AVON & SHAKESPEARE-LAND

DURCH DEN PEAK DISTRICT SÜDWÄRTS

In diesem Abschnitt werden neben den herausragenden auch weniger bekannte Sehenswürdigkeiten einer Region vorgestellt, die sich weder den westlichen noch den östlichen Midlands so recht zuordnen läßt: Sie umfaßt von Norden nach Süden die Grafschaften Derbyshire, das östliche Staffordshire und am Ende unserer Fahrt ein Stückchen Leicestershire. Auf Ausflugsmöglichkeiten nach Nottinghamshire wird verwiesen.

Das Gebiet, zum größten Teil als Nationalpark ausgewiesen, weist landschaftliche deutliche Unterschiede auf. In *Derbyshire,* wo die südlichen Ausläufer der *Pennines* im Peak District mit seinen stillen Hochmooren und malerischen Flußtälern *(dales)* in das sich südlich anschließende Flachland übergehen, zeigt sich dieser Kontrast am auffälligsten. Dies hatte auch wirtschaftliche Konsequenzen. Die wichtigen Verkehrswege (früher außer den Straßen und Eisenbahnen auch die Kanäle) konzentrieren sich auf die Ebenen im Süden der Region, wo sich auch die Ballungszentren, *Derby* und das benachbarte *Nottingham* und schließlich *Leicester,* mit ihren verarbeitenden Industrie befinden.

Eine Gemeinsamkeit der ganzen Region war über lange Zeit der Bergbau, vor allem die Kohleförderung. Im Peak District wurde neben Kohle auch Blei gewonnen, im südlich gelegenen Flachland waren es vor allem Kohle und Eisenerz. Der Bergmann der Bleiminen des Peak District hatte dabei seinen eigenen Namen: *The Old Man.* Freilich waren auch viele weibliche Arbeitskräfte, meist zum Waschen der geförderten Erze, eingesetzt. In der zweiten Hälfte des 18.

Jahrhunderts förderten sie jährlich bis zu 10.000 Tonnen Blei, doch ab 1815 begannen die Preise für diesen Rohstoff zu fallen. Zudem waren die leicht erreichbaren Lagen erschöpft, so daß auch die Produktionskosten zunahmen. 1885 war die Bleiförderung in Derbyshire zum Erliegen gekommen.

Für einige Jahrzehnte wurde auch Kupfer gewonnen. Der *Herzog von Devonshire*, dem große Teile des Landes gehörten, setzte die Gewinne zum Ausbau seiner Stadt *Buxton* ein. Die Rohstoffe bildeten auch die wirtschaftliche Grundlage für die reichen Landhäuser und Schlösser der Region und die immensen Vermögen der Großgrundbesitzer. Der Göttinger Naturwissenschaftler *Georg Christoph Lichtenberg* berichtete im Januar 1775 von einer seiner Englandreisen, daß die Herzogin von Devonshire auf einem Ball in London Juwelen im Wert von £100.000 getragen habe. Für einen Bruchteil dieser Summe hätte man so manchen regierenden Fürsten eines deutschen Kleinstaates korrumpieren können, und einige waren ja auch kurz darauf zum Verkauf ihrer Untertanen in die britische Armee bereit.

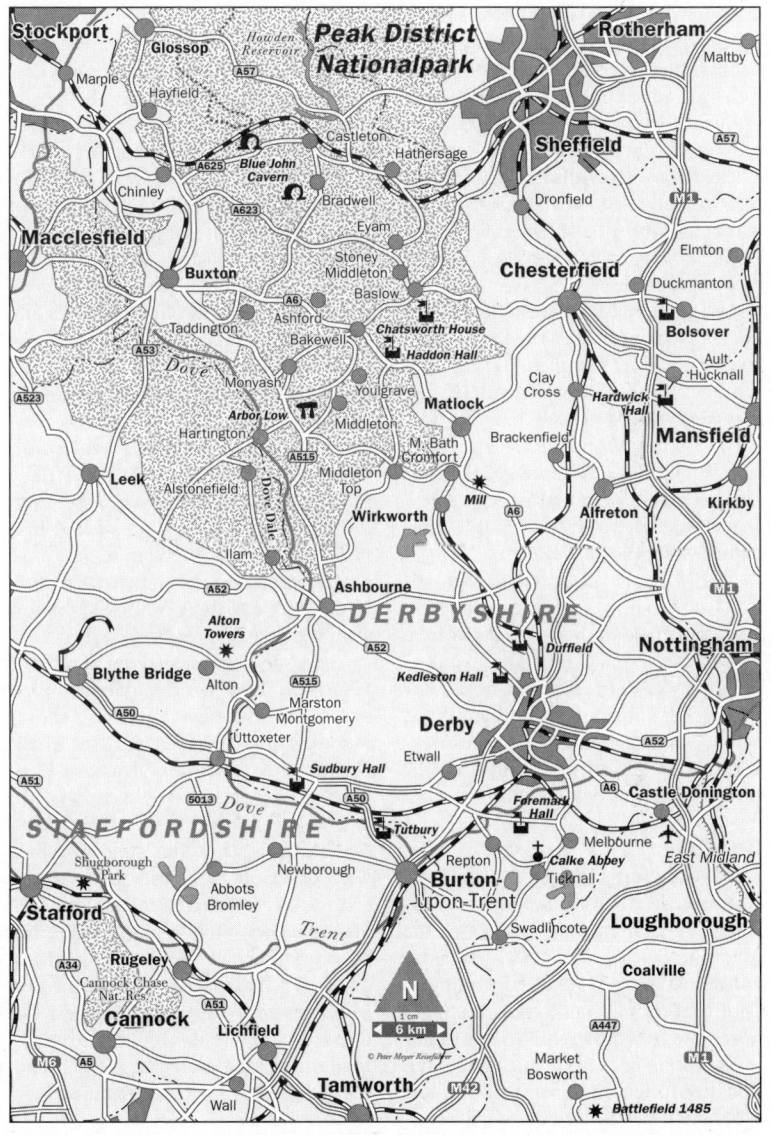

PEAK DISTRICT & DERBY

Bereits 1717 hatte in Derby die Seidenproduktion begonnen, mit der zunehmenden Technisierung breitete sich die Textilherstelltung allgemein rasch aus. In Nottingham spezialisierte man sich auf Spitzen und Tressen, Mitte des 19. Jahrhunderts gab es hier über 70 derartige Fabriken. Doch sich wandelnde Moden führten nur wenige Jahrzehnte später zur Verdrängung dieser Industrien.

Im 20. Jahrhundert ist von einer Spezialisierung nicht mehr viel zu merken. Kohle, Textilien und der Maschinen- und Motorenbau (Rolls-Royce in Derby) sowie der Energiesektor (in der Ebene wurde eine Reihe riesiger Kohlekraftwerke gebaut) stehen neben anderen Industriezweigen, wobei die Zukunft des Kohlebergbaus bestenfalls ungewiß ist.

Der Weg, der im folgenden vorgestellt wird, führt auf kleineren und größeren Landstraßen von Buxton im Nordwesten der Grafschaft bis Derby und in die Gegend von Burton-on-Trent. Wer Interesse an Höhlen- bzw. Minenerkundungen hat, die im Norden der beschriebenen Tour möglich sind, schlägt auf Seite 76 nach.

Buxton

Der Wohlstand von Englands höchstgelegener Marktstadt (300 Meter) beruht auf der Heilwasserquelle, die schon von den Römern geschätzt wurde. AQUAE ARNEMETIAE nannten sie ihre Siedlung hier. Noch heute gehören die Bewohner, die an der Quelle *St. Ann's Well* ihre mitgebrachten Behälter füllen, zum Straßenbild. Die Qualität des Wassers, so wird versichert, besteht darin, daß es vor 6000 Jahren als Regenwasser fiel, von moderner Luftverschmutzung also unberührt blieb. Durch einen Bruch in der Lavaschicht der Hügel wird es an dieser Stelle nach oben gedrückt. Seine Temperatur ist in jeder Jahreszeit konstant, sie ist sogar unverändert geblieben, seit man vor 200 Jahren mit Messungen begann.

Für Mitglieder des englischen Adels fungierte die Stadt bereits im 16. Jahrhundert als Badeort. *Maria von Schottland,* die eine Zeitlang im benachbarten Chatsworth gefangengehalten wurde, machte mehrere Besuche. In der Ausstellung bei *Poole's Cavern* befindet sich eine Fensterscheibe aus ihrer Residenz, dem Haus des Lord Shrewsbury, in die sie mit Hilfe eines Diamanten einen Vers eingravierte: »Buxton whose fame thy Baths shall ever tell; Whom I perhaps shall see no more farewell.«

Ab 1778 begannen dann die Herzöge von Devonshire, denen außer der Stadt auch das Umland gehört, mit dem planmäßigen Aufbau eines Kurortes: »**Georgian**« **Buxton** entstand, und zwar unterhalb des Marktplatzes, direkt um die Quelle herum. Nach dem Vorbild des südenglischen Bath entstand zunächst der 1995 restaurierte *Crescent* mit eleganten Wohnräumen für Kurgäste. Auch ein Schwimmbecken wurde hier gebaut, doch der Badebetrieb wurde in der Mitte des 20. Jahrhunderts eingestellt. Das ist kein Wunder, denn Kuren als Heilmittel gibt es in England nicht, schon gar keine von der Krankenkasse finanzierten.

Das Quellwasser konnte man gegenüber im **Pump Room** zu sich nehmen. Die Quelle (*St. Ann's Well*) befindet sich gleich nebenan. Den Hügel (*The Slope*, vormals: St. Ann's Cliff) hinauf geht es zum **Marktplatz** (Markttage Di und Sa). An den Crescent schließen sich Parks an, der *Pavilion Gardens* und *Serpentine Walks*.

Im **Kurpavillon** gibt es außer einem *Wintergarten* auch einen *Konzertsaal* sowie verschiedene Räume für Sonderveranstaltungen wie Vorträge und Buchauktionen. Das 1903 gebaute **Theater** (*Opera House*) schließt sich an (Kasse ℂ 01298/72190). In diesen Räumen findet alljährlich im Juli das *Buxton Festival* statt (Programminformationen: ℂ 01298/70395; Kasse ℂ 01298/72190).

Zu einem Stadtrundgang sollte unbedingt der Besuch von **Poole's Cavern** gehören, einer Tropfsteinhöhle am Stadtrand (*Green Lane*, etwa 15 Minuten Fußweg vom Crescent; ℂ 01298/26978; Eintritt £3,40/£1,70). Der Name der Höhle soll von einem Räuber und Entführer des 15. Jahrhunderts stammen, der hier sein Versteck hatte, und tatsächlich wurden bei Ausgrabungen im Innern Münzen aus der Zeit um 1440 gefunden. Daneben fand man jedoch auch Gräber aus der Steinzeit, der Bronzezeit, römische Münzen und allerlei viktorianischen Krimskrams, den Besucher im 19. Jahrhundert hier verloren hatten. Bereits 1853 richtete man die Räume für Touristen ein, und noch heute kann man in der 300 Meter langen Höhle bis zu 2 Meter lange Stalaktiten und die Formationen der

Es herrscht Andrang bei St. Ann's Well

Poached Egg Chamber bewundern. Die bereits erwähnte Königin Maria von Schottland soll bei der Erkundung der Höhle darum gebeten haben, eine der Formationen nach ihr zu benennen, so gibt es heute den *Queen Mary of Scots Pillar*. Durch die Höhle, deren Durchschnittstemperatur von 7 Grad Celsius leider auch der Durchschnittstemperatur der Stadt entspricht, fließt ein Arm des Flusses *Wye,* der erst unterhalb Buxtons wieder an die Oberfläche tritt.

Oberhalb der Stadt laden der **Buxton Country Park** und das Hochmoor **Stanley Moor** zu Wanderungen durch die offenen Wiesenflächen ein. Am höchsten Punkt steht der Aussichtsturm *Solomon's Temple.*

Touristeninformation im Crescent; Öffnungszeiten März – Oktober täglich 9.30 – 17 Uhr; November – Februar 10 – 16 Uhr, ✆ 01298/25106.
Buxton Museum and Art Gallery, Terrace Road, Di – Fr 9.30 – 17.30 Uhr, Sa 9.30 – 17 Uhr, ✆ 01298/24658, Eintritt £1/£0,50

Unterkunft

★★★★ *Old Hall Hotel,* The Square, Buxton, ✆ 01298/22841. EZ ab £80.

🏠 *Thorn Heyes Cottage Apartments,* 137 London Road, Buxton SK17 9NW, ✆ 01298/23539. B & B £18 pro Person.

🏠 *The Old Manse,* 6 Clifton Road, Buxton SK17 6QL, ✆ 01298/25638; B & B ab £17,50, £26,50 Halbpension.

🏠 *Abbey Guest House,* 43 South Avenue, Buxton SK17 6NQ, ✆ 01298/26419, B & B ab £14,50.

Jugendherberge: Harper Hill Road, ✆ 01298/22287.

Camping

🏕 *Limetree Holiday Park,* Dukes Drive, Butxon, geöffnet März – Oktober, ✆ 01298/22988; 2 km südlich Buxton von der A515 in Richtung Ashbourne zu erreichen.

Essen & Trinken

The King's Head, Market Place, Buxton SK17 6EJ, ✆ 01298/27719.

Ramsay's Bar im Buckingham Hotel, 1 Burlington Road, Buxton SK17 9AS, ✆ 01298/70481.

Wholefood, 5 Bridge Street, geöffnet ab 10.30 Uhr; angeschlossen ist ein Laden mit Naturkost, ✆ 01298/22843.

Ashford und Bakewell

Von Buxton auf der A6 dem Tal des Flusses *Wye* folgend, gelangt man durch **Ashford** (alte Brücke – *Sheepwash,* zum Wohnhaus umgebaute Zehntscheune; Unterkunft: *Riverside Hotel,* ✆ 01629/814275, EZ ab £75, DZ ab £95) nach **Bakewell.** Die Stadt ist Teil des Besitzes des Herzogs von Rutland, dessen Vorfahren um 1800 versuchten, hier eine Bäderstadt einzurichten, die Buxton Konkurrenz machen sollte. Dieser Plan ging nicht ganz auf, der Charakter der Stadt wird bis heute durch die Landwirtschaft des Umlandes bestimmt, doch durch verschiedene Umbaumaßnahmen wurde ein ansehnliches Stadtzentrum mit stattlichen Hotelbauten und einem schönen Garten geschaffen. Außer der *Kirche,* zu deren Sehenswürdigkeiten ein angelsächsischer Kreuzesschaft im Kirchhof, ein Taufbecken aus der normannischen Zeit und das kleine Alabastergrabmal des *Sir Godfrey Foljambe* und seiner Frau (1385) gehören, ist das *Old House Museum* zu empfehlen. April – Oktober täglich 14 – 17 Uhr geöffnet, Eintritt £1,80/£0,80. Das Haus wurde 1534 urkundlich erwähnt, ist aber sicher älter; die Sammlungen des Heimatmuseums bestehen weitgehend aus Werkzeug, Kleidung und Spielzeug.

Nicht weit von Bakewell befinden sich zwei der bemerkenswertesten Schlösser Englands: Chatsworth, dessen Ursprünge in das 16. Jahrhundert zurückgehen, und die mittelalterliche Haddon Hall. Im Zusammenhang mit Chatsworth ist auch die weiter östlich gelegene Hardwick Hall zu nennen.

Grabmonument der Eheleute Foljambe

Unterkunft

🅱 *Bene-Dorm,* The Avenue, Bakewell, DE45 1EQ, Mrs. J. Twigg, ✆ 01629/813292. B & B ab £17. In Nähe des Stadtzentrums; Weihnachten und Neujahr geschlossen.

🅱 *Milford House Hotel,* Mill Street, Bakewell, DE45 1DA, ✆ 01629/812130; B & B ab £33.

🅱 *Wrens Nest,* The Gables House, South Church Street, Bakewell DE45 1FD; ✆ 01629/815090; im Stadtzentrum gelegen. B & B ab £16.

Essen, Trinken & Einkaufen

Bridge House Restaurant; Café-Restaurant an der Brücke; ✆ 01629/814336.

Auf heimische Käsesorten spezialisiert ist: *Cheeseboard Delicatesse,* Hebden Court, Matlock Street; ✆ 01629/814651. Markttag: Mo.
Touristeninformation: Bridge Street; im Sommer täglich bis 17 Uhr geöffnet; ✆ 01629/813227.

Schloß & Park Chatsworth

Die Lage des Hauses im Tal des Flusses *Derwent* ist ein unvergeßlicher Anblick. Zwei Dörfer, *Edensor* und *Pilsley,* mußten verlegt werden, um den Effekt zu erzielen und um den Ausblick der Eigentümer, der *Familie Cavendish,* Herzöge von Devonshire, nicht zu stören. Das Resultat ist sicher eine der Glanzleistungen des Meisters der Landschaftsgärtner, ›*Capability*‹ *Brown.* Durch den Park (5000 Hektar) läuft man von Edensor aus etwa 20 Minuten, es gibt jedoch auch einen Parkplatz in unmittelbarer Nähe des Hauses.

Der Bau von Chatsworth wurde 1552 begonnen, es war das erste Projekt der bauwütigen *Bess von Hardwick.* In zwei weiteren Bauabschnitten wurde das Haus vollständig umgestaltet: 1687 – 1707, als ein neuer Südflügel, ein neues Treppenhaus, danach dann auch die Süd-, Ost- und Westseite umgebaut wurden, sowie 1820 – 1842, als der Nordflügel errichtet und damit auch Speisesaal und Skulpturengalerie hinzugefügt wurden. Die Räume des 17. Jahrhunderts waren bereits zu dieser Zeit ohne rechte Funktion, so daß Chatsworth in der ersten Hälfte des 19. Jahrhunderts schon als riesiges privates *Museum* konzipiert war, in dem der immense Reichtum der Familie zur Schau gestellt wurde. Schwerpunkte der Sammlungen sind Gemälde und Skulpturen, daneben noch chinesisches Porzellan aus verschiedenen Epochen sowie europäisches Porzellan des 18. und 19. Jahrhunderts mit erlesenen Stücken aus Meißen, Sèvres, Berlin und englischen

Manufakturen, außerdem ägyptische Skulpturen und Schrifttafeln. Vom elisabethanischen Haus ist kaum etwas erhalten geblieben.

Bei der Anfahrt passiert man **Queen Mary's Bower,** einen Aussichtsturm *(Gazebo)* der Bess von Hardwick, an dem die Königin Maria Stuart, die in Chatsworth zwischen 1570 und 1581 mehrfach unter der Aufsicht des Grafen von Shrewsbury gefangengehalten wurde, besonderen Gefallen gefunden haben soll. Ihre Wohnräume, die später auch vom Herzog von Wellington während seiner Besuche bezogen wurden, sind erhalten.

Prachtvoll: Schloß Chatsworth

Rundgang

Besucher betreten das Haus durch die nördliche **Eingangshalle,** einen Raum, der bis 1760 als Küche gedient hat. Hinzuweisen ist hier auf die Skulpturen: eine *Figurengruppe Mutter und Kind* (römisch, 1. Jahrhundert n. Chr.), die in Apt (Provence) gefunden wurde, eine *Büste Alexanders des Großen* (griechisch, 4. Jahrhundert v. Chr., rechts auf dem Treppengeländer). Von hier geht es in den **Nordkorridor** mit einer reichen Sammlung italienischer und niederländischer Gemälde des 16. und 17. Jahrhunderts, die zwar schlecht beleuchtet sind, an die man aber herangehen kann. Er führt in die **Painted Hall,** die zwischen 1692 und 1694 vom französischen Historienmaler *Louis Laguerre* (1663 – 1721) ausgemalt wurde, der auch Deckengemälde in anderen Räumen schuf. Hier befinden sich weitere römische Skulpturen der Kaiserzeit.

Durch das große **Treppenhaus** *(Great Stairs)* geht es in den 2. Stock. Die Tür auf der rechten Seite führt in die *Gemächer der Königin Maria,* nach links geht es in die *Repräsentationsräume,* den *Speisesaal,* den *Drawing Room,* den *Musiksaal,* das *Schlafgemach* sowie den *State Dressing Room,* das Ankleidezimmer. In diesen Räumen befinden sich auch besondere Prunkmöbel, so das Bett König Georgs II. (1727 – 1760) und die Thronsessel seiner Nachfolger, die dem Herzog in seiner Eigenschaft als Lord Chamberlain zustanden. Das folgende kleine Zimmer enthält ein Porzellanservice der königlichen Manufaktur Berlin von 1780, aus dem Besitz von *Warren Hastings* (1732 – 1818), Gouverneur von Indien. Unter den Gemälden des Vorraums (rechts an der Tür) befindet sich ein kleines Bild von *Jan Bruegel* (1568 – 1625). Der **Südkorridor** ist meist abgesperrt, so daß die Wandteppiche und Porträts nur aus einiger Entfernung betrachtet werden können. Die Büste des früheren britischen Premierministers *Harold Macmillan* im Westtreppenhaus, durch das man sich wieder in das Erdgeschoß begibt, bezieht sich auf die Verwandtschaft dieses Politikers mit der Familie der Besitzer des Hauses. Macmillan, Earl of Stockton (1894 – 1986), wurde nach einer Reihe verschiedener Ministerämter 1957 Premierminister, leitete nach seinem Rücktritt 1963 den traditionsreichen gleichnamigen Verlag, in dem praktisch alle großen Namen der englischen Literatur publizierten. Der nächste Raum ist die zwischen 1688 und 1693 gebaute **Kapelle,** mit Marmoraltar, Deckengemälden und Holztäfelung. Die barocke Holztäfelung des folgenden **Oak Room** stammt aus einem deutschen Kloster. Sie wurde erst im 19. Jahrhundert eingesetzt. Vorher hatte der Raum zeitweilig als Bibliothek eines Familienmitglieds, des Naturforschers *Henry Cavendish* (1731 – 1810), der besonders das Wesen der Gase erforschte und dabei die Zusammensetzung von Luft (Knallgas-Entdeckung) und Wasser ergründete, gedient.

Durch die *Grotto,* den Raum unterhalb des großen Treppenhauses, gelangt man wieder in die *Painted Hall.* Diesmal geht es das **nördliche Treppenhaus** *(Oak Stairs)* hinauf zum Vorraum der Bibliothek; in die

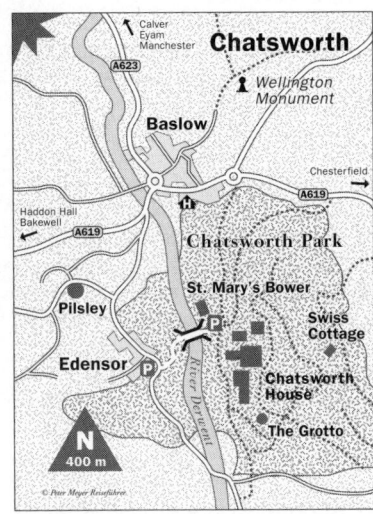

Bibliothek mit ihren 17.000 Bänden, darunter die Bestände des erwähnten Henry Cavendish, kann man nur einen Blick werfen. Mit dem runden Kuppelzimmer am Ende des Vorraums der Bibliothek schloß das alte Haus ab, die Tür führt in den Anbau des 19. Jahrhunderts. Den **Speisesaal** zieren zwei Gemälde des *Anthonis van Dyck* (rechts und links der Tür). Zugeschrieben werden ihm auch die beiden Porträts rechts des Kamins. In der **Skulpturengalerie** sind zwei Gemälde von *Frans Hals* (1583 – 1666) sowie das Porträt eines Orientalen von *Rembrandt* ausgestellt. Unter den Skulpturen befinden sich auch Arbeiten von *Rudolf Schadow* (1786 – 1822), dem Sohn des berühmten Berliner Bildhauers.

Der riesige **Garten von Chatsworth** mit seinen verschiedenen Gewächshäusern, Wasserfällen, Teichen, dem Irrgarten, Küchengarten und vielen anderen Bestandteilen stellt eine weitere Attraktion dar. Bereits bei der Besichtigung des Hauses kann man die Kaskade sowie die Fontäne vor dem langgestreckten Teich im Süden sehen. Teiche auf den Hügeln östlich des Hauses speisen diese Wasserspiele. Das *Kaskadenhaus* wurde 1703 gebaut und speist die Stufen, die in unterschiedlichen Abständen eingesetzt sind, um ein wechselndes Klangbild zu erzielen. Vom Ausgang der *Orangerie* kann man zunächst am Haus entlang nach Süden zum *Canal Pond* und am Ende des Weges nach links den Hügel hinauf gehen. Links liegt der *Irrgarten,* der an jeweils einem Sonntag im Monat geöffnet ist, nach rechts führen Wege zum *Grotto Pond* und dem alten Baumbestand in seiner Umgebung. Den Hügel entlang nach Norden gelangt man zu einer Treppe, die zurück in Richtung des Labyrinths führt. Nach rechts geht es hier zu einem weiteren Wasserfall, *Wellington Rock,* und dann weiter zur Kaskade. Die Hügel oberhalb des Hauses können nicht vom Garten aus, sondern nur über den Weg hinter den Stallgebäuden erreicht werden.

Öffnungszeiten & Eintritt

Ende März – Ende Oktober täglich 11 – 16.30 Uhr; ℂ 01246/582204, Fax 583536, Eintritt £5,75/£3. Die von Maria von Schottland bewohnten Räume sind nicht immer zugänglich; ihre Besichtigung kostet noch einmal Eintritt: £1/£0,50.

Dörfer und Schlösser in der Nähe von Chatsworth

Nördlich von Chatsworth liegen einige schöne Dörfer, die durch die A623 verbunden sind. **Baslow** mit einer malerisch am *Derwent* gelegenen Kirche, **Stoney Middleton** an den steilen Hängen des *Middleton Dale* und schließlich **Eyam** (ausgesprochen Ihm), ein Ort, der besonders schwer unter der letzten Pestepidemie in England 1665/66 gelitten hat. 257 der 350 Einwohner kamen während des zehn Monate dauernden Ausbruchs der Krankheit um, der mit einer Stofflieferung an den Dorfschneider aus dem pestverseuchten London begann. Die Episode ist besonders dadurch bemerkenswert, daß die Bewohner des Dorfes sich freiwillig in Quarantäne begaben. Lebensmittel wurden über die Grenze der Gemarkung geworfen. Um der Ansteckungsgefahr zu begegnen, hielt man die Gottesdienste auf freiem Feld ab. An die Katastrophe wird deshalb durch einen jährlichen Gottesdienst im Freien erinnert. Dokumentiert wird sie im *Eyam Museum,* Di – So 10 – 16.30 Uhr; ℂ 01433/631371, Eintritt £1,25/ £0,75.

Eyam Hall in der Mitte des Dorfes wurde 1671 gebaut. Geöffnet April – Oktober Mi, Do, So und Bank-Holiday-Montage 10 – 16 Uhr; ℂ 01433/631976. Eintritt £3,25/£2,25. Sehenswert ist das meist aus dem 18. Jahrhundert stammende Mobiliar des Hauses (auch einige ältere Wandteppiche sind darunter). Wenige Schritte weiter befindet sich die *Dorfkirche,* wiederum mit einer Ausstellung über die Pest. Hinzuweisen ist auf ein gut erhaltenes angelsächsisches Kreuz im Kirchhof; es wird auf das frühe 9. Jahrhundert datiert.

Chesterfield

Chesterfield, von Chatsworth über die A619 zu erreichen, ist in erster Linie durch seinen immerhin 70 Meter hohen Kirchturm bekannt, dessen Spitze vollständig verdreht ist. Dabei handelt es sich nicht um moderne Architektur, sondern um einen langsamen Prozeß, bei dem sich die mit Bleiplatten verkleidete Holzkonstruktion verzog.

Touristeninformation: am Marktplatz, *The Peacock Centre,* geöffnet Mo – Sa 9 – 18 Uhr, von November bis Ostern 9 – 17 Uhr, ℂ 01246/207777.

Hallenbad im *Queen's Park Sports Centre,* ℂ 01246/232255.

Markttage: Mo, Fr, Sa.

Bus nach Bolsover, siehe Seite 140: East Midlands 81A oder Chesterfield-Bolsover ab Bahnhof Chesterfield.

Unterkunft

Acorn Guest House, 14 Fairfield Road, ℂ 01246/211427, EZ ab £13,50.

Anis Louise, 34 Clarence Road, ℂ 01246/235412; EZ ab £14.

The Maylands, 56 Sheffield Road, ℂ 01246/233602; ab £17.

Essen & Trinken, Ausgehen

Bejerano's, Chesterfield Hotel, Malken Street, ℂ 01246/209595

Fountain Restaurant, Portland Hotel, West Bars, ℂ 01246/234502.

Disco: *Xanadu,* Elder Way, ℂ 01246/209080.

The Pod, Lordsmill Street, ℂ 01246/472266.

Theater: *Pomegranate Theatre,* Corporation Street, Kasse ℂ 01246/232901 (nur Gastvorstellungen).

Konzert: *Winding Wheel,* Holywell Street, Kasse Mo – Fr 10 – 16 Uhr; ℂ 01246/209552.

Ault Hucknall

Umgeben von romantischen Dorfhäusern, gehört die *Pfarrkirche St. Johannes* in Ault Hucknall zu den Gebäuden, deren Anblick bei manchem unwillkürlich den Wunsch nach einer Besichtigung erwecken. Angelsächsische Skulpturen, darunter ein Ritter (St. Georg?) im Kampf mit einem Drachen, über einem heute verschlossenen Zugang an der Westseite und

Tympanon der Kirche von Ault Hucknall

Partien aus der normannischen Zeit belohnen Neugierige. Außerdem ist hier der mit 91 Jahren verstorbene Philosoph und radikale Staatstheoretiker *Thomas Hobbes* (1588 – 1679) begraben.

Fünf Kilometer nördlich von Hardwick befinden sich die Ruinen eines neben Hardwick und Chatsworth Hall weiteren Bauprojekts der

Cavendishs, Herzöge von Devonshire, **Bolsover Castle.** Zu erreichen über E13 und A63. Bus von Chesterfield: East Midlands 81A oder Chesterfield–Bolsover ab Bahnhof Chesterfield. English Heritage, 1. April – 30. September täglich 10 – 13 und 14 – 18 Uhr geöffnet, 1. Oktober – 31. März 10 – 13 und 14 – 16 Uhr, © 01246/823349, Eintritt £2,50/£1,30.

Hardwick – Elternhaus der Bess von Hardwick

Die kleine Exkursion – Hardwick Hall liegt 20 km östlich von Chatsworth, nahe der A617 – ist allemal die Mühe wert, denn Hardwick bietet, was in Chatsworth durch spätere Pracht überdeckt wurde: einen Eindruck von den grandiosen Vorstellungen und von der Selbstdarstellung einer der bemerkenswerten Frauen des elisabethanischen England, *Bess von Hardwick*. Das genaue Datum ihrer Geburt ist unbekannt, die Angaben schwanken zwischen 1520 und 1527. Ihr Vater war Landbesitzer, nicht einmal ritterlichen Standes, und nach seinem Tod begab sie sich in den Dienst einer benachbarten Adelsfamilie. Mit ungefähr 15 Jahren heiratete Elisabeth einen Vetter, der jedoch bereits nach wenigen Monaten starb und seiner Witwe jährliche Einkünfte hinterließ, von denen sie bequem leben konnte. Ihr gesellschaftlicher Aufstieg begann mit ihrer zweiten Heirat 1547. Ihr neuer Ehemann, *Sir William Cavendish,* war in seiner Funktion als hoher Regierungsbeamter auch an den Klosterauflösungen beteiligt und hatte da so nebenbei manch günstigen Kauf

getätigt. Auf Drängen seiner jungen Frau verkaufte er seine über fünf Grafschaften verteilten Ländereien und kaufte neuen Grundbesitz in Nottinghamshire und Derbyshire, darunter das Land um Chatsworth. In der zehnjährigen Ehe brachte Bess 8 Kinder zur Welt, erwies sich als kompetente Verwalterin des großen Landbesitzes und erfolgreiche Geschäftsfrau und entdeckte ihre bis ans Lebensende währende Leidenschaft: das Bauen. Die erste Version von Chatsworth entstand; sie war mindestens so groß wie das heutige Schloß.

Nach dem Tode des zweiten Ehemanns heiratete Bess einen weiteren Großgrundbesitzer, *Sir William St. Loe,* der ebenfalls nach wenigen Jahren starb und ihr einen Großteil seines Landbesitzes hinterließ. Ihre letzte Heirat war aufsehenerregend: 1567 heiratete sie *George Talbot,* den Grafen von Shrewsbury, einen der reichsten Männer des Landes, der neben der Ausbeutung seines Landbesitzes auch als Reeder und Betreiber von Bergwerken aktiv war. Auch Talbot war bereits verheiratet gewesen, und um die Verbindung zu festigen, sorgte sie für die Heirat zweier ihrer Kinder mit seinen Kindern. Gleich drei aristokratische Familien gehen auf die tüchtige Bess von Hardwick zurück: Die Herzöge von Devonshire, von Newcastle und von Portland.

Sie scheint ihr Augenmerk jedoch noch auf höhere Dinge gerichtet zu haben. Die aus ihrer Heimat nach England geflüchtete Königin Maria von Schottland befand sich bis 1584 unter der Bewachung Talbots. 1574 gelang es Bess, eine ihrer Töchter mit dem Schwager dieser Königin, *Charles Stuart,* zu vermählen, denn Kinder aus dieser Ehe hatten Anspruch auf die englische Krone. Die Tochter des Paares, *Arabella,* die von ihrer Großmutter aufgezogen worden war, starb schließlich als Gefangene im Tower von London. Königin Elisabeth war wütend, und ihre Beziehungen zu ihrer Untertanin waren mindestens ebenso kühl wie die einer anderen Königin Elisabeth zu einer anderen »eisernen Dame« im späten 20. Jahrhundert.

Der Graf von Shrewsbury wußte von all dem nichts, sah sich vor vollendete Tatsachen gestellt. Die Ehe brach auseinander, und Bess zog sich nun auf ihren Familiensitz, Hardwick, zurück.

Zu diesem Zeitpunkt war die **Old Hall** nur ein schlichtes Landhaus. Un-

Hardwick Hall

ter der energischen Anleitung der Eigentümerin, die durchaus an der Gestaltung beteiligt war, entstand hier ein Palast mit Staatsgemächern, dessen Ruinen – Stuckarbeiten an den Kaminen sind noch erhalten – noch einen guten Eindruck von der Größe der Anlage geben. In diesen Räumen wohnte Bess, die unübersehbar mit ihrem Monogramm ES (Elizabeth Shrewsbury) gezierte **New Hall** wurde erst nach dem Tode ihres Mannes 1590 begonnen, als sie den Besitz vollständig kontrollierte. Vorbild war die wenige Jahre zuvor fertiggestellte *Wollaton Hall* in Nottingham, deren Fassaden in ähnlicher Weise durch großflächige Fensterfronten bestimmt werden. Sieben Jahre später zog die alte Dame ein und residierte hier bis zu ihrem Tode 1608. Das Haus blieb bis Mitte des 20. Jahrhunderts im Familienbesitz, als es an Stelle der geforderten Erbschaftssteuer dem Staat abgetreten werden mußte.

Die New Hall war lange Jahre Wohnsitz eines der bedeutendsten englischen Philosophen, *Thomas Hobbes* (1588 – 1679), der nach dem Abschluß seines Studiums in Oxford 1608 hier als Erzieher eingestellt wurde. Hobbes unterrichtete den zweiten Grafen von Devonshire und nach dessen Tod 1628 auch den Sohn und Erben. Mit beiden unternahm er lange Auslandsreisen, wohnte ansonsten jedoch in Chatsworth und Hardwick, wo er starb. Hier, so wird glaubwürdig versichert, geht auch noch sein Geist um. Sein Nachlaß – das ist nachprüfbar – befindet sich noch im Archiv von Chatsworth.

Rundgang durch Haus und Sammlungen

Hardwick Hall beherbergt eine der größten Sammlungen von Stickereien des 16. und frühen 17. Jahrhunderts. Die Wände der meisten Räume sind vollständig von ihnen bedeckt. Der Rundgang durch das Haus beginnt in der **Great Hall,** von dort geht es in Ausstellungsräume mit Goldstickereien, die Haupttreppe hinauf in den *Drawing Room,* weiter in den zweiten Stock in das *High Great Chamber,* das Prunkgemach für offizielle Anlässe, mit riesigem Kamin, bemaltem Fries und Staatssitz der Gräfin unter Baldachin. Welchem Lehnsmann wäre, in dieser Atmosphäre mit der Hausherrin konfrontiert, die Bitte um Stundung des Pachtzinses über die Lippen gekommen?

Es folgt die **Long Gallery,** die mit über 50 Metern Länge gut für Spaziergänge geeignet ist. Gleich rechts an der Eingangstür befindet sich ein Porträt des Thomas Hobbes, die meisten anderen Gemälde stellen Familienmitglieder dar. Von hier geht es in einen weiteren **Withdrawing Room,** in den nach den Bettbehängen benannten *Green Velvet Room,* in ein Schlafzimmer, das nach der Maria von Schottland benannt ist, die hier freilich nie gewohnt hat, in ein weiteres Schlafzimmer *(Blue Room),* den *Speisesaal,* in den **Paved Room,** ein kleines Zimmer, das durch das Fehlen von Wandteppichen auffällt (statt dessen gibt es hier Stickereien zu sehen, von denen zwei von der erwähnten schottischen Königin stammen). Zum Schluß noch die **Kapelle** und dann der Abstieg in die Niederungen der **Dienst-** und **Küchenräume.**

Öffnungszeiten & Eintritt

National Trust; 1. April – 31. Oktober Mi, Do, Sa, So 12.30 – 17 Uhr; ✆ 01246/850430; Eintritt £5,50/£2,70.

Die Old Hall wird von English Heritage verwaltet; Öffnungszeiten 1. April – 30. September, Mi, Do, Sa, So 12 – 18 Uhr; Eintritt £1,50.

Von Bakewell gen Süden
Abstecher in die Steinzeit

Eine Sehenswürdigkeit aus prähistorischen Zeiten befindet sich 8 km westlich von Bakewell. **Arbor Low** ist einer der größten vorzeitlichen Steinzirkel des Landes, kaum bekannt, da die Stelen mittlerweile umgefallen sind. Zu erreichen über die B5055, hinter *Monyash* dann nach links auf die A515. Die Stelle ist nach 2 km (wiederum nach links) ausgeschildert. Wenig entfernt von dem Steinkreis, der sich innerhalb eines großen Erdwalls befindet, wurde zur gleichen Zeit ein großer Grabhügel, *Gib Hill,* errichtet. Beide Stellen werden über einen Bauernhof erreicht, wo manchmal ein kleiner Wegezoll zu entrichten ist.

Richtung Osten führt die Landstraße durch das Tal des kleinen Flusses *Bradford* nach

Cockayne's Grab

Youlgreave. Wahrzeichen des Dorfes ist der massive Kirchturm. Sehenswert in der Kirche ist die Skulptur des 1488 gestorbenen *Thomas Cockayne.* An der nächsten Weggabelung hält man sich links und kommt so wieder auf die A6. Knapp einen Kilometer nördlich von hier liegt Haddon Hall.

Die Burganlage Haddon Hall

Nur wenige Kilometer westlich von Chatsworth und 3 km südlich von Bakewell liegt ein weiterer Palast, ebenso beeindruckend, doch auf ganz andere Art. Während Chatsworth auf ein Schloß des 16. Jahrhunderts zurückgeht und vollständig verändert wurde, reichen die Ursprünge von Haddon Hall ins Mittelalter zurück. Schon zur Zeit des Domesday Book lag hier der Sitz eines Landgutes. Durch zahlreiche Um- und Anbauten wurde eine Anlage mit zwei Innenhöfen geschaffen, die noch heute den Charakter einer Burg hat. Das liegt daran, daß Haddon zweihundert Jahre lang unbewohnt war. Als die meisten englischen Landsitze nach kontinentaleuropäischen Anregungen umgestaltet wurden, im 18. und 19. Jahrhundert, stand Haddon leer, erst ab 1912 begann die Restaurierung.

Der **Rundgang** führt durch die Räume des **Torhauses,** darunter ein kleines *Museum* mit Fundstücken aus dem Gebäude, über den unteren Hof in die Kapelle. Die Wandmalereien, darunter der hl. Christophorus, und das Fensterglas stammen aus dem 14. und 15. Jahrhundert, als Haddon Wohnsitz der Familie Vernon war. Das Taufbecken ist normannisch.

Wiederum über den Hof geht es in den **Mitteltrakt,** zunächst nach links in die *Küchenräume.* Mit ihren Feuerstellen, Backöfen, Truhen, Trögen und Vorratsschränken spiegeln sie den spätmittelalterlichen Zustand. Auf der anderen Seite der Eingangspassage liegt die **Halle** aus dem 14. Jahrhundert, das Zentrum des mittelalterlichen Hauses. Hier residierte der 1451 gestorbene *Sir Richard Vernon,* einer der Ritter Heinrichs V., der 1426 Parlamentssprecher war. Auch hier hat das Mobiliar die lange Zeit der Vernachlässigung gut überstanden. Den Wandteppich an der Stirnseite soll König Heinrich VII. beim Kampf um die Krone der Familie geschenkt haben, ein Dank für ihre Hilfe. In der Umgegend waren die Vernons weniger beliebt. Sie terrorisierten die Bevölkerung und ordneten, wenn sie auf Widerstand trafen, auch gelegentlich eine Hinrichtung an, ohne die den Großgrundbesitzern in der Regel ohnehin wohlgesonnenen Gerichte zu bemühen.

Von der Halle geht es in das **Wohnzimmer** *(Parlour).* Die Decke wurde nachträglich eingezogen, es gab im 1. Stock also anfangs keinen weiteren Raum, der Zugang zu dem langen *Schlafgemach* geboten hätte. Es konnte nur über eine Treppe vom Hof aus erreicht werden. Auf der anderen Seite geht es in die **Long Gallery,** einen mit aufwendiger Holzverkleidung (frühes 17. Jahrhundert) ausgestatteten Raum mit wunderbarem Landschaftsblick. Der Raum war nicht nur für Festlichkeiten ideal, sondern hier konnte man auch bei schlechtem Wetter spazieren gehen. Im folgenden *State Bedroom* werden Brüsseler Wandteppiche des 16. Jahrhunderts ausgestellt. Danach geht es in den **Garten,** der auf zwei durch eine Treppe miteinander verbundenen Ebenen angelegt ist.

Öffnungszeiten & Eintritt

An der A6, 3 km südlich Bakewell gelegen. Vom 1. April bis 30. September täglich außer montags 11 – 18 Uhr geöffnet; ℰ 01629/812855; Eintritt £4,50/£2,80.

Matlock

Matlock ist weder Dorf noch Stadt. Es entstand durch das Zusammenwachsen einer Reihe von Siedlungen im Tal des Derwent, das an dieser Stelle von steilen Klippen eingegrenzt wird. Einige Gemeinden, so *Matlock Bath,* haben eine gewisse Eigenständigkeit bewahrt, doch alles zusammen bildet ein attraktives und beliebtes Naherholungszentrum mit zahlreichen Restaurants und Sehenswürdigkeiten. An Sommerwochenenden sollte Matlock gemieden werden.

Am nördlichen Ende des Tales befinden sich die **High-Tor-Klippen** auf der Ostseite. Schon die Römer hatten hier Bleiminen, die noch besichtigt werden können. Vom Ausgangspunkt der *Drahtseilbahn* in der Nähe des Bahnhofs von Matlock führen Wege dort hinauf. Der entsprechende Aussichtspunkt auf der gegenüberliegenden Seite sind die **Heights of Abraham.** Sie sind sowohl mit der erwähnten Drahtseilbahn als auch vom *County and Station Pub* aus (gegen-

über der zum Bahnhof führenden Brücke) zu Fuß zu erreichen. Der *Aussichtsturm* bietet einen Blick über das Tal in seiner ganzen Länge. Von dort aus können auch zwei Höhlen besichtigt werden. Die Dampfeisenbahnstrecke nach Belper *(Peak Railway)* ist an Wochenenden von 11 bis 16 Uhr, im Sommer auch Mi und Do in Betrieb.

Fast 200 Jahre lang war das Tal des Derwent ein Industriegebiet. »Die Täler haben all ihre Schönheit verloren«, berichtete ein Besucher bereits 1790. An einen Industriezweig, den Bergbau, erinnert das **Mining Museum** in Matlock Bath, geöffnet täglich

Eingebettet in die Natur: Matlock Bath

10 – 18 Uhr, Eintritt £2 oder £3 einschließlich der Besichtigung des Bergwerks. Öffnungszeiten des Bergwerks 11 – 16 Uhr, an Wochenenden 11 – 17 Uhr. In der gut aufgebauten Ausstellung wird neben der Geologie des Peak District auch die Geschichte des Bergbaus der Gegend illustriert. Aus-

gestellt sind Werkzeuge, Pumpen und anderes Gerät. Mutige Besucher können sich durch einen nachgebauten Verbindungsschacht zwängen, und wem dieser Eindruck von der Welt des Bergbaus nicht genügt, dem sei eine Besichtigung der **Temple-Mine** empfohlen. Der Eingang befindet sich etwa 100 Meter vom Museum entfernt, man muß dazu die Straße überqueren. Hier wurde ab 1922 Flußspat abgebaut. Das reichte zur Anlage einer kleinen Elektrobahn, die heute, so wie sie bei der Schließung des Bergwerks verlassen wurde, im Eingang steht.

In der zweiten Hälfte des 18. Jahrhunderts entstand südlich von Matlock, in **Cromford,** eine neue Industrie: die Herstellung und Verarbeitung von Baumwollgarn. *Richard Arkwright* (1732 – 1792) errichtete 1771 hier die erste *Cotton Mill* (Abzweig nach links von der A6 südlich Matlock Bath in Richtung Crich). Da Pferde sich zum Antrieb seiner Erfindung als zu teuer erwiesen, benutzte er Wasserkraft. Der *Cromford Canal* führt direkt bis an seine Fabrik heran, heute eine schöne Picknickstelle bei dem alten Lagerhaus, die vergessen läßt, daß die Maschinen, die sommers wie winters rund um die Uhr in Betrieb waren, zumeist von Kindern bedient und gewartet wurden. Das war nicht nur billiger als die Beschäftigung von Erwachsenen, Kinder waren auch leichter zu beaufsichtigen und einzuschüchtern. Der aus einfachen Verhältnissen stammende Arkwright, 1786 geadelt und dann auch Besitzer des *Gutes Cromford,* entwickelte

nicht nur die großen Spinnmaschinen, sondern auch das Konzept der Fabrikdisziplin, auf deren Einhaltung er unerbittlich achtete. Geöffnet täglich 9.30 – 17 Uhr, Weihnachten geschlossen. ✆ 01629/824297. Eintritt £1,50/£1. Die 1849 installierte *Dampfpumpe* ist zwischen April und September an manchen Sonntagen (14 – 17 Uhr) zu besichtigen, ✆ 01629/823204; Eintritt frei.

Weitere Museen und Aktivitäten

Carriage Museum, *Kutschenmuseum,* nördlich von Matlock, 200 Meter abseits der A6, Old Road, Darley Dale, Matlock, DE4 2ER, täglich ab 10 Uhr geöffnet. ✆ 01629/733583, Eintritt

£2/£1. Hier sind über 30 Kutschen und Wagen, darunter sehr interessante und gut erhaltene Modelle aus dem 18. und 19. Jahrhundert ausgestellt. Geschirre und sonstiges Zubehör fehlen natürlich nicht. Dem Besucher mag manches Gefährt bekannt vorkommen, denn nicht selten werden sie auch für historische Filme gemietet. Eine halbstündige Kutschfahrt kostet £15; wer eine längere Tour per Kutsche machen will, kann dies arrangieren, es ist allerdings nicht ganz billig.

Gulliver's Kingdom, Öffnungszeiten April – August täglich 10.30 – 17 Uhr, ✆ 01629/580540, Eintritt £4,75. Ein Vergnügungspark für Kinder bis

12 Jahren, also eine kleine Version von Alton Towers. Der interessanteste Teil ist die *Royal Cave,* geöffnet von Ostern bis Mitte September 10.30 – 17.30 Uhr.

National Tramway Museum, *Straßenbahnmuseum,* Crich, Matlock, DE4 5DP, ✆ 01773/852565, Fax 852326. Zu erreichen von der A6 über Cromford Wharf, vorbei an den Textilfabriken, durch *Lea Bridge* den Hügel hinauf. Eintritt £4,90/£2,70. Dieses bemerkenswerte Museum wurde 1959 in einem ausgedienten Steinbruch eingerichtet. Über 50 Straßenbahnen, darunter eine dampfbetriebene und eine Pferdebahn, meist aus Großbritannien, doch auch aus den USA, Südamerika und Kontinentaleuropa, sind nicht nur ausgestellt, sondern auch in Betrieb. Da es eintönig wäre, die Strecken nur auf und ab zu fahren, entstand nach und nach ein fast städtisches Ambiente mit interessantem Rahmenprogramm.

Touristeninformation, Matlock Bath, im ehemaligen Kurhaus. Öffnungszeiten April – Oktober täglich außer Di 9.30 – 17.15 Uhr; November – März 10 – 16 Uhr; ✆ 01629/55082. Hier kann auch das Wasser der Mineralwasserquelle probiert werden.

🚶 Es gibt eine schöne *Wandermöglichkeit* am Cromwell Canal südlich von Matlock, siehe Seite 70.

Camping

🏕 *Merebrook Caravan Park,* Whatstandwell, das ganze Jahr durch geöffnet. ✆ 01773/857010; liegt 6 km südlich Matlock; über die A6 zu erreichen.

Well Dressing in Wirksworth

Wirksworth war lange das Zentrum des Bleibergbaus. Schon zur Römerzeit soll hier Blei gefördert worden sein, und die Siedlung, die hier später entstand, hatte die Atmosphäre einer Industriestadt. Nach dem Ende der Bleigewinnung begann man – und hierbei war der Anschluß an das Eisenbahnnetz 1867 von großer Bedeutung –, die Steinbrüche der Umgebung auszubeuten. Mit Blei und Kalkstein sind keine Besucher anzulocken, und in der Tat scheint die kleine Stadt, die zudem den Niedergang ihrer Industrien nur schwer bewältigte, noch bis vor wenigen Jahren ein eher graues Schattendasein geführt zu haben. Dank einer Bürgerinitiative, die neben der Entwicklung neuer Industriezweige auch die interessanten Seiten der zum Teil recht wohlbend wirkenden Stadt entdeckte, ist diese Phase überwunden. Ab 1981 wurden viele öffentliche Gebäude, aber auch Privathäuser saniert, im bescheidenen Maß wurde sogar der Tourismus entdeckt, und heute gehört Wirksworth zu den attraktiven Städten in Derbyshire.

Auf keinen Fall versäumen darf man die **Pfarrkirche St. Mary.** Obwohl das heutige Gebäude auf das letzte Viertel des 13. Jahrhunderts zurückgeht, stammen Teile der Ausstattung aus viel älterer Zeit. Der *Wirksworth Stone,* ein Sarkophagdeckel aus der Zeit um 800, gehört zu den bedeutendsten angelsächsischen Skulpturen. Es wird vermutet, daß der 1820 gefundene Stein von einem Heiligengrab stammt. Er ist in die Wand des nördlichen Seitenschiffs eingelassen. Die beiden Bildreihen zeigen acht Szenen und Symbole: (obere Reihe) Christus, die Füße der Jünger waschend, das Kreuz, das Begräbnis der Maria, Christus im Tempel; (untere Reihe) die Hölle, Auferstehung – Engel tragen Christus, der ein Kreuz hält, in der Mandorla in den Himmel –, die Verkündigung und die Mission. Kleinere Skulpturen befinden sich auch in den beiden Querhäusern (Bergmann mit Spitzhacke im südlichen Querhaus; Männerfigur »Adam« im nördlichen Querhaus). Vermutlich wurden sie dort während der Restaurationen 1870–76 angebracht. Es lohnt sich also, die Wände genau zu betrachten.

Well Dressing-Tafeln besitzen oft detailreiche Motive

Wer Ende Mai nach Wirksworth kommt, kann am 29. dieses Monats an einem **Fest** teilnehmen, das nur in dieser Grafschaft ausgerichtet wird, dem *Well Dressing*. Diese alte Tradition, die auf heidnische, vielleicht römische Ursprünge zurückgeht, hat sich hier bis heute erhalten. Der Brauch besteht aus einer alljährlichen Segnung der Quellen und Brunnen des jeweiligen Ortes. Dazu werden die Pumpen, Behälter oder Becken eigens mit Blumen und großen bunten Bildern geschmückt. Die Vorbereitungen sind Gemeinschaftsarbeit. Die großen hölzernen Platten, auf denen die Bilder entstehen sollen, müssen zunächst im Dorfteich quellen. Danach wird eine salzhaltige Lehmschicht aufgetragen. Die Umrisse des Bildes, die vorher bereits auf Papier aufgezeichnet worden sind, werden sodann auf diesen Untergrund übertragen. Danach wird das Bild ausgeführt, ein sehr komplizierter Vorgang, denn es besteht ganz aus Pflanzenteilen. Deswegen muß ganz systematisch vorgegangen werden. Begonnen wird mit haltbaren Bestandteilen (Borke, Zweige), Blütenblätter und andere leicht vergängliche Elemente bilden den Schluß. Die großen Bilder bestehen aus Zehntausenden einzelner Blütenblätter, Körner, Beeren, die oft von 50 und mehr Personen in mühsamer Kleinarbeit zusammengesetzt werden. Die Motive stammen meist aus den Bereichen der Religion oder der Natur. Am Festtag gehen die Besucher durch den Ort und geben vor den Bildern kleinere Geldbeträge, die als Spenden wohltätigen Zwecken zugute kommen.

Wirksworth Heritage Centre, Crown Yard, Market Place, 11. Februar – 7. April Mi – Sa 11 – 16 Uhr, So 13 – 16 Uhr geöffnet; 8. April – 21.

Daten einiger Well Dressing-Feste

Mai

Newborough (bei Burton-on-Trent)
8. – 15. Mai

Duckmanton (zwischen Chesterfield
und Bolsover) 19. – 25. Mai

Etwall (westlich von Derby an der
A516) 20. – 22. Mai

Brackenfield (nördlich Alfreton, am
Ogston Reservoir) 27. – 30. Mai

Wirksworth 27. Mai – 3. Juni

Monyash 27. Mai – 3. Juni

Juni

Ashford-in-the-Water (nördlich Bakewell, an der A6) 10. – 18. Juni

Marston Montgomery (nordöstlich
Uttoxeter) 11. – 17. Juni

Elmton (zwischen Bolsover und
Creswell, Abfahrt 30 der M1)
23. – 25. Juni

Old Whittington (nördlich Chesterfield) 23. – 29. Juni

Ripley (südlich Alfreton) 23. – 30.
Juni

Youlgreave (westlich Bakewell) 24. –
29. Juni

Rowsley (südlich Bakewell an der
A6) 24. – 30. Juni

Bakewell 24. Juni – 2. Juli

Juli

Baslow (bei Chatsworth House) 1. –
9. Juli

Buxton 12. – 18. Juli

Pilsley (bei Chatsworth House)
13. – 19. Juli

Ault Hucknall (östlich Hardwick)
15. – 23. Juli

Stoney Middleston 22. – 31. Juli

Bonsall (westlich Matlock)
29. Juli – 5. August

August

Barlow (nordwestlich Chesterfield)
16. – 23. August

Taddington (südöstlich Buxton, zu
erreichen über die A6)
19. – 28. August

Eyam 26. August – 3. September

Hartington (zwischen Buxton und
Ashbourne an der B5054)
9. – 16. September

Juli Di – Sa 10.30 – 16.30 Uhr, So 13 –
16.30 Uhr geöffnet; ✆ 01629/825225,
Eintritt £0,85/£0,50.

Der **Wochenmarkt** findet am
Dienstag statt.

In **Middleton Top** oberhalb Wirksworth wird im Sommer an jedem ersten Wochenende des Monats die alte
Dampfmaschine in Gang gesetzt, mit
der früher Waggons den Abhang hin-
aufgezogen wurden. *Middleton Top*

Engine House, geöffnet April – Oktober, ✆ 01629/823204, Eintritt £0,60/
£0,30.

Unterkunft

🏠 *Hareruns House,* 9, Sough Lane,
Cromford Road, Wirksworth DE4
4FQ, ✆ 01629/822418, B & B ab £14.

🏠 *The Old Lock-Up Guest House,*
North End, Wirksworth DE4 4FG, ✆
01629/826272, B & B ab £18.

Zwei Routen nach Derby

Von Wirksworth aus sollen zwei Routen vorgeschlagen werden: die erste bringt Sie mehr oder weniger direkt nach Derby, die zweite führt in einem südwestlichen Bogen nach Burton-on-Trent und in die Region südlich von Derby.

Wer über die B5023 auf direktem Wege in die 20 km entfernt liegende Hauptstadt des Derbyshire fahren will, sollte einen Schlenker über Schloß Kedleston einplanen. Von der Landstraße nach etwa 6 km hinter Wirksworth nach rechts Richtung *Brailsford* abbiegen – die B5023 geht linkerhand weiter nach *Duffield,* wo die Reste einer der größten Burgen Englands besichtigt werden können (schon 1266 zerstört). An der dritten Kreuzung links halten, kurz nach dem Ortseingang von Kedleston Park rechts abbiegen.

Kedleston Hall

Kedleston Hall, in einem riesigen Landschaftspark gelegen, wurde 1759–65 für *Nathaniel Curzon,* Lord Scarsdale, errichtet, dessen Familie hier schon seit fünf Jahrhunderten ansässig war. Die Pläne für den Bau lieferte *Robert Adam* (1728 – 1792), der Architekt König Georgs III., der während langjähriger Studien in Italien sowohl durch klassische Bauten als auch durch die dortige Barockarchitektur geprägt worden war. Der prächtige Bau bei Derby ist das vollständigste Beispiel seiner Arbeit, die auch die Innenausstattung mit einbezog.

Gezeigt werden die Repräsentationsräume, im ehemaligen Speisesaal des Personals und der alten Küche (Kaminmotto: *Waste Not Want Not)* befindet sich das **Restaurant.**

Rundgang

Kedleston Hall ist ein Schloß, man sollte beim Besuch allerdings bedenken, daß zum Bau der Anlage mit dem riesigen Park ein ganzes Dorf vollständig abgerissen wurde. Der Eingang in das Hauptgebäude führt unmittelbar in die **Marble Hall** mit ihren über 8 Meter hohen Alabastersäulen, die mit dem dahinter liegenden Saloon die Hauptachse des Hauses bildet. Während die Ausstattung der Räume mit Mobiliar relativ sparsam ist, beherbergen sie eine stolze Gemäldesammlung, deren Stücke jedoch meist nur aus der Ferne betrachtet werden können. Lediglich den Gemälden an der Ostseite des auf die Marble Hall folgenden *Music Room* können sich die Betrachter nähern. Dies sind über eine Landschaft des *Adraen von Diest* (1655 – 1704), der »Triumph des Bacchus mit Ariadne« des neapolitanischen Künstlers *Luca Giordano* (1632 – 1705), darunter das Porträt eines alten Mannes des Rembrandtschülers *Ferdinand Bol* (1616 – 1680), eine stürmische Landschaft des *Pieter Mulier* (1637 – 1701) sowie die Kopie einer Arbeit der sonst in Großbritannien nicht vertretenen *Isabella Maria dal Pozzo* (1666 – 1700).

Der sich anschließende **Family Corridor** mit seinem vorzüglichen Blick auf den Landschaftspark führt zu den Privaträumen. Bei den Bildern handelt es sich meist um Familienporträts. Der *Drawing Room,* dessen Schwerpunkt das von kostbaren Spiegeln flankierte venezianische Fenster ist, beeindruckt durch seine großen Proportionen. Verglichen mit ihm macht die *Bibliothek* einen ausgesprochen düsteren Eindruck. Von hier geht es direkt in den **Saloon,** der, ursprünglich noch mit kleineren Wandnischen versehen, als Skulpturengalerie fungierte. Vorbild für die Kuppel war das Pantheon in Rom. Zwei kleinere Vorräume, darunter der *Dressing Room,* führen in ein weiteres Prunkzimmer, den *State Bedroom.* Von besonderem Interesse im Dressing Room ist das Gemälde über dem Kamin, ein Paar beim Spaziergang. Diese Arbeit des irischen Malers *Nathaniel Hone* (1718 – 1784) zeigt den Erbauer des Palastes mit seiner Ehefrau *Caroline.* Das 1761 entstandene Bild erinnert an das berühmte Gemälde »The Morning Walk« von Thomas Gainsborough (in der National Gallery in London), das freilich mehr als 20 Jahre später entstand. Durch die kleine *Wardrobe* geht es in den *Speisesaal.*

Der **Kitchen Corridor** ist wiederum der Familiengeschichte gewidmet, wobei an *George Curzon* (1859 – 1924) erinnert wird, der zwischen 1898 und 1905 Vizekönig von Indien und später Kanzler der Universität Oxford war. Aus Silbergefäßen, die ihm in Indien geschenkt worden waren, ließ er ein riesiges Becken gießen, das nun hier ausgestellt ist. Überhaupt scheint er ein recht exzentrischer Herr gewesen zu sein, jedenfalls den Anekdoten nach zu urteilen, die über ihn kursieren. Schon in seiner Studentenzeit wurde ein Reim über ihn verfaßt:

> *My name is George Nathaniel Curzon*
> *I am a most superior person*
> *My cheeks are pink, my hair is sleek*
> *I dine at Blenheim once a week.*

Von seiner Zeit in Indien heißt es, er sei darüber schockiert gewesen, daß die Einheimischen bei den Prüfungen für den höheren Dienst besser abschnitten als die Kandidaten der Kolonialmacht. Eine andere Geschichte handelt von einem Spaziergang in London, den er um die Jahrhundertwende zusammen mit einem Freund unternahm. In einem Schaufenster bemerkte er einen Serviettenring und erkundigte sich nach dem Zweck dieses Gegenstandes. Auf die Information, manche Leute benutzten ihre Leinenserviette zu mehr als einer Mahlzeit, reagierte er mit dem Ausruf: »Kann es wirklich derartige Armut geben?«

Die benachbarte **Kirche** *All Saints* war ursprünglich die Pfarrkirche des Dorfes Kedleston. Der Bau aus dem 13. Jahrhundert dient seit dem Mittelalter als Grabstätte der Familie Curzon.

Öffnungszeiten & Eintritt

Zu erreichen auch über die A52 in Richtung Ashbourne. Etwa 8 km nördlich von Derby gelegen. Derby DE22 5JH. Öffnungszeiten: 1. April – 31. Oktober Sa – Mi 13 – 17 Uhr, ✆ 01322/292200. Eintritt £4,20, Kinder 2,10. Verwaltet vom NT.

Ashbourne und das Dovedale

Die längere Route nach Derby führt zunächst nach Ashbourne, einer kleinen, durch ihre Lage im Tal etwas unscheinbaren Stadt. Dabei gehört ihre Kirche *St. Oswald* zu den größten der Grafschaft. Der Chor wurde 1241 geweiht, doch man kann davon ausgehen, daß Gotteshäuser hier bereits viel früher existierten, das hat schon 1913 eine archäologische Ausgrabung erwiesen. Bemerkenswert sind die Grabmonumente, besonders der Cockayne-Familie, reicher Landbesitzer in Warwickshire und Derbyshire. Die Skulptur der Penelope Boothby (1793) gehört zu den bekanntesten Arbeiten des englischen Bildhauers *Thomas Banks* (1735 – 1805), der sie zuerst in der Royal Academy in London ausstellte und damit auch die Königin Charlotte beeindruckte.

Die Stadt, mit vielen Häusern aus dem 17. und 18. Jahrhundert, macht einen angenehmen Eindruck; leider wird die Besichtigung besonders an Wochenenden vom Durchgangsverkehr beeinträchtigt, der sich in den Peak National Park bewegt.

Markttage sind Do und Sa.

Touristeninformation (am Marktplatz), geöffnet Mo – Sa 9.30 – 17 Uhr, ✆ 01335/343666.

Unterkunft

Cherry Bank, 43 The Green Road, Ashbourne, DE6 1ED, ✆ 01335/344875, ab £15, nur wenige Minuten zu Fuß vom Stadtzentrum entfernt.

The Coach House, 52 The Firs, Ashbourne DE6 1HF, ✆ 01335/300145, ab £15.

The Old House, Church Street, Ashbourne DE6 1AJ, ✆ 01335/343240, ab £17,50.

Compton Guest House, 27 – 31 Compton, Ashbourne DE6 1BX, ✆ 01335/343100, ab £15.

Essen & Trinken

The Caverns Bistro (unterhalb vom Marktplatz) ✆ 01335/300305.

Ye Olde Vaults, Market Place, Ashbourne DE6 1EU, ✆ 01335/346127.

Wandern im Dovedale

Ashbourne selbst liegt genau vor den Grenzen des *Peak National Park,* und nur 5 km nördlich befindet sich eines seiner bekanntesten Täler, *Dovedale.* Zu erreichen ist es über die A515 (abbiegen in Richtung Thorpe).

Zuerst waren es Angler, die den Fluß aufsuchten, den *Izaak Walton* (1593 – 1683) in seinem sehr populären Buch »The Compleat Angler« (1653) beschrieb. Sicher trugen die fünf Auflagen, die das Werk allein zu Lebzeiten des Autors erfuhr, dazu bei, die stille Zurückgezogenheit der Gegend einem breiten Publikum zu empfehlen. Touristenattraktion ist das malerische Tal mindestens seit dem 18. Jahrhundert, der Eisenbahnanschluß von Ashbourne erleichterte den Zugang für größere Bevölkerungskreise, und obwohl dessen Trassen längst wieder verschwunden sind, bewegen sich an Sommerwochenenden ganze Heerscharen per Auto ins Dovedale. Trotz dieser Phasen des Ansturms lohnt der Besuch. Seit 1934 hat der National Trust nach und nach das Land um das Dovedale gekauft;

den Fluß entlang wurde ein fester Weg angelegt, der Zugang ansonsten beschränkt.

Wer die Wanderstrecke den Fluß hinauf ausprobieren will, der beginne am besten in **Ilam,** am Südende des Dovedale. *Ilam Hall,* im Geschmack der Neogotik 1821–26 gebaut, ist heute *Jugendherberge;* Öffnungszeiten: ab Mitte Januar bis 25. November, auch von 27. Dezember bis 1. Januar, jeweils ab 13 Uhr; ✆ 01335/350212.

Im Dovedale erwartet Sie Ländlichkeit

Alstonefield, ein abgelegenes, aber stattliches Dorf anderhalb Kilometer westlich des Tals (Kirche mit Eingangsportal aus dem 12. Jahrhundert), liegt am Nordende.

🏠 *Mrs. B. J. Griffin,* Greenhills Cottage, Alstonefield, DE6 2FT, ✆ 01335/27499, ab £14 (elementare Bestandteile des Frühstücks werden von den hauseigenen Hühnern beigesteuert).

🏠 *Mrs. P. Thellusson,* Manor House, Alstonefield, DE6 2FX, ✆ 01335/310316, ab £18.

Vergnügen mit Tradition: Alton Towers

Abgelegen, zwischen den Tälern und Dörfern des Peak District, liegt der größte Vergnügungspark Englands. Gewiß eine bizarre Kombination – das beweist allein die Anfahrt über teilweise kaum mehr als einspurige Straßen und enge Dorfkreuzungen, durch die sich während der Hauptsaison täglich buchstäblich Hunderte von Bussen quälen, die Privatautos nicht gezählt. Die Betreiber, die Tussaud-Gruppe, versuchen die Anwohner durch freien Eintritt bei Laune zu halten, mit mäßigem Erfolg. Ohne Zweifel ist der Park von großer wirtschaftlicher Bedeutung für die Region, doch abgefunden haben sich die Anwohner mit ihm nicht, und die Dorfpolizei der umliegenden Gemeinden lauert täglich auf Verstöße gegen die Verkehrsregeln, und seien sie auch noch so geringfügig. Zudem müssen die oft von weither angereisten Besucher in endlosen Schlangen vor den beliebtesten Karussells und Achterbahnen anstehen, was von vielen nicht bedacht wird, wenn sie den stolzen Eintrittspreis von £16,50 entrichten. Diese Summe berechtigt zur beliebigen Benutzung aller Bahnen, wenn man jedoch die Verpflegung hinzurechnet, kostet ein Familienausflug schnell um die 200 DM.

Nun, wer Geduld hat und wem Unterhaltung im Stil von Disney-

World liegt, der wird hier gewiß nicht enttäuscht werden. Es wird eine Auswahl von über 120 Attraktionen geboten, vom Ruderboot und harmlosen Traktorfahrten bis hin zu atemberaubenden Experimenten mit der Schwerkraft, die auch Hartgesottenen die Nahrung aus den Eingeweiden zentrifugieren (so etwa im *Thunder Looper* – von 0 auf 100 km/h in 2,5 Sekunden –, *Nemesis, Energizer*).

All diese Sensationen haben eine interessante Geschichte, deren Spuren nicht nur sichtbar, sondern Teil des Spektakels sind. Der Vergnügungspark Alton Towers hat eine sehr lange Tradition. Der 15. Graf von Shrewsbury kam 1787 in den Besitz des Geländes und legte den Garten an, der noch heute sorgsam gepflegt wird. Unter seinem Nachfolger entstand zwischen 1810 und 1852 ein luxuriöser Landsitz von riesigen Ausmaßen mit Kapelle, Türmchen, Festhalle: *Alton Towers*. Die Ruinen des Hauses sind noch erhalten und in den Park mit einbezogen. Der Niedergang begann mit einem kostspieligen Rechtsstreit, der 1857 nach einem Besitzerwechsel zum Verkauf des gesamten Inventars führte. In den Folgejahren wurde Alton Towers zum ersten Mal für die Öffentlichkeit zugänglich, Feuerwerk und Akrobaten zogen die ersten Besucher an. Nach dem Ersten Weltkrieg wurde der Besitz an eine Gruppe von Geschäftsleuten verkauft, die zunächst eine Drahtseilbahn, Restaurants sowie verschiedene Bootsfahrten einrichteten und Sonderveranstaltungen organisierten. Die erste Achterbahn wurde 1973 eingebaut, und seit der Übernahme durch die Firma Tussaud 1990 fanden jedes Jahr Erweiterungen statt.

Öffnungszeiten: Zwischen Mitte März und 5. November täglich ab 9 Uhr, ✆ 01538/704097 oder 702200, Eintritt £16,50.

Wer mit der Eisenbahn anreisen möchte, sollte bis Stoke-on-Trent fahren, von dort gibt es eine Busverbindung, ✆ 0171/3877070.

Das Städtchen **Alton** selbst liegt auf der anderen Seite des Flusses *Churnet*. Auf einem Felsen über dem Fluß wurde im 12. Jahrhundert eine Burg gebaut, deren Reste 1847 in ein neues Gebäude übernommen wurden, das allerdings nicht besichtigt werden kann.

Unterkunft

Bridge House Hotel, Alton, ST10 4BX, ✆ 01538/702338, ab £23; liegt im Tal, unweit der Brücke.

The Bull's Head Inn, High Street, Alton ST10 4AQ, ✆ 01538/702307, ab £20.

Yoxall Cottage, Malt House Road, Alton ST10 4AG, ✆ 01538/702537, ab £15.

Uttoxeter

Uttoxeter, 9 km südlich, liegt wie Alton in Staffordshire. Ein Besuch hier empfiehlt sich am wichtigsten **Markttag,** dem Mittwoch. Einer alten Tradition folgend, wird hier regelmäßig ein großer Viehmarkt abgehalten, parallel dazu noch ein Wochenmarkt auf dem eigentlichen Marktplatz. Hier hatte auch der Vater des Schriftstellers *Samuel Johnson* (1709 – 1784) einen

Stand, für den er gerne seinen Sohn als Verkäufer gewonnen hätte. Doch der Teenager lehnte ab, eine Entscheidung, die der arrivierte Schriftsteller später bereute und die den Siebzigjährigen veranlaßte, eine Stunde lang im Regen auf dem Stammplatz seines Vaters auf dem Marktplatz von Uttoxeter auszuharren. An diese Episode erinnert das Denkmal auf dem Marktplatz.

Uttoxeter Heritage Centre, 34 – 36 Carter Street, Mo – Mi, Fr, Sa 10 – 16 Uhr geöffnet, ℰ 01889/567176, Eintritt £0,60/£0,30.

Stadtbücherei, Mo – Mi 9.30 – 17 Uhr, Do 9.30 – 13 Uhr, Fr 9.30 – 19, Sa 9.30 – 13 Uhr geöffnet.

Unterkunft & Restaurant

The Bank House Hotel, Church Street, ℰ 01889/566922, EZ £49,50 (£37,50 am Wochenende), DZ £69,50 (£49,50 am Wochenende).
Essen & Trinken: *The Old Talbot* (am Marktplatz) ℰ 01889/562616.

Aktivitäten

Hallenbad im *Leisure Centre,* Oldfields Road, ℰ 01889/562844.
Pferderennen: *Uttoxeter Racecourse* (hinter dem Bahnhof an der Straße nach Marchington), ℰ 01889/562561, Fax 562786, Eintritt ab £3.
Kino: *Elite Cinema,* High Street, ℰ 01889/563348.

Abbots Bromley

Das stattliche Dorf, dessen Kirche (13. Jahrhundert, der Turm nach dem Einsturz des Vorgängers 1688 neu gebaut) ebenso beeindruckt wie die Ar-

menhäuser aus dem 18. Jahrhundert und die Häuser am Marktplatz, liegt 10 km südlich von Uttoxeter (von dort zu erreichen über die A518 und die B5013). Sein Marktrecht bekam der Ort 1222, das Marktkreuz stammt aus dem Jahr 1377.

Alljährlich ist das Dorf Schauplatz einer alten Zeremonie, dem **Horntanz.** Am Montag nach dem 1. Sonntag im September beginnt ab 8 Uhr eine Prozession durch die Straßen. Eine Gruppe von Tänzern holt sich am Pfarrhaus zunächst große Geweihe, die dann als Requisiten bei Tänzen an verschiedenen Stationen im Ort dienen. Über die Ursprünge dieses vermutlich vorchristlichen Brauchs ist nichts bekannt.

Unterkunft & Restaurant

The Crown Inn, ℰ 01283/840227, EZ ab £18, DZ ab £35.
Essen & Trinken: *Goat's Head,* ℰ 01283/840254.

Sudbury und Sudbury Hall

Acht Kilometer östlich von Uttoxeter, abseits der A50, liegt Sudbury, ein kleines, sehr hübsches Dorf mit einem Landsitz – **Sudbury Hall** – aus der 2. Hälfte des 17. Jahrhunderts. Sudbury Hall ist eines der letzten englischen Landhäuser mit einer langen Galerie und einem zentralen Saal *(great hall).* Zu den bemerkenswerten baulichen Erscheinungen gehört das mit großem Aufwand gestaltete Treppenhaus. An Stuckarbeiten und anderen Verzierungen wurde weder hier noch in der über 40 Meter langen Galerie gespart.

Vom Mobiliar des Hauses blieb nur wenig erhalten, doch dafür wurde im Wohntrakt des Personals ein **Spielzeugmuseum** (*Museum of Childhood*) eingerichtet. Neben umfangreichen Sammlungen von Puppen und anderem Spielzeug für Kinder der gehobenen Gesellschaftsschichten aus dem 19. Jahrhundert wird hier auch die Möglichkeit geboten, einen kleinen Einblick in das Leben der ärmeren Kinder dieser Zeit zu bekommen: es darf auch in Kamine eingestiegen werden, eine Erinnerung an die Zeit, in der Kinder als Schornsteinfeger durch diese gefährliche Arbeit ihr Überleben sichern mußten.

Das Innere der Kamine kennenlernen: in Sadbury Hall

Sudbury Hall, Ashbourne DE6 5HT; Öffnungszeiten 3. Mai – 29. Oktober Mi – So 13 – 17.30 Uhr, ✆ 01284/585305, Eintritt £3,20/£1,60.

Unterkunft & Restaurant

Boars Head Hotel, Sudbury DE6 5 GX, ✆ 01283/820344, Fax 820075, Zimmer ab £30; zu empfehlen ist der Cream Tea, nachmittags zwischen 14.30 und 17.30 Uhr.

Die Burg von Tutbury

Die Burg auf der Anhöhe über dem Fluß war im 13. Jahrhundert der Sitz der Grafen Ferrers, die zu den mächtigsten Familien des Landes gehörten. *Robert Ferrers,* der letzte in der Reihe der Grafen, war aber um 1264 in so viele Revolten und Verschwörungen verstrickt, daß er schließlich Land und Titel verlor. Burg und Herrschaft wurden dem Grafen von Lancaster gegeben, und so kamen sie später in den Besitz der Krone, wo sie bis heute verblieben sind. Außer den Resten der mittelalterlichen Türme und Mauern sowie einer schlichten Kapelle aus dem 12. Jahrhundert, kann auch das *King's lodging* (1631–35) besichtigt werden.

Anfahrt & Öffnungszeiten: Fünf km hinter Sudbury, oder von Derby kommend nach Westen auf der A516, bis Hatton, dann auf der A50 nach Tutbury. Ostern bis Ende September wochentags 10 – 17.30 Uhr, Sa 14 – 18 Uhr, So 10 – 18 Uhr geöffnet, ✆ 01283/812129; Eintritt £1,25/£0,50.

Unterkunft

Dog and Partridge Hotel, Tutbury, DE13 9LS, ✆ 01283/813030, EZ : £55 (wochentags), £36 (Sa), £27 (So); DZ £72 (wochentags), £49,50 (Sa), £44 (So). Ein »Inn« aus dem 14. Jahrhundert, Ausstattung natürlich jüngeren Datums.

ALLES WAS SCHÖN UND KOSTBAR IST, KOMMT AUS DERBY...

Verglichen mit den großen Rivalen Nottingham, Manchester oder Birmingham nimmt die Industriestadt Derby eher einen bescheidenen hinteren Rang ein. Wenn auch das Stadtzentrum an Wochentagen sehr belebt ist und man sich seit einigen Jahren auch mit dem Titel der Universitätsstadt schmücken kann, drängt sich Besuchern hier nicht der Eindruck auf, daß es sich um ein bedeutendes Zentrum handeln würde. Und doch befindet man sich hier nicht nur an einer Produktionsstätte berühmten englischen Porzellans, sondern auch am Geburtsort des Rolls Royce.

Ein römisches Kastell DERVENTIO (heute *Little Chester* nördlich der Altstadt) war die erste Siedlung von Derby, das im Frühmittelalter zu den fünf bedeutenden Städten des Danelaw zählte. Derby war Verwaltungszentrum der gleichnamigen Grafschaft, trotzdem wurde die *Pfarrkirche* **All Saints,** deren Turm noch heute der beste Orientierungspunkt ist, erst 1927 zur Kathedrale erhoben. Bereits zu Lebzeiten hatte Elisabeth, Gräfin von Shrewsbury, besser bekannt als *Bess of Hardwick* (siehe auch Seite 140), hier ihr Grabmal bauen lassen, in dem sie 1607 beigesetzt wurde.

Derby gehört heute zu den großen Industriestädten Englands. Das merkt man spätestens, wenn man sich per Auto oder Bahn durch endlos scheinende Vorstädte dem Stadtzentrum nähert. Diese Entwicklung begann 1719 mit der Einrichtung der ersten Seidenspinnerei Englands am Derwent. *John Lombe* (1693 – 1722) hatte das Geheimnis aus Italien mitgebracht und baute zusammen mit seinem Bruder *Thomas* (1685 – 1739) den Betrieb auf. Es heißt, er sei einem Komplott italienischer Seidenweber zum Opfer gefallen, die ihn durch ein langsam wirkendes Gift getötet hätten. Die Fabrik am Fluß, 1826 nach einem Feuer neu erbaut, beherbergt heute das **Derby Industrial Museum,** Full Street (hinter der Kathedrale), Mo, Di, Sa 10 – 17 Uhr, So 14 – 17 Uhr geöffnet, ✆ 01332/255308, Eintritt frei. Ausgestellt werden hier außer Exponaten des Bergbaus und der Textilherstellung sowie einer großen Modelleisenbahnanlage vor allem Motoren. Auch sie gehören zur Industriegeschichte Derbys, denn 1907 begann *Frederick Henry Royce* hier mit der Produktion des legendären *Silver Ghost*. Neben Autos stellten die **Rolls-Royce-Werke** auch Flugzeugmotoren her.

Berühmt ist Derby auch für sein Porzellan. Das **Museum der Royal Crown Derby Porcelain Company,**

Osmaston Road (südlich des Stadtzentrums, beim Krankenhaus, Derbyshire Royal Infirmary), ist Mo – Fr 9 – 17 Uhr geöffnet, der dazugehörige Laden auch Sa 9 – 16 und So 10 – 16 Uhr. Führungen durch die Fabrik 10.30 Uhr und 13.45 Uhr.

Schöne alte Porzellanfiguren gibt es auch im **City Museum and Art Gallery** (The Strand, Derby DE1 1BS, Mo 11 – 17 Uhr, Di – Sa 10 – 17 Uhr, So und Bank Holidays 14 – 17 Uhr, © 01332/255586, Eintritt frei) zu sehen, doch sie stellen nur einen kleinen Teil der vielseitigen Sammlung dar. Hier gibt es vor allem eine Ausstellung zu den interessanten geologischen Formationen der Grafschaft, weiterhin archäologische Funde, so die Darstellung eines angelsächsischen Königs aus Repton und natürlich Arbeiten des Malers *Joseph Wright* (1734 – 1797), der, wenn ihm auch der große Durchbruch in London versagt blieb, in seiner Heimatstadt Derby immer noch hoch geschätzt ist. Ausgestellt ist hier auch die Einrichtung eines Zimmers, in dem 1745 schwerwiegende politische Entscheidungen getroffen wurden. Im August jenen Jahres war der letzte Thronanwärter aus dem Hause Stuart, der »Bonny Prince Charly«, in Schottland gelandet, hatte mit den zu ihm gestoßenen Hochland-Schotten die britischen Truppen dort besiegt und sich dann auf den Weg nach Süden gemacht. Er kam bis Derby, wo er, da die Stimmung in England feindselig war (außerdem hatte mittlerweile der Winter begonnen), den Entschluß zur Umkehr faßte. Er selbst entkam, seine Anhänger mußten bleiben und wur-

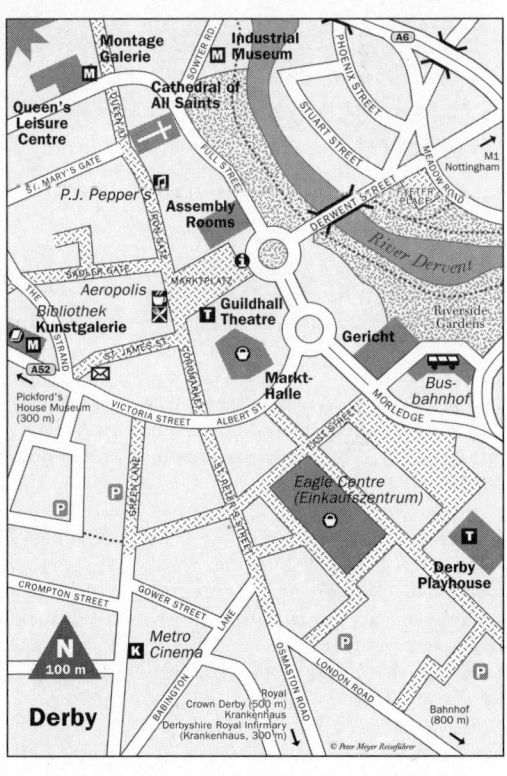

Denkmäler zweier Epochen: der Turm der Kathedrale All Saints und jener des Industrie-Museums

den grausam verfolgt. Wer mehr über die Kulturgeschichte dieser Zeit erfahren möchte, hat dazu Gelegenheit in **Pickford's House Museum,** 41 Friar Gate, Mo 11 – 17 Uhr, Di – Sa 10 – 17 Uhr, So und Bank Holidays 14 – 17 Uhr, ℂ 01332/ 255363, Eintritt £0,30/£0,10, einem ganz und gar im Stil des 18. Jahrhunderts eingerichteten Haus aus dem Jahre 1770.

Unterkunft

Aston Court Hotel, Midland Road, Derby DE1 2SL ℂ 01332/342716, Fax 293503, ab £48; am Bahnhof, 10 Minuten vom Stadtzentrum.

Ashbourne House Hotel, Ashbourne Road, Derby DE22 3 AD, ℂ 01332/394806, ab £35, gute Lage im Stadtzentrum.

Grace Guest House, 1063 London Road, Alvaston, Derby DE24 8PZ, ℂ 01332/571051, ab £15, 4 km südlich des Stadtzentrums an der A6.

The Hill House Hotel, 294 Burton Road, Derby DE23 6AD, ℂ 01332/ 361523, ab £20, 1 km südlich des Stadtzentrums.

Jugendherberge: *YMCA,* London Road, Wilmorton, ℂ 01332/572076.

Essen & Trinken

P. J. Peppers Café Bar, 11 Irongate, ℂ 01332/341946, zu empfehlen für Frühstück und Mittagessen.

Acropols Coffee House Restaurant, 35 – 37 Market Place, ℂ 01332/ 368906.

Kashmiri Gardens Tandoori and Balti Restaurant, 21 Friar Gate, ℂ

01332/340307, täglich abends geöffnet.

Barmbles Restaurant, 6 – 8 Central Midlands, ✆ 01332/340230, So geschlossen.

Café Rendevous, 96 St. Peter's Street, ✆ 01332/384572, So geschlossen.

Swiss Cottage, 23 – 24 Audley Centre, ✆ 01332/332593, Abendmahlzeiten.

Abid Tandoori Restaurant, 7 Curzon Street, ✆ 01332/344786, indische Küche, täglich abends geöffnet.

Kultur & Feste

In den kleinen Orten der Grafschaft werden vor allem von den Frauen und Kindern ab Christi Himmelfahrt bis in den September hinein Brunnen und Eingangstore mit Steckbildern aus frischen Blumen geschmückt, das Ganze nennt sich *Well Dressing,* siehe auch Seite 148.

Konzerte von Klassik bis Pop finden meist in den *Assembly Rooms* am Marktplatz statt, Kasse: ✆ 01332/255800.

Musik & Theater: Im *Guildhall Theatre,* ebenfalls am Marktplatz, werden neben Theatervorführungen auch Jazz- und Folkkonzerte geboten, Kasse: ✆ 01332/255800.

Derbys größtes Theater ist das *Derby Playhouse,* Eagle Centre, Öffnungszeiten der Kasse 10 – 20 Uhr, an Tagen ohne Abendvorstellung bis 18 Uhr, ✆ 01332/363275.

Alljährlich findet im Sommer das *Midsummer Festival* statt. Geboten werden Theater- und Kleinkunstdarbietungen sowie Konzerte auf verschiedenen Bühnen; Informationen ✆ 01332/256139.

Moderne **Kunst** zeigt die *Montage Gallery,* 35/6 Queen Street, Derby DE1 3DS, ✆ 01332/295858.

Ein interessantes **Kino**programm bietet das *Metro Cinema,* Green Lane, ✆ 01332/340170.

Weitere Informationen

Touristeninformation: *Assembly Rooms,* Market Place, Derby DE1 3AH, Öffnungszeiten Mo – Fr 9.30 – 18 Uhr, Sa 9.30 – 17 Uhr, So 10 – 14 Uhr; ✆ 01332/255802.

Verkehrsverbindungen: Derby ist mit dem Intercity von London aus in knapp 2 Stunden zu erreichen; Bahnhof ✆ 01332/257000.

Der *East Midlands International Airport* liegt einige Kilometer südlich der Stadt, ✆ 01332/810621. Linie 3 (Mo – Sa) zum Busbahnhof nach Derby.

Bier aus Burton-on-Trent

Burton ist eine der Industriestädte Zentralenglands, der Name fast synonym mit der *Bass*-Brauerei. Weder die Vororte noch das Stadtzentrum sind sehr einladend, Besucher mögen sich fragen, ob hier eine Stadt ihre Industrie entwickelt hat oder ob sich hier Großbrauereien (Bass etwa gehört die Kette der über 1000 Holiday-Inn-Hotels) eine Stadt ausgesucht haben. Hergestellt wird hier auch ein in Großbritannien ungemein beliebter Brotaufstrich *(marmite),* und seit einigen Jahren produziert die Firma Toyota in einem riesigen Komplex vor der Stadt Autos.

Das klingt zunächst nicht sehr verlockend, auch sind von dem 1004 hier gegründeten *Benediktinerkloster,* das den Ausgangspunkt der späteren städtischen Siedlung bildete, nur wenige Bruchstücke erhalten, dennoch wird Besuchern einiges geboten. Wirklich sehenswert ist das **Bass Museum,** Horninglow Street (wenige Minuten Fußweg vom Stadtzentrum, unweit der Trent Bridge). Öffnungszeiten täglich (außer Weihnachten und Neujahr) 10 – 17 Uhr (Einlaßschluß 16 Uhr), Sa/So ab 10.30 Uhr; ✆ 01283/542031, Fax 513509, Eintritt £3,75/£2. In historischer Perspektive werden hier die verschiedenen Stufen des Brauprozesses bis hin zur ersten Massenabfüllanlage dargestellt, wobei neben den technischen Abläufen auch auf die Arbeitsbedingungen eingegangen wird. In einem zweiten Ausstellungsgebäude befinden sich Exponate zur Geschichte der Stadt, darunter ein riesiges Modell, das Burton mit all seinen Fabrikanlagen in der Zeit um 1920 zeigt. Neben der Entwicklung der Braukunst (bereits im 19. Jahrhundert hatte die Brauerei chemische Laboratorien, in denen auch deutsche Wissenschaftler arbeiteten) werden die Wasserversorgung (die ausgestellten alten Pumpen sind noch funktionstüchtig) sowie der Transport erklärt. Zu sehen sind nicht nur eine Reihe alter Lastwagen, darunter ein dampfbetriebenes Modell von 1920, sowie eine der bis in die sechziger Jahre benutzten Werkslokomotiven, sondern auch eine Reihe alter Fuhrwerke und Kutschen. Vier große Brauereipferde (einst waren es

über 90) werden auch auf dem Gelände gehalten, Besucher haben die Möglichkeit einer *Rundfahrt in der Kutsche.* Vielleicht sollen sie auch daran erinnern, daß *William Bass* (1717–87), der Gründer der Brauerei (1777), seine Karriere als Fuhrunternehmer auf der Route London–Manchester begonnen hatte. Daß die Tour durch das Museum durch den Besuch in einem viktorianischen *Pub* abgeschlossen wird, braucht wohl nicht extra erwähnt zu werden.

Burton ist ganz durch die Industrie geprägt. Als Ausgleich wurden die Wiesen am *Trent* (direkt am Stadtzentrum teilt sich der Fluß und bildet zwei Inseln) sehr schön als Naherholungsgebiet gestaltet *(Trent Washlands).* Der Kontrast der mit Trimmpfaden und Picknickplätzen ausgestatteten Wiesen und Gärten zu den benachbarten Industriegebieten könnte nicht größer sein. Im Sommer werden ab 12 stündlich *Bootsfahrten* auf dem Fluß angeboten (ab Ferry Bridge); ✆ 01283/535278.

Touristeninformation: *Octagon Centre,* New Street (vom Marktplatz kommend auf der linken Seite), Burton DE14 3TN, Mo – Fr 10 – 17.30 Uhr, Sa 10 – 16 Uhr geöffnet; ✆ 01283/516609, Fax 517268.

Aktivitäten

Hallenbad im *Meadowside Leisure Centre,* High Street, ✆ 01283/508865. **Theater:** *The Brewhouse,* Union Street (mit Bistro Bar, geöffnet Di – So, hier gibt es auch Ausstellungen und Musikveranstaltungen), Kasse 01283/516030.

Ausflüge östlich von Burton

Unscheinbar und dennoch unter die größten Sehenswürdigkeiten zu zählen ist die Kirche von **Repton** (von Burton aus auf der B5008, unmittelbar hinter der Trentbrücke links). In der Zweiten Hälfte des 7. Jahrhunderts wurde hier ein Doppelkloster gegründet, mit getrennten Gemeinschaften von Männern und Frauen unter Leitung einer Äbtissin. Es hatte bis zu seiner Zerstörung durch die Dänen 874 Bestand. Es ist umstritten, welchen Umfang diese Zerstörung hatte. Eine angelsächsische Krypta in der *Kirche St.Wystan* ist ganz erhalten, Archäologen streiten sich jedoch über das Alter (vor oder nach 874). Ab 1172 war die Kirche Mittelpunkt eines Augustinerchorherrenstifts, dessen Gebaude seit der Klosterauflösung als Schule Verwendung finden und nicht besichtigt werden können.

Nicht ganz so alt wie die Kirche von Repton, dafür jedoch als geschlossener Bau aus normannischer Zeit erhalten ist die *Kirche St. Michael und St. Mary* im benachbarten **Melbourne**. Besonders eindrucksvoll ist die Westfassade, die vielleicht auf das 10. Jahrhundert zurückgeht. Am Eingang zum Chor sind zum Teil grotesk verzierte Kapitelle angebracht (eine grinsende Katze und ein zähnefletschender Hund); hier sind auch noch die Reste der Wandmalereien zu sehen, mit denen der Innenraum einst ausgeschmückt war.

Nicht weit von der Kirche ist **Melbourne Hall** zu finden, Öffnungszeiten *Haus:* August, täglich außer Mo 14 – 17 Uhr, *Garten* April – September Mi, Sa, So 14 – 18 Uhr, ✆ 01332/862502. Das Haus war der Sitz der Familie des *William Lamb, Viscount Melbourne* (1779 – 1848), der als Premierminister 1837 der australischen Stadt Melbourne ihren Namen gab.

Der Öko-Lord von Calke Abbey

Das aus einem 1131 gegründeten Augustinerpriorat hervorgegangene Haus liegt 2 km westlich von Melbourne. Gebaut wurde die heute zu besichtigende Version zwischen 1701 und 1703. Durch weite Gartenanlagen abgeschieden von aller Hektik, lädt Calke Abbey einerseits zu einem Abstecher in das 18. Jahrhundert ein. Da die reich verzierten Räume nach dem Tod des letzten Hausherren 1924 unverändert blieben, wird andererseits auch ein Einblick in das Leben des Landadels in der viktorianischen Epoche geboten.

Unter den Hausherren ist der für seine Zeit etwas exzentrische *Sir Vauncey Crewe* hervorzuheben, der den Besitz 1886 erbte. Er legte nicht nur große naturkundliche Sammlungen an, sondern verbot auch seinen Dienern und Pächtern, die Hecken zu schneiden, um der Vogelwelt gute Brutplätze zu bieten. Autos wurden auf den Ländereien nicht geduldet, dafür kann man seine Kutschwagen noch heute besichtigen. Als das Haus vom National Trust übernommen wurde, machte man interessante Entdeckungen: Chinesische Seidenvorhänge aus dem 18. Jahrhundert, offensichtlich unbenutzt, wurden da in Truhen aufgefunden, Puppen aus dem

19. Jahrhundert, Bücher voll getrockneter Pflanzen, alte Musikinstrumente und nicht mehr benutzte Geräte aus der Küche.

Ticknall, Derby DE73 1 LE, National Trust, Öffnungszeiten 1. April – 30. Oktober Sa – Mi 13 – 17.30 Uhr, ✆ 01332/863822; Eintritt £4,50/£2,20. Einfahrt vom Dorf *Ticknall* aus.

Ashby de la Zouch

Die kleine Marktstadt, 6 km südlich von Ticknall und Calke Abbey, doch bereits in der Grafschaft Leicestershire, ging aus einem Landgut hervor, das die Familie *la Zouch* im 12. Jahrhundert innehatte. Ein Markt wurde 1219 eingerichtet, eine kleine Stadt entstand, Industrie siedelte sich jedoch nicht an.

Besichtigen kann man hier einmal das **Ashby Museum,** North Street, Mo – Fr 10 – 12 Uhr, 14 – 16 Uhr, Sa 10 – 16 Uhr, So 14 – 16 Uhr geöffnet; ✆ 01530/560090, Eintritt £0,25/£0,15. Kleines Heimatmuseum zur Geschichte der Stadt.

Nicht versäumen sollte man zum anderen die Besichtigung der **Burgruine,** verwaltet von English Heritage; Öffnungszeiten 1. April – 30. September täglich von 10 – 13 Uhr, 14 – 18 Uhr; 1. Oktober – 31. März Mi – So 10 – 13 Uhr, 14 – 16 Uhr, ✆ 01530/413343, Eintritt £1.30/£1. Ein befestigtes Gutshaus an dieser Stelle ist seit dem 12. Jahrhundert belegt, die große Bautätigkeit begann jedoch erst 1464, in der Zeit der Rosenkriege, als sich die Linien York und Lancaster um das Anrecht auf die Königskrone stritten. *William Lord Hastings,* ein Anhänger Eduards IV., hatte den Besitz erhalten, nachdem der Vorbesitzer, ein Unterstützer der Lancasters, hingerichtet worden war. Hastings baute den großen Turm, der 1646 nach der Belagerung der Burg durch Parlamentstruppen teilweise zerstört wurde. Sehr lange konnte sich der Bauherr nicht an seinem neuen Besitz erfreuen. Im Juni 1483 fiel er selbst den politischen Intrigen Richards III. zum Opfer. Im 16. Jahrhundert war die Burg noch bewohnt, Gärten und Teiche wurden angelegt, doch davon blieben nur die heute trockenen Bassins übrig. Es lohnt sich übrigens, eine Taschenlampe mitzunehmen, es gibt einen unterirdischen Gang.

Touristeninformation, North Street, geöffnet Mo – Fr 10 – 17 Uhr, Sa 10 – 15 Uhr, ✆ 01530/411767.

NOTTINGHAM- & LINCOLNSHIRE

GESCHICHTE & KULTUR

REISEHINWEISE

AKTIV IN DER NATUR

BIRMINGHAM & COVENTRY

VON STAFFORD NACH CHESTER

PEAK DISTRIKT & DERBY

NOTTINGHAM- & LINCOLNSHIRE

SHROPSHIRE & DER SEVERN

AVON & SHAKESPEARE-LAND

NOTTINGHAM, STADT DES RÄCHERS DER ENTERBTEN...

Nottingham entstand als angelsächsische Verteidigungsanlage, es war später eines der Verwaltungszentren der unter dänischer Herrschaft stehenden Teile Englands. Im 11. Jahrhundert wurde die normannische Burg auf dem Felsen in der Nähe des Trent gebaut. Eine der nicht lange danach entstandenen Kneipen, The Old Trip to Jerusalem, unterhalb der Burg, existiert noch heute, vielleicht Englands ältester Pub.

Die Stadt wurde bald ein Zentrum der Tuchproduktion, eine Tradition, die sich lange fortsetzte. Im 18. und 19. Jahrhundert verlegte man sich auf die maschinelle Produktion von Spitzen.

Bevölkerungszunahme und Industrialisierung hatten auch einen Nebeneffekt, nämlich die zunehmende Anteilnahme der Menschen am politischen Geschehen seit dem späten 18. Jahrhundert. Der große Marktplatz der Stadt war ideal für Versammlungen und Protestumzüge von Arbeitern und Dienstboten, die ihrem Unmut über hohe Lebensmittelpreise und die Mechanisierung der Arbeitsprozesse manchmal auch in Form gewaltsamer Aktionen Ausdruck gaben. Da derartige Vorkommnisse – 1794 wurde eine Baumwollspinnerei bei einer solchen Aktion durch Brand zerstört – zeitgleich mit den revolutionären Umwälzungen in Frankreich einhergingen, stand die Stadt bald im Ruf, ein Zentrum des politischen Radikalismus zu sein. Zur Zeit der napoleonischen Kriege kam es wiederholt zu Gewalttaten von Maschinenstür-

mern und als es mit den politischen Reformen 1831 nicht recht voranging, fiel die Burg, Sitz des Herzogs von Newcastle, einem Brandanschlag zum Opfer. All dies geschah vor dem Hintergrund einer korrupten Stadtverwaltung, deren Maßnahmen zur Lösung der Probleme sich im Ruf nach Dragonern erschöpften.

Trotz dieser Schwierigkeiten ging die Industrialisierung voran, zwar mit Krisen, doch konnte sich die Spitzenproduktion bis in die ersten Jahrzehnte des 20. Jahrhunderts behaupten. Zu dieser Zeit hatte der Apotheker *Jesse Boots*, der 1877 mit einem einzigen Laden in Nottingham begann, bereits seine das ganze Land umspannende Kette von Geschäften errichtet. Die Zentrale befindet sich heute noch in Beeston, einem Vorort der Stadt.

Doch all dies verblaßt gegenüber der Berühmtheit einer Figur der Region um Nottingham: *Robin Hood,* der vom nördlich der Stadt gelegenen *Sherwood Forest* aus seinen Kampf für soziale Gerechtigkeit und gegen den Sheriff von Nottingham geführt haben soll. *Nottinghamshire* ist nicht die einzige Grafschaft mit einem Be-

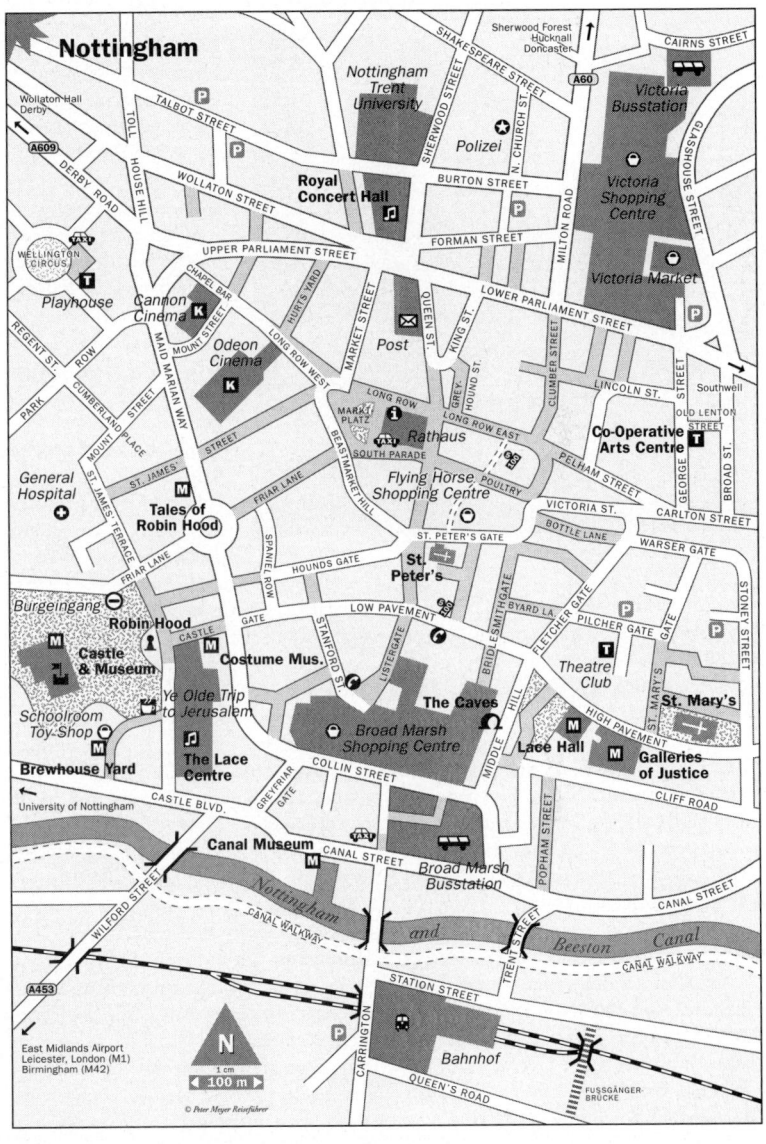

Nottingham

Wollaton Hall
Derby

TOLL

A609

DERBY ROAD

HOUSE HILL

TALBOT STREET

WOLLATON STREET

WELLINGTON CIRCUS

Playhouse

Cannon Cinema

CHAPEL BAR

UPPER PARLIAMENT STREET

Odeon Cinema

REGENT ST.

PARK ROW

CUMBERLAND PLACE

MOUNT STREET

ST. JAMES' TERRACE

General Hospital

MAID MARIAN WAY

ST. JAMES ST.

Tales of Robin Hood

FRIAR LANE

SPANIEL ROW

Burgeingang

Robin Hood

Castle & Museum

Schoolroom Toy-Shop

Brewhouse Yard

University of Nottingham

Ye Olde Trip to Jerusalem

The Lace Centre

CASTLE BLVD.

GREYFRIAR GATE

WILFORD STREET

A453

East Midlands Airport
Leicester, London (M1)
Birmingham (M42)

N
1 cm
◀ 100 m ▶
© Peter Meyer Reiseführer

Nottingham Trent University

SHAKESPEARE STREET

SHERWOOD STREET

N. CHURCH ST.

Polizei

Royal Concert Hall

BURTON STREET

FORMAN STREET

MARKET STREET

HURTS YARD

LONG ROW WEST

Post

QUEEN ST.

KING ST.

LONG ROW

MARKT PLATZ

Rathaus

SOUTH PARADE

Flying Horse Shopping Centre

BEAST MARKET HILL

FRIAR LANE

HOUNDS GATE

St. Peter's

GATE

STANFORD ST.

LISTERGATE

LOW PAVEMENT

Costume Mus.

The Caves

Broad Marsh Shopping Centre

COLLIN STREET

Canal Museum

CANAL STREET

MIDDLE HILL

Lace Hall

Sherwood Forest
Hucknall
Doncaster

A60

CAIRNS STREET

GLASSHOUSE STREET

Victoria Busstation

Victoria Shopping Centre

MILTON ROAD

Victoria Market

LOWER PARLIAMENT STREET

LINCOLN ST.

Southwell

OLD LENTON STREET

GEORGE ST.

BROAD ST.

CUMBER ST.

GREY ST.

HOUND ST.

LONG ROW EAST

POULTRY

Co-Operative Arts Centre

PELHAM STREET

VICTORIA ST.

CARLTON STREET

BOTTLE LANE

WARSER GATE

ST. PETER'S GATE

BRIDLESMITHGATE

BYARD LA.

FLETCHER GATE

PILCHER GATE

Theatre Club

HIGH PAVEMENT

St. Mary's

Galleries of Justice

STONEY STREET

CLIFF ROAD

POPHAM STREET

Broad Marsh Busstation

CARRINGTON

STATION STREET

TRENT STREET

Nottingham

CANAL WALKWAY

and

Beeston Canal

CANAL WALKWAY

CANAL STREET

Bahnhof

QUEEN'S ROAD

FUSSGÄNGER-BRÜCKE

Eckhaus am Marktplatz

Museum of Costume and Textiles, Castle Gate, geöffnet täglich 10 – 17 Uhr, ✆ 0115/9483504 Apparat 3540, Eintritt frei.

The Lace Centre, Castle Road, geöffnet täglich Januar, Februar 10 – 16 Uhr, März – Dezember 10 – 17 Uhr, ✆ 0115/9413539, Eintritt frei. Nach eigener Aussage die vielleicht größte Sammlung der berühmten Nottinghamer Spitze (vor allem Tischware) der Welt.

Brewhouse Yard Museum, Castle Boulevard, geöffnet täglich 10 – 17 Uhr, ✆ 0115/9483504, Apparat 3600, Eintritt £ 1/£ 0,50. Schöne Ausstellungen zum Alltagsleben der Stadt in Häusern aus dem 17. Jahrhundert.

Canal Museum, Canal Street, geöffnet Mi – So 10 – 12, 13 – 17 Uhr, ✆ 0115/9598835, Eintritt frei.

The Caves of Nottingham, Drury Walk, Broad Marsh Shopping Centre, geöffnet täglich 10 – 16 Uhr, ✆ 0115/9241424, Eintritt £ 2,75/£ 1,75. Ein Rundgang führt durch die im Felsen angelegten Vorratskammern und Zufluchträume der Burg, die mal von Verschwörern mal von Liebenden genutzt wurden. Während des Bürgerkrieges im 17. Jahrhundert dienten sie als Lebensmittelverstecke, während

zug zur spätmittelalterlichen Robin-Hood-Legende, auch Yorkshire und Lincolnshire melden Ansprüche an, doch diese internen Rivalitäten sollen uns nicht stören.

Natürlich bezieht sich auch eine Touristenattraktion auf diesen Teil der Vergangenheit der Stadt: **The Tales of Robin Hood,** Maid Marian Way 30 – 38, täglich 10 – 16.30 Uhr geöffnet, ✆ 0115/9483284, Fax 9501536, Eintritt £ 4,25, ermäßigt £ 3,25.

Die **Burg,** Sitz des bösen Sheriffs, wurde während des Bürgerkriegs weitgehend zerstört. Heute beherbergen die Gebäude die *Nottingham Castle Museum and Art Gallery,* geöffnet täglich 10 – 17 Uhr, ✆ 0115/9483504, Eintritt £ 1/£ 0,50. Mit Restaurant mit Schanklizenz.

der Luftangriffe im Zweiten Weltkrieg flüchteten sich die Bewohner hierher.

Condemned – at the Galleries of Justice, Shire Hall, High Pavement, geöffnet April – September 10 – 18 Uhr, Oktober – März 10 – 16 Uhr, ✆ 0115/9520555, Eintritt £ 3,95/£ 2,95. Eine fast schon makabere Ausstellung unter Einbeziehung der Besucher, die mit der Eintrittskarte die Nummern früherer Häftlinge erhalten und dann deren Strafmaß verkündet bekommen.

Wollaton Hall Natural History Museum, Wollaton Park, südwestlich des Zentrums, geöffnet Mo – Sa 10 – 17, So 13 – 17 Uhr, ✆ 0115/9281333, Eintritt £ 1/£ 0,50. Das schöne elisabethanische Haus, Vorbild von Hardwick Hall, sowie die Stallanlagen aus dem 18. Jahrhundert sind auf jeden Fall einen Besuch wert.

Kultur & Ausgehen
Konzerte: *Royal Concert Hall,* Theatre Square, Kasse ✆ 0115/9482626.
Theater: *Royal Centre,* Theatre Square, Theaterkasse ✆ 0115/482626.
Nottingham Playhouse, Wellington Circus, Theaterkasse ✆ 0115/419419.
Lace Market Theatre, Halifax Place, Theaterkasse ✆ 0115/507201.
Kinos: *Savoy,* Derby Road, ✆ 0115/472580.
MGM, Chapel Bar, ✆ 0115/475260.
Broadway, Broad Street, ✆ 0115/526611.
Clubs: *Deluxe,* Musikbar, St. James Street.
Beatroot, Musikclub, 6 – 8 Broadway, Lace Market.

⊠ *The Old Trip to Jerusalem,* unterhalb der Burg. Der Name erinnert an die Kreuzzüge und aus dieser Zeit soll das Haus auch stammen, vielleicht Englands ältester Pub. Statt der Jerusalempilger kehren heute hier meist Studenten ein, um in den höhlenartigen Räumen hinter dem Fachwerkhaus des Hauptgebäudes, die einst in den Felsen geschnitten wurden, einen gemütlichen Abend zu verbringen.

Unterkunft
★★★ *Greenwood Lodge,* 5 Third Avenue, Sherwood Rise, Nottingham NG7 6JH, ✆ 0115/9621206, 2 km vom Stadtzentrum entfernt.
★ *Granby Hotel,* 19 Station Street, Nottingham NG2 3AJ, ✆ 0115/9582158.
Adams Castle View Guesthouse, 85 Castle Boulevard, Nottingham NG7 1FE, ✆ 0115/9500022, ab £15.
Castle Rock Guest House, 79 Castle Boulevard, Nottingham NG7 1FE, ✆ 0115/9482116, ab £16,
Igloo Tourist Hostel, 110 Mansfield Road, NG1 3 HL, ✆ 0115/9475250, £8. Das ganzjährig geöffnete Haus bietet im Jugendherbergsstil 23 Betten in drei Zimmern. Die voll ausgestattete Küche kann mitbenutzt werden.
🅱 *Mrs. Boden,* 18 Barrack Lane, The Park, Nottingham NG7 1 AN, ✆ 0115/9473540, ab £17.

Camping
🅇 *Moor Farm Trailer Park,* Calverton, das ganze Jahr geöffnet, ✆ 0115/9652426; 7 km nördlich Nottinghams, über die A614 und B6386 zu erreichen. Hauptsächlich Caravans.

⚲ *Thorton's Holt Camping Park,* Stragglethorp, Radcliffe on Trent, NG12 2JZ, ✆ 0115/933-2125, Fax -3318. Ganzjährig geöffnet, £6,50 – £7,50/Nacht; Zelte und Caravans, mit Laden, Restaurant, Kinderspielplatz und Sporteinrichtungen.

Weitere Informationen

Touristeninformation: 1 – 4 Smithy Row (am Rathaus), geöffnet (April – Oktober) Mo – Fr 8.30 – 17 Uhr, Sa 9 – 17 Uhr, So 10 – 16 Uhr, ✆ 0115/ 470661.
Feste: Nottingham begeht jedes Jahr vom 4. bis 6. Oktober seine traditionsreiche *Goose Fair,* einer der ältesten traditionellen Jahrmärkte des Landes.
Nahverkehr: *King Street Information Centre*, geöffnet Mo 9 – 18, Di – Fr 9 – 17.30, Sa 9 – 17 Uhr. Fahrplaninformationen: ✆ 0115/9503665.
Einkaufen: Zum Bummeln und Einkaufen bietet Nottingham allerhand, nicht nur in den Fußgängerzonen, sondern auch in Passagen wie beim Marktplatz *(Flying Horse Centre* und *Exchange Arcade)* mit vornehmen Bekleidungsgeschäften oder in den weitläufigen Shopping-Zentren unterhalb der Burg *(Broad March Shopping Centre)* und *Victoria Shopping Centre* im Norden der City mit einem Frischmarkt (täglich 9 – 17 Uhr) und allerlei Gastronomie-Betrieben.
Wanderbedarf: *Camping & Outdoor Centre,* 3 – 7 St. James Street, ✆ 0602/484571. Von Schuhen über Schlafsäcke bis Karten, in der Fußgängerzone westlich vom Marktplatz.

Die Welt der Rennkönige: Donington

Wer sich für den Motorrennsport interessiert, dem wird Donington ein Begriff sein. An die 50 nationale und internationale Veranstaltungen finden hier pro Jahr statt, ✆ 01332/810048, Fax 01332/850422. Besuchern, die bereits bei der Anreise genug vom Heulen der Motoren hatten, sei das **Rennwagenmuseum** empfohlen, geöffnet täglich außer Weihnachten und Neujahr 10 – 16 Uhr, ✆ 01332/850955, Eintritt £4. 120 Formel-1-Rennwagen, darunter Tyrrels, Mac Larens, Coopers, Lotus und wieder zusammengeflickte Unfallwagen, werden hier ausgestellt. Krönung der Sammlung ist ein Benz Patent Motorwagen von 1885 (Spitzengeschwindigkeit 10 km/h).

Unterkunft

Im benachbarten Ort **Castle Donington:** *The Bumble Hole,* 9 Borough

Der Sieger im ultimativen Schnecken-Rennen

Street, Castle Donington DE74 2LA, © 01332/810775, ab £25.

Delven Hotel, 12 Delven Lane, Castle Donington, DE74 2LJ, © 01332/810153, ab £18.

Weaver's Lodge Guest House, 65 Station Road, Castle Donington DE74 2NL, © 01332/812639, ab £20.

Wo der schwarze Mönch spukt: Newstead Abbey

Das Augustinerpriorat Newstead wurde zwischen 1164 und 1174 von König Heinrich II. gegründet, der Legende zufolge als Sühne für die Ermordung des Erzbischofs Thomas Becket 1170. Nach der Klosterauflösung 1539 wurde die Kirche abgerissen, nur die Westfassade blieb zusammen mit dem Kreuzgang und allen Nebengebäuden erhalten.

Die Bedeutung des Landschlosses, das hier in der Folgezeit nach und nach entstand, liegt allerdings nicht in der monastischen Vergangenheit, sondern darin, daß es in den Besitz der Familie Byron gelangte und *George Gordon, Lord Byron* (1788 – 1824), einen Teil seines Lebens hier verbrachte. Allerdings war der Besitz hoch verschuldet, als Byron 1798 das Erbe antrat, außerdem habe sich das Haus, so wird berichtet, in schlechtem Zustand befunden. Der Vorgänger des Dichters starb in der Küche, dem einzigen Raum, der nicht durch Regenwasser verdorben war. Die Händler der Umgegend hatten sich schon Jahre zuvor geweigert, ihn zu beliefern. Alle Versuche einer Sanierung schlugen fehl. Die großen Kunstsammlungen und das Familien-

silber waren bereits versteigert worden, ohne die Schulden decken zu können. 1812 wurde erfolglos versucht, Newstead zu verkaufen. 1815 mußte der Dichter sich von einem Teil seines Mobiliars trennen, 1817 schließlich wurde das alte Kloster für £94.000 an einen Freund, *Thomas Wildman,* verkauft. Der begann ein Sanierungsprogramm, die heutige Einrichtung und der Turm gehen auf ihn zurück. Dennoch gehört heute nur noch ein Zehntel der damaligen Ländereien zum Haus. Sie sind zu schönen Parkanlagen gestaltet worden.

Die mittelalterlichen Elemente des Hauses ergeben mit den Zutaten der Romantik und der viktorianischen Zeit eine teilweise unheimlich anmutende Mischung, da wird es niemanden wundern, daß in diesen Räumen der »schwarze Mönch« umgeht, ein entsprechendes Gemälde hängt in einem Raum neben Byrons Schlafzimmer. Bessere Räumlichkeiten für die skurrilen Feste, mit denen der Dichter seine Freunde und sich erfreute – zum Beispiel trank man zu nächtlicher Zeit, gekleidet in Mönchskutten, Wein aus Totenschädeln – wird man sich schwerlich vorstellen können.

Rundgang

Ein Rundgang durch das Gebäude, in dem der letzte und bedeutendste der Byrons unter anderem mit einem Wolf und einem Bären lebte, beginnt in der *Great Hall,* einem Raum, den der junge Dichter für seine Schießübungen benutzte. Wegen der schwierigen finanziellen Lage stand sie wie viele Räume von Newstead zu Lebzeiten Byrons leer. Das sich anschließende *Speisezimmer* Byrons war ursprünglich der private Speiseraum des Priors. Sir Joshua Reynolds Gemälde (über der Anrichte) zeigt einen der Vorfahren des Dichters. Durch die **West Gallery** geht es hinauf zu Byrons *Schlafzimmer*. Drei Räume befinden sich in dieser Ecke des Hauses, das *Ankleidezimmer* (hier spukt der »schwarze Mönch«) mit freigelegten Wänden, das kleine Zimmer des Dieners und das Schlafzimmer selbst. Das Bett gehörte Byron, der Rest der Einrichtung ist nachempfunden.

Wieder unten im 1. Stock geht es in die *Bibliothek*, die mit Erstausgaben, Kleidungsstücken – darunter der Phantasieuniform, mit der Byron in Griechenland focht – und anderen Gegenständen aus seinem Besitz in ein Museum verwandelt ist.

Danach geht es zu den Räumen der **Ostseite** des alten Kreuzgangs. Ausgestellt sind hier weitere Kuriositäten aus der Geschichte des Hauses, darunter die Tür eines kleinen Bootes, Teil einer Flotte, mit der der 5. Lord Byron auf einem seiner Teiche Seeschlachten nachspielte (selbstverständlich mit echten Kanonen) und der Degen, mit dem er seinen Vetter *William Chaworth* im Duell tötete. Dafür mußte der »wicked Lord« sich vor dem Oberhaus verantworten. Trotzdem blieb ihm genug Gelegenheit, den Besitz für seinen Erben gründlich zu ruinieren.

In der **Südgalerie** befinden sich Vitrinen mit Handschriften, so der Verkaufsurkunde, die 1540 den Erwerb von Newstead durch Sir John Byron bestätigt, und natürlich Briefe und anderer schriftlicher Nachlaß des Dichters. Der *Saloon,* ursprünglich das Refektorium der Mönche, stand im frühen 19. Jahrhundert leer und wurde zum Fechten und für andere sportliche Übungen benutzt. Von hier aus gelangt man in den im 18. Jahrhundert angebauten **Südostflügel,** in dem sich Byrons *Arbeitszimmer* (heute in zwei Räume unterteilt) befand. Eine Treppe führt von hier in den *Plantagenet Room* und den *Becket Room,* deren mittelalterliche Gewölbe unverändert sind. Durch den Kreuzgang, vorbei am Kapitelhaus (heute Kapelle) geht es dann zurück zum Eingang.

Anfahrt, Öffnungszeiten & Preise

Ostern bis Oktober täglich 12 – 17 Uhr; ℂ 01623/793557; Eintritt £3,50/£2. 20 km nördlich von Nottingham, an der A60 nach Mansfield. Bus von Nottingham: Linie 141: von Victoria Bus Station, Platz 20, 10.30; 12.30; 14.30; Linie 237: 9.55 Uhr, 11.55 Uhr, 13.55 Uhr; Linie 63: ab 8.40 Uhr stündlich.

Mansfield, Stadt der Kohle

Das Stadtzentrum der Industriestadt Mansfield wird von den großen Bögen einer Eisenbahnbrücke beherrscht. Die Eisenbahnlinie selbst lag lange Zeit still, erst im Herbst 1995 wurde wieder eine Verbindung mit Nottingham hergestellt. Mansfield war lange eines der Zentren der Textilproduktion, noch bedeutender war es durch seine Lage in einem der englischen Kohlereviere. In der Umgebung befanden sich die tiefsten Bergwerke der britischen Inseln, so die 920 Meter tiefe Grube *Clipstone*. Noch 1987 wurde in der Kohleindustrie von Mansfield ein Europarekord aufgestellt, als innerhalb einer Woche 20.645 Tonnen Kohle aus einem 1,30 Meter dicken Flöz gefördert wurden. Trotzdem wurde die Grube im folgenden Jahr geschlossen. Einige, wenn auch leider nicht sehr detaillierte Informationen über die Stadt und ihre Menschen bietet das **Mansfield Museum and Art Gallery,** Leeming Street (200 Meter vom Marktplatz), ☎ 01623/663088; Eintritt frei. Gleich daneben befindet sich das *Mansfield Arts Centre,* ☎ 01623/653309.

Unterkunft
Pine Lodge Hotel, Nottingham Road 281 – 283, Mansfield NG18 4SE, ☎ 01623/22308; Einzelzimmer ab £40; an Wochenenden bei Aufenthalt von 2 Nächten £25.
Parkhurst Guest House, 28 Woodhouse Road, Mansfield, ☎ 01623/27324; EZ £18, DZ £30.

Weitere Informationen
Die **Touristeninformation** im Rathaus am Marktplatz (☎ 01623/427770) vermittelt keine Unterkunft.
Markttage: Mo, Do, Fr, Sa.
Hallenbad (modern und gut ausgestattet), Bath Street (außerhalb der Ringstraße, beim Titchfield Park), ☎ 01623/22015 oder 22507.
Souvenirs: Wer sich für Puppen und Puppenhäuser, auch Sonderanfertigungen zu erschwinglichen Preisen interessiert, wende sich an: *The Dolls*

House Shop, 9 Toothill Lane, Mansfield, NG18 1NJ, ☎ 01623/654482.

Southwell
Die kleine Stadt nordöstlich von Nottingham und schon nahe Newark-on-Trent gelegen, entstand um eine der schönsten romanischen Kirchen Englands. *Southwell Minster,* Church Street, ist täglich ab 8 geöffnet, ☎ 01636/812649. Sa ist Markttag.

Die Burg von Newark
Siedlungen auf der Anhöhe am Trent gehen bis in die Bronzezeit zurück. Auf wen sich der Name »Neues Werk« bezieht, ist nicht ganz klar, vielleicht auf die Angelsachsen, welche die römische Siedlung übernahmen, die hier an der Kreuzung von Fosse Way und Fluß entstand. Im Mittelalter gehörten Stadt und Burg – König Johann starb hier 1216 – dem Bischof von Lincoln. Von der großen Festung blieben nach dem Bürgerkrieg nur das Tor und die Seite am Trent übrig, kaum die Hälfte der Anlage, denn die royalistische Hochburg sollte verteidigungsunfähig gemacht werden.

Eine **Ausstellung** in der Burg, *Gilstrap Centre,* informiert über ihre Geschichte sowie die 1994 und 1995 unternommenen Ausgrabungen, bei denen unter anderem frühmittelalterliche Gräber gefunden wurden. In dem Gebäude befindet sich auch die *Touristeninformation,* Oktober – März 9 – 17 Uhr, April – September 9 – 18 Uhr geöffnet, ☎ 01636/78962.

Die **Altstadt** um den Marktplatz herum (Markttag ist der Mittwoch),

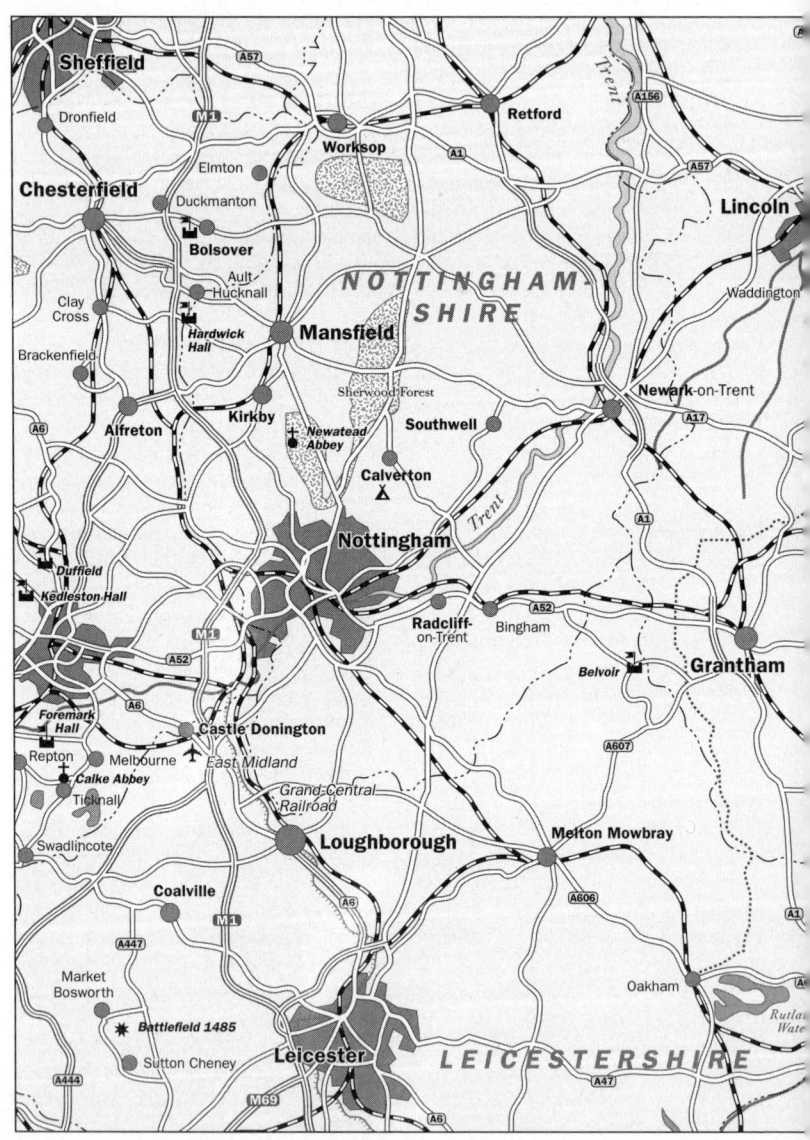

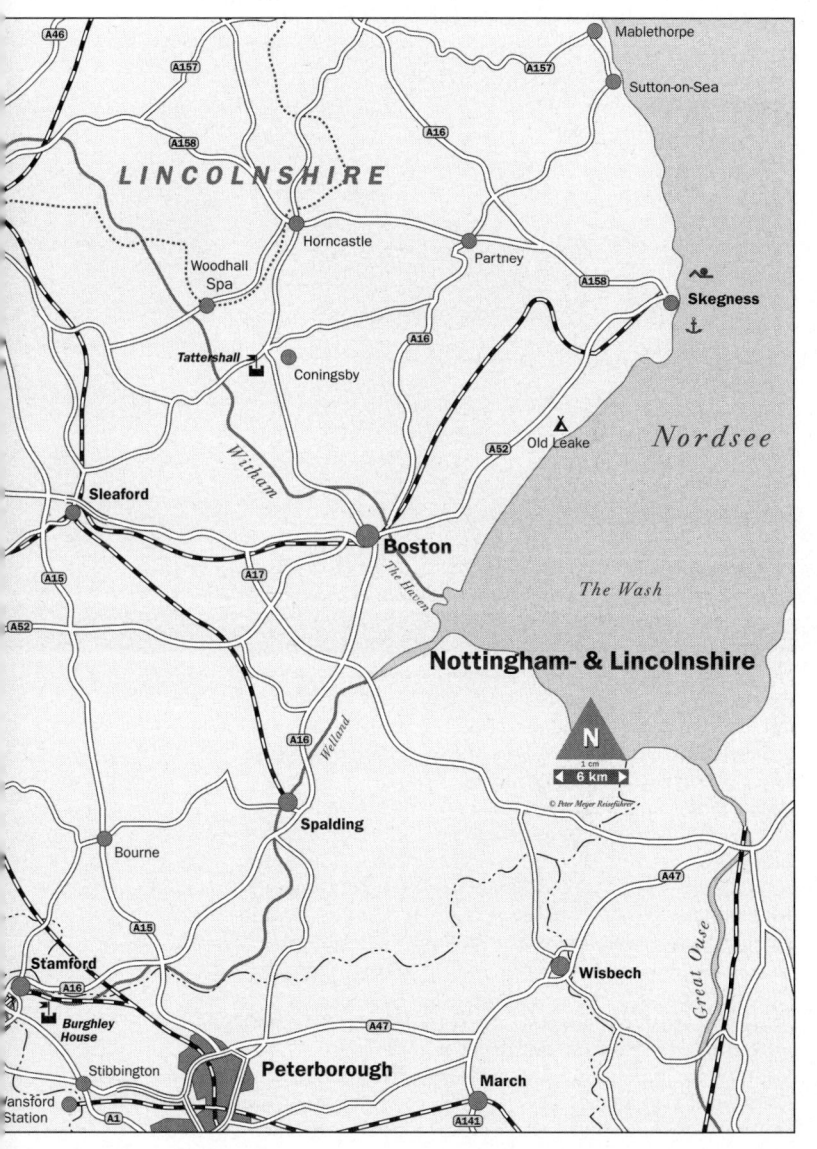

Mablethorpe

Sutton-on-Sea

LINCOLNSHIRE

Horncastle

Partney

Woodhall
Spa

Skegness

Tattershall

Coningsby

Witham

Old Leake

Nordsee

Sleaford

Boston

The Haven

The Wash

Nottingham- & Lincolnshire

Spalding

Welland

Bourne

N
1 cm
◀ 6 km ▶
© Peter Meyer Reiseführer

Stamford

*Burghley
House*

Stibbington

Wisbech

Great Ouse

Wansford
Station

Peterborough

March

Eindrucksvolle Ruine: Die Burg von Newark am Trent

mit kleinen Gassen und der beeindruckenden *Pfarrkirche St. Mary Magdalen* (14. und 15. Jahrhundert), macht einen angenehmen und trotz der Verkehrsberuhigung lebhaften Eindruck.

Aktivitäten: *Newark Museum,* Appletongate, Newark, Mo – Mi, Fr, Sa 10 – 13 Uhr, 14 – 17 Uhr; April – September auch So 14 – 17 Uhr; ✆ 01636/702358, Eintritt frei.

Newark Air Museum, nördlich der Stadt, an der A46 nach Lincoln, April – Oktober wochentags 10 – 17 Uhr, Sa, So 10 – 18 Uhr, November – März täglich 10 – 16 Uhr, ✆ 01636/707170, Eintritt £3,25/£2.

Unterkunft

Robin Hood & Little John, 1 Lincoln Street, Newark, NG24 1HP, ✆ 01636/73796, EZ £19, DZ £32.

South Parade Hotel, 117 – 119 Baldertongate, Newark, NG24 1RY, ✆ 01636/703008, EZ £20, DZ £54.

Essen & Trinken

Gannets Café, 35 Castlegate, ✆ 01636/702066, geöffnet bis 17 Uhr.

The Wing Tavern, Free House, neben der Kirche.

RUNDFAHRT DURCH LINCOLNSHIRE

Die weite und dünn besiedelte Tiefebene an Englands Ostküste hat einige der schönsten Sehenswürdigkeiten des Landes aufzuweisen, daneben gibt es stille Landstriche mit kleinen, abgelegenen Städten. Allerdings eignet sich die Ebene auch hervorragend für Landebahnen, und so gibt es in der Gegend zahlreiche Flugplätze. Am stillsten ist es also bei ungünstigem Flugwetter.

Die Verbindung zur Fliegerei findet ihren Ausdruck im *Visitor Centre,* **Coningsby,** das zugleich als Denkmal an die Rolle der Royal Air Force im Zweiten Weltkrieg erinnert (10 km südlich Horncastle, an der A153, geöffnet wochentags 10 – 17, ✆ 01526/344041).

Gefeiert werden in Lincolnshire aber auch der Dichter *Alfred Tennyson* und der Naturforscher *Isaac Newton.*

Lincoln

Die Kathedrale von Lincoln gehört zu den prächtigsten Kirchenbauten Großbritanniens. Sie ist die größte Attraktion der Stadt am Fluß *Witham,* schon aus weiter Ferne weisen ihre Türme dem Besucher den Weg, eine Kulisse, die wegen der relativ geringen Industrieansiedlung in der Gegend bisher unverändert blieb. Die geographische Lage Lincolns bringt wichtige Vorteile für eine Siedlung mit sich. Da ist zunächst der Übergang über den gleichzeitig Zugang zum Meer gewährenden Fluß. Das Plateau nördlich des Witham war ideal für eine Befestigungsanlage und wurde auch ab dem Jahr 50 von den Römern so genutzt, die hier ein Legionshauptquartier im Stammesgebiet

der *Corieltauvii* einrichteten. Lange Zeit war es das Lager der IX. Legion (deren ungeklärtes Schicksal Thema eines spannenden Romans von *Rosemary Sutcliffe* ist, siehe Seite 41). Später entstand hier eine Colonia mit dem Namen Lindum, eine Siedlung für Veteranen mit dem Recht der Selbstverwaltung. In der Provinz Britannien gab es nur vier solche Orte. Sie war durch steinerne Mauern und Tore gesichert, von denen eines, der **Newport Arch** in Bailgate (am Nordende der Altstadt), erhalten ist.

Zur wirtschaftlichen Absicherung der Stadt bauten die Römer einen Kanal *(Fossdyke),* der die Flüsse Trent und Witham bei Lindum verband. Ein Teil der **römischen Wasserleitung** wurde 1978/79 ausgegraben und kann an der Ecke Westgate und Bailgate besichtigt werden, wo auch die Fundamente der ältesten *Kirche* der Stadt (4. Jahrhundert) gefunden wurden.

Teile der römischen Befestigungen waren auch im Mittelalter noch in Gebrauch, doch die angelsächsische und dänische Siedlung hatte ihren Schwerpunkt am Fluß. Die Kirchen **St. Mary-le-Wigford** und **St. Peter-at-Gowts** (heute *St. Peter & St. Andrew*) in der High Street sind beide frühmittelalterlichen Ursprungs, zwischen ihnen befindet sich die nach 1160 gebaute Versammlungshalle der Mariengilde, die **St. Mary's Guildhall.**

Von dieser südlich gelegenen Vorstadt aus, noch jenseits von Bahnlinie und Fluß, sollte die Erkundung Lincolns den Hügel hinauf erfolgen. Wer den steilen Anstieg meiden will, wird Parkplätze (ausgeschildert Cathedral) auf dem Plateau finden. Die **High Street** hinauf, vorbei an *St. Benedikt* (heute Gemeindezentrum), geht es zunächst zum **Stonebow**, dem Stadttor aus dem späten 15. Jahrhundert. Die Räume über dem Tor waren zu diesem Zeitpunkt bereits traditioneller Versammlungsort des Stadtrates. Öffnungszeiten der benachbarten *Guildhall:* am 1. Sa jedes Monats, 10 – 12 , 14 – 16.30 Uhr; ✆ 01522/564507.

Am oberen Ende der für Autos gesperrten High Street geht es in der *Strait* weiter, vorbei am *O'Neill's Irish Pub* (nicht original alt, aber gemütlich) und dem *Jew's House,* einem schönen Wohnhaus aus dem 12. Jahrhundert (die jüdische Gemeinde Lincolns war im Mittelalter eine der reichsten Englands), den **Steep Hill** hinauf. Die Straßen hier sind enger, die Häuser älter als in der geschäftigen Unterstadt. Die Höhe des Plateaus ist am **Castle Hill** erreicht, dem Platz zwischen der Burg und dem Tor *(Exchequer Gate)* zum Kathedralbezirk.

Die Kathedrale

Das Bistum Lincoln wurde 1072 gegründet, die erste Kirche fiel schon bald einem Feuer zum Opfer. Noch vor der Mitte des 12. Jahrhunderts begann der Neubau, er dauerte lange und geschah nicht ohne Rückschläge. Bei einem Erdbeben 1185 wurde die Konstruktion schwer beschädigt, 1239 stürzte der Vierungsturm ein. Die prächtige Westfassade entstand Mitte des 13. Jahrhunderts, ebenso der Chor. Bauherr war der Bischof *Robert Grosseteste* (1175 – 1253), scholastischer Philosoph und einer der großen Gelehrten seiner Zeit. Seinem Interesse an der Mathematik werden die nur in Lincoln auftretenden unregelmäßigen Wölbungsstreben des Chores zugeschrieben. Der

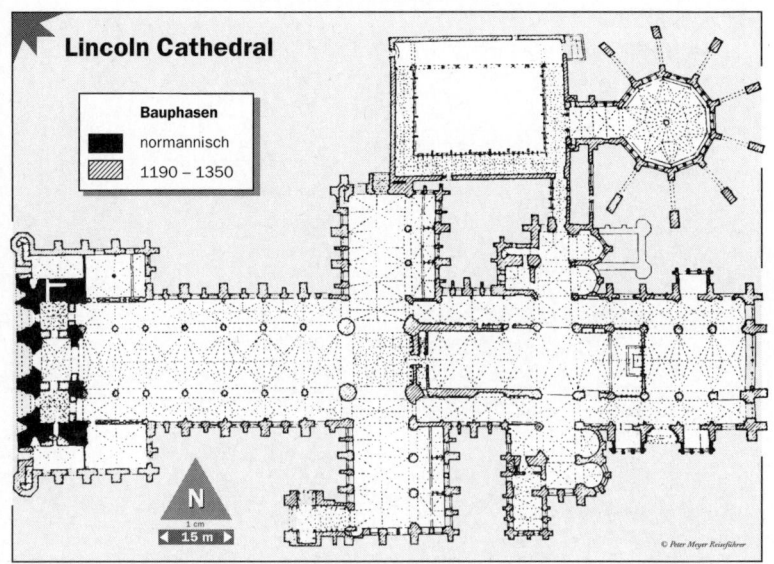

Lincoln Cathedral

Bauphasen
- normannisch
- 1190 – 1350

N
1 cm
◄ 15 m ►

© Peter Meyer Reiseführer

Engelchor hinter dem Hauptaltar (1255 – 1280) nahm die Gebeine des 1220 heiliggesprochenen Bischofs Hugo auf, eines anderen bemerkenswerten Oberhauptes der Kirche von Lincoln. Die Schlußsteine des Gewölbes dort gehören zu den kunstvollsten Steinmetzarbeiten des 13. Jahrhunderts, es lohnt sich, ein Fernglas mitzubringen. Mit dem Abschluß des zweiten Chores war die Kirche vollendet, im 14. Jahrhundert wurde der Vierungsturm erhöht, um 1330 veränderte man noch das runde Fenster des großen südlichen Querhauses. Wegen seiner hochkomplizierten Konstruktion hat es den Namen »The Bishop's Eye«. Das *Kapitelhaus* wurde um 1220 errichtet, der im Vergleich zur reich ausgestatteten Kirche eher schlichte *Kreuzgang* Ende des 13. Jahrhunderts.

Old Bishop's Palace: Die Ruinen des alten Bischofspalastes südlich der Kathedrale werden heute von English Heritage verwaltet, Öffnungszeiten 1. April – 30. September, täglich 10 – 13, 14 – 18 Uhr; ✆ 01522/527468, Eintritt £1/£0,50. Die großen Kellerräume, Küche und Halle sind teilweise erhalten, im Gartengelände wird Wein angebaut.

Die Burg

Lincoln Castle wurde nach 1068 errichtet und war damit eine der ersten Befestigungsanlagen nach der normannischen Eroberung. Die aus dieser Zeit stammende **Motte** mit dem

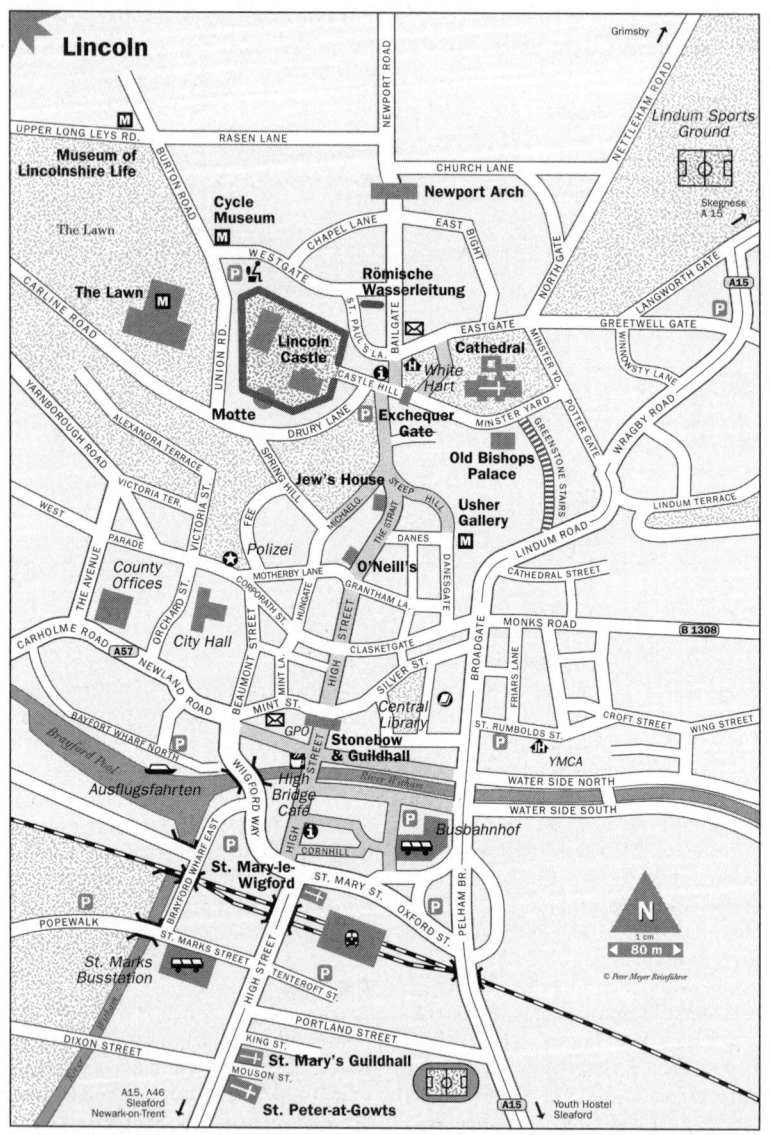

Lincoln

Grimsby

Lindum Sports Ground

UPPER LONG LEYS RD.
RASEN LANE
NEWPORT ROAD
NETTLEHAM ROAD

Museum of Lincolnshire Life

The Lawn

CHURCH LANE

Skegness
A15

Cycle Museum

Newport Arch

CHAPEL LANE

EAST BIGHT

NORTH GATE

The Lawn

WESTGATE

BURTON ROAD

Römische Wasserleitung

LANGWORTH GATE

A15

CARLINE ROAD

ST. PAUL'S LA.

BAILGATE

EASTGATE

GREETWELL GATE

Lincoln Castle

Cathedral

MINSTER YD.

WINNOWSTY LANE

UNION RD.

Castle Hill

White Hart

POTTER GATE

WRAGBY ROAD

ALEXANDRA TERRACE

Motte

DRURY LANE

Exchequer Gate

MINSTER YARD

GREENSTONE STAIRS

LINDUM TERRACE

YARNBOROUGH ROAD

SPRING HILL

Jew's House

MICHAELG.

STEEP HILL

Old Bishops Palace

VICTORIA TER.

FEE

THE STRAIT

Usher Gallery

LINDUM ROAD

WEST

Polizei

DANES

CATHEDRAL STREET

PARADE

MOTHERBY LANE

O'Neill's

DANESGATE

THE AVENUE

County Offices

VICTORIA ST.

ORCHARD ST.

CORPORATION STREET

HUNGATE

GRANTHAM LA.

BROADGATE

MONKS ROAD

B 1308

CARHOLME ROAD

A57

NEWLAND ROAD

City Hall

BEAUMONT STREET

MINT LA.

HIGH STREET

CLASKETGATE

FRIARS LANE

CROFT STREET

WING STREET

Brayford Pool

BAYFORD WHARF NORTH

MINT ST.

SILVER ST.

Central Library

ST. RUMBOLDS ST.

GPO

Stonebow & Guildhall

YMCA

Ausflugsfahrten

WIGFORD WAY

High Bridge Café

River Witham

WATER SIDE NORTH

WATER SIDE SOUTH

BRAYFORD WHARF EAST

HIGH STREET

Busbahnhof

St. Mary-le-Wigford

CORNHILL

ST. MARY ST.

OXFORD ST.

PELHAM BR.

N

POPEWALK

ST. MARKS STREET

1 cm
80 m

© Peter Meyer Reiseführer

St. Marks Busstation

TENTEROFT ST.

PORTLAND STREET

DIXON STREET

A15, A46
Sleaford
Newark-on-Trent

KING ST.

St. Mary's Guildhall

MOUSON ST.

St. Peter-at-Gowts

A15

Youth Hostel
Sleaford

Lucy Tower ist aber nicht einmal der älteste Teil der Burg, denn für die westliche Mauer konnte die noch bestehende römische Stadtmauer verwendet werden. Neben dem mittelalterlichen *Westtor* der Burg fanden 1836 Bauarbeiter durch Zufall das Westtor des alten Lindum, das bei der Ausgrabung allerdings einstürzte.

Die Burg wurde 1217 erfolgreich gegen eine Belagerung verteidigt, obwohl sich die Stadt selbst in der Hand aufständischer Barone befand. Dies geschah unter der Leitung einer Frau, *Nicholaa de la Haye,* die bis 1226 als Kastellanin (Burgvogt des Mittelalters) im Amt war.

Von der alten Burg existieren noch die beiden Tore, die Mauer und die drei Türme. Die anderen Gebäude sind jüngeren Datums und erinnern an die Funktion der Festung, nachdem sie ihren militärischen Charakter verloren hatte: 1787 wurde das **Gefängnis** errichtet, in dem Häftlinge später nach viktorianischen Reformen in totaler Isolation gehalten wurden. Beim Freigang mußten sie Masken tragen, und selbst in der Kapelle (die besichtigt werden kann) waren sie getrennt. Hier saßen nicht nur Schwerverbrecher, sondern auch Kleinkriminelle und Wilderer (die Verwendung der schlimme Verletzungen verursachenden Fußangeln als Maßnahme gegen Wilddiebe war auf Privatbesitz bis 1826 legal). Ebenfalls im Jahre 1787 wurde das **Gerichtsgebäude** fertiggestellt. Der Galgen stand auf der Nordostbastion, die Opfer der Justiz wurden im Lucy Tower beigesetzt. Eine Tonbildschau im Gefängnis so-

wie die im Sommer veranstalteten Führungen bieten neben vielen Anekdoten weitere Informationen über die Methoden der Sozialdisziplinierung im 19. Jahrhundert.

Einer der Gefängnisdirektoren ließ sich um 1820 den **Observatory Tower** erhöhen, vorgeblich aus Sicherheitsgründen, in Wirklichkeit war der Mann Hobby-Astronom und verbrachte viele Nächte dort oben. Dabei wird er auch den vorzüglichen Ausblick auf Kathedrale, Stadt und Umland genossen haben. **Öffnungszeiten:** Mo – Sa 9.30 – 17.30 Uhr, So 11 – 17 Uhr (im Winter wird um 16 Uhr geschlossen); ✆ 01522/ 511068, Eintritt £2/£1,20.

Museen

Westlich der Burg befindet sich **The Lawn,** ein 1820 gebautes Nervenkrankenhaus, das gegenüber den Zuständen des 18. Jahrhunderts eine erhebliche Verbesserung darstellte. Einer der ersten Fachärzte in Lincoln war *Dr. Francis Willis* (1718 – 1807), der später auch den kranken König Georg III. behandelte. In dem Haus, das teilweise noch im Originalzustand die Entwicklung der Psychiatrie im 18. und 19. Jahrhundert illustriert, befinden sich heute verschiedene Museen und Ausstellungen: **Fahrradmuseum,** *National Cycle Museum,* geöffnet täglich 10 – 17 Uhr, Eintritt £1/£0,50, sowie das **Militärmuseum,** im gleichen Gebäudekomplex wie das Fahrradmuseum und The Lawn, 50 & 61 Squadron, Eintritt frei.

Im Nachbarhaus liegt das **Archäologiemuseum,** *Archaeology Centre,* daneben ein nach dem Naturforscher *Sir Joseph Banks* benanntes **Gewächshaus** mit tropischen Pflanzen.

Sehr vielseitig ist das **Museum of Lincolnshire Life,** Burton Road. Ein Heimatmuseum, das die Lebensverhältnisse in der Region anhand vieler Gebrauchsgegenstände des Alltags veranschaulicht. Mai – September täglich 10 – 17.30 Uhr; Oktober – April Mo – Sa 10 – 17.30 Uhr, So 14 – 17.30 Uhr geöffnet, ✆ 01522/528448, Eintritt £1,20/£0,60.

Usher Gallery, Lindum Road, eine Gallerie, in der in wechselnden Ausstellungen moderne Zeichnungen, Gemälde und Grafiken ausgestellt werden, geöffnet Mo – Sa 10 – 17 Uhr, So 14.30 – 17 Uhr, ✆ 01522/527980, Eintritt £1/£0,50.

Unterkunft

Ashlin House Hotel, 132 West Parade, Lincoln LN1 1HD, 01522/531307, EZ ab £16, DZ ab £29.

The Duke William Hotel, Bailgate, Lincoln, ✆ 01522/533351, EZ ab £25, DZ ab £35.

Tennyson Hotel, 7 South Park Avenue, Lincoln LN5 8EN, ✆ 01522/521624, Fax 521624, EZ ab £26, DZ ab £36.

YMCA, St. Rumbolds Street, Lincoln LN2 5AR, ✆ 0500/700127.

Essen & Trinken

The Spinning Wheel, 39 Steep Hill, Lincoln, ✆ 01522/522463.

Pimento, 26 Seept Hill, Lincoln, ✆ 01522/544880.

High Bridge Café, 207 High Street, Lincoln, ✆ 01522/513825.

Magna Carta, 1 Exchequergate, Lincoln, ✆ 01522/538844.

The Lion & Snake, 79 Bailgate, Lincoln, ✆ 01522/575567.

Weitere Informationen

Touristeninformation, 9 Castle Hill, geöffnet täglich 9 – 17 Uhr, ✆ 01522/529828. Im Juli und August werden von hier aus täglich (11 und 14 Uhr) einstündige *Stadtführungen* angeboten, £1,50/£0,75.

Stadtrundfahrten werden von Mai bis September täglich (ab 10 Uhr alle halbe Stunde bis 16 Uhr) durchgeführt; zusteigen kann man am Bahnhof, dem Museum of Lincolnshire Life sowie verschiedenen anderen Stellen, ✆ 01522/522255, £4/£1,50.

Einen Rundgang besonderer Art bietet der *Ghost Walk,* der das ganze Jahr durch Sa um 19 Uhr, So um 12 Uhr angeboten wird. Ausgangspunkt ist das Tor des Kathedralbezirkes (Exchequer Gate), ✆ 01773/769300, £3 bzw. £2.

Einkaufen: Spielzeug, Puppenstuben und Zubehör gibt es bei *John & Sandra Davis,* 9 Steep Hill, Lincoln, LN2 1LT, ✆ 01522/510524.

Von Lincoln zur Nordsee

Lincoln liegt nicht in unmittelbarer Küstennähe, sogar per Luftlinie sind es noch an die 60 km bis zum Strand. Auf der hier vorgeschlagenen Route, die A158 entlang, ist es sogar noch etwas weiter. Der Weg führt zunächst nach **Horncastle,** einer kleinen, angenehmen Stadt, die sich ihrer römischen Ursprünge rühmt. Bedeutend war Horncastle lange Zeit wegen seines Pferdemarktes, der seit 1229 jährlich abgehalten wurde und erst 1948 durch die Motorisierung der Landwirtschaft zum Erliegen kam. In jüngerer Zeit entwickelte sich der Ort zu einem Zentrum des **Antiquitätenhandels**. Ein gutes Dutzend einschlägiger Läden gibt es hier, darunter den von *Robert Kitching*, West Street, ✆ 01507/522120 (Uhren), das *Lincolnshire Antiques Centre*, Bridge Street, ✆ 01507/527794 (Kleinantiquitäten), *22 North Street* (Schmuck) sowie *David Pilling*, ebenfalls North Street, ✆ 01507/522780 (Schmuck).

Markttage: Do, Sa.

Touristeninformation im *Trinity Centre*, Spilsby Road, (5 Minuten vom Stadtzentrum die Straße Richtung Skegness hinauf), Ostern bis September, ✆ 01507/526636.

Einige Kilometer östlich von Horncastle liegt das kleine Dorf **Somersby**, Geburtsort des Dichters *Alfred Tennyson* (1809–92), dessen Kindheit von der Hügellandschaft der *Wolds* geprägt wurde.

Unterkunft & Camping

Admiral Rodney Hotel, North Street, Horncastle, ✆ 01507/523131, EZ £42 (an Wochenenden £35,50), DZ £60 (an Wochenenden £48).

The Crown, 28 West Street, Horncastle, ✆ 01507/526006, £15, abends lebhafter Betrieb an der Bar unten.

Ferienwohnungen: *Ashby Park*, West Ashby, Horncastle, ✆ 01507/527966.

Elmhirst Lakes, Elmhirst Road, Horncastle, das ganze Jahr durch geöffnet, ✆ 01507/527533.

Essen & Trinken

The King's Head, 16 Bull Ring, *Pub lunch* mittags, abends bis 21.30 Uhr, ✆ 01507/523360.

Admiral Rodney Hotel, North Street, ✆ 01507/523131.

The Food Den, 10 Lawrence Street, geöffnet ab 6.30 Uhr; hier gibt es vor allem Kuchen, frisches Brot und Gebäck, ✆ 01507/527805.

Tattershall Castle

Ein Abstecher führt uns von Horncastle aus über das eingangs erwähnte **Coningsby** (Seite 175) 15 km nach Südwesten. Die Mitte des 15. Jahrhunderts aus Ziegeln errichtete Anlage war eines der ersten Ziegelbauwerke in England nach der Römerzeit. Maßgeblich beteiligt war ein deutscher oder niederländischer Unternehmer, *Balduin Brekemaker* (Ziegelmacher), der Ziegelmuster und andere stilistische Formen aus deutschen Siedlungsgebieten im Ostseeraum übernahm. 1458 wurde seiner Witwe noch die Herstellung von 160.000 Ziegeln bezahlt.

Öffnungszeiten 1. April – 30. Oktober Sa – Mi 10.30 – 17.30 Uhr, 1. November – 17. Dezember Sa, So 10.30 – 16 Uhr, ✆ 01526/342543, Eintritt £2,20/£1,10.

Gunby Hall

In Richtung Küste geht es weiter nach Gunby Hall (National Trust), geöffnet 1. April – 30. September jeweils Mi 14 – 17.30 Uhr, ✆ 01909/486411, Eintritt £3. *Dr. Johnson* stattete Gunby einen Besuch ab (sein Porträt hängt im Drawing Room), aus dieser

Zeit stammen auch die beiden Familienporträts von Sir Joshua Reynolds, und im 19. Jahrhundert verkehrte Alfred Tennyson hier. Gegen Ende des Zweiten Weltkrieges sollten Haus und Park einer Flugplatzerweiterung zum Opfer fallen. Zum Glück war der damalige Besitzer pensionierter Feldmarschall, er hatte noch einige einflußreiche Freunde und wußte das zu verhindern.

Sport & Spaß in Skegness

Die kleine Stadt hat einen der wenigen Strände an diesem Teil der englischen Nordseeküste und ist in den Sommermonaten dementsprechend von Touristen überlaufen. Dabei scheint das Baden nur eine sehr sekundäre Rolle zu spielen. Direkt am Strand wurde zwar ein *Hallenbad* eingerichtet, und wer rudern möchte, kann dies auf einem künstlichen See ebenfalls direkt am Strand tun, doch die wichtigsten Attraktionen scheinen die *Rummelplätze* (auch sie an der Strandpromenade) zu sein. Da gibt es die verschiedensten Karussels, Bingo, Spielautomaten und dergleichen

mehr. Dazu wird im Sommer ein umfangreiches Rahmenprogramm geboten.

Seehunde werden im *Seal Sanctuary* großgezogen, North Parade, ℡ 01754/764345.

Touristeninformation: Grand Parade, ℡ 01754/764821.

Bus von Lincoln nach Skegness: Road Car 6.

Boston

Reichtum und Stellung dieser einst stolzen Hafenstadt am Fluß Witham basierten auf dem Wollexport. Ab 1260 hatte die Hanse hier eine ihrer Niederlassungen, Ende des 13. Jahrhunderts übertraf der Warenumschlag der nach dem Missionar *St. Botulf* benannten Stadt zeitweilig den von London. Ausdruck dieser Blütezeit ist die riesige **Pfarrkirche St. Botolph** mit dem Wahrzeichen der Stadt, dem 1309 begonnenen Kirchturm *(Stump)* von Boston. An die internationalen Handelsbeziehungen erinnert noch die Grabplatte des *Wissel von Smalenburg* aus Münster von 1340, ursprünglich in der Franziskanerkirche, doch jetzt am Westende der großen Pfarrkirche im südlichen Kirchenschiff angebracht. Beachtenswert sind auch die geschnitzten *Miserikordien* (Stehhilfe am Klappsitz des Chorgestühls) und die Sorgfalt mit der die Bronzeinschriften sämtlicher mittelalterlicher Grabplatten im Zeitalter der Reformation entfernt worden sind.

Als die Kirche nach über 100 Jahren Bauzeit fertiggestellt wurde, befand sich Boston in einer tiefen wirtschaftlichen Krise. Nicht nur hatte sich der Hundertjährige Krieg mit Frankreich (Friedensschluß 1475) schädlich auf den Handel ausgewirkt, sondern England exportierte nun eher Tuche als Wolle, und die Handelsrouten hatten sich verändert. Am schwersten machte sich jedoch die Versandung der Flußmündung des Witham bemerkbar. Erst mit dem Bau der großen Schleuse 1766 wurde die Wasserstraße wieder nutzbar (der heute in der Stadt gelegene Industriehafen ist touristisch uninteressant).

Zu den Gilden der Stadt, in diesem Fall einem Zusammenschluß von Kaufleuten, gehörte die *St. Mary Guild.* Ihr um 1450 fertiggestelltes Haus in der South Street (von der Pfarrkirche parallel zum Fluß in Richtung Hafen) wurde später Rathaus und ist heute *Heimatmuseum:* **Guildhall Museum,** April – September Mo – Sa 10 – 17 Uhr, So 13.30 – 17 Uhr, ✆ 01205/365954, Eintritt £0,90, Kinder frei, am Do Eintritt frei. Zu sehen sind hier verschiedene Ausstellungen (alte Kleidung und Uniformen, Bootsbau) in historischen Räumen, der *Bankethalle* (ursprünglich Kapelle), dem *Court Room* (Gerichtssaal) sowie dem *Council Chamber.*

Erinnert wird hier an einen der berühmten Söhne der Stadt, *John Foxe* (1516–87), Autor des nach der Bibel einst bekanntesten Buches in englischer Sprache, des »Book of Martyrs« (»Acts and Monuments of these latter Perilous Times«), einer ausführlichen Darstellung der Protestantenverfolgung in England. Sein Elternhaus befand sich auf dem Marktplatz, heute lädt dort die Kneipe *Martha's Vineyard* zu weltlichen Genüssen. In dem Gerichtssaal wurde 1607 zwei der *Pilgrim Fathers, William Brewster* und *William Bradford,* der Prozeß gemacht. Sie waren bei einem Fluchtversuch nach Holland bei Boston entdeckt worden und wurden in den Zellen, die über die kleine Wendeltreppe erreicht werden, festgehalten.

Das Grenzgebiet von Lincolnshire und Nottinghamshire war die Heimat vieler Puritaner dieser Zeit. In der puritanischen Hochburg Boston, man denke an die gründliche Entfernung der katholischen Inschriften in der Pfarrkirche, wurden sie nicht schlecht behandelt. Nach ihrer Entlassung gelangten sie nach Holland und schließlich mit der »Mayflower« über Plymouth nach Amerika. Später folgende Puritaner gründeten die Siedlung *Boston* in Massachusetts; der Priester *John Cotton* (1585 – 1652) übte sein Seelsorgeamt in beiden Bostons aus.

Nützliches & Interessantes

Touristeninformation: Spain Lane, geöffnet Mo – Sa 9 – 17 Uhr; ✆ 01205/356656, im *Blackfriars Arts Centre,* einem Teil des alten Dominikanerklosters.

Kultur: Im gleichen Haus gibt es auch Kino, Theater sowie So 8.30 – 11 Uhr einen Jazz-Frühschoppen, Kasse Mo – Sa 10 – 18 Uhr, ✆ 01205/363108.

Bootsausflug: Von der Schleuse aus werden zwischen April und Oktober, jeweils Mi 10 – 16 Uhr stündlich

Bootsfahrten angeboten, *Maritime Leisure Cruises*, © 01205/460595, £2,80/£1,50.

Einkaufen: Besuchen sollte man die *Maud-Foster-Windmühle* in der Willougby Road am West Fen Drain (nördlicher Stadtausgang), geöffnet Mi 10 – 17, So 14 – 17 Uhr, © 01205/352188, Eintritt £1,20 bzw. £0,60. Natürlich werden in der 1819 errichteten Mühle auch verschiedene Sorten Mehl und andere Produkte verkauft.

Lauschig: Die Schule von Grantham

Unterkunft & Camping

White Hart Hotel, Bridge Foot, Boston PE21 8SH, © 01205/364877, Fax 355974; EZ ab £35, DZ ab £40; Sonderangebot an Wochenenden: £30 für 2 Nächte.

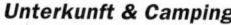 *Mrs. Cannell,* Fleetwood, Raybrook Close, © 01205/362941, ab £13.

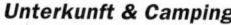 *Mr. & Mrs. Lynch,* Lochiel Guest House, 85 Norfolk Street, Boston, © 01205/363628, ab £15.

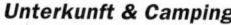 *Mrs. Waters,* 16 Sleaford Road, © 01205/352253, ab £15.

✗ *The Oak Ree Inn Caravan Park,* Frith Bank, Antons Gowt, Boston, geöffnet März – Oktober, © 01205/360369, liegt 5 km nördlich von Boston.

Grantham

Grantham gehört mit gut 30.000 Einwohnern zu den größeren Städten Lincolnshires. Bemerkenswert ist die große **Pfarrkirche St. Wulfram,** die auf einen Bau aus dem 12. Jahrhundert zurückgeht. Sie wurde zwischen 1280 und 1350 auf die heutigen Proportionen erweitert. In der parallel zur Kirche verlaufenden Church Street befindet sich die im frühen 16. Jahrhundert eingerichtete **King's School,** deren berühmtester Schüler, *Isaac Newton,* hier von 1654 bis '60 unterrichtet wurde. Vor dem Rathaus steht das Denkmal des 1727 mit 84 Jahren gestorbenen Physikers und Mathematikers. Noch ohne Denkmal ist bislang *Margaret Thatcher* (vormals Roberts), deren Elternhaus in der Broad Street zu finden ist (vom Marktplatz zu erreichen durch High Street oder durch Elmer Street und Swinegate, vorbei am *Blue Pig* und der Kirche). 1925 hier geboren, wurde sie 1979 als erste Frau in Europa an die Spitze eines Kabinetts gewählt. Bis 1990 war sie Englands Premierminister.

Heimat-Museum und *Bücherei* (neben dem Rathaus) sind Mo – Fr 10 – 17 Uhr geöffnet, ✆ 01476/68783, Eintritt £0,50/£0,25, Mi frei.

Belton House

Das von eleganten Gartenanlagen umgebene Haus aus dem späten 17. Jahrhundert ist oft als Zufluchtsort für Ruhesuchende gepriesen worden.

Das Anwesen liegt 5 km nördlich Grantham an der A607, Öffnungszeiten 1. April – 30. Oktober Mi – So 13 – 17.30 Uhr, ✆ 01476/66116, Eintritt £4,30/£2,10; Busse (Road Car 601 und 609) fahren aus der Nähe des Bahnhofs von Grantham ab.

Burg mit Ausblick: Belvoir Castle

Belvoir (sprich: Biever) liegt 15 km westlich von Grantham und kann von hier aus am besten über die A607 bis Denton und dann über Woolsthorpe oder die A52 (Richtung Nottingham bis Sedgebrook) und dann über Denton erreicht werden.

Die Burg ist neben *Haddon Hall* in Derbyshire der zweite große Landsitz des *Herzogs von Rutland*. Eine Befestigung wurde auf dem Hügel bereits im 11. Jahrhundert errichtet, sie wurde zur Zeit des englischen Bürgerkriegs jedoch geschleift (1646). Durch spätere Umbauten entstand ein Schloß, das 1816 teilweise einem Großfeuer zum Opfer fiel. Die Reparatur des Nord- und Ostflügels dauerte 14 Jahre. Diese Teile sind ganz im Stil des »Regency« gestaltet, wobei auch die Vorliebe für chinesische Ornamente zum Ausdruck gebracht wurde. Neben der Gemäldesammlung und den Kunstwerken im Haus ist auch der weitläufige Garten sehenswert. Im Sommer finden an bestimmten Tagen (meist So) mittelalterliche Turniere statt, die Daten können telefonisch erfragt werden.

Öffnungszeiten: 1. April – 30. September Di – Do, Sa 11 – 17 Uhr, So 11 – 18 Uhr, im Oktober auch So 11 – 17 Uhr, ✆ 01476/870262, Eintritt £4,25/£2,65.

Unterkunft & Camping

Ivyhurst, 86 Harrowby Road, Grantham, ✆ 01476/64290, ab £10.

The Nags Head, Wharf Road, Grantham, ✆ 01476/63157, ab £10.

The Red House, 74 North Parade, Grantham, ✆ 01476/79869, ab £16.

Angel and Royal Hotel, High Street, ✆ 01476/65816, ab £25.

⚑ *Lazy Acres,* Gorse Lane, Grantham, ✆ 01476/79354.

Essen & Trinken

The Beehive, Castlegate, Free House, ✆ 01476/67794, zeichnet sich unter anderem durch sein lebendes Wirtshauszeichen, in einen Bienenkorb im Baum vor dem Haus, aus.

Blue Pig, Swinegate, ✆ 01476/63704.

Touristeninformation am Rathaus, Mo – Sa 9.30 – 17 Uhr geöffnet, ✆ 01476/66444.

Stamford

Die beste Verbindung von Grantham in das 30 km entfernte Stamford im südlichen Lincolnshire ist die A1. Die mittelalterliche Stadt liegt an einer Nebenstrecke der Eisenbahn und ist auch von Peterborough aus zu erreichen. Stamford ist eine alte Stadt mit schönen Kirchen, die von der Industrialisierung nicht beeinträchtigt wurde.

Stamford Museum, Broad Street, ✆ 01780/663171.

Touristeninformation: 27 St. Mary's Street, geöffnet (April – September) Mo – Sa 9.30 – 17 Uhr, So 10 – 16 Uhr, ✆ 01780/55611.

Unterkunft

Candlesticks, 1 Church Lane, Stamford PE9 2JU, ✆ 01780/64033, ab £15.

Hohle Gasse mit »Loch in der Wand«

Essen & Trinken

St. Mary's Vaults, Pub, St. Mary's Street.

The Hole in the Wall, Free House, Cheyne Lane.

Charlies, Cheyne Walk, ✆ 01780/482285; nur abends.

The Millstone Inn, 1 All Saints Street, ✆ 01780/62670

Churchill's, 15 St. Mary's Street, Bistro, ✆ 01780/481762.

Besichtigungen in der Nähe

Etwas außerhalb der Stadt liegt das vom Schatzkanzler der Königin Elisabeth I., *William Cecil* (1520–98) errichtete **Burghley House.** Öffnungszeiten 1. April – 30. September täglich 11 – 17 Uhr. ✆ 01780/52451, Eintritt £5,95. Es enthält eine umfangreiche Gemäldesammlung. Der Park wurde von ›Capability‹ Brown gestaltet.

Von Stamford aus bietet sich auch ein Besuch der *Klosterkirche* (heute Kathedrale) von **Peterborough** an. 15 km südlich, abseits der A605, liegt das kleine Dorf **Fotherinhay.** Hier befand sich die Burg, in deren *Great Hall* Maria Stuart am 8. Februar 1587 hingerichtet wurde. Allerdings wurde die Befestigung später abgetragen, heute ist nur noch der Burghügel zu sehen.

Leicester, Zentrum der gleichnamigen Grafschaft

Das römischen RATAE CORITANORUM war ein regionales Zentrum der Provinz Britannien. Ein Teil der im 3. Jahrhundert errichteten Stadtmauern ist noch vorhanden und kann besichtigt werden: **Jewry Wall Museum and Roman Baths,** Nicholas Circle, geöffnet Mo – Sa 10 – 17.30 Uhr, So 14 – 17.30 Uhr, ☎ 0116/2473021, Eintritt frei.

Die Bedeutung der Stadt zur Zeit der normannischen Eroberung wurde durch den Bau einer Burg unterstrichen, die Motte in der Nähe des Flusses *Soar* ist heute von schönen Parkanlagen umgeben. In die Erweiterung des Areals im 14. Jahrhundert *(The Newarke)* wurden 1331 Armenhäuser gebaut. Nicht weit von hier liegt das Leicestershire Museum of Social History *(Newarke House Museum)*, Mo – Sa 10 – 17.30 Uhr, So 14 – 17.30 Uhr, ☎ 0116/2473222, Eintritt frei.

Die eigentliche Altstadt befindet sich jedoch auf der anderen Seite der großen inneren Ringstraße. Die kleinen verkehrsberuhigten Gassen und Plätze vermitteln einen angenehmen Eindruck der fast 300.000 Einwohner zählenden Industriestadt, deren weite Vororte gewiß nicht einladend wirken. Zu besichtigen ist die alte **Guildhall** aus dem 15. Jahrhundert, geöffnet Mo – Sa 10 – 17.30 Uhr, So 14 – 17.30 Uhr, Eintritt frei.

Gleich um die Ecke, am Applegate, befand sich das Haus einer der wohlhabenden Kaufmannsfamilien der Stadt. Hier wurde vor einigen Jahren ein Museum für historische Kleider

Altehrwürdig: die Guildhall von Leicester

eingerichtet, **Wygston House Museum**, geöffnet Mo – Sa 10 – 17.30, So 14 – 17.30 Uhr, ✆ 0116/2620964.

Leicester City Museum & Art Gallery, New Walk, ✆ 0116/2554100.

Nördlich des Stadtzentrums, in der Corporation Road (zu erreichen über St. Margaret's Way und Abbey Lane), befindet sich das **Leicester Museum of Technology**, Öffnungszeiten Mo – Sa 10 – 17.30, So 14 – 17.30 Uhr, ✆ 0116/2661330, Eintritt frei.

Unterkunft

★★★★ *Grand Hotel,* Granby Street, Leicester LE1 6EF, ✆ 0116/2555599, EZ £79, DZ £89, Wochenendraten Fr, Sa: EZ £41,50, DZ £65.

Belmont Hotel, De Montford Street, Leicester LE1 7GR, ✆ 0116/2544773, EZ £65, DZ £75 (ohne Frühstück!), Wochenendrate B & B: EZ £40, DZ £55.

Weitere Informationen

Touristeninformation: *Horsefair* (beim Rathaus), Mo – Fr 9.30 – 17.30, Sa 9 – 17 Uhr, ✆ 0116/2650555.

Aktuelle Informationen zum *Nahverkehr* gibt es unter ✆ 0116/2511411.

In der Grafschaft Leicestershire wird am Ostermontag Hasen-Pastete an die Bevölkerung verteilt, die anschließend ein Massenfußballspiel mit drei Bierfäßchen als Spielball austragen muß. Dieser Brauch des *Bottle Kikking and Hare Pie Scramble* wird seit über 200 Jahren gepflegt.

Das Ende der Rosenkriege

Etwa 15 km westlich von Leicester liegt ein unscheinbarer, beim zweiten Hinsehen jedoch sehr bekannter Ort: **Market Bosworth.** Am 22. August 1485 wurde hier der nicht sonderlich populäre *Richard III.* im Kampf gegen Heinrich Tudor, den zukünftigen *Heinrich VII.,* getötet. »Ein Pferd, ein Pferd, mein Königreich für ein Pferd!«

Mit der anschließenden Heirat Elisabeth von Lancasters und dem siegreichen Heinrich von York wurden die jahrzehntelang verfeindeten Adelsfamilien mit den weißen bzw. roten Rosen im Wappen vereint und zugleich die Tudor-Dynastie begründet.

Vom »schändlichen Leben« Richards und dessen »wohlverdienten Tod« berichtet bekanntermaßen Shakespeare. Auf dem Schlachtfeld, das 2 km südlich der Stadt am *Ambion Hill* (man biegt am Marktplatz von der B585 ab) liegt, sind die einzelnen Stationen detailliert und mit Schautafeln erläutert. Auch gibt es dort ein Besucherzentrum, *Bosworth Battlefield Visitor Centre,* ✆ 01455/292239, doch Vorsicht – der Verlauf der Schlacht ist gar nicht so genau bekannt, wie er den Besuchern hier dargestellt wird.

Ganz authentisch dagegen ist die kleine *Kirche* von **Sutton Cheney,** hier hat sich der König in der Nacht vor der Schlacht noch aufgehalten. Weshalb die *Richard-III.-Gesellschaft* jedes Jahr hier einen Kranz niederlegt. Ziel dieser Gesellschaft ist die Rettung des Ansehens des Monarchen, der in seiner nicht einmal dreijährigen Regierungszeit außer vielen anderen auch seine beiden Neffen im Tower zu London umgebracht haben soll.

SHROPSHIRE & DER SEVERN

GESCHICHTE & KULTUR

REISEHINWEISE

AKTIV IN DER NATUR

BIRMINGHAM & COVENTRY

VON STAFFORD NACH CHESTER

PEAK DISTRIKT & DERBY

NOTTINGHAM- & LINCOLNSHIRE

SHROPSHIRE & DER SEVERN

AVON & SHAKESPEARE-LAND

AUF DEN SPUREN DER INDUSTRIELLEN REVOLUTION DEN FLUSS ENTLANG

Die wichtigste Verbindungsroute entlang der walisischen Grenze war der Severn. An seinem mittleren Lauf entstanden bei Coalport ab 1710 die ersten Eisengießereien, Kokereien, Ziegeleien und andere Industrieanlagen, die zu einem bis dahin ungekannten Wirtschaftsaufschwung führten.

»Geburtsstätte der industriellen Revolution« nennt man heute das *Coalbrookdale*, ein kleines Tal nördlich vom Severn, an dessen Wahrzeichen – der ersten ganz aus Metall gebauten Brücke der Welt (1779) – der Ort *Ironbridge* entstand. Begünstigt wurde die Entwicklung durch das Vorhandensein von Rohstoffen, Eisenerz, Kohle, Bitumen. Allerdings lagen die Märkte weit ab. Die unberechenbaren Hochwasser des Severn ließen die Verbindung zur Küste oft abreißen, an günstigeren Standorten der Midlands entstanden neue Produktionszentren. Als dann schließlich die Rohstoffe ausgingen, verlagerte sich die Industrie. Nur die alten Salzhandelsstädte im nördlichen Cheshire konnten ihre chemische Industrie entwickeln. Trotzdem blieb, abgesehen von einigen tiefgreifenden Umweltschäden, der ländliche Charakter des Gebietes bewahrt. Die Schwerpunkte der Landwirtschaft sind bis heute die Rinderzucht in Cheshire, die Schafzucht in Shropshire, der Hopfen- und Obstanbau in Herefordshire. Hier zeigen sich die Midlands von ihrer besten Seite, mit kleinen Marktstädten und oft malerischen Dörfern in einer weiten Landschaft.

Shrewsbury

Die Grafschaft *Shropshire* hatte nacheinander drei Zentren, ein keltisches, ein römisches und danach ein angelsächsisches, aus dem sich die heutige Hauptstadt Shrewsbury entwickelte. Auf dem etwa 15 km östlich gelegenen Hügel *Wrekin* gab es vor der Ankunft der Römer ein wichtiges Zentrum des Stammes der *Cornovii*, dessen Bevölkerung später in die nahegelegene römische Stadt VIROCONIUM (Wroxeter) umgesiedelt wurde. Es ist nicht bekannt, wie sie den Abzug der Legionen überdauerte.

Hingegen ist unbestritten, daß ihre Ruinen als Steinbruch benutzt wurden, als in Shropshire die ersten angelsächsischen Kirchen gebaut wurden. Vier solche angelsächsische Kirchen entstanden auf zwei Anhöhen in einer Schleife des Severn, wo sich das spätere Shrewsbury entwickelte. Alle vier existieren noch als Pfarrkirchen, zum Teil in erheblich jüngerer Form: *St. Mary,* die größte der städtischen Kirchen, *St. Alkmund, St. Julian* und *Old St. Chad.* Gegründet wurden diese vier Kirchen als Klöster, eine städtische Siedlung, so wird vermutet, entstand allmählich um sie herum. Um 920 wurde eine Münzstätte eingerichtet, und spätestens ab 1006 war hier das Verwaltungszentrum der Grafschaft.

Das Kloster Holy Cross Abbey

Als in den Jahren nach 1066 die Burg entstand, mußten ihr über 50 Häuser weichen. Einige Jahre darauf, um 1075, übertrug Wilhelm der Eroberer den Besitz seinem Vetter *Roger de Montgomery*, der zum Grafen von Shrewsbury gemacht wurde. Graf Roger prägte das Bild der Stadt durch die Gründung eines neuen Klosters, *Holy Cross Abbey* (etwa 1080) jenseits des Flusses. Dabei störte es ihn wenig, daß sein Kloster eine der Zugangsstraßen zur Stadt abschnitt. Das rächte sich nach der Klosterauflösung 1540, als die Konventsgebäude durch die zurückverlegte Straße geteilt wurden. Noch heute sind einige der Gemäuer aus rotem Sandstein auf der Kirche gegenüberliegenden Seite von Abbey Foregate erhalten. Eine sehenswerte Kuriosität ist die **Kanzel** des *Refektoriums,* die später als Gartenhäuschen Verwendung fand.

Der Klosterbezirk ist ein guter Ausgangspunkt für einen Rundgang durch die Stadt. Von der **Kirche** ist nur noch ein Torso des mittelalterlichen Gebäudes geblieben, das doppelt so lang war und einen zweiten Turm hatte. Die Querhäuser fehlen, es wurde auch kein Versuch unternommen, den Bau optisch etwas aufzufrischen. Trotzdem ist er beeindruckend. Die seit dem 14. Jahrhundert unveränderte Westfassade repräsentiert noch die hier einst herrschende mächtige Institution, im Innern existieren noch einige der massiven Säulen der normannischen Kirche. Details zur Geschichte des Klosters werden in einer kleinen *Ausstellung* in der ehemaligen **Sakristei** am Ende des **südlichen Kirchenschiffs** geboten. In beiden Schiffen sind noch eine Reihe bemerkenswerter *Grabmonumente* vorhanden. Nach dem Verlassen der Sakristei gelangt man an drei solcher Skulpturen. Die des Ritters Sir Walter de Dunstanville ist allerdings eine Kopie, er wurde nicht hier beigesetzt. Seine Witwe, die in Shropshire ihren Lebensabend verbrachte, ließ das Monument aufstellen, da ihr ein Besuch des Grabes nicht mehr möglich war. Gegenüber liegt die Grabplatte eines Priester (mit Kelch und Buch) aus dem 14. Jahrhundert. Das stark zerstörte Grabmonument an der Wand etwas oberhalb wird mit dem Gründer, Roger de Montgomery, in Verbindung gebracht. Tatsächlich wurde Roger drei Tage vor seinem Tod in Shrewsbury Mönch und ist auch in der Kirche begraben. Die Lage des Grabes ist jedoch unbekannt, dargestellt ist ein Ritter aus dem 13. Jahrhundert. An der Wand des **nördlichen Kirchenschiffs** sind die Reste eines *Heiligenschreins* zu sehen. Das Kloster hatte zunächst keine Reliquien und war ohne eine charismatische Heiligenfigur für Pilger nicht attraktiv. Das änderte sich 1137, als man die Gebeine der heiligen *Winefrida* aus Holywell in Wales herbeiholte. Nach diesem Zeitpunkt entwickelte sich die Kirche dann zu einem regionalen Pilgerzentrum. Nach der Auflösung des Klosters am 24. Januar 1540 ver-

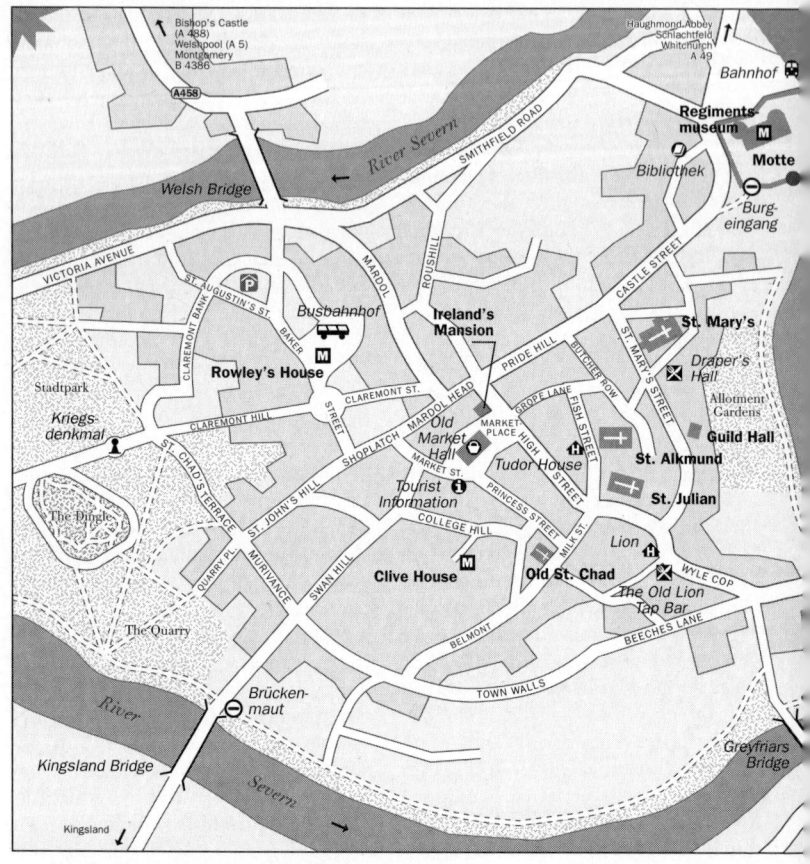

schwanden die Reliquien allerdings, und der Schrein wurde zerstört. Erst 1933 wurden die beiden Teilstücke in einem Garten in der Stadt gefunden.

Etwas weiter befindet sich auf der anderen Seite des Ganges das *Grab* eines Juristen aus dem späten 13. Jahrhundert. Am Westende folgen dann die Honoratioren der Stadt und des Umlandes. Das durch die Folgen von Reformation, Bürgerkrieg und Stadtplanung arg in Mitleidenschaft gezogene Kloster ist in jüngster Zeit als Schauplatz der Detektivarbeit des Mönches Cadfael, einer Romanfigur von *Edith Pargeter* alias *Ellis Peters*, wieder zu internationaler Berühmtheit gelangt (siehe auch seite 40).

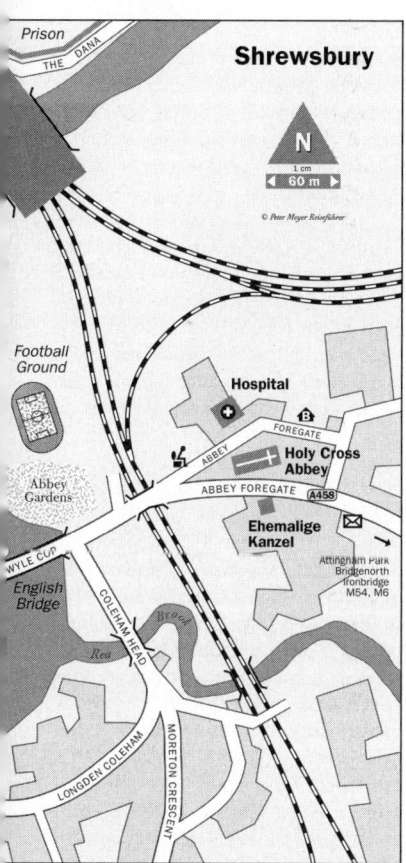

Shrewsbury

N

1 cm
◀ 60 m ▶

© Peter Meyer Reiseführer

Prison
THE DANA

Football
Ground

Hospital

FOREGATE

Abbey
Gardens

ABBEY

Holy Cross
Abbey

ABBEY FOREGATE A458

Ehemalige
Kanzel

Attingham Park
Bridgenorth
Ironbridge
M54, M6

WYLE COP

English
Bridge

COLEHAM HEAD

Brook

Rea

MORETON CRESCENT

LONGDEN COLEHAM

Rundgang durch die Altstadt

Von Abbey Foregate aus führt der Weg nun an den *Abbey Gardens* vorbei über die *English Bridge* (1768–74) in die **Altstadt.** Bereits in der Straße *Wyle Cop* zeigt sich der Charakter der Stadt. In weiten Teilen ist Shrewsbury eine Stadt des Mittelalters und der Tudorzeit. Auch im 18. Jahrhundert ent-

stand noch eine Reihe zum Teil recht eleganter Stadthäuser. Zur Zeit der Postkutschen waren das *Talbot Inn* und das *Lyon Hotel* (heute Lion Hotel) in Wyle Cop die bedeutendsten Gasthäuser der Stadt.

Der Rundgang führt die *High Street* entlang zum **Marktplatz** und trifft am oberen Ende auf ein großstädtisch wirkendes Fachwerkhaus, *Ireland's Mansion.* Bauherr war um 1575 der Wollhändler Robert Ireland. Vor der Markthalle, der *Old Market Hall* (16. Jahrhundert; die Figur in der Fassade stammt von der Welsh Bridge), steht das 1860 aufgestellte **Standbild des Lord Clive.** *Robert Clive* (1725 – 1774), Gouverneur von Bengalen, war der Sohn eines mittelständischen Landbesitzers aus dem benachbarten Market Drayton. Mit 18 Jahren ging er als Schreiber der Ostindienkompanie nach Madras, fand jedoch keinen Gefallen an der Verwaltungstätigkeit. Nach Auseinandersetzungen mit seinen Vorgesetzten wechselte er 1748 in den Militärdienst und machte schnell Karriere. Bereits 1757 besiegte er als Kommandeur in der Schlacht von Plassey eine französisch-bengalische Armee und legte damit den Grundstein für den britischen Imperialismus in Indien. 1760 kehrte er als Held nach England zurück, seine militärische Laufbahn hatte ihm Reichtum und den Aufstieg in den Adelsstand gebracht. Fortan blieb er mit Shrewsbury verbunden. 1762/13 war er Bürgermeister der Stadt und hatte ab 1771 das ehrenvolle Amt des *Recorders* (Stadtrichters) inne, außerdem vertrat er die Stadt im

Old Market Hall in der Vorweihnachtszeit

Parlament und stand der Verwaltung der Grafschaft vor.

Das von ihm bewohnte Haus befindet sich in *College Hill*, am Ende einer kleinen Passage. **Clive House Museum,** Di – Sa 10 – 16 Uhr, Dezember und Januar geschlossen, ✆ 01743/354811. Eintriff £1 (man sollte am besten eine verbilligte Eintrittskarte für alle Museen der Stadt lösen). Das Museum selbst informiert allerdings nicht ausschließlich über Lord Clive. Zwar werden einige Porträts sowie seine Amtsrobe gezeigt, das eigentliche Thema ist jedoch das Leben in einem Stadthaus des 18. Jahrhunderts mit Küche, Hinteraufgang für das Dienstpersonal und einem Kinderzimmer, in dessen einer Ecke altes

Spielzeug ausgestellt ist, das in der anderen Ecke sogar besuchenden Kindern die Möglichkeit gibt, an Nachbildungen die alten Spiele auszuprobieren. Außerdem wird Porzellan aus der Industrieproduktion von Coalport gezeigt.

Eine weitere Attraktion von College Hill ist **Old St. Chad.** Viel ist von dieser Kirche nicht erhalten, sie stürzte 1788 größtenteils ein, doch die Ruine auf dem Kirchhof ist einer der Ruhepunkte dieser an Wochentagen so hektischen Stadt. Durch *Princess Street* gelangt man nach links in die *Milk Street* und *Belmont,* eine durch den Wohlstand der Stadt im frühen 18. Jahrhundert geprägte Straße, deren Häuser Ausblick auf den Fluß und die Landschaft bieten. Sich wiederum nach links wendend, kann man in *Town Walls* der teilweise erhaltenen **Stadtmauer** folgen. Mit der Befestigung der Stadt wurde 1226 begonnen. Sie wurde aus Furcht vor Überfällen aus Wales als unerläßlich angesehen, nur so sind die vierzig Jahre währenden Kosten und Mühen der Bürger zu erklären. Viele Städte der Midlands blieben ohne Mauern. Der Weg führt an dem 1719 angelegten **Stadtpark** *The Quarry* vorbei. Hier befand sich tatsächlich einmal ein Steinbruch, der in eine attraktive Erholungsanlage *(The Dingle)* mit Teich und Musikpavillon verwandelt wurde.

Der Weg führt zur Ende des 18. Jahrhunderts neu erbauten **Welsh Bridge** im Norden der Altstadt. An der Brücke vorbei biegt man rechts in die Straße *Mardol* ein. Wiederum nach rechts geht es in *Hill's Lane* zu

Rowley's House and Mansion, dem *Heimatmuseum* der Stadt. Öffnungszeiten: Di – Sa 10 – 17 Uhr, So 10 – 16 Uhr, ✆ 01743/361196. Eintritt £2. In der Tudorzeit war dies das Haus des Tuchhändlers *William Rowley.* Der Anbau von 1618 war der erste Ziegelbau der Stadt. Im Erdgeschoß sind im 18. Jahrhundert bei Wroxeter und entlang der Watling Street gefundene römische Grabsteine aufgestellt; die einstündige *Tonbildschau* zu Geschichte und Archäologie der Stadt ist empfehlenswert. Im *ersten Stock* sind drei Abteilungen eingerichtet: Frühe Funde der Bronze- und Eisenzeit, römische Gegenstände aus Wroxeter, Shrewsbury im Mittelalter, wobei auch eine kürzlich durchgeführte Ausgrabung im Bereich der Abtei berücksichtigt wird. Im *zweiten Stock* gibt es eine Naturkundeabteilung sowie Vitrinen mit Kleidungsstücken aus verschiedenen Epochen.

Schlachten, Richter und Henker

Durch *Barker Street* und *Bellstone*, nach links in Shoplatch geht es nun in **Pride Hill** den Hügel hinauf. An der Ecke von *Castle* und *St. Mary Street* befand sich einst die **Richtstätte,** auf der auch Staatsgefangene exekutiert wurden. Am 22. Juli 1403 vollstreckte man hier die Urteile an *Thomas Percy,* Graf von Worcester, *Sir Richard Venables* und *Sir Richard Vernon,* die am Vortag in der Schlacht von Shrewsbury gefangen worden waren. Eigentlich ging es bei diesem Kampf nur um eine dynastische Auseinandersetzung. 1399 hatte Heinrich von Lancaster mit Hilfe der mächtigen Familie Percy seinen Vetter König Richard II. abgesetzt und als Heinrich IV. den Thron bestiegen. Die hohen Erwartungen der Percies an Belohnung für diesen Dienst waren nicht vollständig erfüllt worden, und so verbündeten sie sich mit Owen Glendower, dem Anführer eines kurz vorher ausgebrochenen, überraschend erfolgreichen Aufstandes in Wales. Bei Shrewsbury wurde die aus Nordengland kommende Armee von den königlichen Truppen gestellt und besiegt, ihr Anführer *Percy Hotspur* (Heißsporn) fiel in der Schlacht. Seine Berühmtheit erlangte das Ereignis als Höhepunkt von Shakespeares Drama »Henry IV« (Teil 1). Auf dem Schlachtfeld nördlich der Stadt (an der A49) errichtete der König einige Jahre später eine kleine Kirche, *St. Mary Magdalene Battlefield.*

Der Weg geht nun in die **Castle Street,** die geradeaus zur Burg und den Hügel hinunter zum Bahnhof führt. Das schöne große Steingebäude auf der linken Seite ist die 1552 eingerichtete *Shrewsbury School.* Heute ist hier die **Stadtbibliothek** untergebracht (Mo und Mi 9.30 – 17 Uhr, Di und Fr 9.30 – 19.30 Uhr, Do 9.30 – 13 Uhr, Sa 9.30 – 16 Uhr). Berühmte Persönlichkeiten sind hier unterrichtet worden, so der bekannteste Sohn der Stadt, der Naturforscher und Begründer der nach ihm benannten Abstammungslehre *Charles Darwin* (1809 – 1882), dem ein Denkmal auf dem Vorplatz gewidmet wurde. Zu erwähnen ist auch der Dichter und Politiker *Sir Philip Sidney* (1554 – 1586), der die Schule ab November 1564 vier Jahre

SHROPSHIRE & DER SEVERN

lang besuchte. Ab 1848 gehörte auch *Samuel Butler* (1835 – 1902) zu den Schülern, Autor des Romans »Erewhon« (Anagramm des Wortes *nowhere; diese* originelle Satire auf das viktorianische England verdreht sämtliche Wertbegriffe in ihr Gegenteil). Butlers Großvater hatte das Institut als *Headmaster* geleitet.

Außer Schöngeistern und Wissenschaftlern hat die Schule jedoch auch einen für seine Skrupellosigkeit notorischen Juristen hervorgebracht, *George Jeffries,* später Baron von Wem (1648 – 1689). Seine von Kennern als oberflächlich bezeichneten Rechtskenntnisse erwarb er in London, wo er auch seine Karriere begann, die ihn bald zum Richteramt führte. Die Härte der von ihm gefällten Urteile und die höhnische Art, mit der er die Angeklagten behandelte, trugen ihm die Kritik von Zeitgenossen ein, machten jedoch König Jakob II. zu seinem Förderer. Er wurde schließlich *Lord Chief Justice* von England und ist wahrscheinlich für Hunderte von Todesurteilen in politischen Prozessen – die genaue Zahl ist nicht bekannt – verantwortlich. Nach der Flucht des Königs im Dezember 1688 wurde er bei dem Versuch, in Verkleidung ins Ausland zu flüchten, erkannt und gestellt. Er starb bald darauf, wie man sagt, an den Folgen der Trunksucht, im Tower von London.

Von der Burg zurück zum Marktplatz

Die Burg ist täglich 10 – 17 Uhr geöffnet. Sie entstand als provisorische Befestigung auf einem Erdhügel *(Motte),* der noch heute Bestandteil der Anlage ist. Die Plattform dort oben bietet einen schönen Ausblick über die Stadt und den Fluß, nach Osten hin bis nach Haughmond Hill. Das Türmchen, *Laura's Tower,* wurde 1790 von dem Ingenieur Thomas Telford errichtet. Das Hauptgebäude stammt aus dem späten 13. Jahrhundert, die Burg wurde jedoch, auch durch Zerstörungen während des Bürgerkriegs, stark verändert.

In der Burg ist heute das *Museum des örtlichen Regiments* untergebracht. Öffnungszeiten des Museums: Mai bis September 10 – 16.30 Uhr, montags geschlossen. ✆ 01743/ 358516, Eintritt £2. Hier werden allerlei Uniformen und Trophäen ausgestellt, darunter auch der Marschallstab des letzten Führers von Nazideutschland, Admiral Dönitz.

Der Weg führt dann zurück durch die Castle Street und St. Mary's Street zur **Kirche St. Mary,** der größten Pfarrkirche der Stadt. Der heutige Bau geht in Teilen (Chor und Querhäuser) bis in das 12. Jahrhundert zurück. Spätere Veränderungen fallen durch die Verwendung anderer Steinsorten auf. Hervorzuheben sind die alten Glasfenster, die allerdings zum großen Teil aus anderen Kirchen stammen. Von hier bis zur gegenüberliegenden **Kirche St. Alkmund,** die nach dem Desaster von Old St. Chad im Jahre 1793 errichtet wurde (nur der Turm blieb erhalten), erstreckte sich der Marktplatz der angelsächsischen Stadt; der heutige Marktplatz wurde erst 1261 angelegt. Nicht versäumen sollte man hier eine der schönsten Straßen der Stadt, **Butcher Row**, die zum Glück vom Straßenverkehr entlastet ist. Eine kleine Gasse, *Grope Lane* – der Name grope = grapschen deutet auf Prostitution im Mittelalter hin –, verbindet den alten und den heutigen Marktplatz.

Unterkunft

Ein vollständiges Verzeichnis von Unterkünften, auch außerhalb der Stadt – *Shrewsbury, Where to Stay* – ist bei der Touristeninformation erhältlich.

The Lion, Wyle Cop, Shrewsbury SY1 1UY, ✆ 01743/353107, Fax 352744. Moderne Ausstattung in historischer Umgebung; gehört der Forte-Gruppe. B & B ab £44, Einzelzimmer £55.

Tudor House, 2 Fish St., Shrewsbury SY1 1UR, ✆ 01743/351735. Empfiehlt sich durch zentrale und ruhige Lage. Doppelzimmer ab £38, Einzelzimmer ab £25.

Allandale, Mrs. S. McCaughey, Abbey Foregate, ✆ 01743/240173. Doppelzimmer ab £15.

Glynndene, Mrs. C. Tolley, Abbey Foregate, ✆ 01743/352488, Doppelzimmer ab £15.

Essen & Trinken

Drapers' Hall, Restaurant, Mo – Sa 9 – 17 Uhr, St. Mary's Place, ✆ 01743/344679.

The Old Lion Restaurant, Barracks Passage, Wyle Cope, ✆ 01743/363633.

The Corbet Arms, Restaurant, ✆ 01743/709232, Uffington (östlich von Shrewsbury). Guter Mittagstisch, montags geschlossen.

Touristeninformation: *Music Hall* (am Marktplatz hinter der Old Market Hall), geöffnet Mo – Sa 9.30 – 18 Uhr, So 10 – 16 Uhr, ✆ 01743/350761.

Haughmond Abbey

Haughmond ist eins der vielen englischen Klöster, die unter der Reformation Heinrichs VIII. schlimm gelitten haben. Nur Ruinen sind noch übrig, die allerdings sind sehenswert, zeigen sie doch die allmähliche Vergrößerung des 1135 gegründeten Klosters in eine imposante Anlage. Die *Privaträume* des Abtes, ausgestattet mit einem schönen Erkerfenster, und seine »Hall« liegen dem Eingang gegenüber. Ihm folgte einst der *kleine Kreuzgang*, dessen andere drei Seiten von Küche, Refektorium und Schlafsaal gebildet wurden. Von allen drei Räumen stehen nur noch Bruckstücke der Außenmauern, die drei Herdstellen der Küche sind allerdings noch gut erkennbar.

Der *große Kreuzgang* schließt sich an. Hier ist der einzige halbwegs erhaltene Raum, das Kapitelhaus, mit reich verzierten Rundbögen. Die *Kirche* lag an der Nordseite, ihre Ausmaße sind noch erkennbar. Nach 1539 erfolgte ein Teilabriß, das geräumige Haus des Abtes wurde in ein privates Domizil umgewandelt, blieb jedoch nur etwa 150 Jahre in Gebrauch.

Öffnungszeiten: Haughmond Abbey, English Heritage. 1. April – 30. September Mi – So 10 – 13 Uhr, 14 –

SHROPSHIRE & DER SEVERN

Shropshire & Severn

SHROPSHIRE

Haughmond Abbey

Newport

Telford

Weston Hall

Brewc

Weston Park

Boscob House

Tong

Attingham Park

Wrekin ▲ 410

Shrewsbury

Coalbrookdale

Viroconium

Shifnal

Severn

Buildwas

Ironbridge

Benthall Hall

Albrighton

Wolverhampto

Much Wenlock

Wenthor

Ippkin Rock

Burton

Longville in the Dale

Church Stretton

Wilderhope Manor

Tasley

Bridgnorth

The Long Mynd

Severn Railways

Dudmaston Hall

Stourb

Bishop's Castle

Wenlock Edge

Corve

Severn

Clun

Calvern Arms

Brown Clee Hill

533 m ▲ Clee Hill

Cleobury Mortimer

Wyre Forest

Kidderminst

Clun Castle

Stokesay Castle

Ludlow

Bewdley

Knighton

Elton

Stourport-on-Severn

Hertlebury

Bircher

A456

HEREFORD & WORCHESTER

Droitwich Spa

Mortimer Croft

Croft Castle

Berrington Hall

Shobdon

Hammish

Lower Brockhampton Hall

Worcester

Kington

Leominster

Bredenbury

Bromyard

Nat.-Res.

© Peter Meyer Reiseführer

N
1 cm
◄ 6 km ►

18 Uhr (auch an Bank-Holiday-Montagen). ✆ 01743/709661. Liegt 5 km nordöstlich von Shrewsbury an der B5062.

Die Gemäldegalerie von Attingham Park

Attingham Park ist einer der vielen Landsitze des englischen Klassizis-

mus. Unter Einbeziehung eines älteren Hauses wurde 1782 mit der Planung begonnen. Der Park wurde vom führenden Gartenarchitekten seiner Zeit, *Humphrey Repton* (1752 – 1818), geschaffen, die Gemäldegalerie entwarf *John Nash* (1752 – 1835), der Schöpfer des Marble Arch in London. Bau und Ausstattung waren so aufwendig, daß der zweite Besitzer sich daran finanziell ruinierte. Eine detaillierte Auktionsliste ist deshalb der einzige Rest der ursprünglichen Einrichtung. *William Hill, 3.* Lord Berwick, der Bruder des Bankrotteurs, der 25 Jahre in Italien als Diplomat verbracht hatte, übernahm das Haus und brachte seine ausgezeichnete Kunstsammlung mit.

Zu sehen gibt es hier also die Räumlichkeiten des Erdgeschosses und die größtenteils aus Italien stammende Sammlung. Unter den Gemälden befinden sich auch einige von bekannten deutschen Malern, die im 18. Jahrhundert in Italien tätig waren. So ist im **Drawing Room** auf drei Landschaften des Wahlneapolitaners *Jacob Philipp Hackert* (1735 – 1807) und auf weitere drei eigens in Rom geordnete Gemälde der Goethefreundin *Angelika Kauffmann* (1741 – 1807) hinzuweisen.

Nach dem *Sultana Room* und dem **East Anteroom** mit einem Porträt der letzten Bewohnerin Attinghams von *Walter Sickert* (1860 – 1942) geht es, nachdem man einen Blick in das *Boudoir* geworfen hat, in den wichtigsten Raum, die **Picture Gallery.** Sie wurde 1805 unter Verwendung gußeiserner Dachträger gebaut, die im nahegelegenen Coalbrookdale hergestellt worden waren. Ein Informationsblatt zu den über 50 Gemälden des Raumes liegt aus, die Beschreibung beginnt links über der Tür, durch die man den Raum betritt. Es folgen noch das achteckige *Arbeitszimmer,* Gegenstück zum Boudoir, die *Inner Library* (eine weitere, größere Bibliothek befindet sich im Westflügel) sowie der Speisesaal.

Öffnungszeiten: Attingham Park, NT, 1. April – 27. September Sa – Mi 13.30 – 17 Uhr, an Bank-Holiday-Montagen 11 – 17 Uhr, im Oktober Sa und So 13.30 – 17 Uhr, ✆ 01743/ 709203, Eintritt £3,50.

Römer und Cornovier in Wroxeter

Die römische Stadt VIROCONIUM CORNOVIORUM, Hauptstadt des Stammes der *Cornovier,* nahm einst eine Fläche von über 70 Hektar ein und war mit einem Mauerumfang von 3,7 km die viertgrößte Stadt der Provinz. Die Cornovier waren hier im ersten nachchristlichen Jahrhundert angesiedelt worden, als ihre Befestigung auf dem benachbarten *Wrekin* zerstört worden war (siehe auch Geschichte Seite 17). Ausgrabungen wurden ab 1859 durchgeführt und die bisher freigelegten Stellen, ein Teil des Stadtzentrums mit der Markthalle und dem Bad, zur Besichtigung freigegeben. Im *Museum* werden Keramik und andere Funde, darunter auch eine große Inschriftentafel vom Forum aus der Zeit des Kaisers Hadrian gezeigt. Es ist nicht bekannt, warum die Stadt ab dem 5. Jahrhundert verfiel. Große Teile wurden später offensichtlich planmäßig abgetragen, die Baumaterialien anderweitig verwendet. Die Reste verschwanden unter den Äckern des mittelalterlichen Dorfes Wroxeter.

Öffnungszeiten: Von English Heritage verwaltet, 8 km östlich von Shrewsbury. 1. April – 30. September täglich 10 – 13 und 14 – 18 Uhr, 1. Oktober – 31. März Mi – So 10 – 13 und 14 – 16 Uhr, Weihnachten und Neujahr geschlossen. © 01743/ 761330, Eintritt £2,30/£1,70.

Wiege der Industriellen Revolution: Ironbridge

Wer dem Severn von Wroxeter flußabwärts folgt, gelangt hinterm *Coalbrookdale* an die Stelle, die als »Wiege der Industriellen Revolution« bezeichnet wird. Die 1779 errichtete eiserne Brücke über den Severn, die erste ihrer Art in der Welt, war von Anfang an das Symbol der neuen Zeit.

Es bedarf einer Erklärung, warum die Industrialisierung in einer ländlichen Gegend fernab von großen Bevölkerungszentren ihren Ursprung nahm. Bereits im Mittelalter wurden die in den Hügeln entlang des Severn leicht erreichbaren Kohlevorräte abgebaut. Kohle besserte nicht nur die Einkommen örtlicher Klöster auf, wie etwa das der Zisterzienser im benachbarten *Buildwas*, sondern war im 17. Jahrhundert auch die Grundlage für erste Industrien. Neben der Produktion von Töpferwaren in *Jackfield* und einer Reihe von Glasfabriken ist besonders die Eisenproduktion zu nennen. Die Hügel waren nämlich nicht nur reich an Kohle, sondern auch an Eisenerz. Diese Industrien waren nicht nur auf das kleine Stück des Severn bei Coalbrookdale beschränkt, sondern erstreckten sich über den ganzen östlichen Teil der Grafschaft Shropshire.

Die Sonderentwicklung vom Coalbrookdale basierte auf der günstigen Lage am Fluß und noch einem weiteren Faktor: neuen Methoden, die der Eisengießer *Abraham Darby* (1678 – 1717) im Jahre 1709 einführte, nachdem er einen älteren Schmelzofen, eine Inschrift datiert ihn auf 1638, übernommen hatte. Als Brennstoff für die Roheisenproduktion wurde zu dieser Zeit generell Holzkohle verwendet, ein teures Verfahren, besonders in einem Land, dessen Waldbestand sich stetig verringerte. Abraham Darby benutzte ausschließlich Koks, den er eigens für seinen Ofen aus Kohle herstellen ließ. Zwar konnten dabei unerwünschte chemische Verbindungen entstehen, die das Roheisen brüchig machten und seine Bearbeitung erschwerten, doch diese Schwierigkeiten wurden überwunden. Bis zu 25 Tonnen Eisen konnten Darby und seine Mitarbeiter pro Woche produzieren. Zunächst wurden eiserne Gefäße hergestellt, nach Abraham Darbys Tod und seiner Beisetzung auf dem Quäkerfriedhof in *Broseley* wurde die Palette der Produkte erweitert. Ab 1722 wurden Kessel für *Newcomen*-Dampfmaschinen (nach dem Schmied *Thomas Newcomen,* 1663 – 1729) gefertigt, die seit 1711 zur Wasserförderung in Bergwerken und ab 1743 hier auch zur Wasserversorgung eingesetzt wurden. Nach der Einführung verbesserter Maschinen im Jahr 1780 durch *Matthew Boulton* (1728 – 1809), einen Industriellen aus Birmingham, der eine Fabrik zur Herstellung von Metallknöpfen und ähnlichem besaß, und *James Watt* (1736 – 1819), der 1765 die erste direkt wirkende Niederdruck-Dampfmaschine entwickelt hatte, verlegte man sich auf deren Produktion. Dampfmaschinen wurden das wichtigste Produkt der Eisenwerke im Coalbrookdale.

Als der Ingenieur *Richard Trevithick* (1771 – 1833) 1802 eine Hochdruckdampfmaschine baute, die sich selbst auf Schienen fortbewegen konnte, geschah dies in den Fabriken am Severn. Daneben produzierte man eiserne Räder, Schienen für die Loren der Bergwerke und die Verladestellen am Fluß, gußeiserne Kaminverkleidungen, Geländer, Bauteile (wie die Deckenkonstruktion von *Attingham Park)* und 1779 als Glanzstück die erste Eisenbrücke der Welt, die der umliegenden Siedlung ihren Namen gab: *Ironbridge.*

Es ist unverständlich, warum ab 1740 auch Kanonen hergestellt wurden, denn als Quäker hätten sich die Darbys von der Rüstungsindustrie fernhalten müssen. Diese Phase war aber 1790 vorüber, in den langen Jahren der napoleonischen Kriege wurden im Coalbrookdale keine Waffen hergestellt. Zu dieser Zeit waren bereits umfangreiche Zulieferindustrien entstanden, Kokereien, Kalkbrennereien und Ziegeleien, die die Baustoffe für die neue Industriearchitektur lieferten. Andere »ironmasters«, unter ihnen *John Wilkinson* (1728 – 1808), dessen gekreuzte Schwerter noch heute ein Warenzeichen auf vielen Rasierklingen sind, kamen in die Gegend, und die **Siedlung Ironbridge** gewann städtischen Charakter. Das *Tontine Hotel* wurde 1784 von den Darbys errichtet und daneben ein

Thomas Newcomens erste Dampfdruckmaschine von 1712

Markplatz angelegt. In den gleichen Jahren wurde der *Shropshire Canal* gebaut, die Fabriken und nicht zuletzt die Brücke am Severn wurden zu einer Sehenswürdigkeit, zu deren Bewunderern auch *Thomas Telford* (1757 – 1834) gehörte, der Konstrukteur wichtiger Straßen und Kanäle, nach dem die neue Stadt *Telford* benannt ist.

Da gußeiserne Ornamente und Mobiliar immer größere Verbreitung fanden, wurde 1856 eine Kunstakademie eröffnet, um Nachwuchs für die Designer zu schaffen, die auch in den Porzellan- und Fliesenfabriken gebraucht wurden. Im 19. Jahrhundert liefen die Fabriken am Severn noch auf Hochtouren, allerdings gingen

Seit 1779 ein Symbol: die erste Eisenbrücke der Welt

von hier keine Innovationen mehr aus, und andernorts waren bedeutendere Industriereviere entstanden. Spätestens nach dem Ende des Ersten Weltkriegs ging es dann wirtschaftlich bergab mit der Region. Zum Teil waren die Bodenschätze erschöpft, und es lohnte nicht, Rohmaterial aus immer größeren Entfernungen heranzubringen, zum Teil war es auch die geographische Lage, die sich nun nachteilig auswirkte, da der Severn aufgrund seiner Hochwasser nicht immer befahrbar war. Die Fabriken machten zu, und auch die Wohnquartiere verfielen. Als in den dreißiger Jahren in *Wenlock* eine Kanalisation

gebaut wurde, hieß es, eine Umsiedlung der Bewohner aus Ironbridge sei billiger als ein Anschluß ans Netz. Aufträge für die Rüstung während des Zweiten Weltkriegs brachten eine vorübergehende Besserung, änderten jedoch nichts daran, daß die Zeit von Coalbrookdale und den umliegenden Industrieanlagen vorbei war.

Coalbrookdale & Ironbridge heute
Nun erst wurde man sich der Konsequenzen der Industrialisierung bewußt. Die Gegend um Telford war ein ökologischer Alptraum, kahlgeholzt, voller Abraumhalden und Industrieabfälle zwischen aufgegebenen Fa-

brikgebäuden. Heute merken die Besucher davon kaum noch etwas, die Hänge sind wieder bewaldet, und nicht einer der einst zu Dutzenden qualmenden Schlote ist aktiv. Manche Industrielle hatten bereits zu Zeiten der Königin Viktoria hier stattliche Villen gebaut und sich in dieser Gegend zur Ruhe gesetzt. Doch der Wandel hat sich erst in den letzten zwanzig Jahren vollzogen. Die Bedeutung von Ironbridge wurde entdeckt, man wurde sich bewußt, daß hier nicht nur alte Fabrikhallen, sondern die ältesten Anlagen der Schwerindustrie überhaupt standen. Dies war die Stunde der Industriearchäologen. Es wurde ausgegraben, restauriert und inventarisiert.

Die Industrie im Coalbrookdale hatte sich ohne jeden Plan entwickelt. Schächte, die nichts mehr lieferten, waren aufgegeben, neue gegraben worden, Kalköfen und Ziegeleien waren entstanden, wo immer es passend schien. Jetzt wurde eine eigene Forschungsstätte, das *Ironbridge Institute*, gegründet und eine Reihe der alten Anlagen als Museen der Öffentlichkeit zugänglich gemacht. Die Sehenswürdigkeiten sind ohne ein rechtes Zentrum über ein weites Gebiet verstreut. Parkplätze sind überall vorhanden, an manchen Tagen ist eine Busverbindung eingerichtet.

Besichtigung des Ironbridge Gorge Museum

Man beginnt die Besichtigung am besten mit dem **Museum of Iron,** das sich auf dem Gelände des alten Hochofens *(Darby Furnace)* von Abraham Darby, dem Kern der späteren Fabrik, befindet. Die alte Anlage wurde aus dem Schutt wieder ausgegraben und mit einem Schutzdach versehen. Das Museum ist in einem der Fabrikgebäude. Hier wird die Geschichte der Fabrik zusammen mit den alten Arbeitsprozessen vorgestellt. Etwa 100 Meter oberhalb des Geländes stehen die Wohnhäuser der Familie Darby, **Dale House** und **Rosehill House,** die ebenfalls beide als Museen hergerichtet sind. Obwohl sie den Großgrundbesitzern der Grafschaft nicht an Reichtum nachstanden, stellten die Darbys ihn nicht zur Schau: Der Unterschied zu den Landsitzen der Umgebung ist offensichtlich. Nur etwa 100 m bergauf befindet sich der zur gleichen Zeit angelegt Quäkerfriedhof, wo sich zwischen anderen noch Grabsteine von Mitgliedern der Familie Darby finden.

Direkt am Severn steht das **Museum of the River.** Das Gebäude wurde um 1840 als Lagerhaus der Coalbrookdale Company eingerichtet. Der Weg die Uferstraße entlang geht an anderen ehemaligen Lagerhäusern vorbei, die heute als Wohn- oder Gasthäuser dienen. Er führt zur **Ironbridge** mit ihrem *Zollhäuschen.* Noch bis 1950 kostete jede Überquerung der Brücke eine Gebühr. Am *Tontine Hotel* vorbei führt eine Treppe unter dem Friedhof hindurch zur **Kirche** hinauf. Der Blick von hier in das grüne Tal des Severn läßt nicht ahnen, daß der Boden einst verrußt und die Luft voller Rauchschwaden war.

Die nächste Sehenswürdigkeit, die **Bedlam Furnaces,** liegt bereits außer-

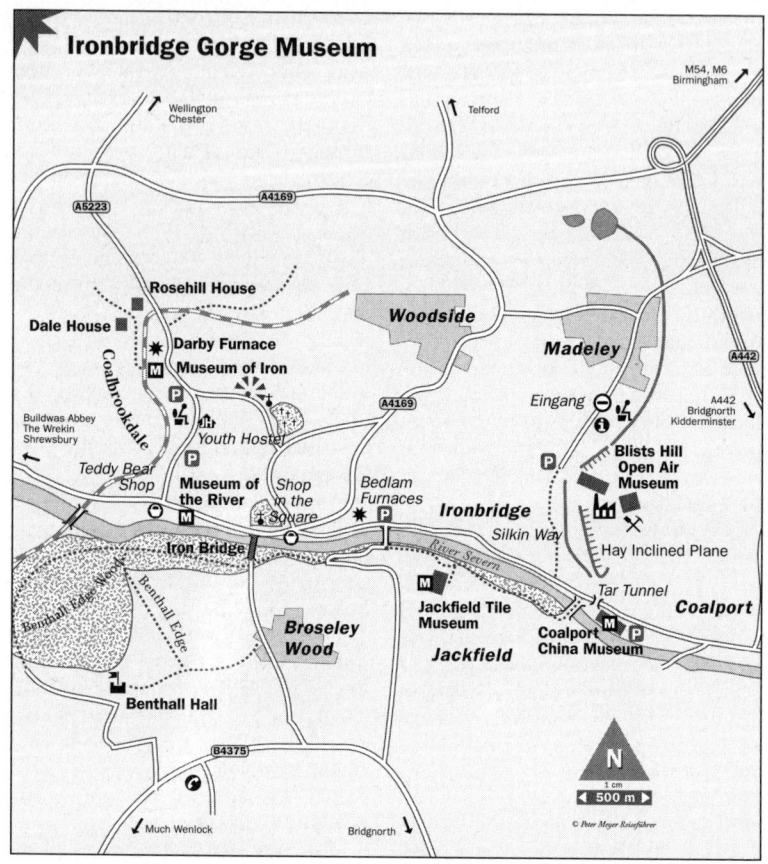

Ironbridge Gorge Museum

M54, M6
Birmingham

Wellington
Chester

Telford

A5223

A4169

Rosehill House

Dale House

Woodside

Madeley

A442

Coalbrookdale

Darby Furnace
Museum of Iron

Buildwas Abbey
The Wrekin
Shrewsbury

A4169

Eingang

A442
Bridgnorth
Kidderminster

Youth Hostel

Teddy Bear
Shop

Museum of
the River

Shop
in the
Square

Bedlam
Furnaces

Ironbridge

Blists Hill
Open Air
Museum

Silkin Way

Iron Bridge

River Severn

Hay Inclined Plane

Tar Tunnel

Coalport

Benthall Edge Wood

Benthall Edge

Broseley
Wood

Jackfield Tile
Museum

Jackfield

Coalport
China Museum

Coalport

Benthall Hall

B4375

N

1 cm
◀ 500 m ▶

© Peter Meyer Reiseführer

Much Wenlock

Bridgnorth

halb von Ironbridge, wiederum an der Uferstraße. Zwei Schmelzöfen wurden 1757/8 hier in Betrieb genommen. Die Gebläse wurden mit Flußwasser betrieben, das eine Dampfmaschine heraufpumpte. Ein Stück weiter führt eine zweite Brücke über den Fluß in das Dorf *Jackfield*. Im 19. Jahrhundert gab es hier zwei der größten Fa-

briken für Wand- und Bodenkacheln der Welt. In einer von ihnen ist heute das **Jackfield Tile Museum** untergebracht. Außer den Produkten mit ihrem zum Teil wunderschönen Design in Bildern und Mustern können die Büroräume besichtigt werden. Sie wurden 1874 eröffnet und blieben bis 1952 in Betrieb. Die Fabrikhallen verfielen danach und wurden auch nicht wieder restauriert. Nur in einem Teil der Anlage findet heute wieder eine Fliesenproduktion statt. Bei den verschiedenen Arbeitsvorgängen (Pressen, Brennen, Glasieren) kann man zuschauen und die Waren auch kaufen. Kacheln aus der Industrieproduktion erscheinen vielen vielleicht nicht als große Attraktion, doch eine solche Meinung wird hier gewiß revidiert: mancher Besucher hat auf dem Rückweg erheblich schwereres Gepäck. Beim Design liegen die alten Formen und Muster zugrunde.

Das Freilichtmuseum Blists Hill

Für viele wird das **Blists Hill Open Air Museum** die größte Attraktion darstellen. Im Hügel gab es eine Kohlengrube mit vertikalen wie auch horizontalen Schachteingängen. Das Material konnte gleich verladen werden, denn der *Shropshire Canal* verlief in unmittelbarer Nähe in Richtung Severn. Zum Fluß hinunter war allerdings ein Höhenunterschied von über 50 Metern zu überwinden. Die Ingenieure bewerkstelligten dies durch eine parallele Schienenverbindung *(Inclined Plane)*, eine von fünf solchen Anlagen auf dem Shropshire Canal. Die Kanalboote wurden auf Wagen gesetzt und so hinauf oder hinunter befördert. Ein beladener, abwärts fahrender Wagen brachte einen leeren hinauf, zum Heraufschleppen eines Kanalbootes von unten war die Kraft von Dampfmaschinen nötig. 1793 war der 305 Meter lange Schienenweg betriebsbereit, der von einem Boot in etwa vier Minuten passiert wurde.

Ab 1832 wurden am Blists Hill von der *Madeley Wood Company* neue große Schmelzöfen in den Hang gebaut, und ungefähr zwanzig Jahre später entstanden auf beiden Seiten des Kanals große Ziegeleien. So schuf man mehr als 500 Arbeitsplätze. Die Schienenbahn für Kanalboote war genau 100 Jahre lang in Betrieb, dann waren die Anlagen nicht mehr rentabel. Die Hochöfen stellten die Produktion 1912 ein, die Bergwerke folgten 1941, und nach dem Zweiten Weltkrieg schlossen auch die Ziegeleien. Zurück blieb eine Industriewüste, die nur noch dem Abbau von Schlacke für den Straßenbau diente.

Um diese Reste und Ruinen herum ist neuerdings eine kleine viktorianische Stadt entstanden, mit *Geschäften, Werkstätten* und selbstverständlich auch einem *Pub*. Besucher begeben sich zunächst zur **Bank,** um Geld zu wechseln, denn bezahlt wird auf dem Blists Hill in der alten Währung zu einem Kurs, der dem der viktorianischen Zeit entspricht. »Funny money« nennen die Angestellten des Museums ihr Geld, das in Viertelpfennigen *(Farthings),* Halbpfennigen *(Halfpennies),* Pfennigen und Dreipfennigstücken ausgegeben wird. Zwölf Pfennige kommen auf den Schilling und 20 Schillinge auf das Pfund, doch für Summen in dieser Größenordnung kann man beim Schreiner der Museumsstadt schon fast einen Sarg kaufen. Kupferschmiede, Klempner, Drucker, Kerzenmacher, Schlosser, Stukkateure und Vertreter anderer Handwerke zeigen ihr Können, führen Arbeitstechniken des

19. Jahrhunderts vor und bieten ihre Produkte zum Kauf an.

Bei den Gebäuden handelt es sich oft um Häuser, die andernorts abgebaut und hier wieder aufgestellt wurden, wie etwa die *Bäckerei* oder das Haus des viktorianischen *Landarztes,* das ebenfalls samt kompletter Einrichtung besichtigt werden kann. Andere Anlagen standen von Anfang an auf dem Gelände, so die Dampfmaschine, mit der die Förderanlage eines der Schächte betrieben wurde. Eine bessere Darstellung englischen Lebens und der Arbeitswelt des 19. Jahrhunderts wird schwerlich zu finden sein. Selbstverständlich treten die Mitarbeiter des Museums in historischen Kostümen auf, und mit etwas Glück kann man in der *Schule* eine besuchende Schülergruppe ebenfalls kostümiert beim Unterricht erleben.

Direkt am unteren Ende der Schienenbahn des Shropshire Canal, jedoch außerhalb des Freilichtmuseums liegt der **Tar Tunnel.** Bereits 1786, also vor der Kanalverbindung, hatte *William Reynolds,* einer der Eisenbarone, eine Verbindung der Zechen des Blists Hill mit dem Severn herzustellen versucht. Dazu ließ er am Flußufer einen Tunnel in den Hang graben. Die Arbeiter stießen bald auf Bitumenvorkommen, die dem Projekt eine neue Richtung gaben. Der neue Rohstoff wurde bis 1843 gewonnen, der Stollen dabei 1,5 km weit in den Hügel getrieben. Ungefähr 100 Meter des Tunnels stehen zur Besichtigung frei.

Wer dem parallel zum Severn verlaufenden Kanal folgt, gelangt nach *Coalport* zum **Coalport China Museum,** wo sich zwischen 1795 und 1926 eine der größten Porzellanfabriken des Landes befand. Neben einer Ausstellung der schönsten Stücke werden hier Informationen zur Porzellanherstellung gegeben. Die Tradition der Fabrik wird von der Firma *Wegdwood* in Stoke-on-Trent fortgesetzt.

Die Häuser der Arbeiter

Außer den Museen und Industrieanlagen ist auch die Besiedlung des Gebietes von Interesse. Bereits 1783 baute die Coalbrookdale-Gesellschaft Häuser für ihre Arbeiter, die in *Carpenter's Row* erhalten sind. Auch andere Wohnhäuser lassen erkennen, daß die Familien alle kleine Gärten hatten, oft auch Haustiere hielten.

Das Coalbrookdale war eines der Zentren der nichtkonformistischen Religionsgemeinschaften. Die Darbys und viele andere Unternehmer waren *Quäker,* erst 1854 wurde eine anglanische Kirche gebaut, als sich die Nachfahren des Abraham Darby vom Quäkertum entfernten. Unter den Arbeitern gab es viele *Methodisten,* Anhänger der Lehren von *John Wesley* (1703 – 1791), eines anglikanischen Geistlichen, der schon während seines Studiums in Oxford durch sein besonderes Interesse an der Spiritualität hervorgetreten war. Ein Bekehrungserlebnis lenkte 1738 seine Aktivitäten in eine neue Bahn. Er begann mit dem Aufbau von Gemeinden, die sich streng nach seinen Lehrsätzen zum neuen Testament richteten. Eine große Rolle dabei spielte die Vervollkommnung der eigenen Lebensweise, die nach bestimmten Grundsätzen und Methoden erfolgen sollte. Spötter nannten die Anhänger der Bewegung deshalb »methodists«, eine Bezeichnung, die Wesley recht gut gefiel. In England gewann der Methodismus besonders in den Unterschichten und in der neu entstehenden Industriearbeiterschaft viele Anhänger. Die erste *Kapelle* in Ironbridge wurde 1785 errichtet.

In der Mitte des 19. Jahrhunderts erkannten die Fabrikanten vom Coalbrookdale, daß sie ihre Produkte ansprechend gestalten mußten, um sich im Markt weiter behaupten zu können. Eine eigene Schule zur Ausbildung von Designern wurde gebraucht, und so wurde 1859 das *Coalbrookdale Institute* errichtet. Heute ist hier die Jugendherberge untergebracht.

Öffnungszeiten & Preise

Öffnungszeiten: 1. April – 5. November 10 – 17 Uhr (im Juli und August bis 18 Uhr), 6. November – 31. März 10 – 16 Uhr, Weihnachten geschlossen. Einige Museen schließen im September bereits um 16 Uhr.

Touristeninformation: *Visitor Information Service*, The Ironbridge Gorge Museum, Ironbridge, Telford, TF8 7AW, geöffnet Mo – Fr 8.45 – 17 Uhr, Sa und So 10 – 17 Uhr. ℗ 01952/ 433522 (wochentags), 432166 (an Wochenenden), Fax 432204.

Eintritt: für alle 7 Museen £8,95, Senioren £7,95, Kinder und Studenten £3,50, Familienkarte (2 Erwachsene und bis zu 5 Kindern) £27.

Karten für einzelne Museen: *Blists Hill Open Air Museum* £7, *Coalport China Museum* £3,50, *Tar Tunnel* £1, *Jackfield Tile Museum* £4, *Museum of the River* £2,50, *Museum of Iron* £4, *Rosehill House* £2,50. Der Eintritt zum *Derby Furnace* ist frei.

Unterkunft & Essen

★★★ *The Tontine Hotel*, The Square, Ironbridge, Telford TF8 7AL, ℗ 01952/432127, £30 EZ, £48 DZ.

★★★ *The Valley Hotel*, Chez Maw Restaurant, Ironbridge, Telford TF8 7DW, ℗ 01952/432247, Fax 432308, £62 EZ, £72 DZ. An der Uferstraße,

---

*Die **Quäkerbewegung** ist eine christliche Sekte, die in der Mitte des 17. Jahrhunderts in England entstanden ist. 1681 sind ihre Anhänger unter William Penn (1644 – 1718), Sohn eines englischen Admirals und späterer Gründer von Pennsylvania, nach Amerika ausgewandert. Heute ist die Bewegung in vielen Ländern der Welt verbreitet und zählt allein in den USA rund 200.000 Mitglieder. Sie verneinen die Gerichtsbarkeit jeglicher staatlicher Regierung und leisten weder Kriegsdienst noch Eide vor Gericht. Sie waren Vorkämpfer der Sklavenbefreiung, Demokratie und Frauenbewegung. Während der beiden Weltkriege haben sich Quäker durch humanitäres Verhalten bei der Versorgung von Verwundeten und Kriegsgefangenen besonders ausgezeichnet. 1947 wurde ihrer Gemeinschaft dafür der Friedens-Nobelpreis verliehen.*

beim Museum of the River. Sonderkonditionen (»short break«) möglich.

ℹ️ *Hazelbaum,* 14 Woodlands Rd. Hodge Bower, Ironbridge, Telford TF8 7QS, Mrs. Boyd, ℡ 01952/432454, ab £28.

ℹ️ *Barberry Cottage Guest House,* 71 Bower Yard, Ironbridge, Telford, TF8 7AZ, Mr. Roche, ℡ 01952/882110, ab £20.

Jugendherberge: *Ironbridge Gorge Paradise,* Coalbrookdale, Telford, ℡ 01952/433281.

Ausflüge von Ironbridge

Museen und Industrieanlagen sind nicht die einzigen Sehenswürdigkeiten der Gegend um Ironbridge. Nur 3 km flußaufwärts stehen die malerischen Ruinen des **Zisterzienserklosters Buildwas** am Severn.

Roger de Clinton, Bischof von Coventry, hatte es 1135 gegründet. Große Bedeutung hat Buildwas Abbey nie erlangt, an außergewöhnlichen Vorkommnissen gibt es nur die Ermordung des Abtes durch einen seiner Mönche im Jahr 1342 und die Entführung eines anderen Abtes durch walisische Räuber zu erwähnen. Als unter Heinrich VIII. die Klosterauflösungen damit begannen, daß zunächst die kleineren Häuser mit einem Jahreseinkommen unter £200 geschlossen wurden, gehörte Buildwas dieser ersten Gruppe an. Die Wirtschaftsgebäude blieben in privater Hand erhalten und können nicht besichtigt werden. Zu sehen sind die *Kirche* und die Gebäude der Ostseite des *Kreuzgangs,* die alle in der 2. Hälfte des 12. Jahrhunderts gebaut und später kaum verändert wurden. Lediglich die Kirchenfenster an der Ostseite gehen auf einen Umbau zurück. In jedem der Querhäuser befanden sich zwei Kapellen. Unter dem nördlichen Querhaus liegt die Krypta, gefolgt von der Sakristei und dem Skriptorium. Im Kapitelhaus hat man kleine Fundstücke zusammengetragen, der ehemalige Aufenthaltsraum der Mönche schließt die Reihe ab. Auf der gegenüberliegenden Seite befand sich das Wohnhaus der Laienbrüder, die den Wirtschaftsbetrieb des Klosters aufrechterhielten.

Wegbeschreibung: Von Ironbridge aus gesehen hinter der Kreuzung der A4169 mit der B4380, auf der anderen Flußseite gelegen (3,5 km).

Von der Kirche im Dorf *Buildwas* führt ein Fußweg an den Severn hinunter, ein anderer Weg beginnt hinterm Dorfausgang rechts, geht nach 1 km in einen Fußweg über und führt zum *Wrekin* hinauf (etwa 5 km).

Öffnungszeiten: English Heritage; 1. April – 30. September täglich 10 – 18, 1. Oktober – 31. März täglich 10 – 16. Weihnachten und Neujahr geschlossen. ℡ 01743/701101; Eintritt frei.

Benthall Hall

Von der Ironbridge aus auch zu Fuß zu erreichen ist das herrschaftliche Benthall-Haus. Die Brücke im Rükken folgen Sie zunächst der Straße 500 m bergan, biegen an der ersten Möglichkeit rechts ab und folgen der Straße bis zu ihrem Ende (800 m), wo sie sich in zwei Fußwege teilt. Der rechte führt an den Severn zurück, der linke bringt Sie nach weiteren 800 m über den *Benthall Edge* zum Benthall-Haus. Dessen Zufahrtsweg endet rechts nach einem halben Kilometer in einem Waldstück *(Benthall Edge Wood)*, durch das es in einem Bogen zum Severn und nach Ironbridge zurückgeht (4 km).

Die Besitzer des 1583 gebauten Hauses hatten sich nicht der Reformation angeschlossen und statteten das Gebäude daher mit *Priest holes* aus, in denen sich katholische Geistliche verstecken konnten. Das Treppenhaus und die schönen Verzierungen der Räume wurden im 17. Jahrhundert angefertigt, obwohl die Bewohner als Royalisten in den Jahren des Bürgerkrieges in arge Bedrängnis gerieten. Im Sommer 1645 versuchten königliche Truppen sogar, das Haus zurückzuerobern, die dabei verursachten Schäden machten aufwendige Reparaturen notwendig.

Öffnungszeiten: Broseley, TF12 5RX, 2. April – 27. September, Mi und So 13.30 – 17.30 Uhr, geöffnet an Bank-Holiday-Montagen. ✆ 01952/882159; Eintritt £3, NT.

Erreichbar mit dem Bus Midland Red von Telford nach Bridgnorth, Linien 7, 9, 99, Station Broseley.

Das Grab von Little Nell

Fährt man von Telford Richtung *Weston,* so gelangt man an der Ausfahrt 3 der M54 nach **Tong,** einem kleinen, unscheinbaren Dorf. Für *Charles Dickens* (1812 – 1870) war es das Vorbild der Ortschaft, in der die Helden der Erzählung »The Old Curiosity Shop« (Der Raritätenladen), Little Nell und ihr Großvater, nach langer Wanderung Ruhe finden. Selbstverständlich kann der Besucher das Grab von Little Nell auf dem Kirchhof sehen. Die Kirche selbst, ein Bau aus dem 13. Jahrhundert, der während des Bürgerkrieges kurz belagert wurde und einigen Schaden nahm, ist bekannt wegen der vielen alten Grabmonumente, die hier erhalten sind.

Zwei Kilometer südlich von Tong befindet sich das **Luftfahrtmuseum von Cosford,** das beste seiner Art in Zentralengland. Auf einem großen Freigelände und in drei Hallen werden vier Sammlungen gezeigt: Versuchs- und Erprobungsflugzeuge, Transportmaschinen, Kriegsflugzeuge und Raketen. Darunter befinden sich auch deutsche Flugzeuge aus dem Zweiten Weltkrieg, so der Düsenjäger ME262 und ein einmotoriger Fieseler »Storch« sowie andere Flugzeuge aus dieser Zeit: ein »Catalina«-Flugboot, eine »de Havilland Mosquito« und ein amerikanischer Bomber B24 »Liberator«. Daneben gibt es Kuriositäten wie den fliegenden »Floh«, eine französische Konstruktion von 1930, und Verkehrsflugzeuge britischer Fluggesellschaften. Die meisten der über 60 Flugzeuge werden regelmäßig gewartet und sind noch voll funktionstüchtig. Die Erklärungen zu jedem Exponat sind mehrsprachig und werden durch historische Filme illustriert. Ausgestellt werden auch Motoren sowie Fliegerbekleidung.

Öffnungszeiten: *The Aerospace Museum,* Cosford. Täglich außer Weihnachten und Neujahr 10 – 17 Uhr, ✆ 01902/374112, Fax 374813. Eintritt £4,20/£2,40.

Die Portraitsammlung von Weston Park

Nicht weit von Tong erstreckt sich Weston Park über mehrere Quadratkilometer. Das dazugehörige **Haus** wurde 1671 begonnen, ein stattlicher Backsteinbau, der heute als *Museum* für eine Reihe schöner Kunstwerke und Kuriositäten dient.

Auf die **Entrance Hall,** die eigentlich als Bibliothek geplant war, folgt die *Marble Hall,* die als Treppenhaus und Ausstellungsraum für das Familiensilber dient. Auch Porträts der Töchter von *Lady Wilbraham,* die das Haus in Auftrag gab, sind hier zu sehen. Der **Tapestry Room** ist mit kostbaren *Gobelins* (Bildteppiche) ausgestattet, die 1766 in Paris hergestellt wurden. Neben dieser Pracht ist jedoch auch auf eine recht unscheinbare *Silberschale* hinzuweisen, die in einer kleinen Vitrine ausgestellt ist. Sie wurde – so jedenfalls die Legende – aus der Matrix des großen Siegels von England gegossen, und das unter dramatischen Umständen. Die Geschichte dazu spielte sich im Jahr 1672 ab, nach dem Ende des republikanischen Experiments und der Wiederherstellung der Monarchie. König Karl II. plante durch eine »Declaration of Indulgence« die Religionsfreiheit sowohl für die nonkonformistischen Protestanten als auch für die Katholiken zu gewähren. Das Vorhaben stieß auf Widerstand, und so wollte der König die Maßnahme ohne Parlamentszustimmung kraft seiner Autorität durchsetzen. Das Großsiegel befand sich in dieser Zeit in der Hand von *Sir Orlando Bridgeman,* einem

Vorfahren der Familie von Weston Park, der als Krönung einer juristischen Karriere das Amt des »Keeper of the Great Seal« innehatte. Sir Orlando verweigerte die Besiegelung, nicht nur des Toleranzedikts, sondern auch anderer Patente, die für einige der Mätressen des Königs ausgestellt werden sollten. Natürlich wurde das Siegel sofort von ihm zurückgefordert, doch er ließ es einschmelzen, als die königlichen Boten gemeldet wurden. – Vielleicht ist die Geschichte wahr, denn die mit dem königlichen Wappen verzierte Siegeltasche befindet sich noch in Weston und wird hier ebenfalls gezeigt. Ein Konterfei des Sir Orlando hängt in der Bibliothek über dem Kamin.

Überhaupt sollte man auf die Porträtsammlung des Hauses achten. Unter den Malern ist nicht nur der Wahlengländer *Sir Peter Lely* (1618 – 1680) vertreten, von dem das Porträt der Lady Wilbraham im **Drawing Room** stammt, sondern auch *John Constable* (1776 – 1837), der das Bildnis eines weiteren Familienmitgliedes schuf. Es hängt in der **Bibliothek,** an der dem Eingang gegenüberliegenden Wand (zweites Bild von links), wo sich auch die als Bücherregal mit Titeln wie »The American Peerage« getarnte Geheimtür befindet. Gleich drei Porträts des *Anthonis van Dyck* (1599 – 1641) zieren den dicht mit Bildern geschmückten **Speisesaal,** während im **Breakfast Room,** der den Rundgang beschließt, nur eins unter den Dutzenden von Porträts hervorgehoben werden soll, eine Arbeit von *Hans Holbein d.J.* (um 1497/8 – 1543). Das

Bild über dem Tisch an der Eingangsseite zeigt *Sir George Carew,* den Unglücks-Kapitän des Schiffes »Mary Rose«, das auf seiner Jungfernfahrt 1545 vor Portsmouth sank (1982 wurde das Wrack gehoben und kann nun dort besichtigt werden).

Inmitten der wertvollen Porträts, Tausender alter Bücher und kostbaren Mobliliars weist der Führer plötzlich auf die *Gitter vor den Kaminen* hin. Es ist schwierig, an ihnen irgend etwas bemerkenswertes zu entdecken, und dennoch gibt es dazu eine, wie sich herausstellt, tragische Geschichte. Da die Kamine nicht gesichert waren, geschah 1858 in der Bibliothek ein Unglück, als das Kleid einer der Töchter des residierenden Grafen in Brand geriet. Ihre Schwester kam ihr zu Hilfe, doch auch ihre Kleidung fing Feuer, und beide Frauen starben an ihren Verletzungen. Heiterer sind dagegen die Erzählungen über *Benjamin Disraeli* (1804–81), den britischen Premierminister von 1874–80. Er war regelmäßiger Besucher in Weston und scheint ein treuer Verehrer der Dame des Hauses gewesen zu sein, der er über 1000 Briefe schrieb. Außerdem schenkte er ihr einen Papagei, der heute ausgestopft im 2. Saloon bewundert werden kann.

Der große **Park,** von dem berühmten *Lancelot ›Capability‹ Brown* (1715 – 1783) geschaffen, lädt zu Spaziergängen ein, Teile können auch von einer Kleinbahn aus besichtigt werden, die fünfzehnminütige Rundfahrt kostet £0,80.

Öffnungszeiten: Ostern bis Ende September an Sa und So 13 – 17 Uhr, im August Sa bis Do 13 – 17 Uhr, andere Öffnungszeiten telefonisch erfragen. ✆ 0195276/207. Eintritt £5/£3. Einfahrt an der A5 in Weston-under-Lizard.

Die Eiche vom Boscobel House

»Royal Oak« ist ein Name, der viele Gasthäuser Englands ziert und auf den sogar bei großen Schiffstaufen zurückgegriffen wurde. Dies geht auf ein dramatisches Ereignis zurück, das sich im Sommer 1651 nahe dem Boscobel House östlich von Weston Park zutrug, wo die *Royal Oak* (oder zumindest doch ein direkter Nachkomme dieses edlen Baumes) noch heute besichtigt werden kann.

König Karl I. war 1649 hingerichtet worden, und in England hatte die Phase des Commonwealth unter *Oliver Cromwell* (1599 – 1658) begonnen. Der Sohn des enthaupteten Königs, der zukünftige Karl II., war allerdings ins Exil entkommen, und von hier aus startete er 1650 eine Invasion, die nach einer verlustreichen Schlacht bei *Worcester* im September 1651 vollständig fehlschlug. Der König – so wurde er von seinen Anhängern bezeichnet, die anderen nannten ihn schlicht *Charles Stuart* – war mit wenigen Begleitern auf der Flucht vor der Parlamentsarmee, die Stadt und Land systematisch durchkämmte. Der kleine Trupp mit dem besiegten Invasoren konnte eine Stadt, vermutlich *Stourbridge,* nachts unerkannt passieren, doch die Entdeckung war nur eine Frage der Zeit. Da wurde vorgeschlagen, in den Ruinen eines Augustinerinnenklosters Zuflucht zu suchen, in dessen Nähe sich ein als privater Landsitz getarntes Seminar für katholische Priester befand. Vor den Toren des Stifts wurden die Begleiter entlassen, niemand sollte wissen, wo sich der König versteckt hielt. Boscobel House (der Name soll sich auf den schönen Wald des Umlandes, »bosco bello« beziehen) war mit einer Reihe von Verstecken ausgestattet, sie können noch im ersten Stock und im Dachgeschoß besichtigt werden. Von hier aus wollte Karl die Flucht ins Ausland planen. Alle Straßen waren jedoch gesperrt, und ein Aufenthalt von mehreren Tagen wurde notwendig. Dabei kamen die Verfolger zeitweise so nah, daß sich der Flüchtige zusammen mit einem Begleiter in die Krone einer Eiche in der Nähe des Hauses zurückziehen mußte. Am Ende gelang die Flucht, und 1660 kehrte der Monarch triumphierend zurück.

Die Helfer von damals erhielten erbliche Leibrenten, die noch heute ausgezahlt werden, durch Erbteilungen und Geldentwertung allerdings nur noch eine warme Mahlzeit an einer Fish-and-Chips-Bude finanzieren.

Der Eiche erging es schlecht. Die Geschichte wurde bekannt, und der Ansturm der Besucher, die alle ein Souvenir mitnehmen wollten, war so groß, daß der Baum den König nur um wenige Jahre überlebte, auch eine mehrere Meter hohe Mauer konnte ihn nicht retten. So ist heute nur der Nachfolger zu besichtigen.

Die Ruinen des Stifts *St. Leonard von Brewood* befinden sich etwa einen Kilometer vom Haus entfernt. Anhand der Mauerreste läßt sich die Kirche des 1535 aufgelösten Hauses noch rekonstruieren.

Öffnungszeiten: 1. April – 30. September täglich 10 – 18; 1. Oktober – 31. März Mi – So 10. – 16 Uhr, Weihnachten und Neujahr geschlossen. ✆ 01902/850244. Eintritt £3,75, Kinder £1,90, ermäßigt £2,80; verwaltet von English Heritage. Das Haus liegt 4 km östlich von Tong.

Fortsetzung der Reise am Severn

Wer von Ironbridge aus nun lieber den Südwesten der Grafschaft *Shropshire* besuchen und hinter Ludlow in die Grafschaft *Hereford and Worcester* hineinfahren möchte, um dem Severn später in umgekehrter Richtung flußaufwärts zu folgen oder nach Birmingham zurückzukehren, liest ab Seite 236 weiter. Empfehlenswert sind freilich beide Routen.

Die 2 Hälften von Bridgnorth

Die kleine Marktstadt am Severn ist schon durch ihre geographische Lage eine Besonderheit in England. Die obere Stadt liegt auf einem Felsen am Fluß, die Unterstadt zieht sich am Ufer und auf der anderen Seite des Severn hin. Die Verbindung der beiden Stadtteile wird außer durch Straßen und Treppen auch durch eine kleine Kabinenbahn aufrechterhalten.

Bereits in angelsächsischer Zeit wurde auf dem Felsplateau eine Burg errichtet, die spätestens im Jahre 1101 erneuert und ausgebaut wurde. Die Position am Flußübergang bot ideale Bedingungen für einen Markt, und so ist wohl ihre Bedeutung im Mittelalter als Zentrum der Tuchindustrie zu erklären. In jüngerer Zeit verlegte man sich dann auf die Hutmacherei, denn von der Industrialisierung wurde Bridgnorth nur wenig betroffen.

Der beste Ausgangspunkt für einen **Rundgang** ist die *Town Hall* (1648-52) auf dem **Marktplatz.** Die Stadt war 1646 durch Kriegsereignisse in Mitleidenschaft gezogen worden, die *Markthalle* war in dieser Hinsicht ein Zeichen des Neuanfangs. Zu den bemerkenswerten Gebäuden der **High Street** gehören die alten Hotels: das *Crown Hotel, King's Head Hotel, Raven Hotel, Castle Inn* und das *Swan Hotel.* Der Marktplatz wird im Norden durch ein *Stadttor* abgeschlossen.

Auf dem Weg dorthin passiert man das *Toy Emporium,* ein Spielzeugmuseum, in dem unter anderem Modell-eisenbahnen, Teddybären und Dinky-Modelle ausgestellt sind: 79 High Street, ✆ 01746/765134.

Church Street mit ihren Armenhäusern von 1792 führt zur **Pfarrkiche St. Leonard,** einem im letzten Jahrhundert weitgehend neu errichteten Bau. Am anderen Ende der High Street steht ein merkwürdiges Backsteingebäude (New Markets), das aus roten, gelben und blauen Ziegeln erbaut ist. Ein Turm verleiht diesem nicht so recht ins Stadtbild passenden Haus den Charakter eines italienischen Kastells. Es beherbergt das *Childhood Museum* (geöffnet täglich 10 – 16 Uhr).

Nach links sind es nur ein paar Schritte zur **Kabinenbahn** *(Cliff Railway).* Sie wurde 1891 eingeweiht und ursprünglich hydraulisch betrie-

Männer unter sich: Vatertag auf dem Severn

ben. Heute werden Elektromotoren eingesetzt. Die Bahn wird tagsüber von etwa 9 an bis 18 Uhr betrieben, die Fahrt kostet 40 Pence.

Die Treppe führt in die **Unterstadt,** vorbei am *Theatre on the Steps* ℗ 01746/765911. Zu empfehlen ist der Rundgang auf der Terrasse, der zur *Kirche St. Mary Magdalene* führt, die 1792 nach den Plänen von Thomas Telford gebaut wurde. Durch den Kirchhof geht es in den **Stadtpark,** den ehemaligen Burgbezirk, wo die Reste des mächtigen Hauptgebäudes noch schräg in den Himmel ragen und jeden Moment zusammenzubrechen scheinen. Im englischen Bürgerkrieg befand sich Bridgnorth zunächst auf der Seite der Royalisten, doch 1646 wurde die Burg erobert, die Mauern in die Gräben geworfen und der Rest gesprengt. Der schiefe Bergfried blieb erhalten. Die Schanzen der Parlamentsarmee sind übrigens noch auf dem gegenüberliegenden Hügel (hinter dem Bahnhof) erkennbar.

Durch die *East Castle Street* geht es zurück in Richtung Stadtzentrum, vorbei am *Governor's House* und zwei **Pubs,** *The Ball* und *The Shakespeare.* Nach links biegt man hier in die 1792 angelegte *West Castle Street* ein. So gelangt man zunächst zum **Bahnhof.** Eigentlich gäbe es über den wenig zu sagen – 1861/62 gebaut und in den dreißiger Jahren dieses Jahrhunderts restauriert –, wäre da nicht die *Severn Valley Railway,* die hier ihren Ausgangspunkt nimmt. 1962 wurde der Bahnhof geschlossen, die Strecke stillgelegt, doch bereits fünf Jahre später begann ein Verein mit der Reparatur alter Lokomotiven und der Instandsetzung von Waggons (Näheres dazu in der Griffmarke »Aktiv in der Natur«, Seite 75).

Von der **Uferstraße** *(Underhill Street)* aus kann man noch einige *Höhlen* im Sandstein des Felsens sehen, die bis in das 19. Jahrhundert als Wohnraum dienten. Über die Brücke geht es in die Vorstadt.

Midland Motor Museum

Etwas außerhalb von Bridgnorth an der A458 nach Stourbridge ist eine Sammlung von etwa 100 Autos und Motorrädern in den ehemaligen Stallgebäuden eines Landhauses untergebracht. Darunter befinden sich ein Cadillac aus dem Besitz von Marilyn Monroe und mehrere Oldtimer, die meisten Fahrzeuge stammen jedoch aus jüngerer Zeit.
Öffnungszeiten: Stanmore Hall, Bridgnorth, WV15 6DT, ℗ 01746/762992, geöffnet täglich 11 – 17 Uhr. Eintritt £3,50/£1,75.

Unterkunft

Severn Arms Hotel, Underhill Street, Bridgnorth, WV15 4BB, ℗ 01746/764616. EZ ab £22,50, DZ ab £37, Sonderkonditionen für Gäste, die eine Woche oder länger bleiben. Schöne Lage am Fluß.

The Croft Hotel, St. Mary's Street, Bridgnorth, WV16 4DW, ℗ 01746/762416. Einzelzimmer ab £23,50, Doppelzimmer ab £48.

Camping

⚑ *Stanmore Hall Touring Park,* Stourbridge Road, Bridgnorth, Februar und März geschlossen, ℗ 01746/761761; 3 km östlich Bridgnorth über die A458 zu erreichen.

Essen & Trinken

The Bear Inn, Northgate, Bridgnorth WV16 4 ET, ℗ 01746/763250. Reiche Auswahl an englischem »Real ale«.

The White Lion Inn and Cottage, 2 – 3 West Castle Street, Bridgnorth, WV15 4AB, ℗ 01746/763962.

Touristeninformation am Parkplatz in Listley Street, April bis Oktober Mo – Mi 9.30 – 17 Uhr, Do 10 – 13 und 14 – 17 Uhr, Fr/Sa 9.30 – 17 Uhr, So 11 – 13 und 14 – 17 Uhr geöffnet. Im Winter Do und So geschlossen. ℗ 01746/763358.

Dudmaston Hall

Das Haus liegt 7 km südöstlich von Bridgnorth an der A442. Es wurde Anfang des 18. Jahrhunderts gebaut. Sehenswert ist die *Kunstsammlung*, die außer Pflanzendarstellungen auch moderne Skulpturen, darunter Arbeiten von Henry Moore und Barbara Hepworth, umfaßt. Ein Teil des Parks, *The Dingle*, wurde mit viel Aufwand als wilder Garten angelegt. **Öffnungszeiten:** 4. April – 30. September Mi und So 14.30 – 18 Uhr, ℗ 01746/780866.

Bewdley und Umgebung

Der kleinen Stadt am Severn ist heute nicht mehr anzusehen, daß sich hier einmal ein Handelszentrum befand. Industrie- und Landwirtschaftsprodukte aus Shropshire wurden hier umgeschlagen. So konnten außer einer eleganten *Brücke* (Architekt Thomas Telford, 1795–98) eine schöne Stadtkirche, *St. Anne,* und eine Reihe stattlicher Privathäuser gebaut werden. Ende des 18. Jahrhunderts war zumindest das Stadtzentrum architektonisch modern. Als dann allerdings der *Worcestershire-* und *Staffordshire-Kanal* gebaut werden sollte, weigerte man sich. So endete der Kanal im benachbarten *Stourport,* das fortan die wirtschaftliche Führungsrolle übernahm. Bewdley stagnierte und blieb dem Tourismus erhalten, vielleicht nicht für einen längeren Aufenthalt, dazu ist die Stadt zu klein, sicher jedoch für einen Besuch.

Ein **Rundgang** durch Bewdley dauert etwa eine halbe Stunde. Über die *Brücke* gelangt man auf die Hauptstraße, *Load Street,* die zur **Kirche St. Anne** führt. Das Kirchenschiff wurde zwischen 1745 und 1748 errichtet, der Turm ist etwas älter. Trotz der Umgehungsstraße wird der alte Weg durch die Stadt noch viel befahren, der Verkehr an beiden Seiten der Kirche vorbeigeführt. In der *Town Hall* ist das **Heimatmuseum** untergebracht: *Bewdley Museum,* 14. April – 1. Oktober Mi – Fr 10.30 – 16.30 Uhr, Sa/So 12 – 17 Uhr geöffnet, ℗ 01299/403573, Eintritt £2/ £1.

Rechts an der Kirche vorbei führt die Straße direkt auf einen bemerkenswerten Antiquitäten- und **Trödelladen** zu, in dem man alles finden kann, was die Dachböden des Umlandes so hergegeben haben. Das andere interessante Geschäft in Bewdley ist im Eckhaus der Uferstraße an der Brücke ein kleiner **Süßwarenladen,** in dem ein reiches Sortiment von

Fudge angeboten wird, einer köstlichen Karamelmasse, von der es viele verschiedene Geschmacksrichtungen gibt.

Im **Bahnhof** auf dem rechten Flußufer befindet sich die Zentrale der *Savern Valley Railway Company,* ☎ 01299/841255.

Restaurierung einer Lok

Unterkunft
🏠 *The George Hotel,* Load Street, ☎ 01299/402117, Fax 401267. Altes Inn aus dem 15. Jahrhundert. B & B ab £25.
🏠 *Bank House,* 14 Lower Park, ☎ 01299/402652. B & B ab £16.
🏠 *Whispering Street Guest House,* 16 Westbourne Street, ☎ 01299/405470. B & B ab £16.

Essen & Trinken
Mulberry Restaurant, Load Street, ☎ 01299/404040.
Touristeninformation: Auf dem Parkplatz, dessen Einfahrt sich gegenüber dem Museum befindet. Täglich geöffnet 10 – 17 Uhr, ☎ 01299/404740.

Zwischen wilden Tieren
An der Straße nach *Kidderminster* wurde vor einigen Jahren der **West Midland Safari and Leisure Park** eingerichtet. Kamele, Tiger, Löwen und sogar einige einheimische Tierarten können hier in der freien Wildbahn der West Midlands betrachtet werden. Die Tiere sind dabei nur eine der Attraktionen, die in erster Linie kleinere Kinder begeistern werden: Spielplätze, Karussels und eine kleine Eisenbahn. Der Eintritt beträgt £3.99, die Fahrten auf dem Rummelplatz kosten extra.

Der **Wyre Forest** westlich *Bewdley* ist ein schönes Waldgebiet mit gekennzeichneten Spazierwegen. Ein Picknickplatz liegt an der A456. Einen Kilometer weiter geht nach rechts die A4117 in Richtung *Cleobury Mortimer* und *Clee Hill* ab. Auf dem Hügel gerät man unvermittelt in eine fast noch wilde Landschaft mit guten Aussichtspunkten.

Hartlebury Castle, 2 km östlich von *Stourport* an der B4193 gelegen, war seit dem 10. Jahrhundert Sitz der Bischöfe von Worcester. Die im 13. Jahrhundert errichteten Befestigungen überstanden den Bürgerkrieg im 17. Jahrhundert nicht, wurden aber bald danach durch einen stattlichen Palast ersetzt, wobei erhaltene ältere Teile, etwa die *Great Hall,* in den Neubau mit einbezogen wurden. Ostern bis Anfang September So, Mo, Mi 14 – 16 Uhr geöffnet. ☎ 01299/250410; Eintritt £0,75/£0,25. Im

Nordflügel des Hauses befindet sich das **Grafschaftsmuseum** mit günstigeren Öffnungszeiten: März – November, Mo – Do 10 – 17 Uhr, Fr & So 14 – 17 Uhr, geöffnet auch an Bank-Holiday-Montagen 10 – 17 Uhr, Eintritt £1,20/£0,60.

Die Porzellan-Stadt Worcester

Die Hauptstadt der Grafschaft *Worcestershire* (ihr Name wird »Wuster« ausgesprochen) entstand auf einer Anhöhe des rechten Severnufers, die seit dem 4. vorchristlichen Jahrhundert besiedelt war. Als Flußübergang hatte der Ort strategische Bedeutung, bei Grabungen wurden römische Befestigungen gefunden. Eine *Kathedrale* wurde im Jahr 680 begonnen.

Zwei Bischöfe beteiligten sich hier im 10. und 11. Jahrhundert an der englischen Kirchen- und Klosterreform. *Bischof Oswald,* 961 geweiht, stattete die Kathedrale St. Mary neu aus und führte eine Klosterreform durch. Das ist leichter gesagt als getan, denn wie die meisten englischen Klöster und Kathedralen war Worcester nach und nach unter die Kontrolle von Geistlichen gekommen, die keiner Ordensregel folgten. Der Gemeinbesitz der Institution drohte privatisiert zu werden. Eine Veränderung derartiger Verhältnisse geschah gegen die Interessen der Besitzer, die zudem in manchen Fällen auch eigene Familien gegründet hatten, und war oft von Gewalt und gewaltsamer Austreibung begleitet. Doch nicht so in Worcester: Oswald gelang es, die Bevölkerung umzustimmen, die Kleri-ker zu überzeugen. Er ließ auch neue Bauten errichten, doch von ihnen ist nichts erhalten, denn im frühen 11. Jahrhundert wurde Worcester von den Dänen mehrfach geplündert und verwüstet.

Der zweite bedeutende Bischof war *Wulfstan,* der 1061 gewählt wurde und zu den wenigen angelsächsischen Kirchenfürsten gehört, die nach der normannischen Eroberung Amt und Würden behalten konnten. 1084 begann er sein Lebenswerk, den Kathedralneubau, den er bis zu seinem Tod 1095 überwachte. Die Krypta der Kathedrale stammt noch aus seiner Zeit, und auch das unveränderte Kapitelhaus, das um 1125 fertiggestellt wurde, ist dieser Bauphase zuzurechnen. Die Kirche selbst ist 1189 und 1202 durch Feuer schwer beschädigt worden, der neue Turm bereits 1175 eingestürzt. So wurde Anfang des 13. Jahrhunderts mit einem Neubau begonnen:

Die heutige Kathedrale

Bereits seit Januar 1201 wurden vom Grab des Bischofs Wulfstan Wunder berichtet. Vor allem wundersame Heilungen werden ihm zugeschrieben, so soll er einem Verlierer eines Duells, der als Verbrecher geblendet und kastriert worden war, die Gesundheit wiedergegeben haben. Bischof Wulfstan wurde 1203 heilig gesprochen, und die Kathedrale entwickelte sich rasch zu einem Pilgerzentrum. *König Johann,* der den Anstrengungen des Bürgerkriegs, der trotz »Magna Carta« nicht hatte verhindert werden können, in der Burg von Newark am

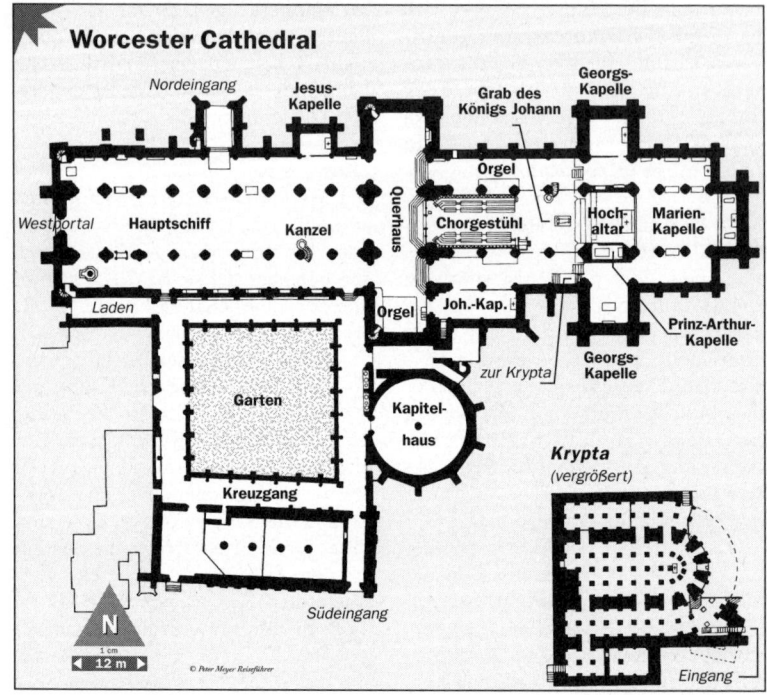

Worcester Cathedral

Nordeingang

Jesus-Kapelle

Georgs-Kapelle

Grab des Königs Johann

Orgel

Westportal   Hauptschiff   Kanzel

Querhaus

Chorgestühl

Hoch-altar

Marien-Kapelle

Laden

Orgel   Joh.-Kap.

Prinz-Arthur-Kapelle

zur Krypta

Georgs-Kapelle

Garten

Kapitel-haus

Kreuzgang

Krypta
(vergrößert)

N

1 cm
◀ 12 m ▶

© *Peter Meyer Reiseführer*

Südeingang

Eingang

19. Oktober 1216 erlag, wurde hier beigesetzt. Um 1230 schmückte man sein Grab mit einer schönen Skulptur aus Purbeck-Marmor, noch heute eines der Prunkstücke des Gotteshauses. Zur gleichen Zeit entstanden die Fortsetzung des Chors und die Marienkapelle. Im 14. Jahrhundert wurden dann große Teile des Kirchenschiffs erneuert. Ein zweites hochrangiges Mitglied des Herrscherhauses wurde 1502 in Worcester beigesetzt, der in Ludlow verstorbene *Kronprinz Arthur,* dem an der Südseite des Chors eine prächtige Kapelle gebaut wurde.

Es gibt zwei **Zugänge zum Kathedralbezirk:** Durch das *Nordportal* direkt in die Kirche und – schöner vielleicht – durch das *Tor der Kathedralfreiheit* in Edgar Street und dann nach links durch den Südeingang der College Hall in den **Kreuzgang.** Der Eingang zum *Kapitelhaus* befindet sich auf der linken Seite, daneben einige mittelalterliche Glocken, die hier gesammelt wurden, die älteste von 1374. Im benachbarten Raum, dem *Parlour* (heute als Erfrischungsraum genutzt), sind noch die Säulen aus dem 11. Jahrhundert erhalten. Die Waschgelegenheiten der Mönche befinden sich auf der gegenüberliegenden Seite. Das Gewölbe des Kreuzgangs wird durch reich verzierte Schlußsteine geschmückt.

In der **Kirche** sind die verschiedenen Bauphasen besonders gut am Westende, etwa dem zweiten Pfeiler auf der Nordseite, erkennbar, an dem zwei Säulenschäfte noch aus dem 11., die Westseite aus dem 12. und die Osteite aus dem 14. Jahrhundert stammen. Unter den *Grabmonumenten* ist das der Familie *Beauchamp* (um 1400) in der Nähe des Nordeingangs hervorzuheben. Der hier mit seiner Frau dargestellte *Sir John Beauchamp* hatte als Günstling König Richards II. (1377 – 1399) hohe Ämter am Königshof inne, geriet jedoch 1388 in den Strudel politischer Intrigen und wurde in London als Verräter hingerichtet. Die beiden *Querhäuser* enthalten noch Mauerwerk der Kirche Wulfstans, das allerdings später verkleidet wurde. Im *Chor* ist außer dem Grab König Johanns noch auf die Miserikordienschnitzereien hinzuweisen, die unter anderem eine Kampfszene aus einem Ritterturnier zeigen. Im Chor gibt es vier große Kapellen: An der Südseite die *St. John Chapel* mit reich verzierten Pfeilerabschlüssen und die *Dean's Chapel,* von der aus sich das Grab des Prinzen Arthur gut betrachten läßt, am Ostende die *Lady Chapel* und an der Nordseite die *St. George's Chapel.* Treppen an der Südwand des Chors führen zur *Krypta* hinunter. Archäologen haben hier einen kleinen Teil der Außenwand von Wulfstans Kirche freigelegt.

Das Gebäude war offensichtlich weiß gestrichen, die Farbe ist hier noch erhalten. In einer kleinen Ausstellung werden Funde aus einem Pilgergrab gezeigt.

Öffnungszeiten: Die Kathedrale ist täglich zwischen 7.30 und 18.30 Uhr geöffnet. Führungen werden von Mai bis August angeboten, können bei besonderem Interesse auch arrangiert werden: *Visits Officer,* 10A College Green, Worcester, WR1 2LH, ✆ 01905/28854.

Zwei Könige: Niederlage & Erfolg

Bei Worcester fand 1651 die letzte Schlacht des englischen Bürgerkriegs statt, als der in Schottland zum König gekrönte *Karl II.* von englischen Truppen unter *Cromwell* südlich der Stadt gestellt wurde. Die schottischen Truppen wurden zerstreut, und der König floh unter dramatischen Umständen (siehe *Boscobel House,* Seite 211) nach Frankreich. Im ehemaligen Hauptquartier des Königs wurde in Erinnerung daran ein Museum eingerichtet: **The Commandery,** Sidbury, Worcester WR1 2HU, ✆ 01905/355071. Mo – Sa 10 – 17 Uhr, So 13.30 – 17.30 Uhr geöffnet, Eintritt £3,50/£2,15. Der Name des Hauses bezieht sich übrigens nicht auf Karl II., sondern hat viel ältere Ursprünge. 1085 richtete Bischof Wulfstan hier ein Hospital ein. Das heutige Gebäude stammt aus dem 15. Jahrhundert. In dieser Zeit gaben sich die Vorsteher des Hospitals den Titel »Commander«. Die Wandmalereien im 1. Stock, darunter die Kreuzigung Jesu und die Ermordung des Thomas Becket, stammen aus dem frühen 16. Jahrhundert.

In der Mitte des 18. Jahrhunderts entwickelte sich in Worcester eine kleine, aber ungemein lukrative Industrie, die sich noch heute in voller Blüte befindet: die **Porzellanherstellung.** Die Initiative dazu geht auf den Arzt *Dr. John Wall* (1708 – 1776) zurück, der nicht nur das örtliche Krankenhaus gründete, sondern zusammen mit Partnern 1751 auch die Porzellanmanufaktur eröffnete. Das feine »bone china« aus Worcester ist für seine Lichtdurchlässigkeit, aber auch für seine Stabilität bekannt. Es besteht zu 50% aus Tierknochen, zu 25% aus feinem Lehm, der aus Cornwall stammt, sowie aus zwei Mineralien. Von Georg III. erhielt die Fabrik ein königliches Patent, das seither von jedem Monarchen erneuert wird, und kann sich so »Royal« Worcester nennen. Ein Besuch der Fabrik in der Severn Street sollte wie die Kathedrale zum Besuchsprogramm gehören.

Porzellanmarke (seit 1751) von Worcester

Zunächst gibt es dort ein **Museum,** die *Dyson Perrins Collection,* geöffnet 9.30 – 17.30 Uhr, ℭ 01905/232221, sowie zwei **Geschäfte** (9 – 17.30 Uhr geöffnet), einen mit *Best Ware,* Produkten der 1. Wahl, und einen *Second-Ware*-Laden. Die Unterschiede und Fehler sind für den Laien meist gar nicht zu erkennen, wer mehr darüber erfahren möchte, dem seien die *Führungen* durch die Manufaktur dringend empfohlen. Zwei Arten von Führungen werden angeboten. Der einstündige Rundgang (wochentags ab 10 Uhr, £3,50, auch in deutscher Sprache) umfaßt die verschiedenen Produktionsschritte, das Gießen, das Zusammensetzen der Figuren, die Kontrollprozesse nach dem Brennen sowie Glasur und Dekoration. Eine detailliertere Einführung in den Fertigungsprozeß (Dauer etwa 3 Stunden, £7) durch Mitarbeiter findet ebenfalls statt, ℭ 01905/23221.

Stadtrundgang

Für einen Stadtrundgang bietet sich die Kathedrale als Ausgangspunkt an. Am Beginn der Fußgängerzone *Lychgate* steht das **Elgar-Denkmal.** *Edward Elgar* (1857 – 1934), bekannt unter anderem durch seine Enigma-Variationen sowie »Land of Hope and Glory«, wird als größter englischer Komponist gefeiert. Er wurde in *Broadheath,* 3 km westlich von Worcester geboren und betonte stets den Einfluß dieser Umgebung auf sein Werk. In seinem Geburtshaus befindet sich heute ein Museum: *The Curator,* Elgar's Birthplace, Crown East Lane, Lower Broadheath, Worcester WR2 6RH. Öffnungszeiten: 1. Mai – 30. September täglich außer Mi 10.30 – 18 Uhr, 1. Oktober – 15. Januar täglich außer Mi 13.30 – 16.30 Uhr, 16. Januar – 15. Februar geschlossen; 16. Februar – 30. April täglich außer Mi 13.30 – 16.30 Uhr. ℭ 01905/333224.

Lychgate wird als **High Street** fortgesetzt, hinzuweisen ist hier auf die **Guildhall** (1721-23) mit ihren heraldischen Ornamenten. Der Sitzungssaal *(Assembly Room)* kann Mo – Sa 9 – 17 Uhr besichtigt werden; ℭ

01905/723471. Außerdem befindet sich hier die Touristeninformation.

Nach links führen dann *Broad Street* und *Bridge Street* zu der zwischen 1771 und 1780 erbauten **Brücke,** die einen schönen Blick auf die Kathedrale bietet. Die *South Parade* am Ufer entlang geht es durch Copenhagen Street zu *St. Andrew's Garden.* Nur der hohe Turm der gleichnamigen Kirche blieb hier gleichsam als Wahrzeichen erhalten. Über Deansway hinweg geht es wieder in die High Street und von hier aus durch die Pump Street in einen anderen Teil der Fußgängerzone, **The Shambles.** An der im 18. Jahrhundert neu gebauten *Kirche St. Swithin* wendet man sich dann nach rechts durch Mealcheapen zum **Cornmarket.** An dieser Stelle und an der von hier ausgehenden *New Street* (fortgesetzt als *Friar Street*) befinden sich die schönsten Häuser der Stadt. Die erste **Methodistenkapelle** von Worcester wurde hier vom Gründer der Bewegung, *John Wesley* (1703–91), am 11. März 1772 eingeweiht. Unter den Fachwerkhäusern befindet sich das alte **Franziskanerkloster,** das zwischen April und Oktober besichtigt werden kann (National Trust: Mi, Do und Bank-Holiday-Montage 14 – 17.30 Uhr, Eintritt £2,10).

Sehenswert ist auch das **Heimatmuseum,** *Museum of Local Life,* Friar Street, Mo – Mi 10.30 – 17 Uhr, Fr, Sa 10.30 – 17 Uhr, So 13 – 17 Uhr, © 01905/20904; Eintritt £1,50/£0,75.

Durch Friar Street und dann nach rechts entlang College Street geht es zurück zur Kathedrale.

Unterkunft

Diglis House Hotel, Riverside, Severn Street, Worcester WR1 2NF, © 01905/353518. EZ ab £38, DZ ab £50.

Burgage House, 4 College Precincts, Worcester WR1 2LG, © 01905/25396; ab £22.

The Barbourne, Mrs. C. Gilchrist, 42 Barbourne Road, Worcester WR1 1HU, © 01905/27507; ab £15.

Essen & Trinken

The Slug and Lettuce, Cornmarket, © 01905/28362.

In New Street gibt es eine Reihe von Restaurants und Bistros, darunter *King Charles House,* in dem Karl II. vor seiner Flucht aus Worcester wohnte. © 01905/22449.

Infos & Aktivitäten

Touristeninformation, *The Guildhall,* High Street, geöffnet Mitte März – Oktober Mo – Sa 10.30 – 17.30 Uhr, November bis Mitte März Mo – Sa 10.30 – 16 Uhr, © 01905/726311.
City Museum and Art Gallery, Foregate Street (in der Nähe des Bahnhofs). Wechselnde Ausstellungen, meist moderner Kunst. Mo, Di, Mi, Fr 9.30 – 18 Uhr, Sa 9.30 – 17 Uhr geöffnet, © 01905/25371.
Theater: *Swan Theatre,* The Moors (geht ab von Castle Street, in der Nähe der Pferderennbahn), Kasse Mo – Sa 10.30 – 20 Uhr, © 01905/27322.
Hallenbad, Sansome Walk (etwa 3 Minuten vom Bahnhof entfernt), täglich geöffnet, © 01905/20241.
Flußfahrten, täglich ab *South Quay* (nahe der Kathedrale), um 11, 12, 13, 15.45 und 17.45 Uhr. © 01531/670679.

Ausflug nach Westen

Worcester ist von zahlreichen lohnenden Reisezielen umgeben. Einige Kilometer nördlich liegt **Droitwich Spa,** eine der englischen Salzstädte, die schon zur Römerzeit entstanden. Das salzhaltige Wasser speist heute die einzigen Salzbäder des Landes. *Touristeninformation* ✆ 01905/774321.

Drei Kilometer östlich von Droitwich befindet sich ein stattliches Landhaus, **Hanbury Hall.** In den 1701 fertiggestellten Bau wurde neun Jahre später von *James Thornhill* (1675 – 1734), bekannt durch seine Ausschmückung der Kuppel der St. Pauls-Kathedrale in London, ein prächtiges Treppenhaus eingesetzt. Sehenswert sind weiterhin die Sammlungen von altem Porzellan und Blumenstilleben. Obwohl Park und Garten nicht mehr existieren, lohnt sich dennoch ein Rundgang durch das Gelände mit seinem Blick auf die Malvern Hills. Droitwich WR9 7EA, 1. April – 30. Oktober Sa – Mo 14 – 18 Uhr, im August auch Mi 14 – 18 Uhr, ✆ 01527/ 821214; Eintritt £3,70.

In **Richtung Westen** führt die A44 an *Broadheath* (Elgar's Birthplace) vorbei in Richtung *Bromyard*. Etwa 18 km hinter Worcester, kurz vor Bromyard, führt eine Einfahrt nach rechts in einen Park, der sich bald in ein schönes Tal öffnet. Die schmale Straße geht dann durch ein Waldgebiet zu einem der schönsten mittelalterlichen Gutshäuser: **Lower Brockhampton.** Das Haus in seiner heutigen Form, umgeben von einem Wassergraben, über dem eines der wenigen erhaltenen Fachwerktorhäuser des Landes steht, stammt aus der Zeit um 1400. Der wichtigste Raum des Hauses war die *Great Hall,* von der mittels eines Durchgangs und kleiner Wände im 17. Jahrhundert ein kleineres Wohnzimmer *(Parlour)* abgeteilt wurde. Neben dem Haus stehen die Ruinen einer noch älteren *Kapelle.* Kuriositäten oder besondere Kostbarkeiten gibt es hier nicht zu sehen, doch der Gutshof empfiehlt sich durch seine stille Lage und ruhige Atmosphäre. April – September Mi – So 10 – 17 Uhr, Oktober Mi – So 10 – 16 Uhr, an Bank-Holiday-Montagen 10 – 17 Uhr geöffnet; ✆ 01885/488099; Eintritt £1,60.

Die kleine Stadt **Bromyard** ist dank einer Umgehungsstraße ein ruhiger Ort mit einigen kleinen Antiquitätengeschäften. *Touristeninformation:* Rowberry Street, Mo – Sa 10.30 – 16.30 Uhr, So 10.30 – 15 Uhr, ✆ 01885/482038. Das Büro befindet sich im kleinen *Heimatmuseum;* es wird von freiwilligen Helfern betrieben und ist vielleicht nicht immer besetzt.

Empfehlenswert ist auch ein Besuch im größeren *Leominster* und dessen Umgebung, siehe Seite 246.

Unterkunft & Camping in Bromyard

The Falcon Hotel, Broad Street, Bromyard HR7 4BT, ✆ 01885/ 483034, EZ ab £39,50, DZ ab £49,50. ⋏ *Saltmarsh Touring Park,* Bromyard, geöffnet März – Oktober, ✆ 01885/483207, 5 km nördlich von Bromyard, an der B4203.

Ausflug in die Malvern Hills

Der zweite empfehlenswerte Abstecher von Worcester aus geht auf der A4103 nach Südwesten zur Malvern-Hügelkette. Am Fuß der nördlichen Hügel gründeten Mönche aus Worcester um 1085 ein *Priorat* mit einer großen Kirche, um das sich bald eine kleine Siedlung, **Great Malvern,** entwickelte. *William Langland* (etwa 1330 – 1400) wurde hier erzogen, der Dichter von »Piers Plowman« (›Peter dem Pflüger‹, eine allegorische Verserzählung aus 7354 vierhebigen, alliterierenden Langzeilen im Dialekt der West-Midlands). Eine Stadt entstand jedoch erst im 19. Jahrhundert, nachdem in der Mitte des 18. Jahrhunderts *Dr. Wall,* der Arzt aus Worcester, auf dessen Initiative auch die Gründung der Porzellanmanufaktur zurückgeht, die Heilkräfte des örtlichen *Quellwassers* erkannt und angepriesen hatte. Ein Badeort entwickelte sich, der 1858 sogar eine Bahnverbindung erhielt. Schließlich entdeckten auch Pensionäre den Ort – besonders die Beamten der britischen Kolonien konnten sich schon in jungen Jahren zur Ruhe setzen –, und so bildete sich eine gemütliche und dabei auch recht elegante Kleinstadt von etwa 10.000 Einwohnern.

Vom Priorat gibt es noch das **Torhaus** aus dem 15. Jahrhundert *(Heimatmuseum,* geöffnet von Ostern bis Ende Oktober täglich 10.30 – 17 Uhr, ✆ 01684/567811) und die **Kirche.** Ihrem Äußeren nach zu urteilen, stammt sie aus dem Spätmittelalter, doch beim Blick in den *Innenraum* fallen die massiven normannischen Säulenkonstruktionen sofort auf. Der Hauptaltar wird von zwei Grabstellen flankiert, einer Ritterfigur aus dem 13. Jahrhundert und auf der anderen Seite einer kleinen Grabkapelle. Die Innenseite des *Umgangschores* ist mit einer bemerkenswerten Sammlung bunter mittelalterlicher Fliesen verkleidet, die die verschiedenen Typen, Einzelstücke und zusammengesetzte Muster, gut veranschaulichen. Die mittelalterlichen Schnitzereien der Miserikordien zeigen unter anderem die für die jeweiligen Jahreszeiten typischen Arbeiten vom Säen bis zum Ernten.

Außergewöhnlich ist jedoch ein anderer Aspekt der Kirche: ihr *Fensterglas.* Wohl keine andere englische Pfarrkirche – das ist ihr heutiger Status – verfügt noch über eine so vollständige Fensterverglasung aus dem 15. Jahrhundert. Da ist zunächst das große Ostfenster hinter dem Hauptaltar, das ein Glasermeister aus Coventry um 1450 anfertigte. Die obere Reihe setzt sich aus Aposteldarstellungen zusammen, die Mittelreihe zeigt (von links) den Einzug Christi in Jerusalem, das Abendmahl und Kreuzigungsszenen, die untere Reihe rechts eine Gruppe musizierender Engel. Im großen Westfenster ist in der unteren Reihe die Jungfrau mit dem Kind, umgeben von fünf Bischöfen, zu sehen, die zweite Reihe zeigt die Heiligen Katharina und Anna, die zusammen mit Engeln der hl. Maria das Lesen beibringen, sowie in der oberen Reihe eine Gruppe von Heiligen, darunter wieder Maria, Katharina und Anna. Das Fenster im nördlichen Querhaus wurde von Heinrich

VII. gestiftet und wird auf 1502 datiert. Es zeigt das Leben Marias mit Magnificat und Annuntiation, Geburt Jesu und Himmelfahrt der Maria. Das Querhaus hat ein weiteres Fenster; hier befinden sich eine Darstellung des Abendmahls sowie Bruchstücke aus anderen Stellen der Klosteranlage. An der Nordseite des Chors ist das letzte Fenster noch recht vollständig vorhanden, ebenso die drei Fenster an der Südseite *(St. Anne's Chapel)*. Um die Details der Oberfenster des Chors, rechts und links über den Sitzen der Mönche, zu erkennen, empfiehlt es sich, ein Opernglas mitzunehmen. Wie viele englische Kirchen wurde Malvern Priory im 19. Jahrhundert von Sir George Gilbert Scott restauriert. Die meisten anderen Fenster stammen aus dieser Zeit.

Die **Stadt** bietet mit einer Reihe kleiner Möbel- und Buchantiquariate, mit Galerien und Kunstgeschäften interessante *Einkaufsmöglichkeiten*. In den **Winter Gardens** (Grange Road) befindet sich außer einem *Kino* auch das *Theater* (Kasse 01684/892277), in dessen Sommerspielplan gewöhnlich auch eine Konzertreihe aufgenommen wird, sowie die *Touristeninformation*, die von Ostern bis Ende Oktober täglich 10 – 17 Uhr geöffnet ist (November – Ostern So geschlossen), ✆ 01684/892289.

Das städtische **Hallenbad** *(Malvern Splash)* mit Wellenmaschine und anderen Späßen befindet sich in der Priory Road, ✆ 01684/893423.

Die 13 km lange **Hügelkette** ist neben der alten Prioratskirche die Hauptattraktion der Stadt. Der keltische Name *(malvern* = kahler Hügel) deutet auf alte Siedlungen hin, tatsächlich befindet sich auf dem *Herefordshire Beacon,* einer der Erhebungen in der Mitte der Hügelkette, eine eisenzeitliche Siedlung aus der Mitte des 4. vorchristlichen Jahrhunderts. Spaziergänge von Great Malvern aus können etwa in die Senke zwischen dem knapp 400 Meter hohen Nordhügel und dem *Worcestershire Beacon* (dem mit 425 Metern höchsten Punkt) die 94 Stufen zu *St. Ann's Well* hinauf führen. Vom Worcester Beacon aus hat man bei gutem Wetter eine Aussicht bis zum Wrekin in Shropshire, den Black Mountains an der walisischen Grenze und den Cotswolds im Süden. Dieses Bild hatte im 14. Jahrhundert William Langland vor Augen, dessen Epos »Piers Plowman« mit einem Traum auf den Malvern-Hügeln beginnt, von wo aus der Dichter die Welt, ein weites Feld voller Leute (»a fair feeld ful of folk«), betrachtet.

Eine längere *Wanderung* über den Worcestershire Beacon hinaus nach Ledbury ist auf Seite 68 beschrieben.

Nahverkehr: Die Umgebung von Great Malvern läßt sich auch mit öffentlichen Verkehrsmitteln gut erkunden. Die Stadt liegt an der Bahnlinie Worcester–Hereford.

Nach *Ledbury* gelangt man per Bus von der Haltestelle E an den Rose Bank Gardens aus (nicht weit von der Kirche an der parallel zum Hügel verlaufenden Durchgangsstraße), Abfahrtszeiten 10 Uhr, 11.40, 13.20 und 15 Uhr.

Nach *Gloucester* (zum Busbahnhof) bestehen verschiedene Verbindungen, am besten fährt man von Church Street aus um 9.10 Uhr; die Fahrtdauer beträgt eine gute Stunde. Von Great Malvern fahren sonnabends auch Busse nach *Cheltenham* (9.10, 12.20 Uhr).

Unterkunft

The Great Malvern Hotel, Graham Road, Great Malvern, WR14 2HN, ☎ 01684/560524; Zimmer ab £20.

Briarfield, 5 Barnards Green Road, Great Malvern, WR14 3LN; ☎ 01684/564130; ab £15.

Lansdowne, 17 Lansdowne Crescent; Great Malvern WR14 2AW; ☎ 01684/893343.

Ferienwohnungen: *Mr & Mrs Smythe,* Sherington House, 44 Priory Road, Great Malvern, WR14 3DN; ☎ 01684/573266; eine Wohnung für 2 Personen kostet zwischen April und November ab £120 pro Woche. Liegt außerhalb der Stadt auf der anderen Seite des North Hill.

Mrs. S. Mathews, Green Bank, 236 West Malvern Road, West Malvern, WR14 4BG, ☎ 01684/567328; eine Wohnung für 4 Personen ab £95 pro Woche.

Mrs. Johnson, 17 Lansdowne Crescent, Great Malvern WR14 2AW, ☎ 01684/893343; für bis zu 6 Personen ab £180 pro Woche.

Essen & Trinken

Mount Pleasant Hotel, Belle Vue Terrace, ☎ 01684/561837. Hotel-Restaurant mit traditioneller englischer und internationaler Küche.

Abstecher nach Ledbury

Die kleine Marktstadt südlich der Malvern Hills gehört ohne Zweifel zu den Attraktionen der Gegend. Im 11. Jahrhundert befand sich hier ein Landgut im Besitz der Bischöfe von Hereford, Ende des 13. Jahrhunderts war daraus – begünstigt durch die Lage (Kreuzung wichtiger Verkehrswege: Worcester nach Hereford, Gloucester nach Shrewsbury) – eine Marktsiedlung entstanden, die bereits einen Vertreter ins Parlament entsandte.

Zentrum des Ortes ist die **High Street,** der ehemalige Marktplatz mit dem auf Stelzen gebauten *Marktgebäude* aus dem 17. Jahrhundert. Nur ein paar Schritte von hier beginnt **Church Lane,** mit ihren Fachwerkhäusern eine der schönsten Straßen des Ortes. Sie führt zur *Pfarrkirche,* einem bemerkenswerten Gebäude mit freistehendem Turm. Teile des Baues stammen noch von den angelsächsischen und normannischen Vorgängern, ein Neubau fand im 12. Jahrhundert statt (1140). In dieser Zeit entstand die Westfassade mit dem großen verzierten Torbogen und den Turmspitzen, die den Giebel flankieren. Die Kirche wurde schrittweise mit dem Anbau von Seitenschiffen erweitert. Der über 25 Meter hohe Turm wurde im 13. Jahrhundert gebaut. Zu Beginn des 15. Jahrhunderts wurde die Kirche in ein Kollegiatstift mit acht Priestern umgewandelt. Das Kapitelhaus für diese Gemeinschaft schließt sich an die nördliche Kapelle an. Über der Eingangstür in der westlichen Wand sind noch Reste des alten Fensterglases. Besuchern, die mehr über den Bau und das religiöse Leben der Stadt erfahren möchten, steht meist ein Mitglied der Kirchengemeinde als Fremdenführer zur Verfügung.

Schräg gegenüber der Markthalle befindet sich *St. Katherine's Hospital*, 1232 von Bischof Foliot von Hereford gegründet. Heute wird es als Konzertsaal und Versammlungsraum genutzt. Die alten *Armenhäuser* sowie die *Stadtbibliothek* mit dem »Clock Tower« schließen sich an.

Unterkunft

The Barn House, New Street, Ledbury, HR8 2DX; ℰ 01531/632825; ab £20.

Foley House, 39 Bye Street, Ledbury HR8 2AA; ℰ 01531/632471; ab £15.

Touristeninformation: 1 Church Lane, Ledbury HR8 4DH. Ostern bis Ende Oktober täglich 10 – 17 Uhr, im Winter So geschlossen, ℰ 01531/636147.

Den Severn weiter südwärts
Die Gräber von Tewkesbury

Über **Upton-on-Severn**, eine attraktive kleine Stadt an der B4211, die alljährlich im Juni ein *Jazzfestival* veranstaltet (nähere Informationen im *Heritage Centre* im alten Kirchturm, März – September täglich 10.30 – 16.30 Uhr geöffnet; ℰ 01684/594200), geht es ab dort auf der A38 nach Tewkesbury.

Das vor 1107 gegründete **Benediktinerkloster Tewkesbury** war eines der größten und wohlhabendsten seiner Art in England, und seine **Kirche** gehört zu den großen Sehenswürdigkeiten der Midlands. Der Bau, auch der massive Turm, wurde im 12. Jahrhundert ausgeführt, das normannische Langhaus vermutlich schon 1121 abgeschlossen. Etwa 200 Jahre später wurden einige bauliche Veränderungen vorgenommen: Die mit reich verzierten Schlußsteinen – sie zeigen Szenen aus dem Leben Jesu – versehene Deckenkonstruktion wurde eingesetzt, vielleicht etwas zu niedrig, denn die Obergadenfenster kommen kaum noch zur Geltung. In entsprechender Weise wurden auch die Querhäuser und der Turm umgestaltet. Die Baumaßnahmen erstreckten sich auch auf die Ostseite der Kirche, wo die Chorkapellen neu errichtet wurden. Auch die Fenster des Chors stammen aus dieser Zeit. Neben religiösen Szenen zeigen sie auch weltliche Motive, so etwa Ritter und die Wappen der Familie *Clare*. Die Clares, Grafen von Gloucester, waren im 13. und frühen 14. Jahrhundert eine der mächtigsten Familien Englands. Sie waren auch die wichtigsten Förderer des Klosters und ließen sich in der Kirche prächtige Denkmäler setzen. Überhaupt gehören die Grabdenkmäler und Kapellen neben dem gotischen Maßwerk der Decken zu den Zierden der Kirche.

Da ist zunächst an der Südseite des Chors die **Grabkapelle** des 1375 gestorbenen *Edward Despenser*, leicht an der knienden Figur des Ritters auf dem Dach zu erkennen. Architektonisch bedeutsam ist sie als frühestes

Beispiel der für den Perpendikular-Stil typischen Fächergewölbe. Despenser kämpfte im Hundertjährigen Krieg und war einer der Ritter des Hosenbandordens. Bereits sein gleich östlich davon (in einem heute sehr entstellten Grabmal) bestatteter Großvater *Hugh le Despenser* hatte in königlichen Diensten eine bemerkenswerte Karriere gemacht. Er hatte 1309 eine der Töchter des Grafen von Gloucester geheiratet und sich nach dessen Tod einen Löwenanteil des Erbes gesichert. Als Günstling Eduards II. konnte er sich über Recht und Normen hinwegsetzen, dafür wurde er allerdings 1326, nach dem Sturz des Königs, hingerichtet. Die Familie geriet dadurch nicht ins Verderben. Der älteste Sohn *Hugh* durfte das Erbe antreten. Seine Frau *Elizabeth Montacute* und er initiierten die Umbauten der Kirche von Tewkesbury. An der Nordseite des Chores, vor den beiden Kapellen befinden sich die Alabsterfiguren ihres Grabes. Der zweite Ehemann der Elizabeth Montacute, *Sir Guy de Brien* – er wird erheblich jünger gewesen sein, denn er lebte bis 1390, während sie 1359 starb – richtete seine Grabstätte gegenüber, am Eingang der Margaretenkapelle ein. In der Schlacht von Crécy 1346 hatte er die königliche Standarte getragen, es war durchaus üblich, solche Dienste durch die Verheiratung mit einer reichen Witwe zu belohnen.

In der ersten der beiden folgenden **Kapellen** liegt der 1107 gestorbene *Robert Fitz Hamon,* der Gründer des Klosters. Er war mit Wilhelm dem Eroberer nach England gekommen, hatte für seine Dienste weite Ländereien um Gloucester erhalten und sich auch Teile von Südwales unterworfen. Die Kapelle selbst wurde im späten 14. Jahrhundert errichtet. In der sich anschließenden **Beauchamp-Kapelle** (nach 1421) sind Inschriften und Bemalung teilweise noch erhalten.

Unter den zahlreichen **Gräbern der Äbte** ist besonders eins hervorzuheben, das *Wakeman-Denkmal.* Im düsteren Stil spätmittelalterlicher Frömmigkeit zeigt es einen zerfallenden Körper im aufgeschlagenen Leichentuch, an dem sich bereits – um die Nichtigkeit alles Irdischen zu betonen – diverses Ungeziefer gütlich tut. Übrigens ist dies sehr wahrscheinlich nicht das Grab von *John Wakeman,* des letzten Abtes von Tewkesbury.

Ein weiteres **Grab** befindet sich unter dem Turm: *Edward,* Fürst von Wales, wurde 1471 hier begraben, allerdings sehr schlicht und ohne jegliches Monument. Das hat seinen Grund. In den Flußwiesen westlich der Stadt fand am 4. Mai 1471 eine der großen Schlachten der Rosenkriege statt, die Gemarkung heißt bis heute »Bloody Meadow«. Unzufrieden mit Eduard IV., dem König aus dem Hause York, hatte sich der »Königsmacher« *Graf Warwick* 1470 schließlich an die ins französische Exil geflüchtete Königin Margarete gewandt. Die Lancaster-Linie, so sein Plan, sollte zurück auf den Thron. Eine Schlüsselfigur dabei war der Bruder Eduards IV., der *Herzog von Clarence* (er liegt hier übrigens hinter dem Altar

Nach der Klosterauflösung wurden Kreuzgang und andere Nebengebäude – bis auf das Haus des Abtes – abgerissen. Die Kirche selbst wurde von der Stadt für £453 gekauft und zur Pfarrkirche gemacht.

Rundgang durch die Altstadt

Die Altstadt von Tewkesbury entwickelte sich entlang der **Hauptstraße** (*Church Street*), die sich am Marktkreuz in *High Street* und *Barton Street* gabelt. In einen Rundgang sollten jedoch auch die kleinen Gassen und Nebenstraßen mit einbezogen werden. Die 1450 gebauten **Abbey Cottages** vor dem Kloster beherbergten einst Geschäfte. Heute sind hier zwei kleine Museen untergebracht, das *Little Museum* zeigt die Räumlichkeiten eines Kaufmannshaushalts vor 500 Jahren sowie ein sich besonders an Kinder richtendes *Naturkundemuseum,* das nach dem Schriftsteller John Moore benannt ist, dessen 1945 erschienenes Buch »Portrait of Elmbury« vom Leben in Tewkesbury handelt. April – Oktober Di – Sa 10 – 13, 14 – 17 Uhr geöffnet, ✆ 01684/297174; Eintritt £1/ £0,50.

Ein kleiner Durchgang gegenüber führt zur **Täuferkapelle** (*Baptist Chapel*), 1623 erstmals belegt, einer der ältesten des Landes. Durch die Mill Street, die auf den Nordeingang der Kirche zuführt, gelangt man zur **Mühle,** die an einem Nebenarm des Avon (*Mill Avon*) gebaut wurde. Ein historisches Gebäude anderer Art ist das *Royal Hop Pole Hotel.* Charles

begraben), den Warwick auf seine Seite gebracht hatte. Doch der sah bald ein, daß er unter dem neuen Regime auch nicht mehr als Herzog von Clarence sein würde. Die Brüder trafen sich und Clarence wechselte wiederum die Seiten. Durch diese Unterstützung war Eduard IV. seinen Gegnern wieder klar überlegen. Bei Barnet, nördlich von London, wurde Graf Warwick im Kampf getötet. Mittlerweile waren jedoch Königin Margarete und ihr Sohn Edward gelandet. Bei Tewkesbury kam es zur Schlacht, die sich bald zugunsten der Yorkisten wendete. Die Verfolgung der Flüchtenden wurde bis in die Stadt fortgesetzt, mit dem Tod des Fürsten von Wales endete die Dynastie des Hauses Lancaster. Viele adlige Anhänger der Lancasters hatten in der Hoffnung auf Kirchenasyl im Kloster Tewkesbury Schutz gesucht. Der siegreiche König ließ sie von seinen Soldaten herauszerren; die meisten von ihnen wurden nach kurzem Prozeß als Verräter enthauptet. So wurde auch ihrem Anführer Edward von Wales nicht die Ehre eines Denkmals zuteil.

Dickens hat es in den »Pickwick Papers« verewigt.

Unterkunft

Royal Hop Pole Hotel, Church Street, Tewkesbury GL20 5RT, ✆ 01684/293236, Fax 296680. EZ ab £84, DZ ab £107.

   Malvern View Guest House, 1 St. Mary's Road, Tewkesbury GL 20 5SF, ✆ 01684/292776. EZ ab £16, DZ bis £38.

   Hanbury Guest House, 1 Hanbury Terrace, Barton Road, Tewkesbury, GL20 5QH, ✆ 01684/299911. DZ ab £32.

Essen & Trinken

Le Bistro André, 78 Church Street, Di Ruhetag; es empfiehlt sich, zu reservieren, ✆ 01684/290357.

   Abbots Restaurant im Abbey Hotel, 67 Church Street, ✆ 01684/294247.

   Lifestyle Health, Naturkostladen, 98 High Street, Mo – Sa 9 – 17.30 Uhr, ✆ 01684/299620.

Weitere Informationen

Touristeninformation: 64 Barton Street, Mo – Sa 9 – 17 Uhr, Ostern bis September auch So 10 – 16 Uhr; ✆ 01684/295027. Dort befindet sich auch das **Tewkesbury Museum,** April – Oktober täglich 10 – 13, 14 – 17 Uhr geöffnet, ✆ 01684/295027, Eintritt £0,50/£0,25.

Schwimmen: Das gut ausgestattete Hallenbad liegt in Spring Gardens (bei Oldbury Road, parallel zur High Street), ✆ 01684/293740.

Die alte Kirche von Deerhurst

Die Abzweigung in das nur wenige Häuser umfassende Dorf Deerhurst befindet sich 3 km südlich Tewkesbury an der A38. Die *Kirche St. Mary* zu Deerhurst, einst das Hauptkloster des angelsächsischen Königreichs der *Hwicce,* gehört zu den wichtigsten angelsächsischen Kirchen Englands. Das Kirchenschiff sowie Teile des Eingangs gehen wahrscheinlich bis auf das Jahr 804 zurück, als die Kirche erstmals urkundlich erwähnt wird. Die untere Hälfte des Turms und die Apsis an der Ostseite, deren Grundmauern vor einigen Jahren wieder ausgegraben wurden und zusammen mit einer berühmten, doch leider nicht gut erhaltenen Skulptur, dem *Engel von Deerhurst,* besichtigt werden können, stammen ebenfalls noch aus der Zeit vor der normannischen Eroberung. Außer den Fenstern im Innenraum der Kirche und den Tierköpfen zu beiden Seiten des Eingangs (9. Jahrhundert) ist auf das *Taufbecken* aufmerksam zu machen, das schönste seiner Art im ganzen Land. Auch die zeitweilige Zweckentfremdung als Futtertrog auf einem nahegelegenen Bauernhof, wo es im 19. Jahrhundert wiederentdeckt wurde, hat es gut überstanden.

Die stille Kirche mit dem typischen angelsächsischen Fischgrätenmauerwerk und dem Nebengebäude, das noch den Kreuzgang erahnen läßt, ist nicht die einzige Attraktion des Ortes. Bei Umbauarbeiten an einem benachbarten Bauernhaus wurde 1885 eine weitere **angelsächsische Kirche** entdeckt. Sie war nach 1053 vom *Gra-*

fen *Odda* zum Andenken seines Bruders gebaut worden. Die Weihe erfolgte am 12. April 1056. Das geht aus einer Inschrift hervor, die 1675 in der Nähe gefunden wurde, ohne daß man zunächst eine Verbindung herstellen konnte, denn die kleine Kirche wurde als Küche genutzt. Eine Kopie des Steines mit der Inschrift ist im Innern ausgestellt, das Original befindet sich im *Ashmolean Museum* zu Oxford.

Cheltenham, ein allerliebster Badeort

Bis in das 18. Jahrhundert hinein war Cheltenham nichts weiter als ein Dorf mit einem Marktplatz. 1718 wurde auf einem Feld eine Quelle entdeckt, dem salzhaltigen Wasser bald Heilwirkung zugeschrieben. Die Entwicklung zum Kurort vollzog sich zunächst schleppend. Zwar wurde die Quelle eingefaßt, und zusätzliche Gebäude entstanden, doch ein wirklicher Aufschwung begann erst, als 1788 die königliche Familie sich hier für einige Wochen aufhielt. Bauspekulationen großen Stils begannen, und innerhalb der nächsten 60 Jahre entstand eine elegante Stadt mit Hotels, Promenaden, Parks und Geschäften. Was immer es an Bausubstanz aus früherer Zeit gegeben haben mag (erhalten blieb nur die alte *Pfarrkirche* in Clarence Street), Cheltenham ist vollständig vom Baustil einer Epoche geprägt, dem *Regency.*

An eine Regentschaft hatte König Georg III. bereits 1765 gedacht, doch erst als seine zur zeitweiligen Unzurechnungsfähigkeit führende Krankheit 1788 ausbrach, schlug Premierminister Pitt eine eingeschränkte Regentschaft durch den Fürsten von Wales vor. Dieses Mal erholte sich Georg III., doch 1811 traten die Symptome erneut auf und machten den Monarchen für den Rest seines Lebens regierungsunfähig. *Georg,* Fürst von Wales, wurde bis 1820 als Regent eingesetzt, und diese Zeit gab auch dem vorherrschenden neoklassischen Baustil ihren Namen – *Regency.*

Im 19. Jahrhundert gab sich hier der europäische Hochadel ein Stelldichein, und auch berühmte Literaten wie Lord Byron, Jane Austen und Alfred Tennyson gehörten zu den Gästen. *Fürst Pückler* berichtete nach seiner Ankunft am 28. Juli 1828: »Spätabends erreichte ich Cheltenham, einen allerliebsten Badeort, von einer Eleganz, die auf dem Kontinent nicht angetroffen wird. Schon die reiche Gaserleuchtung und die, alle wie neu aussehenden, villenartigen Häuser, jedes mit seinem Blumengärtchen umgeben, stimmen das Gemüt fröhlich.«

Ein kleiner **Rundgang** von der Promenade mit der 1826 gebauten Terrasse aus vermittelt den besten Eindruck von der Stadt. An den *Imperial Gardens* vorbei gelangt man durch *Montpellier Walk* zur *Montpellier Terrace.* In einem der Häuser hier wurde 1872 *Edward Wilson* geboren, ein Teilnehmer von Scotts Antarktisexpedition (1912), von der bekanntlich keiner der Polarforscher wiederkehrte. Ein Denkmal befindet sich neben dem *Neptunbrunnen* an der Promenade.

Zurück geht es durch die *Gärten,* Trafalgar Street, Imperial Square in die Regent Street. Von hier kann man die Strecke bis zum *Pittville Pump Room* laufen, vorbei am Geburtshaus des Komponisten *Gustav Holst* (1874 – 1934) in der Clarence Road, heute ein Museum: *Holst Birthplace Museum,* 4 Clarence Road, Di – Sa 10 – 16 Uhr, ✆ 01242/ 524846, Eintritt £1,50 bzw. £0,50.

Weiter geht es in Richtung Norden durch Pittville Lawn zum *Pittville Pump Room,* dessen Wasserquelle jedem offensteht. Dort befindet sich auch ein *Kleider- und Modemuseum,* Mai – September täglich außer Di 10 – 16.30 Uhr, Oktober – April erst ab 11 Uhr geöffnet, ✆ 01242/ 523852, Eintritt £1/ £0,50.

Stimmt »das Gemüt fröhlich«: Cheltenham

Die Straßen und Grundstücke sind übrigens nach dem aus sehr bescheidenen Verhältnissen stammenden *Joseph Pitt* (1759 – 1842) benannt, der sich zum Rechtsanwalt hocharbeitete und dann als Grundstücksspekulant reich wurde. Seine Karriere endete allerdings im Ruin.

Zu beachten ist auch die **Cheltenham Art Gallery & Museum,** Clarence Street, in der neben Kunstausstellungen auch Informationen zur Sozialgeschichte des Ortes vermittelt werden; Mo – Sa 10 – 17 Uhr, ✆ 01242/237431; Eintritt frei.

Die **Stadtbibliothek,** in einem imposanten viktorianischen Gebäude, befindet sich nur wenige Schritte entfernt: Mo, Mi, Fr 10 – 19 Uhr, Di, Do 10 – 17.30 und Sa 9.30 – 13 Uhr.

Unterkunft

Beechworth Lawn Hotel, 133 Hales Road, Cheltenham Gl52 6ST, ✆ 01242/522583, EZ ab £22, DZ ab £38.

The Cheltenham Park Hotel, Cirencester Road (an der A435 südlich des Stadtzentrums), Charlton Kings,

SHROPSHIRE & DER SEVERN

GL53 8EA, ✆ 01242/222021, Fax 226935, EZ ab £30, DZ ab £60.

Brent House Hotel, 382 Gloucester Road, Cheltenham GL51 7AY, ✆ 01242/514151, Fax 227854; EZ ab £20, DZ ab £32.

The Hollington House Hotel, 115 Hales Road, Cheltenham GL52 6ST, ✆ 01242/256652, Fax 570280, EZ ab £32, DZ ab £40.

Essen & Trinken

Cheltenham hat ein vergleichsweise reiches Angebot an Restaurants, Bars und Bistros. Ein Verzeichnis »What's Cooking in Cheltenham« ist bei der Touristeninformation erhältlich.

The Epicurean Bistro, 81 Promenade, ✆ 01242/222466.

Woodies Continental, 21 – 22 The Courtyard, Montpellier Street, ✆ 01242/256356; abends geöffnet.

Gibneys Brasserie, Regent Street, ✆ 01242/256827; Mittagstisch und auch abends geöffnet.

Ausgehen & Informationen

Theater: *The Everyman Theatre,* Regent Street, Kasse 01242/572573.

The Playhouse Theatre, Bath Road, (Laienspieler), Kasse 01242/522852.

Musikszene: *The Axiom Centre,* 57 – 59 Winchcombe Street, ✆ 01242/253183.

Discotheken: *Gas Café-Bar,* St. James Square, ✆ 01242/527700.

Buskers, Albion Street, ✆ 01242/230036.

Black Velvet, 20 High Street, ✆ 01242/260706.

Touristeninformation: 77 Promenade, Cheltenham GL50 1PP, Juli – August Mo – Fr 9.30 – 18 Uhr, Sa 9.30 – 17.15 Uhr, So 10 – 14 Uhr, September – Juni Mo – Sa 9.30 – 17.15 Uhr. ✆ 01242/522878, Fax 515535. Im Sommer werden von hier aus an Wochentagen auch *Stadtführungen* angeboten (jeweils ab 14 Uhr, £2/£1).

An der Mündung: Gloucester

Gloucester ist eine römische Gründung, Legionäre errichteten im Jahre 67 n. Chr. ihr Kastell am Severn. Bereits 577 befand sich die Stadt in der Hand angelsächsischer Einwanderer, normannische Eroberer bauten im 11. Jahrhundert eine Burg, doch die wurde im 18. Jahrhundert abgerissen. Sie hatte zuletzt als Gefängnis gedient und wurde folgerichtig durch einen Gefängnisneubau ersetzt. So sehr sich die Stadt auch gewandelt hat, die Grundzüge des römischen Straßennetzes – *Westgate Street, Southgate Street, Eastgate Street, Northgate Street* – sind erhalten geblieben. In einem ehemaligen Kirchturm an der Kreuzung dieser vier Staßen befindet sich die **Touristeninformation,** Mo – Sa 10 – 17 Uhr geöffnet, ✆ 01452/421188.

Wichtigste Sehenswürdigkeit der Stadt ist die **Kathedrale.** Sie ging nach der Reformation aus dem Kloster *St. Peter* hervor, das bereits 681 gegründet worden war. Die heutige Kirche mit den an Great Malvern und Tewkesbury erinnernden normannischen Säulen geht auf das Jahr 1089 zurück. In dieser ersten Bauphase entstand die Krypta unter dem Chor. Die Weihe erfolgte im Sommer des Jahres 1100. Zu den Prominenten, die hier

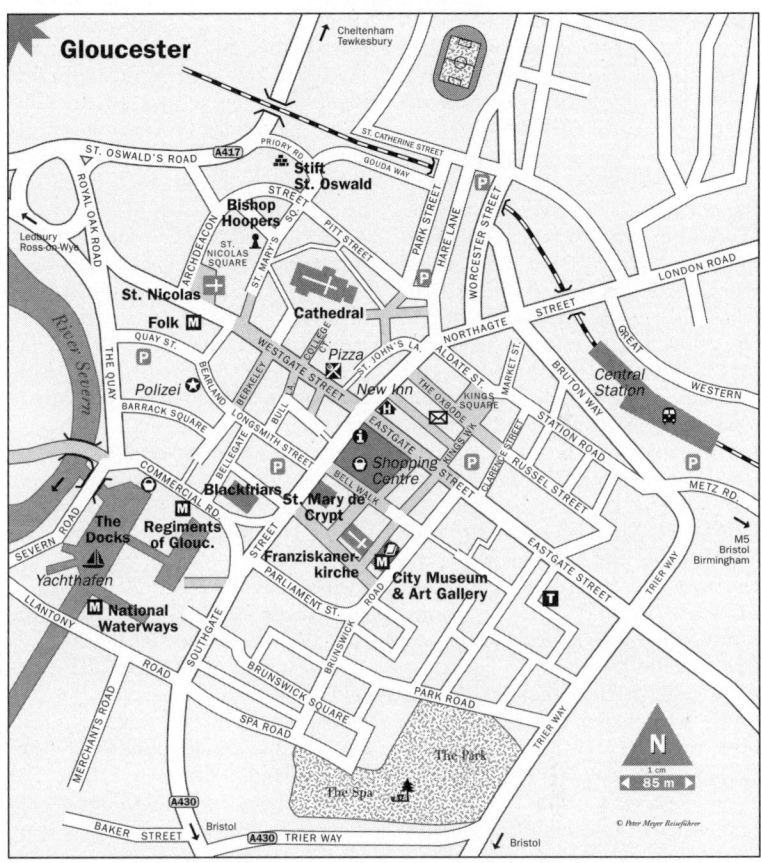

Gloucester

Cheltenham Tewkesbury

ST. OSWALD'S ROAD · A417 · PRIORY RD · ST. CATHERINE STREET

ROYAL OAK ROAD

Ledbury Ross-on-Wye

GOUDA WAY

Stift St. Oswald

Bishop Hoopers

ARCHDEACON · ST. NICOLAS SQUARE

St. Nicolas

Folk M

River Severn

THE QUAY · QUAY ST.

BEARLAND

Polizei

BARRACK SQUARE

COMMERCIAL RD.

Blackfriars

SEVERN ROAD

The Docks

Regiments of Glouc.

Yachthafen

LLANTONY

National Waterways

PARK STREET · HARE LANE · WORCESTER STREET

PITT STREET

Cathedral

NORTHAGTE · ALDATE ST.

WESTGATE STREET · JOHN'S LA.

Pizza

New Inn

BELL WALK

Shopping Centre

St. Mary de Crypt

Franziskaner-kirche

City Museum & Art Gallery

KINGS SQUARE

THE OXBODE

MARKET ST.

EASTGATE STREET

BULL LANE · LONGSMITH STREET · BELLGATE STREET · BERKELEY

SOUTHGATE STREET · PARLIAMENT ST.

BRUNSWICK ROAD

BRUNSWICK SQUARE

SPA ROAD

Central Station

LONDON ROAD

GREAT WESTERN

BRU ION WAY

STATION ROAD

CLARENCE ST. · RUSSEL STREET

EASTGATE STREET

METZ RD.

M5 Bristol Birmingham

TRIER WAY

PARK ROAD

The Park

The Spa

N 1 cm ◀ 85 m ▶

© Peter Meyer Reiseführer

MERCHANTS ROAD · A430 · BAKER STREET · Bristol · A430 · TRIER WAY · Bristol

ihre letzte Ruhestätte fanden, gehört *Robert Curthose,* Herzog der Normandie. Als ältestem Sohn Wilhelms des Eroberers war ihm der Stammbesitz der Familie zugefallen, doch 1106 geriet er in die Gefangenschaft seines Bruders Heinrich, mittlerweile König von England, der ihn für den Rest seines Lebens einkerkerte und die Nor-

mandie unter eigene Kontrolle brachte. Nach 28 Jahren Gefangenschaft starb Robert 1134 in Cardiff. Das Grabdenkmal an der Südseite des Chors wurde 1260 aufgestellt.

In der Kirche wurde 1216 der neunjährige Heinrich III. unter dramatischen Umständen zum König gekrönt, während sich weite Teile des

Landes im Bürgerkrieg befanden. Bauliche Veränderungen erfolgten 1318, als das südliche Kirchenschiff erneuert werden mußte. Die Arbeiten waren noch im Gange, als ein weiteres Mitglied des Königshauses, der nach seiner Absetzung 1327 ermordete Eduard II., hier begraben wurde. Das Monument mit kostbarer Alabasterfigur (an der Nordseite des Chores) wurde bald zu einer Pilgerstätte, wenn auch eine offizielle Heiligsprechung des Königs nie stattfand. Das brachte dem Kloster neue Einkünfte, und nach 1331 wurde das südliche Querhaus (mit dem ersten Fenster im Stil des Perpendikular) und darauf der Chor neu errichtet. Weitere Bauphasen folgten: Um 1370 wurde das nördliche Querhaus erneuert, nach 1421 folgte die Westfassade, und nachdem der 70 Meter hohe Vierungsturm um 1450 erbaut worden war, ließ der Abt *Richard Hanley* ab 1457 noch die Marienkapelle an den Chor anfügen. Bemerkenswert ist das große **Ostfenster des Chores,** mit über 20 Metern Höhe das größte in England aus dieser Zeit (vollendet 1357). Erst 1405 wurde es durch das Ostfenster der Kathedrale von York übertroffen. Das kleinere, doch nicht minder prächtige Ostfenster der *Marienkapelle* (es ist nicht ganz vollständig erhalten) stammt aus der Mitte des 15. Jahrhunderts. Das mit reichen Miserikordienschnitzereien versehene Chorgestühl ist etwa hundert Jahre älter.

Durch die Erhebung der Kirche zur Kathedrale blieben viele **Klostergebäude** erhalten, so etwa das Eingangstor an der Westseite, das Kapitelhaus und andere Nebengebäude. Vor dem Tor zum Kathedralbezirk wurde im Februar 1555 als eines der ersten Opfer der Protestantenverfolgung unter Königin Maria Bischof *John Hooper* hingerichtet. Nach seinem Studium in Oxford war er zunächst dem Zisterzienserorden beigetreten, hatte sich 1539 aber dem Protestantismus zugewandt und danach mehrere Jahre im Ausland verbracht. Außer dem Denkmal an der Richtstätte erinnert auch eine kleine Ausstellung im **Gloucester Folk Museum,** Westgate Street, an den Bischof, 99 – 103 Westgate Street, Mo – Sa 10 – 17 Uhr, Juli – September auch So 10 – 16 Uhr, ✆ 01452/526467; Eintritt frei.

An einem der Südeingänge zum Kathedralbezirk befindet sich das kleine Haus, die Kinderbuchautorin *Beatrix Potter* (1866 – 1943), die sich 1897 in Gloucester aufhielt, als Wohnhaus für den Helden »The Tailor of Gloucester« aussuchte. Bekannt geworden ist sie auch wegen ihren eigenen Illustrationen zu »Peter Rabbit« und anderen kleinen Helden. **The House of the Tailor of Gloucester,** 9 College Court, Mo – Sa 9.30 – 17.30 Uhr, ✆ 01452/ 422856.

Von Kirchen und anderen Häfen

St. Peter war nicht das einzige Kloster der Stadt. Die Ruinen des im 10. Jahrhundert gegründeten *Priorats St. Oswald* liegen eine kurze Strecke nordwestlich der Kathedrale. Über die Southgate Street zu erreichen sind die Ruinen der *Franziskanerkirche,* die hinter der alten **Pfarrkirche St.**

Mary-le-Crypt liegen. Diese kleine Kirche ist nicht nur wegen der 1539 eingerichteten *Crypt School* von Bedeutung, sondern auch weil hier *Robert Raikes* (1735 – 1811) 1780 eine Sonntagsschule einrichtete. Es gab zwar einzelne Vorläufer, die Idee stammt also nicht von ihm, doch unter seiner Anleitung entstand eine Bewegung, die sich bis nach Irland und schließlich auch nach Amerika ausbreitete. Für viele Kinder, besonders in den Fabrikstädten, bot sie die einzige Möglichkeit einer Grundausbildung. Auf der Westseite der Southgate Street, in Ladybellegate stehen noch die Kirche und andere Teile des Dominikanerkonvents. Verwaltet von English Heritage, 1. April – 30. September täglich außer So 10 – 15.30 Uhr geöffnet, Eintritt frei.

Gloucester hat nicht nur alte Klöster und Kirchen, es war auch eine bedeutende **Hafenstadt.** Das mag befremdlich klingen, doch der Severn wird bis hier von den Gezeiten beeinflußt. Die Docks sind heute zum *Jachthafen* ausgebaut, hier befinden sich Geschäfte und Museen, so das *National Waterways Museum*, Llanthony Warehouse, in dem die Geschichte und wirtschaftliche Bedeutung des Severn und des Kanalsystems dargestellt wird. Im Sommer täglich 10 – 18 Uhr, Winter täglich 10 – 17 Uhr geöffnet, ☎ 01452/318054; Eintritt £ 4,25/£3,25.

Hier wurde auch das gut aufgebaute **Militärmuseum,** *Regiments of Gloucestershire Museum,* eingerichtet; außer Mo 10 – 17 Uhr geöffnet, ☎ 01452/522682; Eintritt £2,75/ £1,50.

In einem der Speicher befindet sich ein großer **Flohmarkt,** Mo – Sa 9.30 – 17 Uhr, So 13 – 17 Uhr.

Zwischen Ostern und Oktober werden von den Docks aus auch **Bootsfahrten** angeboten: *Queen Boadicea Boat Trips,* Docks, ☎ 01452/318054 (£2/£1,50).

Unterkunft

Das interessanteste Hotel der Stadt ist das *New Inn* (von 1450), eines der wenigen Gasthäuser Englands, deren Innenhof und Galerie erhalten geblieben sind. Das Haus ist an sich schon eine Sehenswürdigkeit. Selbstverständlich wird es auch von einem Geist heimgesucht – vielleicht haben Sie Glück: Northgate Street, Gloucester GL1 1SF, ☎ 01452/22177 oder 22178. EZ ab £35, DZ ab £40.

New County Hotel, Southgate Street, ☎ 01452/307000; EZ ab £35.

Albert Hotel, 56 – 58 Worcester Street, ☎ 01452/502081; EZ ab £28,50, DZ ab £38.

Lulworth, 12 Midland Road, ☎ 01452/521881; EZ ab £18, DZ ab £33.

Aktivitäten

City Museum and Art Gallery, Brunswick Road, Mo – Sa 10 – 17 Uhr, Juli – September auch So 10 – 16 Uhr; ☎ 01452/524131; Eintritt frei.

Guildhall Arts Centre, Eastgate Street, Di – Fr 10 – 15, 18.30 – 23 Uhr; Sa 10 – 23 Uhr; So 19 – 22.30 Uhr; ☎ 01452/505089.

The Prison Museum, Barrack Square, täglich außer So 10 – 16 Uhr; ☎ 01452/529551; Eintritt £1/£0,50.

VON DEN WENLOCK-HÖHEN ZUM TAL DES WYE

Von Shrewsbury fährt natürlich jeder Besucher der West-Midlands zuerst zur Ironbridge – dieser Schlenker empfiehlt sich auch eher, als über die A49 sogleich in den Süden Shropshires zu brausen. Denn so hat man die Chance, eine landschaftlich reizvolle Gegend, den Wenlock Edge, in »vollen Zügen« genießen zu können. Die Tour kann in Kombination mit der zuvor beschriebenen Severn-Route auch als Rundfahrt beliebiger Länge angelegt werden (ab Ludlow nach Bewdley; ab Leominster nach Worcester; ab Hereford nach Gloucester und schließlich flußaufwärts).

Much Wenlock

Vier Kilometer von Ironbridge entfernt liegt die kleine Stadt Much Wenlock, die einst um das **Stift St. Milburga** entstand. Schon der walisische Name, »Wenlock« = Weißes Kloster, deutet dies an, der erste Namensteil »Much« bedeutet lediglich Groß. Obwohl die Kirche hier fast vollständig abgerissen wurde, sind die Ruinen in der schön bepflanzten Anlage sehr eindrucksvoll.

In der Mitte des Langhauses, wo mächtige Bündelpfeiler einst den Turm der Kirche trugen, stand ursprünglich eine römische Villa. Vor 690 gründete der örtliche König *Merewald* ein Doppelkloster (mit streng getrennten Bereichen für Männer und Frauen), das seiner Tochter *Milburga* als Äbtissin unterstand. Im 11. Jahrhundert lebten hier Mönche, die sich der Unterstützung durch den Grafen Leofric erfreuten. Zwischen 1079 und 1082 setzte Roger de Montgomery, der auch in Shrewsbury ein Kloster stiftete, eine Neugründung durch, zu der er Mönche aus dem französischen La Charité-sur-Loire, einem dem mächtigen Kloster Cluny angeschlossenen Stift, herbeiholte. Die Neugründung wurde mit Ländereien und Einkünften gut ausgestattet, und im Jahr 1101 machten die Mönche eine folgenreiche Entdeckung: Bei der Reparatur der nahen Kirche *Holy Trinity*, die anfangs wahrscheinlich ein Teil des Doppelklosters war und heute als Pfarrkirche von Much Wenlock dient, fand man vor dem Altar ein altes Grab. Die gefundenen Gebeine, so wurde verkündet, seien die der heiligen Milburga, und so war das Stift in den Besitz von Reliquien gekommen, die seine Bedeutung in den Augen der Zeitgenossen erhöhten. Ein Schrein wurde errichtet, Pilger kamen, und in Much Wenlock begann eine intensive Bautätigkeit. Das Kapitelhaus mit seinem schönen Eingangsportal und auch andere Teile des Kreuzgangs, so das *Lavatorium*, wurden gebaut. Im 13. Jahrhundert wurde dann die riesige Kirche (120 Meter Länge) begonnen, in deren nördlichem Querhaus der Milburgaschrein stand.

Die Blütezeit ging jedoch abrupt in eine Phase des Niedergangs über, als

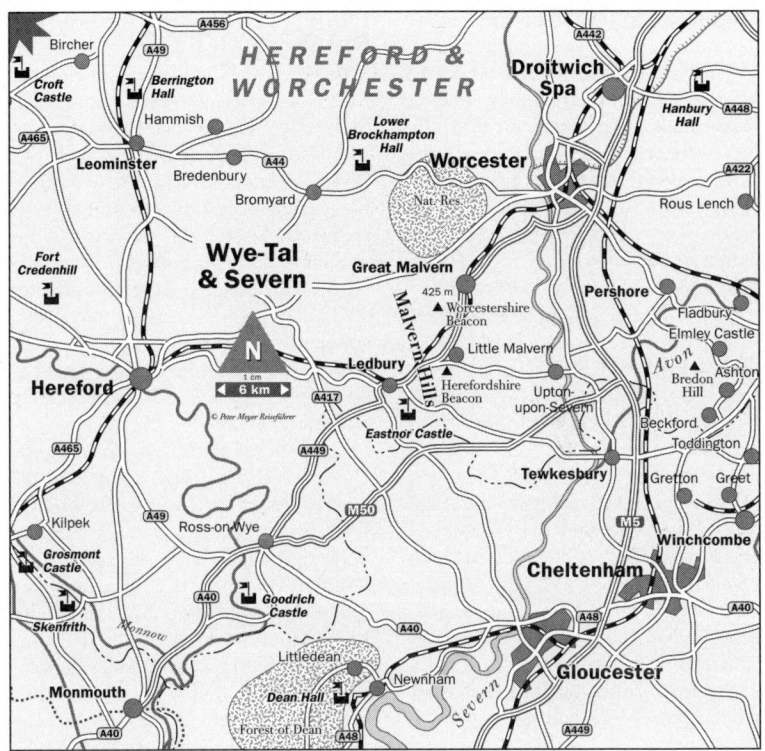

1272 ein unfähiger, vielleicht sogar korrupter Prior eingesetzt wurde. Am Ende seiner Amtszeit war das Haus hoch verschuldet, und die wichtigste Einkommensquelle, die Wollerträge, waren für die kommenden sieben Jahre bereits verpfändet. Damit war die große Bauphase vorüber, nur eine *Marienkapelle* als Verlängerung des Chors sowie eine *Sakristei,* deren Grundrisse noch sichtbar sind, wurden hinzugefügt.

Den wirtschaftlichen gesellten sich politische Schwierigkeiten hinzu. Much Wenlock war nach wie vor Mitglied des Klosterverbandes von Cluny und sah sich nach dem Ausbruch des Hundertjährigen Krieges zwischen England und Frankreich 1337 als ausländisches Kloster mit hohen Steuerforderungen konfrontiert. Für die Anerkennung als englisches Haus mußte die riesige Summe von £400 gezahlt werden, obwohl hier schon lange nur noch englische Mönche gelebt hatten.

Nach der Auflösung wurden einige Häuser, so der Krankenbau und das Haus des Priors, umgebaut und blieben erhalten. Auch einer der zwei Türme des Haupteingangs existiert noch. Kirche und Kreuzgang dagegen mußten als Steinbruch herhalten und haben so vielleicht noch etwas für die Wirtschaft der Marktsiedlung beigetragen. Ohne das Kloster entwickelte sich jedoch auch die **Stadt** Much Wenlock nicht weiter. Vielleicht behielt sie deshalb die alte *Markthalle* und die mittelalterlichen *Gasthäuser,* die sie zu einer Attraktion am Severn machen.

Öffnungszeiten: 1. April – 30. Sept. Mo – Fr 10 – 13 und 14 – 18 Uhr, Sa, So 10 – 18 Uhr, 1. Okt. – 31. März Mi – Fr 10 – 13 und 14 – 16 Uhr, Sa, So 10 – 16 Uhr, Weihnachten und Neujahr geschlossen. ✆ 01952/727466. Verwaltet von English Heritage; Eintritt £2/ £1,50. Eine Tonbandführung in deutscher Sprache ist erhältlich.

Unterkunft & Essen

★★★ *The Talbot Inn,* Much Wenlock, TF13 6AA, 01952/727077, EZ ab £30, DZ ab £60.

🏠 *Mrs. E. Stevenson,* 31 Oakfield Park, ✆ 01952/727473. EZ £13, DZ £26.

Camping

🏕 *Mill Farm Holiday Park,* Hughley, geöffnet März – Oktober, ✆ 01746/ 36208; auf der A458 in Richtung Shrewsbury bis Harley, dort nach Süden in Richtung Hughley.

Für Naturfreunde: Der Wenlock Edge

Von Much Wenlock erstreckt sich ein über 25 km langer Höhenzug nach Südwesten bis hin nach *Craven Arms.* Man kann hier zunächst auf der B4378 entlang bis nach *Burton* fahren, biegt dann dort links ab und gelangt so auf die Straße, die auf dem Kamm entlangführt. Hier gibt es Haltepunkte, die eine schöne Aussicht von der steil abfallenden Nordseite gewähren, sowie das *Wenlock Edge Inn,* das sich zur Rast empfiehlt. Die beste Aussicht bietet *Ippikin's Rock* hinter dem Parkplatz. Dazu sind die beiden Wiesen zu überqueren (Vorsicht, ungesicherter Abhang). Wer die Straße bis zum nächsten Dorf **Longville-in-the-Dale** fortsetzt, wird dort die *Jugendherberge Wilderhope Manor* ausgeschildert finden. Das elisabethanische Gutshaus (1586) hat zwar keine alte Einrichtung mehr, ist aber dennoch sehenswert und kann besichtigt werden. Offizielle Öffnungszeiten: April bis Ende September Mi und Sa 14 – 16.30 Uhr, Oktober bis Ende März Sa 14 – 16.30 Uhr, ✆ 01694/771363. Eintritt £1. Besuchern wird jedoch wohl auch sonst ein kurzer Rundgang durch das Erdgeschoß nicht verwehrt.

Church Stretton, den nächsten größeren Ort westlich von Longville, erreicht man am besten über die B4371. Ein Teil des großen Höhenzuges, *Long Mynd,* wurde als Naturschutzgebiet eingerichtet und bietet die Möglichkeit ausgedehnter und ruhiger Spaziergänge in einer noch ganz wild erscheinenden Hügellandschaft. Ausgangspunkt ist das *Carding Mill*

Valley, westlich von Church Stretton, wo es neben dem obligatorischen Restaurant und dem Besucherzentrum auch die Möglichkeit gibt, Schutzkleidung für Regenwetter zu kaufen. Führungen können im Sommer verabredet werden, © 01694/722631. Zu erreichen auch mit der Buslinie 435 von Midland Red West (Shrewsbury-Ludlow).

Ergiebige Ausflugsziele von Church Stretton sind *Bishop's Castle* und *Clun,* wo es die Ruinen einer großen Burganlage am gleichnamigen Fluß zu sehen gibt. Beide Orte, besonders das planmäßig angelegte Clun, sind nicht ohne Reiz, auf keinen Fall auslassen sollte man jedoch *Stokesay Castle* und *Ludlow.*

Unterkunft, Essen & Camping

Wenlock Edge Inn, Hilltop, Wenlock Edge, TF13 6DJ, © 01746/785678, wo neben Hausmannskost auch Unterkunft angeboten wird. Doppelzimmer ab £55.

Belvedere, Burway Road, Church Stretton SY6 6DP, © 01694/722232. Ab £23; Halbpension wöchentlich £195.

✕ *The Green Caravan Park,* Wentnor, bei Bishop's Castle, geöffnet März – Oktober, © 0158861/605; über die A488 nach Süden und die A489 zu erreichen.

Stokesay Castle

Stokesay Castle liegt einen Kilometer südlich von Craven Arms, an der A49 nach Ludlow.

Stokesay Castle ist keine Burg im eigentlichen Sinn. Zwar ist der massive Südturm ein Befestigungswerk alten Stils, auch kann man davon ausgehen, daß die Anlage in ihrer Anfangsphase durch ein festes Tor und starke Mauern geschützt war, doch das zentrale Element war von Anfang an die große *Halle,* deren Erbauer eher auf Wohnqualität als auf Befestigung achteten. Somit repräsentiert Stokesay eine Entwicklungsstufe zwischen der Burg und dem bequemen Wohnsitz der Großgrundbesitzer. Bauherr war allerdings kein Landadliger, sondern *Lawrence von Ludlow,* ein Kaufmann, der sein Vermögen durch den Handel mit Wolle, Englands wichtigstem Exportprodukt jener Zeit, gemacht hatte. Er kaufte das Gut 1281 und fing bald danach mit dem Bau an.

Hat sich auch unter Schafen herumgesprochen: Long Mynd ist ein beliebter Picknickplatz

Ein königliches Privileg von 1291 erlaubte es ihm, das Bauwerk mit Zinnen zu versehen, so wurde sein sozialer Status gewissermaßen schon von weitem sichtbar.

Als Landsitz und Zentrale einer Wollexportgesellschaft blieb Stokesay von dramatischen Entwicklungen verschont. Anfang des 17. Jahrhunderts wurde das Fachwerktorhaus gebaut. Im Bürgerkrieg mußte sich Stokesay den Parlamentstruppen ergeben, die aus Shrewsbury hierher marschiert waren, später, 1647, beschloß man die Zerstörung, doch nur die Mauern wurden abgerissen, so daß die Wohnräume und Wirtschaftsgebäude weiter benutzbar blieben. Bis 1706 wurden sie so genutzt, danach setzte eine lange Periode des Verfalls ein. Erst in der Romantik wurde Stokesay wiederentdeckt und behutsam restauriert. Im viktorianischen Zeitalter konnte man allzu selten der Versuchung widerstehen, bauliche Veränderungen vorzunehmen. Hier gelang die Wiederherstellung, und so finden Besucher die Hauptgebäude heute in einem bemerkenswerten Erhaltungszustand vor.

An der Kirche *St. John the Baptist* vorbei betritt man Stokesay durch das schöne Torhaus. Die große **Halle** mit ihren vier Giebeln diente als Wohn- und Arbeitsraum zugleich. Bemerkenswert sind die großen Fenster, die eine Verteidigung des Raumes nicht erlauben. Von hier aus hat man Zugang zum *Nordturm,* dem ältesten Teil der Anlage. Im Untergeschoß befanden sich Vorratsräume, im oberen Stockwerk, das man über die mittelalterliche Holztreppe erreicht, elegante Wohnzimmer. Der Hausherr und seine Familie hatten freilich einen separaten Speisesaal und auch eigene Wohnquartiere. Sie liegen am anderen Ende der Halle und zeichnen sich durch die besondere Ausstattung mit Holzverkleidung aus. Der *Südturm* kann durch zwei Eingänge betreten werden. Die schmalen Türen und Treppen sowie das massive Mauerwerk unterstreichen den Befestigungscharakter.

Öffnungszeiten: 1. April – 30. September täglich 10 – 13 und 14 – 18 Uhr, 1. Oktober – 31. März Mi – So 10 – 13 und 14 – 16 Uhr, Weihnachten und Neujahr geschlossen. ℂ 01588/672544. Eintritt £2,75, Kinder £1,40, ermäßigt £2,10.

Zu erreichen auch mit der Bahn von Shrewsbury (Bahnhof Craven Arms) oder der Buslinie 435 des Midland Red West (Shrewsbury-Ludlow).

Ludlow, die Perle der Grafschaft

Ludlow ist vielleicht die schönste Stadt der Grafschaft Shropshire. Hier befand sich einst eine Handelsstraße (heute: *Corve Street, Old Street),* die, von Norden kommend, den Fluß *Teme* in einer Furt durchquerte. Diese Furt liegt am Fuß eines Felsplateaus, das, von zwei Seiten vom Teme und seinem Nebenfluß *Corve* umschlossen, eine ideale Verteidigungsposition bot.

Die Familie *Lacy,* Barone, die im Zuge der normannischen Eroberung nach England kamen, legten hier als erste eine Burg an. Davor entstand ein

Marktplatz, der sich von der Befestigung bis hin zur alten Handelsstraße erstreckte. Gleich dabei lag die Pfarrkirche. Diese heute noch größte Pfarrkirche der Grafschaft ist die erste Sehenswürdigkeit, darauf folgen die Burg und dann die Stadt selbst.

Die dem Märtyrer *St. Laurentius* geweihte **Kirche** mit dem 40 Meter hohen Turm wurde im 15. Jahrhundert weitgehend neu erbaut. Ludlow war in dieser Zeit eine wichtige Stadt des Wollhandels und der Tuchproduktion, die Ausmaße des Baus sind ein Zeichen des Reichtums der Bewohner. Die wohlhabenden Kaufleute der Stadt hatten sich in einer Bruderschaft, der *Palmers' Guild,* zusammengeschlossen, die enge Verbindungen zur Pfarrkirche unterhielt. Zeitweilig gehörten ihr über 4000 Personen aus dem ganzen Königreich an. Vor der Besichtigung empfiehlt es sich, um die Kirche herum in den *Kirchhof* zu gehen. Hier gibt es nicht nur ein bemerkenswertes Fachwerkgebäude, sondern von der Stadtmauer aus auch einen guten Ausblick auf die nördliche Vorstadt. Auf dem Kirchhof ist der Dichter *Alfred Edward Housman* (1859 – 1936) begraben, der durch seine Gedichtsammlung »A Shropshire Lad« bekannt geworden ist. Zu den Sehenswürdigkeiten der Kirche gehört neben den schönen Grabmonumenten auch die Skulpturenwand am Choraltar, die im 19. Jahrhundert unter Einbeziehung älterer Stücke angefertigt wurde. Zur gleichen Zeit ent-

Mittelalterliche Schnitzkunst: Miserikordien in Ludlows's Kirche

stand der Oberteil des Chorgestühls. Die Sitze mit ihren reich verzierten Miserikordien wurden 1447 geschnitzt. In der Kapelle nördlich des Chors befindet sich auch der Zugang zum *Turm,* der bei gutem Wetter bestiegen werden kann: es lohnt die Mühe.

Ludlow Castle

Mit dem Bau der Burg wurde etwa 1085 begonnen. Sie wurde bald zu einer wichtigen Festung an der Grenze nach Wales, und als im 15. Jahrhundert eine gesonderte Verwaltung der walisischen Marken eingerichtet wurde, Sitz dieser Institution. Nach der Auflösung dieser Verwaltung wurde sie nicht mehr genutzt und verfiel.

Die Bedeutung der Burg wird schon am Tor sichtbar, wo sich die Größe des *äußeren Burghofes* abschätzen läßt. Den **inneren Burghof** betritt man durch ein Tor neben dem Bergfried *(Keep)*. Ursprünglich war hier auch die Tordurchfahrt, das ist an der Struktur des Mauerwerkes noch zu erkennen. Im inneren Hof befinden sich die ältesten Teile der Anlage, so die runde *Kapelle,* die ungefähr auf das Jahr 1140 datiert wird. Die dem Eingang gegenüberliegenden Wohngebäude beeindrucken noch heute durch die Größe und architektonische Ausstattung der Räume, die sich noch anhand der Fenster und Kamine sowie diverser Verzierungen erahnen läßt. 1502 starb in diesen Räumen der Thronfolger Prinz Arthur; dadurch eröffnete sich für seinen jüngeren Bruder, den späteren Heinrich VIII., der Weg an die Macht.

Noch im 17. Jahrhundert waren die Räume intakt und bewohnt. 1634 wurde in der großen Halle das Maskenspiel »Comus« von *John Milton* (1608 – 1674) »vor dem Sehr Ehrenwerten Grafen John von Bridgewater, Statthalter von Wales« uraufgeführt. Bridgewater war nicht nur Auftraggeber dieses Maskenspiels, seine drei Kinder traten zudem in diesem Stück als Schauspieler auf: Das keusche Grafen-Töchterlein verirrt sich im Wald des Zauberer Comus, der das Mädchen in Gestalt eines Schäfers in sein Lustschloß lockt, derweil ihre beiden Brüder sie suchen. Die Jungfrau widersteht tugendhaft allen Verführungskünsten des Unholds und wird von ihren Brüdern und durch die Hilfe Sabrinas, der Göttin des Severn, gerettet.

Auf die puritanische Dichtung Miltons, in der die Herrschaft der Vernunft über die Leidenschaften gefordert wird, folgte einige Jahrzehnte später das Gegenteil, als *Samuel Butler* (1612 – 1680), der 1660/61 im Torhaus residierte, hier sein satirisches – gegen die Puritaner gerichtetes – Gedicht »Hudibras« verfaßte. Diese Reim-Gesänge in drei Teilen handeln von dem fahrenden Ritter Sir Hudribas und seinem Knappen Ralph, der den politischen und religiösen Vorstellungen seines Arbeitgebers sowie dessen Habgier zu trotzen und dabei allerlei Abenteuer zu bestehen hat.

Öffnungszeiten: Februar bis Mai täglich 10.30 – 16 Uhr, Mai bis Oktober täglich 10.30 – 17 Uhr, Oktober und November täglich 10.30 – 16 Uhr, Dezember und Januar geschlossen. ✆ 01584/873947; Eintritt £2,50/£1,50.

Die Altstadt

Die Stadt Ludlow wurde planmäßig angelegt. Der **Marktplatz** hatte ursprünglich die doppelte Länge und erstreckte sich vom Bull Ring bis zur Burg. Davon ist allerdings nicht mehr viel zu merken, denn die freie Fläche wurde nach und nach zugebaut. So entstanden kleine Gassen (heute mit zum Teil interessanten Geschäften). *Broad Street* und die parallele *Mill Street* – an ihrem Ende lag die Wassermühle – sind die beiden Hauptstraßen des Zentrums. Broad Street führt zu einem *Stadttor* aus dem 13. Jahrhundert, das heute fast vollständig unter jüngeren Bauten verschwunden ist. Dort verläuft auch noch die *Stadtmauer.* Durch die Vorstadt Lower Broad Street gelangt man zur *Ludford Bridge,* die trotz ihres Alters – sie wurde im 15. Jahrhundert gebaut – immer noch für den Verkehr geöffnet ist.

An der Burg vorbei gelangt man durch die Straße *Dinham* zu **Dinham House,** einem eleganten Gebäude aus dem 18. Jahrhundert. Hier wohnte oder besser residierte 1811/12 Napoleons Bruder *Lucien Bonaparte* als Gefangener. Er kam mit 30 Wagen voll Gepäck an, und in der Kommune wurde diskutiert, wie man gesellschaftlich mit ihm umgehen solle.

Ludlow war in dieser Zeit eine recht elegante Stadt, wie die vielen Häuser aus dem 18. und frühen 19. Jahrhundert, der Georgianischen Epoche, bezeugen. Hier fanden elegante Feste, Bälle und Theatervorführungen statt. Das alljährliche *Ludlow Festival* (Ende Juni/Anfang Juli) erinnert noch daran. Der Wohlstand der Stadt wurde durch die Handschuhindustrie gesichert, und so mancher Handwerker konnte es sich leisten, sein Haus zumindest äußerlich zu modernisieren. Unter einer viel jüngeren Verkleidung kam vor einigen Jahren Ludlows ältestes Gebäude zum Vorschein, das sich unterhalb von Dinham House befindet: eine kleine *Kapelle,* die Thomas Becket, dem Erzbischof von Canterbury, geweiht war. Man nimmt an, daß sie zwanzig Jahre nach der Ermordung des Kirchenfürsten (1170) errichtet wurde. Weiter führt die Straße zur Dinham Bridge, durch die man 1823 eine ältere Brücke ersetzte.

Die Ermordung des Thomas Becket, Darstellung aus einem Psalterium (um 1200)

Unterkunft

The Feathers Hotel, Bull Ring, Ludlow SY8 1AA, ℂ 01584/875261, Fax 876030. EZ ab £60, DZ ab £98.
🏠 *Cecil,* Sheet Road, Ludlow SY8 1LR, ℂ 01584/872442, ab £20.
Jugendherberge: Ludford Lodge, ℂ 01584/872472.

Essen & Trinken

The Tavern Restaurant in: *Ye Olde Bull Ring Tavern* (ein Haus von 1365), bietet guten Mittagstisch.

Weitere Informationen

Touristeninformation am Marktplatz, geöffnet Mo – Sa 10 – 17 Uhr, So 10.30 – 17 Uhr, ℂ 01584/875053.

Dort ist auch das *Stadtmuseum* untergebracht, **Ludlow Museum,** Mo – Sa 10.30 – 13 und 14 – 17 Uhr, So 10.30 – 17 Uhr geöffnet, Eintritt £1.

Zwischen Ostern und September kann man auch an **Stadtführungen** teilnehmen, die von Mitgliedern des *historischen Vereins* unternommen werden: So, Sa (täglich während des Ludlow Festival), ℂ 01584/875079.
Ludlow Festival: Ende Juli/Anfang August, Informationen dazu: Box Office, Castle Square, Ludlow, SY8 1AY ℂ 01584/875053.
Nahverkehr: Informationen über Bus- und Bahnverbindungen Richtung Shrewsbury und Hereford: ℂ 01345/056785.
Fahrradverleih: *Cycle Hire,* Fishmore, Ludlow SY8 3DP, ℂ 01584/876016 oder 072281.
Weiterfahrt: Am *Clee Hill* und an *Cleobury Mortimer* vorbei gelangen Sie über die B4117 nach Osten zum Severn zurück und können bei *Bewdley* (Seite 215) die Flußtour wiederaufnehmen. Die nächste sehenswerte Station heißt ansonsten *Leominster,* Seite 246.

Berrington Hall

Richtung Leominster liegt fünf Kilometer vor diesem an der A49 Berrington Hall, ein eleganter Landsitz aus dem späten 18. Jahrhundert. Die Lage des Hauses mit Blick nicht nur auf den künstlichen See mit Insel, sondern bis hin zu den *Black Mountains* an der Grenze nach Wales war von *Lancelot ›Capability‹ Brown,* dessen Schwiegersohn *Henry Holland* als

Trockengestellpatent: Waschküche von Berrington Hall

Architekt angestellt war, vorgeschlagen worden. Brown sorgte ab 1775 auch für die Anlage des Parks. Bauherr war *Thomas Harley* aus der Familie der Grafen von Oxford, der sein Vermögen als Kriegsgewinnler im amerikanischen Unabhängigkeitskrieg gemacht hatte. Nach einer Zeit als Londoner Bürgermeister, während der er sich Verdienste bei der Unterdrückung oppositioneller Volksbewegungen erwarb, erweiterte er 1778 seine Handelsgeschäfte um ein Bankhaus. So konnten immense Summen auf den Bau des Hauses verwendet werden.

Man betritt das **Gelände** durch eine Art Triumphbogen. In den Hofgebäuden befinden sich Wirtschaftsräume, darunter Wäscherei *(laundry)* und Meierei *(dairy)*. Den Haupteingang zum Haus samt Portikus erreicht man auf der gegenüberliegenden Seite. Die Ausstattung der Räume ist aufwendig, Deckengemälde und Stuckverzierungen treten vor allem im *Drawing Room,* dem *Treppenhaus* sowie dem *Speisesaal* hervor, dessen Charakter allerdings durch mehrere großformatige Darstellungen von Seeschlachten bestimmt wird. Dazu muß erwähnt werden, daß *George Brydges,* Lord Rodney, dessen Sohn Berrington Hall durch Heirat erwarb, einer der erfolgreichen englischen Admiräle des 18. Jahrhunderts war. Seiner Taten wird hier gedacht.

Das Haus, so wird besonders in den Wohnräumen des 1. Stocks deutlich, ist ansonsten im Stil des späten 19. Jahrhunderts eingerichtet. Einer der Nachfahren des Admirals hatte den Grundbesitz samt Einrichtung 1901 nach einem Scheidungsprozeß verkaufen müssen (er zog mit seiner neuen Frau – der Gouvernante seiner Kinder – in eine Wohnung im Londoner East End). Die neuen Besitzer vervollständigten die Einrichtung im alten Stil.

Öffnungszeiten: National Trust, 1. April – 30. Oktober Mi – So 13.30 – 17.30; ✆ 01568/615721; Eintritt £3,60.

Croft Castle

Ein weiterer schöner Landsitz liegt 6 km westlich von Berrington Hall, unweit des kleinen Dorfes *Bircher:* Croft Castle. Er besteht aus einer alten Burg, die man noch an den runden Ecktürmen und dicken Außenmauern erkennen kann, in die im 18. Jahrhundert ein Landsitz hineingebaut wurde.

Von der mit einer etwas älteren Wandverkleidung ausgestatteten *Hall* geht es in die *Gallery,* die am Innenhof entlang zum Speisesaal führt. Die folgenden drei Zimmer, *Oak Room, Blue Room* und *Drawing Room* sind ganz im Stil des 18. Jahrhunderts eingerichtet. Das Porträt im Blue Room (über dem Kamin) ist eine frühe Arbeit des *Thomas Gainsborough* (1727 – 1788). Außerdem sind hier kostbare Stücke aus der Gründungsphase der Porzellanmanufaktur von Worcester ausgestellt. In den weitläufigen **Parkanlagen** sind die alten Baumbestände, darunter 400 Jahre alte Kastanien, zu bewundern.

Öffnungszeiten: National Trust; April – Mai Sa/So 13.30 – 16.30; 1. Mai – 30. Sept. Mi – So 13.30 – 17.30 Uhr. ✆ 01568/780246; Eintritt £3,10.

Mortimer's Cross

Das kleine Dorf Mortimer's Cross westlich von Croft Castle ist in zweierlei Hinsicht interessant. Zum einen gibt es hier eine alte **Wassermühle** am Fluß *Lugg*. Sie war bis 1940 in Betrieb und wurde vollständig erhalten, so daß man die verschiedenen Arbeitsabläufe gut nachvollziehen kann. English Heritage, 1. April – 30. September Do, So und an Bank-Holiday-Montagen, 14 – 17.30 Uhr; ✆ 01568/708820; Eintritt £1,20/£0,70.

Zum anderen fand hier 1461 eine der Schlachten der **Rosenkriege** statt, die zum Wechsel von Dynastie und Regierung führten. Bereits 1459 war es bei Ludlow fast zum Kampf zwischen Anhängern König Heinrichs VI. aus dem Hause Lancaster und Truppen des Herzogs von York gekommen. Damals ging es noch glimpflich ab. Der Herzog erkannte die Übermacht des Gegners und zog sich zurück. Anderthalb Jahre später kam es bei Mortimer's Cross zur Konfrontation. Mittlerweile hatten sich dramatische Ereignisse zugetragen. Der Herzog von York, dessen Anspruch auf die Krone die Krise ausgelöst hatte, war bei Wakefield erschlagen worden. Eine weitere Armee des Hauses York unter dem Grafen von Warwick, dem ›Kingmaker‹ Shakespeares, hatte man bei St. Albans besiegt. Nun ging es um eine der zentralen Besitzungen des Hauses York, die walisischen Marken. *Eduard,* Graf der Marken, besiegte hier eine königliche Armee, die sich weitgehend aus walisischen Truppen rekrutierte, am 3. Februar 1461. Von hier aus zog er nach London, wo er am 4. März des Jahres als Eduard IV. gekrönt wurde, um dann in einer weiteren Begegnung, bei Towton, seinen Anspruch durchzusetzen. Eine kleine Ausstellung in der Mühle erinnert an das Ereignis, Fundstücke von hier sind im Stadtmuseum von Hereford ausgestellt.

Von Mortimer's Cross gelangt man über **Shobdon,** dessen schön hergerichtete Kirche auf ein Stift des 12. Jahrhunderts zurückgeht, nach **Pembridge.**

🏠 Hier ist das *New Inn* zu empfehlen, ein urgemütliches Gasthaus, dessen Name leicht irreführend ist, wurde es doch bereits 1311 gebaut. Es besteht auch die Gelegenheit des B & B ab £20, ✆ 015447/427. Angesichts der Räumlichkeiten wird man nicht überrascht sein zu hören, daß hier die Geister eines Bauernmädchens sowie eines rotberockten Soldaten umgehen (sollen).

🚶 Die Nebenstraßen dieser ruhigen Landschaft eignen sich gut zu Radwanderungen, etwa in das 10 km südlich gelegene *Weobley,* nach *Kinton* (10 km westlich) oder sogar bis an die walisische Grenze in die Stadt der Buchantiquariate: *Hay-on-Wye.*

Leominster

Das zwischen den Flüssen *Lugg* und *Arrow* gelegene Leominster (sprich »Lemster«) zählt mit seinen knapp 10.000 Einwohnern zu den großen Kleinstädten. Als Zentrum des Wollhandels war es einst recht wohlhabend, eine Reihe schöner Häuser zeugen noch davon. Die Stadt ist ansehn-

Löwendarstellung an einem der Kapitelle des Klosters von Leominster

lich und an Wochentagen recht belebt. Die wichtigste Attraktion ist das alte **Nonnenkloster** *St. Peter und St. Paul,* dessen Kirche erhalten blieb. Sie liegt, vom Corn Square aus gesehen, hinter dem kleinen Stadtpark *(Cricket Ground)* und dem Kriegerdenkmal. Die Ansiedlung der Benediktinerinnen im 9. Jahrhundert markiert lediglich den Beginn der Klosteranlage, die Nonnen wurden im 12. Jahrhundert durch Mönche ersetzt, die zum Kloster *Reading* gehörten, dem der Grundbesitz im Jahr 1123 übertragen worden war. Die frühesten Teile des Gebäudes, so etwa das Westportal, stammen aus den unmittelbar folgenden Jahren. Das Südschiff wurde im 13. Jahrhundert erneuert (vor 1240 abgeschlossen), die Fenster, so das an der Westseite, sind noch jünger.

Unterkunft

Home Farm, Bircher, Leominster HR2 0AX, ✆ 01568/780525, ab £16. Fünf Kilometer nördlich über die B4361 zu erreichen.
Touristeninformation: Corn Square, Mo – Fr 9.30 – 17.30; Sa 9 – 17 Uhr.

Hereford und das Tal des Wye

Hereford macht einen ländlichen Eindruck; es gibt wenig Industrie, und das Umland ist bekannt für die Rinderzucht und seinen Cider. Dabei wurde die Stadt bereits im späten 7. Jahrhundert Bischofssitz, eine Funktion, die sie bis heute innehat.

Die **Kathedrale** ist die wichtigste Sehenswürdigkeit. Von einer Burg sind in dem beim Kathedralbezirk gelegenen Stadtpark kaum mehr Überreste vorhanden, allerdings sind Teile der Stadtmauer erhalten, die die Stadt in ihrer exponierten Lage nahe der walisischen Grenze schützte. Der heutige Bau der Kathedrale geht auf das frühe 12. Jahrhundert zurück. Teile des Kirchenschiffs, der Chor und das südliche Querhaus stammen noch aus dieser Phase, doch in späterer Zeit wurden beträchtliche bauliche Veränderungen vorgenommen. Die *Marienkapelle* am Ostende wurde zwischen 1220 und 1240 hinzugefügt, wenig später wurde das nördliche Querhaus nach dem zeitgenössischen Vorbild der Westminster Abtei neu gebaut. Im 14. Jahrhundert folgte der Turm. Seitenkapellen mit dem fein strukturierten Mauerwerk des Perpendikular entstehen im 15. und 16. Jahrhundert, und 1535 wird der Vorbau über dem Nordeingang fertiggestellt. 1786 stürzte der Turm an der Westfassade ein, sie wurde ohne Turm neu aufgebaut, das Kirchenschiff dabei um ein Joch verkürzt. Da man unzufrieden mit dem Ergebnis dieses Umbaus war, wurde die Westseite zwischen 1902 und 1908 neu errichtet.

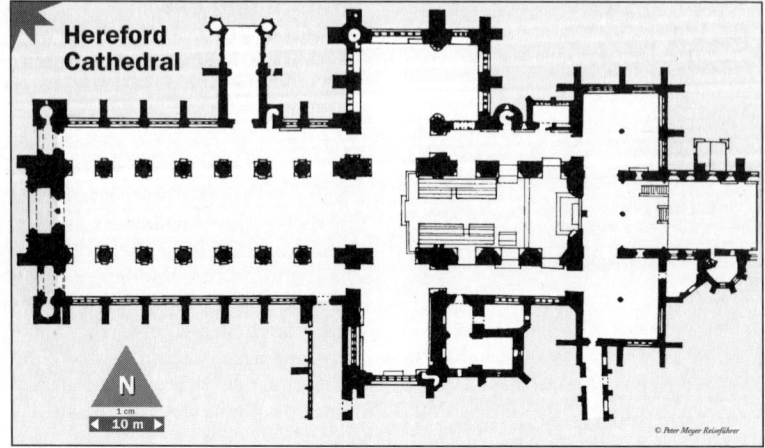

Finanzieren konnte man die Umbauten vor der Reformation zum Teil durch die Gelder der Pilger, denn Hereford war vom 14. bis zum 16. Jahrhundert ein Wallfahrtsort. Bei dem Heiligen handelte es sich um *Thomas Cantilupe,* Bischof von Hereford. Zu Lebzeiten hatte er sich in dieser Hinsicht nicht hervorgetan. Er hatte eine akademische Karriere absolviert, war sogar Kanzler der Universität Oxford gewesen und hatte sich schließlich als Ratgeber König Eduards I. Verdienste erworben. Später geriet er in Streit mit dem Erzbischof von Canterbury, der ihn exkommunizierte, so daß er in Rom um Lösung des Banns nachsuchen mußte. Auf der Italienreise starb er, seine Begleiter brachten den Leichnam zurück nach Hereford, und hier zirkulierten bald die ersten Wundergeschichten. 1320 wurde er heiliggesprochen. Sein Grab befindet sich im nördlichen Querhaus, geziert durch eine raffinierte moderne Plastik.

Überhaupt ist die Kirche berühmt wegen ihrer Kulturgüter. Da ist zum einen die aus dem 13. Jahrhundert stammende *Mappa Mundi* zu nennen, eine große Weltkarte mit der Stadt Jerusalem als Mittelpunkt. Sie wird hier nicht ohne Stolz zur Schau gestellt, doch sei daran erinnert, daß das gute Stück auf dem Höhepunkt der Thatcher-Jahre zum Verkauf stand, ja sogar veräußert wurde. Sie befindet sich nur noch als Dauerleihgabe an ihrem Stammplatz. Ebenfalls besichtigt werden kann die *Chained Library* mit ihren vielen mittelalterlichen Handschriften. Die meisten Bände sind noch in den Bücherregalen angekettet, daher der Name, die Benutzer hatten also keine festen Plätze, sondern mußten sich von Buch zu Buch fortbewegen. Diese Art des Aufbaus und der Sicherung der Bibliothek war noch im 17. Jarhundert, als die Regale entstanden, weit verbreitet, erhalten geblieben sind jedoch nur sehr wenige dieser Bibliotheken.

Öffnungszeiten: *Mappa Mundi:* Ostern bis Oktober, Mo – Sa 10 – 16.15 Uhr; November – Ostern Mo – Sa 10.30 – 15.15 Uhr.

Chained Library: Ostern bis Oktober, Mo – Sa 10.30 Uhr– 12.30 Uhr; 14.30 – 15.30 Uhr; Januar und Februar Mo – Sa 11 – 11.30 Uhr; 15 – 15.30 Uhr.

Stadtrundgang

Vom alten Hereford ist nicht viel übriggeblieben, dafür haben Zerstörungen des englischen Bürgerkrieges und spätere Bauambitionen gesorgt. Die alte *Brücke über den Wye* darf man nicht versäumen. Einen Eindruck der alten Stadt vermittelt noch das **Old House** auf dem Marktplatz, ein Fachwerkbau aus dem 17. Jahrhundert mit alter Einrichtung, Mo 10 – 13 Uhr; Di – Sa 10 – 13 Uhr; 14 – 17.30, So 10 – 13 Uhr. ✆ 01432/268121, Apparat 225.

Die Geschichte von Stadt und Umland illustrieren die Ausstellungen im **Hereford City Museum,** Broad Street. Öffnungszeiten: Di, Mi 10 – 18 Uhr; Do 10 – 17 Uhr; Fr 10 – 18 Uhr; Sa 10 – 16 Uhr; im Sommer So 10 – 16 Uhr; ✆ 01432/268121, Apparat 207.

Detaillierte Informationen zu einem typischen Produkt der Stadt, dem *Cider,* werden im **Cider Museum** gegeben. Zu erreichen durch Eign Street (A438 Richtung Brecon, außerhalb der inneren Ringstraße). Öffnungszeiten: April – Oktober täglich 10 – 17.30 Uhr; November – März Mo – Sa 13 – 17 Uhr. ✆ 01432/354207. Traditionelle und moderne Herstellungsarten dieses Getränks, dessen Wirkung man nicht unterschätzen sollte, werden hier mit verwandten Produkten (Apfelbranntwein) vorgestellt.

Das **St. John Mediaeval Museum,** Widemarsh Street, geht auf ein altes Johanniterhospital zurück, das Anfang des 17. Jahrhunderts in ein Armenhaus umgewandelt wurde. Hier wird auch an eine der schillernden Figuren der auf die Phase des Commonwealth folgenden »Restoration«- Zeit erinnert, *Nell Gwynn* (1650 – 1687), eine Tochter der Stadt. Ihre Schauspielerkarriere in London brachte sie in Kontakt mit dem Hof, sie wurde die Geliebte Karls II., ein gemeinsamer Sohn wurde sogar zum Herzog von St. Albans erhoben.

Auf der anderen Seite der Stadt, in der Harold Street (am besten über den Stadtpark hinter der Kathedrale zu erreichen), befindet sich das **Regimental Museum,** Di – Do 14 – 17 Uhr, ✆ 01432/359917, mit Uniformen der hier beheimateten Regimenter und einigen Trophäen aus der Nazizeit.

Unterkunft

Castle Pool Hotel, Castle Street, Hereford HR1 2HR, ✆ 01432/354321; EZ ab £40, DZ ab £55.

Sommerville Hotel, Bodenham Road, Hereford HR1 2TS, ✆ 01432/273991; EZ ab £27, DZ ab £46.

Holly Tree Guest House, 21 Barton Road, Hereford HR4 0AY, ✆ 01432/357845; EZ ab £15, DZ ab £22.

Nah an der Wahrheit: Hinter diesem »Chemist« verbirgt sich ein Beauty House

Bowes Guest House, 23 St. Martins Street, Hereford HR2 7RD, ℰ 01432/267202; EZ ab £15, DZ ab £26.

Essen & Trinken

Cherries, Café-Restaurant, 2 Bridge Street, ℰ 01432/279714.

Governor's Restaurant im Merton Hotel, 28 Commercial Road, ℰ 01432/265925.

Weitere Informationen

Touristeninformation: 1 King Street, Hereford HR4 9BW; täglich 9 – 17 Uhr geöffnet; ℰ 01432/268430; Fax 342662.

Aktivitäten: *The New Theatre,* Edgar Street, ℰ 01432/359252. Die Termine von Sonderveranstaltungen

können über ℰ 01432/277000 abgerufen werden.

Hereford Leisure Centre und *Hallenbad,* Holmer Road (über die alte Brücke und St. Martin's Street zu erreichen), ℰ 01432/272512.

Ausflüge

Hereford ist ein guter Ausgangspunkt für Ausflüge in die *Black Mountains,* nach *Hay-on-Wye* oder zu den Ruinen von *Llanthony Abbey.* Etwa 10 km südlich abseits der A465 (Richtung Abergavenny) befindet sich die kleine *Kirche* von **Kilpeck.** Beim Neubau dieses auf angelsächsische Ursprünge zurückgehenden Gebäudes im 12. Jahrhundert (es blieb seitdem so gut wie unverändert) wurde es mit reichen Steinmetzarbeiten ausgestattet. Besonders eindrucksvoll ist die Tür mit dem Lebensbaum sowie verschiedenen Masken und Fratzen, die auch an anderen Stellen auftauchen. Von der *Burg Kilpeck* blieben (gleich hinter dem Dorffriedhof) die Erdanlagen erhalten.

Westlich der A465 liegt nur wenige Kilometer entfernt **Abbey Dore,** ein 1147 gegründetes Zisterzienserkloster. Auf dem Weg dorthin passiert man zuerst *Abbey Dore Court,* einen am Flüßchen *Dore* angelegten privaten Garten, der für £3 besichtigt werden kann. Die Kirche selbst wurde zur Dorfkirche umfunktioniert, auf den ersten Blick erscheint das Gebäude konfus, der Turm steht an unpassender Stelle, und die Ausrichtung ist unklar. Das Problem klärt sich schnell, wenn man erkennt, daß das Langhaus der einst 80 Meter messenden Kirche abgerissen worden ist. Nur der Chor und die beiden Querhäuser sind erhalten. Der Turm wurde bei der Restaurierung im 17. Jahrhundert hinzugefügt. Zahlreiche Schlußsteine und andere Fundstücke sind im rechteckigen, doppelten Umgangschor ausgestellt. An der Nordseite sind noch Reste des Kreuzgangs zu sehen.

Im Grenzgebiet der **walisischen Marken** gab es im Mittelalter eine große Zahl von Burgen. Die meisten von ihnen wurden abgetragen oder bilden als Erdhügel keine besondere Attraktion. Von anderen existieren noch beeindruckende Ruinen. Auf der A465 zweigt gleich hinter dem Schild, das die walisische Grenze anzeigt, eine Straße nach links ab – sie führt zur **Burg Grosmont,** die nach 1150 begonnen wurde. Die Ruinen, Tor, Pallas und die Türme, die zu einer kompakten Anlage von etwa 50 Meter Durchmesser zusammengefügt sind, stammen jedoch aus späterer Zeit, den Jahren nach 1233, als die Burg in den Besitz der englischen Krone kam. Heinrich III. gab sie an seinen jüngeren Sohn Edmund von Lancaster, und die Familie behielt sie lange in ihrem Besitz. Der erste Herzog der Familie Lancaster, *Heinrich von Grosmont* (1310–61), wurde hier geboren, und die große walisische Erhebung unter *Owen Glendower* gegen die englische Herrschaft brach im Herbst 1405 vor den Mauern der Burg zusammen. Das 7 km entfernt gelegene *Skenfrith* gehörte ebenfalls zu den Besitzungen der Lancasters.

Architektonisch wie auch landschaftlich sehr zu empfehlen ist auch die südlich der kleinen Marktstadt *Ross-on-Wye* gelegene **Burg Goodrich.** Ältester Teil dieser auf einem Felsen am *Wye* errichteten Burg ist der aus dem 12. Jahrhundert stammende Bergfried. Daneben sind noch der Torturm mit Kapelle, die Wohnanlagen sowie die massiven Ecktürme erhalten. Goodrich hatte viele Besitzer, darunter König Johann Ohneland, der sie einem seiner wichtigsten Gefolgsleute, William Marshall, dem Grafen von Pembroke, gab. Die Grafen von Pembroke bauten die Burg zu einer uneinnehmbaren Festung aus. Von Belagerungen wird nichts berichtet – mit einer Ausnahme: Noch im 17. Jahrhundert, während des Bürgerkrieges, waren die Befestigungen mächtig genug, eine Besatzung zu schützen, obwohl Goodrich zu diesem Zeitpunkt schon seit Generationen nicht mehr bewohnt gewesen war. Erst nach der Gefangennahme Karls I. gab die königliche Garnison auf, und Goodrich wurde geschleift. **Öffnungszeiten:** English Heritage; 1. April – 30. September täglich 10 – 13 Uhr, 14.0 – 18 Uhr; 1. Oktober – 31. März täglich 10 – 13 Uhr und 14 – 16 Uhr. Weihnachten und Neujahr geschlossen. ✆ 01600/890538, Eintritt £2/£1,50.

Touristeninformation   Ross-on-Wye, Edde Cross Street, Ostern – September Mo – Sa 9.30 – 17.30 Uhr, Oktober – März Mo – Sa 9.30 – 16.30 Uhr. ✆ 01989/562768, Fax 565057.

Bei dieser Zeichnung des Goodrich Castle wurden zugunsten einer detaillierten Darstellung der Räume alle rein militärischen Zwecken dienenden Bauteile weggelassen

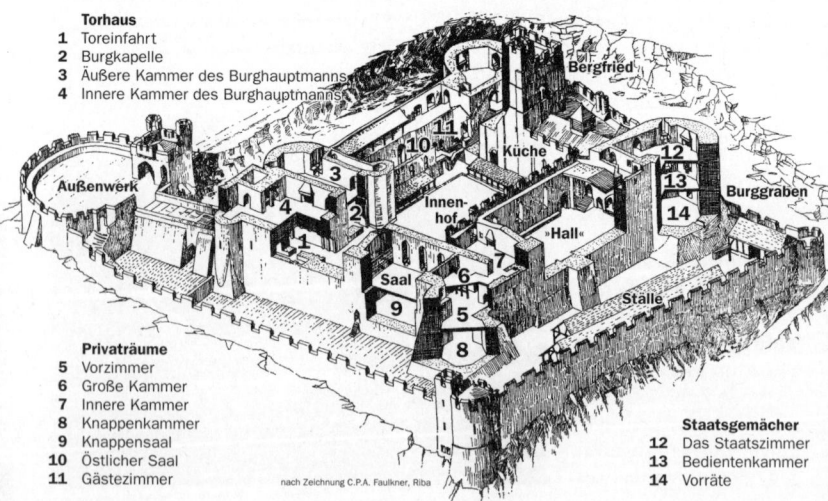

Torhaus
1 Toreinfahrt
2 Burgkapelle
3 Äußere Kammer des Burghauptmanns
4 Innere Kammer des Burghauptmanns

Privaträume
5 Vorzimmer
6 Große Kammer
7 Innere Kammer
8 Knappenkammer
9 Knappensaal
10 Östlicher Saal
11 Gästezimmer

nach Zeichnung C.P.A. Faulkner, Riba

Staatsgemächer
12 Das Staatszimmer
13 Bedientenkammer
14 Vorräte

AVON & SHAKESPEARE-LAND

GESCHICHTE & KULTUR

REISEHINWEISE

AKTIV IN DER NATUR

BIRMINGHAM & COVENTRY

VON STAFFORD NACH CHESTER

PEAK DISTRIKT & DERBY

NOTTINGHAM- & LINCOLNSHIRE

SHROPSHIRE & DER SEVERN

AVON & SHAKESPEARE-LAND

EINE REISE AM AVON ENTLANG

Wer dem Flußlauf des Avon folgt, kommt durch einige der bekanntesten und wohl auch schönsten Ortschaften und Sehenswürdigkeiten Englands. Gewiß denkt man dabei zunächst an Stratford-upon-Avon, die Heimatstadt William Shakespeares, mit ihren Museen und dem berühmten Theater, doch neben der Stadt des großen Dichters gibt es noch eine Vielzahl von lohnenden Ausflugs- und Reisezielen.

Zu nennen sind hier neben den Burgen von Kenilworth und Warwick die alten Städte Evesham und Pershore. Sie bilden die wichtigsten Orientierungspunkte, doch daneben haben auch kleinere, entlegenere Ortschaften viel an Kunst, Architektur oder auch einfach geruhsamer Atmosphäre zu bieten. Eine Reihe von Routen in Regionen mit malerischen Dörfern und Kleinstädten auch abseits des Flusses werden vorgestellt, so eine Fahrt südlich von Rugby Richtung Banbury, von wo aus man eine Tour durch das Shakespeare-Land und in die Cotswolds, die ja von der Mündung des Avon nicht mehr weit sind, anschließen kann (siehe Seite 325).

Die Tourbeschreibung beginnt östlich von Coventry, dort wo der Avon aus dem Gewirr der Kanäle und einem Stausee hervortritt, in *Stanford-on-Avon*, über die M6 (oder aus Norden kommend M1) schnell zu erreichen.

Stanford Hall

Stanford Hall ist ein direkt am Avon liegender, ansehnlicher Adelssitz aus dem späten 17. Jahrhundert, der noch heute der Familie *Cave* (Lord und Lady Braye) als Wohnsitz dient. Zu besichtigen gibt es hier neben dem Haus die Stallungen mit einem Motorradmuseum, den schönen Landschaftspark sowie die Kirche in der aus nur wenigen Häusern bestehenden Ortschaft Stanford.

Der Weg zu Stanford Hall geht über das Dorf *Swinford* (siehe auch Seite 100) noch vor dem Ortsanfang Stanford on Avons links von der Straße ab. Durch das schmiedeeiserne Tor gelangt man auf das Gelände, dessen weite Rasenflächen auch als Parkplatz dienen.

Da Stanford Hall immer im Familienbesitz geblieben ist, wird dem Besucher hier die Möglichkeit geboten, den Aufstieg und das Schicksal einer Familie der Oberschicht über Jahrhunderte zu verfolgen. Seit dem 12. Jahrhundert gehörte das Land der in Yorkshire gelegenen Abtei *Selby*, doch einer der Äbte verpachtete den Besitz an seinen Neffen. Als das Kloster 1540 von König Heinrich VIII. aufgelöst wurde, erhielt einer der Nachkommen des Pächters die Möglichkeit, das Landgut zu einem günstigen Preis zu kaufen. Dies war der entscheidende Schritt auf dem Weg nach oben. Das Gutshaus selbst befand sich zu dieser Zeit noch auf der anderen Seite des Flusses, hinter der Kirche der Ortschaft Stanford. Der

Durchgang in der Backsteinmauer des Kirchhofes erinnert noch daran, doch von dem Gebäude selbst sind keine Spuren erhalten.

Nach dem günstigen Kauf wurde der soziale Aufstieg der Familie durch die politische Karriere von *Sir Ambrose Cave*, dem Bruder des Käufers, fortgesetzt, der Mitglied der Kronrats von Königin Elisabeth I. und Freund des führenden Staatsmannes *William Cecil*, Lord Burghley wurde. Über Sir Ambrose gibt es folgende Anekdote: Als die Königin einmal beim Tanz ihr Strumpfband verlor, hob er es auf und wollte es ihr überreichen, doch sie weigerte sich, es anzunehmen. Daraufhin band er es um seinen Arm und gelobte, es als Zeichen der Verehrung seiner Königin sein Leben lang zu tragen. Folglich ist Sir Ambrose auf dem im Treppenaufgang ausgestellten Portrait mit dem um den Arm gebundenen Strumpfband Elisabeths I. abgebildet.

Ein Mitglied der Cave Familie heiratete schließlich die Schwester von Lord Burghley. Im 17. Jahrhundert schien es allerdings zunächst so, als habe man auf die falsche Partei gesetzt. In der Auseinandersetzung mit dem Parlament war man königstreu und widersetzte sich den Anordnungen Oliver Cromwells, wo immer es ging. *Sir Thomas Cave* wurde von König Karl I. in den erblichen Adelsstand erhoben, doch nach der Niederlage des Monarchen (eine der entscheidenden Schlachten fand 1645 nur wenige Kilometer östlich von Stanford, bei *Naseby* statt) wurde er zwölf Jahre lang in Northampton gefangen

Eine **Farbkarte** zu dem in dieser »Griffmarke« beschriebenen Gebiet finden Sie in der hinteren Umschlaginnenseite!

gehalten. Zweifellos zahlte sich diese Loyalität aus, als die Monarchie 1660 wieder etabliert wurde. Etwa 30 Jahre später gab die Familie das alte, immer wieder von Hochwasser heimgesuchte Haus auf und wählte auf der anderen Seite des Avon eine leicht erhöhte Stelle, auf der der heutige Bau errichtet wurde.

Das **Hauptgebäude** betritt man durch den Eingang an der Ostseite, hier werden Führungen angeboten. Gezeigt werden die *Bibliothek*, in der auch einige alte Dokumente – auch die aus dem 12. Jahrhundert stammende Landübertragung an das Kloster Selby – sowie Urkunden und Waffen aus verschiedenen Epochen gezeigt werden, der *Ball Room* (Festsaal), Ergebnis eines Umbaus im späten 18. Jahrhundert (hier war ursprünglich der Haupteingang, die Decke zum ersten Stockwerk wurde entfernt, um dem Raum seine jetzige Höhe zu geben, wobei man allerdings die oberen Fenster beließ, um die Fassade zu erhalten), weiterhin zwei Wohnzimmer, *Green Drawing Room* und *Grey Drawing Room,* in denen kostbares Mobiliar und Porzellan ausgestellt sind, das *Treppenhaus,* dessen Wände zum großen Teil mit den Potäts von Familienmitgliedern bedeckt sind, sowie zwei *Schlafräume* im oberen Stockwerk. Hinzuweisen

AVON & SHAKESPEARE-LAND

ist hier auf die beiden flämischen Wandteppiche aus dem 17. Jahrhundert, von denen einer blutiges Schlachtengemetzel darstellt, wie man es sich vor dem Einschlafen nicht schöner vorstellen kann. Der alte *Speisesaal* (hier gibt es noch einige Möbelstücke, die aus dem alten Haus übernommen wurden, auch Kleidungsstücke von Familienmitgliedern aus dem 17. Jahrhundert) und die *Wirtschaftsräume* im Keller bilden das Ende des Rundganges.

In den **Stallungen und Nebengebäuden** wird neben dem obligatorischen *Teerestaurant* und einigen *Werkstätten* (Töpferei und Schmiede) noch anderes geboten: in den Pferdeställen befindet sich ein Raum, der dem Andenken von *Lieutenant Percy Pilcher* gewidmet ist. Pilcher, der Pionier des Segelfluges in Großbritannien, unternahm 1895 seine ersten Flugversuche. Befreundet war er nicht nur mit seinem Vorbild Otto Lilienthal, sondern auch mit dem Erben von Stanford Hall, Adrian Verney-Cave, so daß viele der Flugexperimente in den umliegenden Feldern und Anlagen stattfanden. Pilcher kam bei einer Flugvorführung nahe bei Stanford Hall am 30. September 1899 ums Leben. An der Stelle des Unglücks, einige hundert Meter östlich von Stanford Hall, wurde eine Gedenksäule errichtet. Der in den Stallungen ausgestellte Flugapparat ist ein Nachbau.

Der schöne Ausblick auf die sich hinter dem Haus ausbreitenden Weideflächen, die durch einen *Ha-Ha* (nicht sichtbarer Graben, der das Vieh zurückhält) vom *Garten* getrennt sind, der hinter dem Stall liegende *Rosengarten* sowie die *Parkanlage* mit künstlichen Seen zeugen noch von Reichtum und alter Pracht. Doch allein die Tatsache, daß die Anlage heute für Besichtigungen geöffnet ist, deutet die Veränderungen an, die auch vor der englischen Aristokratie nicht Halt gemacht haben. Seit dem Ende des 19. Jahrhunderts konnte von weiteren baulichen Veränderungen und von der Sammlung weiterer Kunstschätze nicht mehr die Rede sein. Zwar versuchte der 6. Baron Braye, der Freund des Flugpioniers Pilcher, einige Modernisierungen durchzuführen, die Zentralheizung sowie die Elektrizität stammen aus dieser Zeit (um die Holztäfelungen nicht entfernen zu müssen, bohrte man Löcher in die Verkleidungen und ließ die Kabel von Frettchen ziehen, die von einem Köder am anderen Ende gelockt wurden), doch weitere Investitionen waren nicht möglich. Der größte Teil des Landbesitzes mußte verkauft werden, viele der Familien, die das Leben in Stanford Hall durch ihre Arbeit überhaupt erst möglich gemacht hatten, verloren ihren Unterhalt, und schließlich waren nicht einmal mehr die notwendigen Instandsetzungsmaßnahmen zu bezahlen. Staatliche Subventionen sowie das Eintrittsgeld der Besucher sichern heute den Status quo.

Öffnungszeiten: Jährlich von Ostersonnabend bis Ende September an folgenden Tagen: Sa und So von 14.30 Uhr bis 17.30 Uhr. An den Bank-Holiday-Montagen und den darauf fol-

genden Dienstagen von 14.30 bis 17.30 Uhr. Auskunft: ✆ 01788/860250.
Eintritt: Garten und Gebäude £2,90; Motorradmuseum £0,90.

Stanford-on-Avon

Auf dem anderen Ufer des Avon liegt das nur aus wenigen Gebäuden bestehende Dorf Stanford-on-Avon. Zu besichtigen gibt es hier die *Kirche St. Nicholas*, einen dreischifffigen Bau, dessen Ausmaße bei der geringen Größe der Ortschaft ganz unangemessen erscheinen. Die Kirche ist seit Jahrhunderten Begräbnisstätte der Familie Cave, auch einige ihrer Gutsverwalter sind hier beigesetzt. Beachtenswert sind einige der Grabmäler, etwa das im Chor befindliche, stattlich in Alabaster ausgeführte des Thomas Cave und der Margarete Cecil (1613). Die Frontseite ist mit einer Abbildung der Kinder des Paares verziert. Die Darstellung der oft in kniender oder betender Position gezeigten Nachkommen war bis in das 17. Jahrhundert hinein durchaus nicht ungewöhnlich. Auch am Fußende des Grabes von Thomas Cave und seiner Frau Elizabeth (1558) im Hauptschiff sind die Kinder zu sehen, 14 an der Zahl. An der Nordseite der Kirche befindet sich das Grab von Henry Knolles, der Elizabeth, eine Tochter der Cave-Familie, geheiratet hatte, daneben das von Sir Ambrose Cave, der als Kanzler des Herzogtums Lancaster ein hohes Staatsamt innehatte (1568). Wir sind ihm als glühendem Verehrer seiner Königin Elisabeth bereits begegnet.

Rugby und Umgebung

Freunde großer Architektur werden denen zustimmen, die Rugby als Stadt ohne eigenen Charakter bezeichnen. Der erste Eindruck scheint diese Aussage zu bestätigen: Eine Industriestadt mit den üblichen Rand- und Wohnbezirken, ein kleines Stadtzentrum, die meisten alten Bauten stammen aus dem 19. Jahrhundert. Doch der erste Eindruck trügt, Rugby ist weder ohne Bedeutung noch ohne Sehenswürdigkeiten. Eine berühmte Privatschule, 1567 als Lateinschule, *Grammar School*, gegründet, sorgt hier mit großer Kontinuität für den Nachwuchs der Führungsschichten des Landes. Die Stadt hat auch einem noch heute sehr beliebten Ballspiel (in der Art des American Football, nur ohne Körperschutz) ihren Namen gegeben.

Rugby war ursprünglich eine kleine Marktstadt; ein großer Teil des Zentrums ist heute Fußgängerzone. Die Stadt verdankt ihre Entwicklung wohl vor allem der günstigen Verkehrsanbindung, zunächst der Nähe des Oxford Canal, dann der Eisenbahn. Doch die Gegend ist bereits seit der Römerzeit für den Verkehr gut erschlossen. Auf dem Weg von Norden nach Rugby einfahrend, überquert man die alte *Watling Street* (heute A5), die von Süden kommend über LONDINIUM die Verbindung nach VIROCONIUM (Wroxeter) und DEVA (Chester) herstellte.

Während die römische Watling Street heute zu einer Schnellstaße ausgebaut, teilweise sogar in die Autobahn integriert worden ist, sind viele der im letzten Jahrhundert entstande-

Auf dieser alten Karte der Region zwischen Coventry und Rugby sind die Römerstraßen The Fosse way und The Watling verzeichnet, denen man teilweise noch heute folgen kann

macht sich bemerkbar. Auf den Parkplätzen befinden sich Informationstafeln mit einem Plan des Stadtzentrums, man kann hier also gleich einen ersten Überblick gewinnen.

Guter Orientierungspunkt in der **Innenstadt** ist die öffentliche Uhr, der *Clock Tower*, ein Denkmal zum 50. Regierungsjubiläum der Königin Viktoria, am nördlichen Eingang zur Fußgängerzone. Ein paar Schritte die Hauptstraße entlang befindet sich die *Pfarrkirche St. Andrew*, deren westlicher Turm noch aus dem 14. Jahrhundert stammt, der Rest des Baues wurde 1877–85 errichtet. In *Chapel Street* stehen die ältesten erhaltenen Häuser, zum Teil noch aus Fachwerk.

Im *Black Swan* (Free House) werden Mahlzeiten angeboten, gelegentlich gibt es auch Live-Musik.

Von der *High Street,* etwa auf der Höhe der Seitenstraße Duke's Jetty, jedoch auf der gegenüberliegenden Seite, geht es durch eine schmale überbaute Passage zum *Windsor*

nen Bahnverbindungen bereits nicht mehr in Betrieb. Die direkten Verbindungen zwischen Lutterworth und Rugby sowie Leicester und Rugby wurden stillgelegt. Dennoch hat Rugby heute noch gute Bahnverbindungen. Vom **Bahnhof** aus – hier halten auch die Intercity-Züge von London nach Birmingham – sind es etwa anderthalb Kilometer ins Stadtzentrum. Autofahrer tun gut daran, im Zentrum auf die ausgeschilderten Parkplätze auszuweichen, an Wochentagen gibt es hohes Verkehrsaufkommen, und die Enge der Innenstadt

Court, wo man sich in *Tom Brown's Coffee & Tea Room* erfrischen kann. Tom Brown ist Held und Titelfigur im Roman »Tom Brown's Schooldays« von *Thomas Hughes* (1857), einem ehemaligen Schüler der Rugby School. Die Beschreibung des Schüleralltags im 19. Jahrhundert unter dem prägenden Einfluß des Dr. Thomas Arnold, der der Schule von 1828 bis 1842 vorstand und seine pädagogischen Prinzipien »first religious principles, secondly gentlemanly conduct, thirdly intellectual ability« durchsetzte, ist nicht ohne Interesse.

Der *Caldecott Park,* eine schön gepflegte, mit Spielplatz und Kräutergarten ausgestattete Anlage nördlich des Stadtzentrums, bietet eine Möglichkeit zur Erholung vom hektischen Treiben der Innenstadt.

Unterkunft

Hotel The Three Horseshoes, einst ein »Coaching Inn«, Sheep Street, Rugby, ℂ 01788/573244, EZ £42,50, DZ £50, Wochenende ab 2 Nächten £35, aber ohne Frühstück.

Avondale, 16 Elsee Road, Rugby, ℂ 01788/578639, ab £25.

Weitere Informationen

Eine **Touristeninformation** befindet sich in der *Stadtbibliothek,* St. Matthew Street, ganz in der Nähe der Schule. Öffnungszeiten: außer So immer ab 9.30 Uhr, Mo/Do bis 20 Uhr, Di/Fr bis 17 Uhr, Mi bis 13 Uhr, Sa bis 16 Uhr. ℂ 01788/52595 oder 50708. Hinzuweisen ist noch auf eine kleine *Kunstgalerie* mit wechselnden Ausstellungen, meist moderner Kunst, gleich hinter der Bibliothek.

James Gilbert Rugby Football Museum: In der Nähe der Stadtbibliothek. Es ist in einem kleinen Laden untergebracht, in welchem man sich (Mo – Fr. 10 – 17 und Sa 10 – 16 Uhr) über Geschichte und Regeln dieser Sportart informieren kann. Der Eintritt ist frei.

School Museum: 10 Little Church Street, Di – Sa 13.30 – 17 Uhr, Führungen um 14.30 Uhr.

Nahverkehr: Aktuelle Informationen zum öffentlichen Nahverkehr unter ℂ 01788/535555.

Spazierwege am Avon

Die nähere Umgebung Rugbys eignet sich gut für Spaziergänge. So kann man von dem an der A426 gelegenen nördlichen Vorort *Brownsover* aus am *Oxford Canal* entlanggehen, der hier den Avon überquert. Von hier ist es knapp ein Kilometer bis zur Ausfallstraße B5414 nach **Clifton-upon-Dunsmore.** Wie viele englische Dörfer hat Clifton heute die Funktion eines Wohngebietes für Pendler und nur noch wenig Landwirtschaft. Der Kern des Dorfes hat jedoch nichts von seinem Reiz verloren. Die Dorfkirche *St. Mary* aus dem 13. Jahrhundert mit späteren Veränderungen (Turm aus dem 16. Jahrhundert) ist von alten Cottages umgeben.

Von der Dorfmitte Cliftons führt ein Spazierweg die Straße in Richtung Market Harborough nach Newton (etwa 1 km). Man überquert dabei den Avon, der hier kaum größer als ein Bach ist, und gelangt zunächst zu:

⚔ *St. Thomas Cross,* einem Gasthaus (Free House) aus dem 18. Jahrhundert.

Die Straße Richtung Catthorpe bietet eine schöne Aussicht in die Niederung des Avon. Bei der Überquerung der »Watling Street« (A5) ist Vorsicht geboten, die Strecke wird von vielen Autofahrern als Autobahn betrachtet, ist jedoch nicht ausgebaut. In den umliegenden Dörfern hatte man sich zu einem »A 5 fighting fund« gegen den Ausbau der Straße zusammengeschlossen, doch die Erfolgschancen dieser Bürgerinitiative waren wohl von Anfang an gering.

Von St. Thomas Cross aus gelangt man leicht nach **Newton,** hinter dem Dorf befindet sich ein ausgeschilderter Picknick-Platz. Wer den Weg über die Autobahn A6 fortsetzt, gelangt nach wenigen hundert Metern auf der *Newton Lane* zur römischen Siedlung TRIPONTIVM, die nach Osten hin, an der Watling Street gelegen hat. In den Sommermonaten werden hier oft Ausgrabungen vorgenommen. Gebäudereste auf der Erdoberfläche sind nicht zu sehen, doch im *Hotel Tripontivm,* ein Stückchen weiter, sind eine Reihe von Fundstücken ausgestellt.

Unterkunft & Essen

Hotel-Restaurant Tripontivm, Watling Street, Newton Lane, bei Rugby, ✆ 01788/860807, EZ ab £28.

Althorp

Althorp, seit 1508 Sitz der ursprünglich aus Warwickshire stammenden Familie *Spencer,* liegt 3 km nordwestlich von Northampton und ist leicht von Rugby aus über A428 oder der Autobahn M1 aus (Abfahrt 16, auf der A45 in Richtung Daventry bis Flore, von dort Richtung Little Brington) zu erreichen.

Von recht bescheidenen Anfängen als Schafzüchter stieg die Familie im 16. und 17. Jahrhundert in den Hochadel auf. Das Vermögen wurde durch geschickte Landnutzung und günstige Heiraten immer weiter vergrößert. Im Jahr 1600 wurde *Robert Spencer* von König Jakob I. in den Stand eines Barons erhoben, sein Enkel *Henry* 1643 Graf von Sunderland. Durch Heiratsverbindungen mit den Familien *Cavendish* und *Churchill* stiegen die Spencers schließlich auch in die hohe Politik auf. Im Schloß, daß in seiner heutigen Form aus dem 18. Jahrhundert stammt, jedoch viel ältere Gebäude mit einbezieht, verbrachte auch das prominenteste Mitglied der Familie einen Teil seiner Jugend: *Diana, Princess of Wales* (1. Juli 1961 – 31. August 1997). Im September 1997 wurde sie hier auf einer Insel in einem der Seen des Schloßparks bestattet. Wegen der großen Anteilnahme der Bevölkerung mußte der Plan einer Bestattung in der Familienkapelle, die sich in der Pfarrkirche des nahegelegenen *Great Brington* befindet, aufgegeben werden.

Öffnungszeiten: Schloß und Park können in den Sommermonaten besichtigt werden, die Besuchszeiten stehen jedoch (noch) nicht fest. Weitere Informationen über die Verstorbene und ihre Familie auch via Internet: http://www.royal.gov.uk./family/Diana.htm.

Ausflug nach Süden

Etwa 5 km südlich von Rugby liegt **Dunchurch,** ein hübscher kleiner Ort mit Marktplatz und Kirche. Im Zentrum des Dorfes mit seinen zum Teil reetgedeckten Häusern befindet sich das Marktkreuz. Auf dem alten Dorfplatz *(village green)* sieht man noch den Schandpfahl *(stocks),* an dem kleinere Übeltäter öffentlich zur Schau gestellt wurden. Eine aufregende Geschichte hat der Ort nicht gehabt, deshalb weist am *Dunchurch & Thurlaston Working Mens' Club* eine Inschrift auf Ereignisse des Zweiten Weltkrieges hin. Die dreischiffige *Kirche* hat einen überdimensionalen Westturm aus dem 15. Jahrhundert. Die Basen der Säulen sind aus dem 12. Jahrhundert.

Unterkunft & Essen: Hotels und Restaurants befinden sich direkt am Marktplatz, wie das Restaurant/Café *The Huntsman,* oder in unmittelbarer Nähe:

The Old Thatched Cottage, Hotel/Restaurant, Southam Road, ✆ 01788/810417, EZ £35, DZ £50.

Draycote Water Country Park

Südlich von Dunchurch liegt das Draycote-Wasserreservoir, nach dessen Fertigstellung 1970 ein Teil des Umlandes in einen Landschaftspark verwandelt wurde. Die Einfahrt geht etwa 2 km südlich von Dunchurch rechts von der A426 ab. Der Eintritt ist frei, Autofahrer müssen jedoch eine geringe Parkgebühr entrichten. Die Wassersportmöglichkeiten am Reservoir sind den Mitgliedern des privaten Segelclubs vorbehalten.

Bei gutem Wetter ist der Park eine idealer Ort für ein Picknick; ein Kinderspielplatz ist vorhanden, und die Möglichkeit für ausgedehnte Spaziergänge ist gegeben. Der *Hensborough Hill* bietet einen weiten Rundblick über die leicht hügelige mittelenglische Landschaft. Bis zum Ende des 14. Jahrhunderts wurde fast alles Land hier als Ackerland genutzt. Da die Bodenoberfläche ungestört blieb, kann man innerhalb des Parks (manchmal auch weiter draußen in der Landschaft) die Wellen im Erdboden sehen, die durch die mittelalterliche Ackerwirtschaft geschaffen wurden. Die Bauern hatten ihre Äcker in großen Feldern (Gewannen), die in lange schmale Streifen aufgeteilt waren. Um Übervorteilung aufgrund unterschiedlicher Bodenqualitäten zu vermeiden, hatten die einzelnen Bauern jeweils mehrere Landstreifen in verschiedenen Feldern. Die regelmäßigen Bodenwellen entstanden durch die Abgrenzung zwischen den etwa 200 Meter langen und 5 Meter breiten Einheiten.

Von Geistern mit Heimatgefühl

Wer vom Draycote Country Park weiter nach Süden fährt, überquert den Fluß *Leam,* einen Nebenfluß des Avon, dessen Mündung zwischen Leamington und Warwick liegt. Die nach wenigen Kilometern rechts abgehende kleine Straße in Richtung Marton bietet ein schönes Beispiel für die reizvolle Landschaft der Grafschaft Warwickshire. Trotz des enormen Bevölkerungszuwachses seit dem 16. Jahrhundert haben in vielen Dör-

AVON & SHAKESPEARE-LAND

fern dieser Gegend vor 600 Jahren sehr wahrscheinlich mehr Menschen gewohnt als heute.

Die erste größere Ortschaft, **Leamington Hastings,** hat eine stattliche *Dorfkirche* mit einem Kern aus dem 13. Jahrhundert, deren Anbauten und Erweiterungen die einstige Größe des heute winzigen Dorfes ahnen lassen. Von besonderem Interesse ist der ausgeschmückte nördliche Eingang, der etwa zeitgleich mit dem Turm im 14. Jahrhundert errichtet wurde. Die Kapellen am östlichen Ende des Gebäudes wurden im 17. Jahrhundert hinzugefügt. Zu dieser Zeit hatte man die 1607 gestifteten *Armenhäuser* bereits gebaut (ab 1633). Sie wurden noch vor wenigen Jahren als Altersheim genutzt. Das hinter der Kirche liegende *Gutshaus* kann man nicht besichtigen. Dies ist bedauerlich, denn es kann kaum ein Zweifel bestehen, daß es hier spukt. Das wird jedenfalls glaubhaft versichert. Einer anderen Legende zufolge soll allerdings der Geist des ermordeten Eigentümers – um den handelt es sich hier nämlich – in einer Flasche gefangen und im Dorfteich versenkt worden sein.

Der kleinen Straße weiter folgend, gelangt man über *Birdingbury* nach **Marton,** einem Dorf, dessen Neubausiedlungen den Charakter des Ortes in eine Wohnanlage für Pendler verkehrt haben. Daß hier dennoch auf lehrreiche Art Traditionspflege getrieben wird, zeigt das kleine Museum am südlichen Ortsrand (am Ende der Straße Louisa Ward Close): *Museum of Country Bygones.* Werkzeuge, vielerlei Hausutensilien, Geräte aus der Landwirtschaft und Kleidung aus dem 19. Jahrhundert werden hier dem Besucher präsentiert. Weiterhin ist auf die Kirche, *St. Esprit,* zu verweisen, die zum großen Teil aus dem 13. Jahrhundert stammt, um 1870 aber gründlich restauriert wurde. Die mittelalterliche *Brücke* über den Fluß stammt wohl aus dem 15. Jahrhundert.

Unterkunft: *Eathorpe Park Hotel,* The Foss, Eathorpe, Leamington Spa, ✆ 01926/632632, EZ £40, DZ £55, Wochenende £80 pro Person einschließlich Frühstück und Abendmahlzeiten.

Das gastliche Southam

Wer von Rugby kommend den Weg auf der A426 nach Süden fortsetzt, gelangt nach Southam. Von der Pfarrkirche *St. James* aus hat man einen guten Überblick über einen Teil der Kleinstadt. Die Häuser stammen weitgehend aus dem 18. Jahrhundert, hinzuweisen ist allerdings auf:

✉ *The Old Mint* (✆ 01926/812339), ein spätmittelalterliches Gasthaus im Stadtzentrum, wo mittags und abends warme Speisen und neun verschiedene Sorten Bier angeboten werden. Seinen Namen verdankt der Bau einer Episode des englischen Bürgerkrieges. Als König Karl I. 1642 seine Truppen nicht bezahlen konnte, ließ er das Familiensilber der umliegenden loyalen Großgrundbesitzer einsammeln. Aus dem eingeschmolzenen Silber wurden in diesem Haus dann Münzen geprägt – für kurze Zeit befand sich hier also die königliche Münze.

Auf der A423 Richtung Süden gelangt man schnell nach *Banbury* (siehe Seite 315) und zu den Sehenswürdigkeiten des *Edge Hill* (siehe »Umgebung von Stratford-upon-Avon«, Seite 310).

Am Avon entlang: Die 2. Etappe

Von Rugby dem Avon nach Westen in Richtung Coventry folgend, gelangt man zunächst nach **Newbold-on-Avon,** heute kaum mehr als ein Vorort Rugbys. Sehenswert ist hier die aus dem Spätmittelalter stammende Dorfkirche *St. Botulph,* in der sich mehrere recht imposante Grabstätten befinden. Im Südschiff und am Ostende besteht der Fußboden noch aus den alten Fliesen.

Hinter dem Ortsausgang von Newbold-on-Avon kann man auf der links abbiegenden Straße dem Flußlauf folgen. Hinter den wenigen Häusern von **King's Newnham** kommt man an dem heute als Stall genutzten alten *Kirchturm* des Dorfes vorbei. Die Kirche war Anfang des 18. Jahrhunderts noch intakt und als solche genutzt, als ein Besucher sich 1730 lobend über die bequemen Sitze ausließ und fortfuhr: »Auf den Fresken an den Wänden der Kirche werden die vier Evangelisten lebensgroß dargestellt, nördlich der Kanzel dann die Anbetung durch die drei Weisen, südlich die Abnahme Jesu vom Kreuz.« Mitte des 18. Jahrhunderts wurde das Kirchenschiff dann abgebrochen.

Wer hier den Avon in Richtung Süden auf der einspurigen mittelalterlichen Brücke überquert, befindet sich wiederum auf einer römischen Straße, dem vom Südwesten des Landes nach LINDVM (Lincoln) führenden *Fosse Way.* Die folgenden Dörfer **Brandon** und *Wolston* sind fast zusammengewachsen und nur durch den Fluß getrennt. Von *Brandon Castle* sind am nördlichen Flußufer noch die Erdwerke zu sehen, Gebäude existieren nicht mehr. Als die Burg im 12. oder Anfang des 13. Jahrhunderts gebaut wurde, hatte der Ort bereits eine Mühle, vielleicht gab es auch schon die Brücke. Die der Burg gegenüber liegende *Kirche* wurde auch im 12. Jahrhundert errichtet, während die Befestigung aber bereits nach einem Aufstand der Barone gegen König Heinrich III. 1265 stark in Mitleidenschaft gezogen und einige Jahrzehnte später dann geschleift wurde, blieb die Kirche erhalten und wurde häufig umgebaut und verändert. Heute ist sie eine Mischung verschiedener Baustile, vom normannischen Türbogen an der Südseite mit den typischen Zickzackmustern bis hin zum Turm aus dem 18. Jahrhundert. Das niedrige, fast zierliche Gebäude liegt in einem kleinen Kirchhof.

Wolston ist ein ansehnliches Dorf. Im Mittelalter gab es hier noch ein kleines *Kloster,* dessen Hauptgebäude im 16. und 17. Jahrhundert in einen Privatwohnsitz umgestaltet wurde. Es befindet sich am Ortsausgang in der Priory Road. Auch heute ist es noch privat, doch in seinem verwilderten Garten von außen betrachtet nicht ohne Reiz.

✕ Erfrischungen erhält man in den Pubs, Mahlzeiten im *Rose & Crown* (jedoch nicht sonntags) und im *Half Moon.* Anregungen für Spaziergänge kann man dem Lageplan in der Dorfmitte (am Manor House) entnehmen.

Unterkunft
The Brandon Hall, westlich des Nachbardorfes Brandon; ein ehemaliges Jagdschlößchen. Das Haus ist für gehobene Ansprüche eingerichtet (✆ 01203/542571, zentrale Reservierung: ✆ 0345/404040), es gilt jedoch zu bedenken, daß es sich in unmittelbarer Nähe einer der Haupteisenbahnstrecken befindet; EZ £65, DZ £75; an Wochenenden je nach Saison £45 – £55 pro Person und Nacht.

Einkaufen beim Erzeuger
Etwa 1 km hinter Wolston befindet sich eine weitere Sehenswürdigkeit, **Ryton Organic Gardens**. In dieser schönen, modernen Gartenanlage wird gezeigt – übrigens auch mit einem Blick auf die Stadtbevölkerung der Midlands, die sich mehrheitlich in den hinter ihren Reihenhäusern gelegenen Parzellen als Hobbygärtner betätigt – wie man mit einfachen Mitteln und ohne Verwendung von künstlichen Düngern sowohl Zier- als auch Nutzgärten anlegen kann. Vorschläge gibt es unter anderem zur Rasenpflege, Inbetriebnahme kleiner Treibhäuser, Einrichtung von Klein- und Kräutergärten, zur Hühnerhaltung im Garten, zur Anlage von Hecken und Obstplantagen, sowie zu *no-dig*-Gemüsegärten (kein Umgraben!) und pflegeleichten Gärten. Selbstverständlich kommen auch die Rosenfreunde nicht zu kurz, und kürzlich hat man hier auch damit begonnen, einige bedrohte Nutztierarten

aufzunehmen. Zum Beweis dafür, daß die hier gezogenen, zum Teil beeindruckende Ausmaße annehmenden Früchte auch wirklich echt sind, kann man sie, zusammen mit allerlei Fachliteratur, Sämereien und weiterem Gärtnerbedarf, käuflich erwerben.
Öffnungszeiten: täglich (Weihnachten und Neujahr geschlossen) 10 – 17.30 Uhr. Eintritt £2,50; zwischen 1. November und 28. Februar halber Preis. ✆ 01203/303517.
❎ Restaurant dabei. Tafeln mit Touristeninformationen laden zu Besichtigungen in Coventry und Umgebung ein. Für Interessierte werden mehrmals täglich Führungen durch den Garten angeboten.

Stoneleigh, ein altes Dorf
Dem Avon folgt man nach Überquerung der A45 weiter auf der Straße in Richtung Leamington (A445). Wem nach einem Picknick zumute ist, dem wird dazu am *Ryton Pool*, einer kleinen Parkanlage, Gelegenheit gegeben. Der nächste Ort, **Bubbenhall**, gehört zu den wenigen nicht zersiedelten Dörfern. Man biegt von der Hauptstraße rechts ab, um die Reise auf interessanteren, weniger befahrenen Nebenstrecken fortzusetzen. Der *Warwickshire Centenary Way* führt durch den gleich am Fluß gelegenen Kirchhof von Bubbenhall, mündet allerdings wenig später wieder auf einer Landstraße. Nach knapp 2 km endet diese Straße vor dem imposanten Portal eines privaten Golfplatzes. Man wendet sich nach rechts, überquert noch einmal den Avon und langt nach kurzer Zeit in Stoneleigh an.

Stoneleigh liegt nicht nur an der Straße von Coventry nach Leamington, sondern auch an dem aus Richtung Coventry kommenden Fluß *Sowe,* der unweit des Dorfes in den Avon mündet. Besucher finden hier ein altes, ganz gewiß sehenswertes Dorf. Zwar gibt es auch hier kaum noch Landwirtschaft, doch der architektonische Bestand blieb erhalten.

Außer einer Reihe von Häusern, die vielleicht noch aus dem Mittelalter

werden zur Versorgung der Einwohner beigetragen haben.

Die Dorfkirche *St. Mary,* im 12. Jahrhundert ebenfalls aus rotem Sandstein errichtet, wurde im 14. Jahrhundert stark umgebaut. Der reich verzierte Bogen im normannischen Stil zwischen Hauptschiff und Chor ist unverändert erhalten. Auf dem *Friedhof* sind noch Gräber aus dem 17. und 18. Jahrhundert und wenn, wie gesagt, auch keine Landwirtschaft mehr betrieben wird, so läßt sich hier doch die Atmosphäre der »Elegy Written in a Country Churchyard« von *Thomas Gray* (1751) nachempfinden.

Altes Reihenhaus: Cottage mit Cruck-Konstruktion

An der Südseite der Kirche wird in einer Inschrift an Humphrey How, einen der Pförtner des Lord Leigh wegen seiner Freigebigkeit und Hilfsbereitschaft gegenüber den Armen erinnert.

stammen, gewiß jedoch eine ältere Tradition der Fachwerkkonstruktion fortsetzen *(Cruck-Haus* an der Nordseite der Hauptstraße), gibt es hier unweit der Kirche ein aus rotem Sandstein errichtetes *Armenhaus,* eine Gründung von Sir Thomas Leigh und seiner Frau Alice aus dem Jahre 1594. Jeder einzelne Abschnitt des langen Gebäudes, das heute noch bewohnt ist und leider nicht besichtigt werden kann, besteht aus einem Raum im Erdgeschoß und einem weiteren im 1. Stock. Die kleinen Gärten dahinter

Von der kleinen Brücke über den Sowe am südlichen Dorfausgang lassen sich gut Spaziergänge durch die sich über die Anhöhe erstreckende Wiesen- und Parklandschaft unternehmen. Die Einmündung in den Avon befindet sich nur einige hundert Meter weit entfernt. Von dort den Avon flußaufwärts gelangt man zur *Stare Bridge,* einer im späten 15. Jahrhundert gebauten Brücke auf neun Pfeilern, auf der sich einst der Verkehr zwischen Coventry und Leamington bewegte. Heute ist ihr nur noch die Funktion eines Bestandteils der Landschaft geblieben.

Stoneleigh liegt am Fuß des *Motstow Hill,* einer Anhöhe, die man auf der B4113 in Richtung Leamington überquert. Der Name bezieht sich auf den früher auf dem Hügel abgehaltenen »Moot«, einen Gerichtshof, der der Ortschaft eine gewisse lokale Bedeutung verlieh. Vom höchsten Punkt, an dem die Straße wie ein Hohlweg anmutet, wird nicht nur ein schöner Ausblick auf das Dorf und die Landschaft geboten, es sind dort auch noch Überreste des Gerichtsplatzes vorhanden, überwachsen zwar, doch auch für das archäologisch nicht geschulte Auge erkennbar.

Auf der anderen Seite des Avon liegt das *National Agricultural Centre.* Hier finden Landwirtschaftsausstellungen, aber auch Reitsportveranstaltungen statt. Informationen zu Veranstaltungen © 01203/696969.

Die Burgruine von Kenilworth

Von Stoneleigh sind es nur etwa 3 km nach Kenilworth. Die Stadt selbst war lange kaum mehr als ein Dorf, doch die Burg Kenilworth gehörte bis in das 17. Jahrhundert zu den größten Befestigungen des Landes. Auch in ihrem heutigen Zustand als Ruine ist die Anlage noch eine bedeutende Sehenswürdigkeit. Die *Altstadt* liegt im Nordwesten der heutigen Stadt, dort wo die A429 von Coventry hereinführt. Die Verlängerung dieser Straße war die alte Hauptstraße des Land-

städtchens (High Street), dessen Charakter sich erst im Laufe des 19. Jahrhunderts durch die Ansiedlung von Industrie und den Anschluß an das Eisenbahnnetz wandelte. Die neue Siedlung, die die alte Ortschaft bald um ein Mehrfaches an Größe übertraf, entstand südlich des die heutige Stadt teilenden Baches *Finham Brook,* entlang der von Coventry kommenden Eisenbahnlinie.

Von der A46 aus auf der A452 kommend, fährt man zunächst in Richtung des heutigen Stadtzentrums. Von dort ist der Weg zu *Kenilworth Castle* ausgeschildert. Die Parkplätze befinden sich in dem weiten Areal der ehemaligen Vorburg. Auf dem Weg zum Eingang überquert man den früher zu einem See aufgestauten Finham Brook. Die Reste der Befestigungen am Anfang des etwa 100 Meter langen, einst als Turnierbahn genutzten Weges stammen aus dem 12. Jahrhundert, wie auch Teile von *Mortimers-Turm,* in dem der heutige Eingang untergebracht ist. Von hier aus begibt man sich am besten ein paar Stufen hinunter nach rechts zu dem in Fachwerk ausgeführten Stallgebäude des Grafen von Leicester, wo dem Besucher die Geschichte der Burg in einer kleinen Ausstellung veranschaulicht wird.

Innere Burganlage

Die verschiedenen Bauabschnitte der Burg lassen sich noch gut erkennen. Das früheste Bauwerk ist der auch heute noch die Anhöhe dominierende **Bergfried** aus dem 12. Jahrhundert mit seinen bis zu 6 Meter dicken

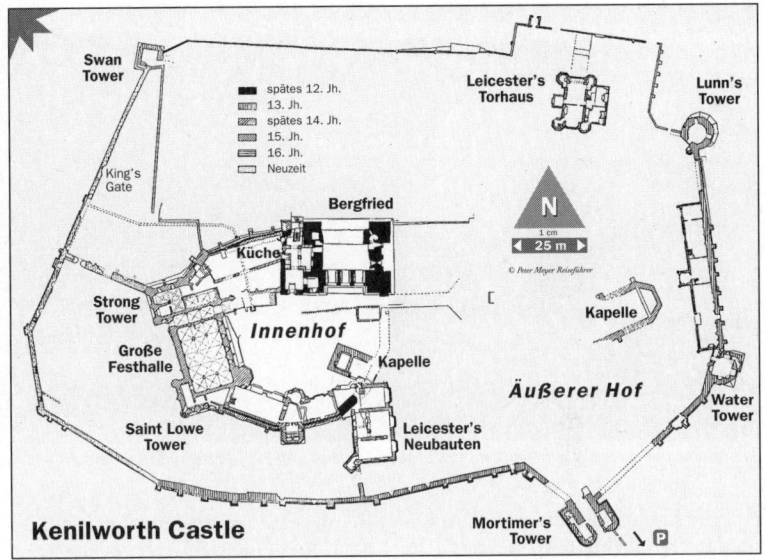

Kenilworth Castle

Legende:
- spätes 12. Jh.
- 13. Jh.
- spätes 14. Jh.
- 15. Jh.
- 16. Jh.
- Neuzeit

Swan Tower
King's Gate
Strong Tower
Große Festhalle
Saint Lowe Tower
Küche
Bergfried
Innenhof
Kapelle
Leicester's Neubauten
Leicester's Torhaus
Kapelle
Äußerer Hof
Mortimer's Tower
Lunn's Tower
Water Tower

N
25 m
© Peter Meyer Reiseführer

Mauern. Im 16. Jahrhundert, als man meinte, daß die Anlage ihre Funktion als Festung verloren habe, ließ der *Graf von Leicester* Umbauten vornehmen. Die großen Fenster stammen aus dieser Zeit. Im 17. Jahrhundert wurden hier jedoch zu Zeiten des Bürgerkrieges noch Truppen einquartiert, so daß man auf Anordnung des Parlaments die Anlage unbrauchbar machte. Als *Sir William Dugdale* 1656 seine »Geschichte der Grafschaft Warwickshire« herausbrachte, war die Burg noch intakt. Kurz darauf wurde sie jedoch teilweise zerstört. Dabei wurde auch die Nordwand des Bergfrieds entfernt.

Wenn man den Rundgang im Uhrzeigersinn fortsetzt, gelangt man gleich südlich davon an den einstigen **Toreingang** der alten Burg, an den sich die *Ringmauer* anschloß. Von ihr sind an dieser Stelle keine Überreste mehr vorhanden, doch die Grundmauern einer aus dem 15. Jahrhundert stammenden *Kapelle* sind noch zu sehen. Die vom Grafen Leicester angeordneten Neubauten ragen noch bis zu vier Stockwerke hoch in den Himmel. Sie sind der einzige Teil der inneren Burganlage, der größtenteils außerhalb der Ringmauer liegt. Bei den sich östlich davon anschließenden **Gebäuden** handelte es sich um ältere *Wohn-* und *Schlafgemächer*. Die große **Festhalle** zwischen den Befestigungswerken *Saint Lowe Tower* und *Strong Tower* wurde Mitte des 14. Jahrhunderts, als sich die Burg im Besitz der Grafen von Lancaster befand,

Die Mauern von Kenilworth werden heute von Touristen und Konzertbesuchern belebt

neu gestaltet, ein weiterer Umbau Ende des 14. Jahrhunderts verwandelte sie in eines der größten nichtkirchlichen Gebäude des Landes. Nur die Reste des Untergeschosses sind erhalten, die Pracht der darüber liegenden Haupthalle kann man nur noch erahnen. Vom Dach des mit Gängen und Kammern versehenen **Strong Tower** aus hat man einen guten Ausblick auf die ganze Anlage und auch auf die umliegende Landschaft.

Der große **Küchentrakt** ist weitgehend zerstört, allerdings sind die Herdstellen (in der Mauer des Bergfrieds) wie auch ein Teil der Kanalisation (im Innenhof) teilweise erhalten.

Äußere Burganlage

Der Kern der Anlage wurde schon bald mit einer Ringmauer umgeben, der Bach zu einem bis zu mehrere hundert Meter breiten See aufgestaut,

der die Festung uneinnehmbar machte. König Heinrich III. belehnte 1244 seinen Schwager *Simon de Montfort* mit der Burg, und dieser ließ die Befestigungen verstärken. Der **Water Tower** sowie **Lunn's Tower** an der Westseite der äußeren Ringmauer stammen aus dieser Zeit. **Mortimer's Tower** wurde vergößert und verstärkt. Das lange **Stallgebäude** wurde im 16. Jahrhundert hinzugefügt, ebenso das neue *Torhaus* an der Nordseite, das nicht besichtigt werden kann. Es war das einziges Gebäude, das nach der Schleifung der Burg eine Funktion behielt: im 17. Jahrhundert wurde es zu einem Wohnhaus umgestaltet, heute dient es manchmal dem Gemeinderat als Tagungsstätte. Die äußere Mauer an der Nordseite wurde vollständig abgebrochen. Sie verlief ursprünglich in fast gerader Linie von Lunn's Tower zum **Swan Tower** an der nordöstlichen Ecke. Einige Tore in der Außenmauer gewährten Zugang zum See, dessen Größe Bootsfahrten durchaus zuließ.

Zur Geschichte der Burg

Simon de Montfort hat seinem königlichen Schwager die Großzügigkeit schlecht vergolten. Er wurde nach 1258 Führer einer aufständischen Adelsopposition, und Kenilworth war einer seiner wichtigsten Stützpunkte. Auch nachdem der Aufstand mit seinem Tod in der Schlacht bei Evesham 1265 zusammengebrochen war, setzten seine Familie und ihre Anhänger den Widerstand hier fort. Erst über ein Jahr später, im Dezember 1266, wurde die Burg aufgegeben. Die Grafen, später Herzöge von Lancaster wurden danach Herren der Burg, die wieder in königlichen Besitz geriet, als einer von ihnen 1399 den König absetzte und sich selbst als *Heinrich IV.* krönen ließ.

Erst 1553 kam sie wieder in andere Hände, in die des *John Dudley,* Herzog von Northumberland. Doch dies war nur eine kurze Episode, der Herzog wurde schon wenig später als Hochverräter hingerichtet, alle seine Besitzungen wurden konfisziert. Sein Sohn, *Robert Dudley,* Günstling Elisabeths I. und Graf von Leicester, hatte da mehr Glück. Nachdem er 1563 die Burg übernommen hatte, begann wohl die glanzvollste Zeit in ihrer Geschichte. Jeder im Lande glaubte, Leicester verfolge das Ziel, seiner Königin zu imponieren und um ihre Hand anzuhalten. Elisabeth I. hat Kenilworth dreimal besucht. Zu diesen Anlässen wurden nicht nur aufwendige Unterhaltungsprogramme und Jagden veranstaltet, sondern eben auch die besagten baulichen Veränderungen vorgenommen. Einer Beschreibung ihres Aufenthalts 1575 sind allerlei Einzelheiten zu entnehmen, so etwa die Schlüsselübergabe bei ihrer Ankunft zu Trompetenklängen, das Erscheinen von zwei Nymphen auf einer künstlichen Insel im (künstlichen) See auf ihrem Weg zu Mortimer's Tower und die Begrüßung durch einen Dichter im Innenhof. Zu einer Heirat konnte sich die Königin allerdings trotz alledem nicht entschließen.

Sir Walter Scott erhielt durch die Beschreibung des Besuches wichtige Anregungen für seinen Roman »Kenilworth« (1821), der das Interesse der Allgemeinheit an den Ruinen weckte, die seitdem einen kontinuierlichen Strom von Besuchern anziehen.

Öffnungszeiten & anderes

In den Sommermonaten wird die Ruine als Kulisse für Theater- und Opernaufführungen sowie auch für historische Umzüge benutzt. Informationen: ✆ 01926/52078; die Burg ist das ganze Jahr über geöffnet, Ende März bis 31. Oktober 10 – 18 Uhr, im Winter bis 16 Uhr, Kassenschluß 2 Stunden früher. Verwaltet wird sie von English Heritage. Eintritt: £2,75, Kinder £1,40, ermäßigt £2,10.

Die Landschaft um die Burg ist ideal für lange Spaziergänge (wasserdichte Schuhe auch bei gutem Wetter!). Eine Informationstafel befindet sich, von der »Kenilworth Footpath Preservation Group« leider nicht sehr günstig plaziert, gleich am Parkplatz, links von der ersten Brücke. Etwa 1,5 km östlich der Burg sind noch die Erdwerke von *The Pleasance* zu sehen, einer Art Sommerhaus (selbstverständlich mit eigener Hafenanlage), das im 15. Jahrhundert für König Heinrich V. angelegt wurde.

Kloster Kenilworth

Während die Burg nicht zu Unrecht einige Berühmtheit erlangt hat, ist das 1122 gegründete Stift, das 1450 den Status eines Klosters erhielt, in Vergessenheit geraten. Das ist verständlich, denn nur noch wenige Teile der Anlage sind vorhanden. Nach der Aufhebung des Klosters 1540 geriet es in private Hand und wurde einige Jahre später an den Grafen von Leicester verkauft. Baumaterial war teuer, und es bedarf nur geringer Phantasie, das spurlose Verschwinden von Klosterkirche, Kreuzgang und fast allen Nebengebäuden mit den Bauvorhaben des Grafen in seiner Burg in Verbindung zu bringen.

Die vorhandenen Überreste lohnen jedoch den Besuch. Von *Mortimer's Tower* führt ein Fußweg an der Außenmauer entlang zur Nordseite der Burg. Von dort gelangt man zum *Castle Green* und damit zur Altstadt von Kenilworth. Hier hat man die Wahl, entweder die Old High Street bis zur Pfarrkirche hinaufzugehen oder aber von der Burg aus dem Bach in Richtung Stadt zu folgen. Auf der Höhe des Kinderspielplatzes sieht man das *Gästehaus Barn,* das ein kleines Museum beheimatet (geöffnet von Mai bis September Sonntags 14.15 –

17 Uhr, Besichtigungen außerhalb der Zeit können arrangiert werden, ℭ 01926/52836 oder 53574), sowie die Reste des Torhauses aus dem 14. Jahrhundert. Das Portal im Turm der benachbarten Pfarrkirche *St. Nicholas* stammt sehr wahrscheinlich auch aus dem Kloster.

Informationen: *Kenilworth Library,* The Square, Mo/Di sowie Do/Fr 9.30 – 19 Uhr, Sa 9.30 – 16 Uhr. Eine Tafel dort gibt Hinweise auf Unterkünfte.

Fahrradgeschäft: In der High Street können Radwanderer ihr Glück versuchen bei »Mike's Bikes«.

Unterkunft

★★★★ *Clarendon House,* Old High Street, Kenilworth, CV8 1LZ, ℭ 01926/57668, Fax 50669. Ein gemütliches Hotel in einem Haus aus dem 15. Jahrhundert, etwas antiquiert (»Gentlemen are requested not to wear shorts or sleeveless shirts in the bar after 7 pm«) und nicht ganz billig. An Wochenenden werden allerdings besonders günstige Übernachtungstarife angeboten. EZ ab £40,50, DZ £75, »weekend break« £25 pro Person und Nacht.

★★★ *Castle Laurels Hotel,* 22 Castle Road, Kenilworth CV4 1NG schräg gegenüber der Einfahrt zum Parkplatz der Burg. ℭ 01926/56179, EZ £30, DZ £49.

De Montfort Hotel, The Square, Kenilworth, CV8 1ED, ℭ 01926/ 55944, Fax 57830. Großes modernes Hotel, architektonisch keine Zierde des Ortes, doch Zimmer mit Bad, Fernsehen, Telefon.

Pubs

Queen & Castle, Castle Green, gleich gegenüber der Burg. Pub und Restaurant, mittlere Preislage (bis £20), gutes Essen, doch oft sehr voll.

Clarendon Arms, gleich nebenan am Anfang der High Street. Pub und Restaurant, untere Preisklasse.

Harrington, nur ein paar Häuser weiter in der High Street. Restaurant, preiswert und gemütlich. Geöffnet 12 – 14 Uhr, 18.30 – 23 Uhr, ✆ 01926/52074.

The Virgin & Castle, Old High Street; Pub und Restaurant mit sehr gemütlicher Atmosphäre. Mahlzeiten täglich 12 – 14 Uhr und ab 19 Uhr.

Virgin's Bistro, gleich nebenan, Auswahl an Weinen.

Cronwell's, Old High Street; Bistro und Restaurant; ✆ 01926/57668; Reservierungen: 0800/616883. Teil des Clarendon House Hotel. Gutes Essen, »Limited stocks of wines from the Directors Selection are also available for the discerning customer.«

Royal Leamington Spa

Fünf Kilometer südlich von Kenilworth (am besten auf der A452 zu erreichen) liegt Leamington. Die Stadt am *Leam,* einem Nebenfluß des Avon, war bis in das 18. Jahrhundert ein Ort von geringer Bedeutung. Im Jahre 1801 gab es hier nur 67 Häuser

mit einer Bevölkerung von 315 Personen. Die Heilquellen an dieser Stelle waren jedoch bereits bekannt, seit langer Zeit war das salzhaltige Wasser von den Anwohnern zum Pökeln von Fleisch benutzt worden. Ende des 18. Jahrhunderts wurden einige Ärzte dann aber auf die Heilwirkung des

Typisch Kurort: Elegante Häuser mit schönem Schmiedewerk

Wassers aufmerksam. Zwei der Bewohner, der Dorfschuhmacher *Benjamin Satchwell,* der 1784 eine weitere Quelle entdeckte, und *William Abbotts,* der kurz darauf ein erstes Bad eröffnete, verschafften dem Ort Bekanntheit und brachten einen lukrativen Badebetrieb in Gang. Bereits 1814 wurde der *Pump Room* gebaut, die erfolgreiche Arztpraxis des *Dr. Henry Jephson* (1798 – 1878) zog immer neue Patienten an, und von nun an gab es in der Entwicklung des Ortes kein Halten mehr. Die Grundstückspreise stiegen in astronomische Höhen, und innerhalb weniger Jahrzehnte entstand nach den Vorbildern Brighton und dem Londoner Regent Park eine Stadt mit breiten, großzügig angelegten Straßen, ganz im Stil der Regency-Epoche.

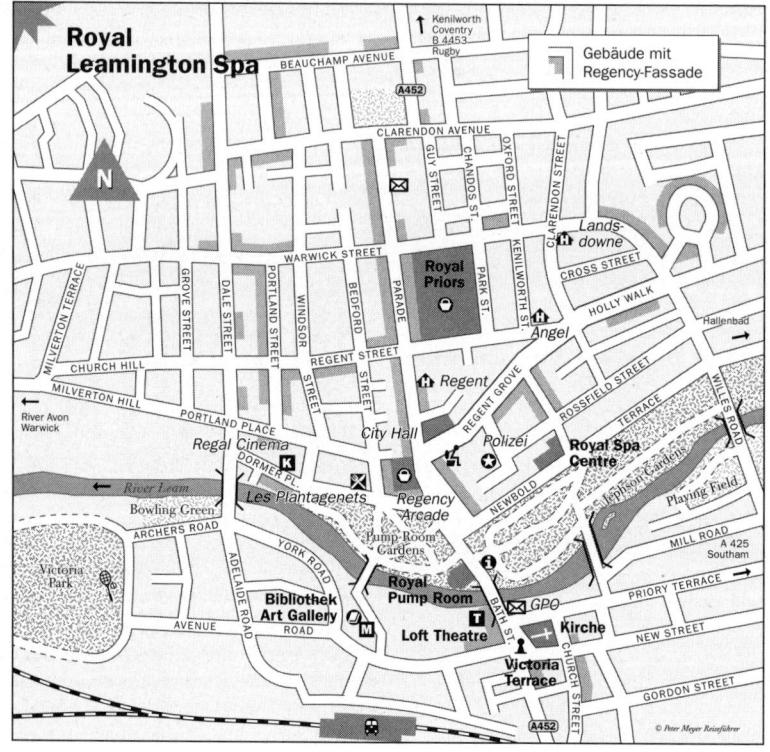

Royal
Leamington Spa

Gebäude mit
Regency-Fassade

↑ Kenilworth
Coventry
B 4453
Rugby

BEAUCHAMP AVENUE

A452

CLARENDON AVENUE

CLARENDON STREET

OXFORD STREET

GUY STREET

CHANDOS ST.

WARWICK STREET

Lands-
downe

CROSS STREET

PARADE

Royal
Priors

PARK ST.

KENILWORTH ST.

HOLLY WALK

Angel

BEDFORD STREET

WINDSOR STREET

PORTLAND STREET

REGENT STREET

Regent

Hallenbad

ROSSFIELD STREET

REGENT GROVE

MILVERTON TERRACE

GROVE STREET

DALE STREET

CHURCH HILL

MILVERTON HILL

← River Avon
Warwick

PORTLAND PLACE

City Hall

Polizei

Royal Spa
Centre

WILLES ROAD

TERRACE

Jephson Gardens

Playing Field

Regal Cinema

DORMER PL.

K

← River Leam

Bowling Green

ARCHERS ROAD

Les Plantagenets

Regency
Arcade

Pump Room
Gardens

NEWBOLD

MILL ROAD

A 425
Southam

Victoria
Park

YORK ROAD

ADELAIDE ROAD

AVENUE

Bibliothek
Art Gallery

ROAD

M

Royal
Pump Room

BATH ST.

i

GPO

PRIORY TERRACE

NEW STREET

Loft Theatre

T

Kirche

Victoria
Terrace

CHURCH STREET

GORDON STREET

A452

© Peter Meyer Reiseführer

Am Ende des Jahres 1826 gab ein
deutscher Reisender, *Fürst Pückler-
Muskau,* seine Eindrücke wieder:
»Der Badeort Leamington bestand
vor dreißig Jahren noch aus einem
kleinen Dorfe und bildet jetzt schon
eine reiche und elegante Stadt ... obgleich die Wasser eigentlich sehr un-
bedeutend sind, etwas schwefel- und
salzhaltig.« Fürst Pückler war vom
Reichtum sichtlich beeindruckt: »Die
Trinkanstalt befand sich in einem Saa-
le von der Größe eines Exerzierhau-
ses, um sich hinlängliche Motion darin machen zu können, und die
Röhren, aus denen das Wasser floß,
wie die Hähne zum Drehen, waren,
soweit sie sichtbar wurden, aus massi-
vem Silber.« Prinzessin Viktoria stattete 1830 einen ersten Besuch ab, acht
Jahre später verlieh sie dem Ort als
Königin das Recht, dem Namen Leamington die Attribute »Royal« und
»Spa« (Bad) hinzuzufügen. 1841 war
die Bevölkerung auf über 15.000
Menschen angewachsen, 1844 war die

von Coventry kommende Eisenbahn betriebsbereit. Ohne Zweifel war das 19. Jahrhundert die Glanzzeit von Royal Leamington Spa, und wenn sich später auch etwas Industrie in den Außenbezirken ansiedelte, finden die Besucher den Ort heute doch so vor, wie er in den Jahren nach 1815 aus dem Boden geschossen ist.

Der **alte Ortskern** befand sich auf der Südseite des Leam, in der Nähe der Kirche. Hier, gleich bei den Quellen, wurden die ersten der für die Stadt typischen drei- oder vierstöckigen Häuserterrassen angelegt *(Victoria Terrace)*. Die gegenüberliegende, ursprünglich mittelalterliche Kirche wurde im letzten Jahrhundert stark erweitert und verändert. Ein Gedenkstein auf dem Vorplatz erinnert an die Entdeckung einer der Heilquellen. Reisende, die mit der Bahn ankommen, gehen vom Bahnhof nach links, hinter der Eisenbahnbrücke dann wieder links (Bath Street, Verlängerung der Victoria Parade). Wer hier in die Spencer Street einbiegt, gelangt nach etwa 200 Metern zur *Stadtbibliothek* (York Road/Spencer Street), die mit dem *Museum (Art Gallery)* in einem Gebäude untergebracht ist.

Heute ist Leamington eine ruhige Stadt, deren Zentrum in den vergangenen hundert Jahren nur wenig verändert wurde. Sehenswert sind nicht nur die Terrassenhäuser mit ihren Ornamenten und gußeisernen Geländern und Verzierungen, etwa am *Clarendon Square* oder der *Parade,* auch die Gartenanlagen am Fluß, *Jephson Gardens, Pumproom Gardens,* machen die Stadt zu einem angenehmen Aufenthaltsort. Auch ohne Badebetrieb ist man bemüht, die kulturelle Tradition fortzusetzen. Im *Royal Spa Centre* finden Theater-und Konzertveranstaltungen statt, außerdem gibt es noch das kleinere *Loft Theatre.*

Naherholungsgebiet ist der *Newbold Comyn Park,* der östlich der Stadt am Leam gelegen ist. Dort befindet sich auch ein Hallenbad.

Stadtbibliothek: York Road/Ecke Spencer Street. Mo, Di, Do, Fr 10 – 20 Uhr, Sa 9.30 – 16 Uhr, Mi geschlossen.

Art Gallery: im Gebäude der Bibliothek. Mo, Di, Fr, Sa 10 – 13 und 14 – 17 Uhr, Mi geschlossen; Do 10 – 13, 14 – 17 und 18 – 20 Uhr geöffnet.

Royal Spa Centre: Kino und Konzertsäle *Avon Hall, Newbold Hall,* ✆ 01926/334418.

Unterkunft

The Lansdowne Hotel, Clarendon Street/Warwick Street, Royal Leamington Spa, CV32 4PF, ✆ 01926/450505, Fax 421313, EZ £50, DZ £60. Parkplätze vorhanden, zentral gelegen, sehr gepflegt.

The Regent, 77 The Parade, Royal Leamington Spa, CV32 4AX, ✆ 01926/427231, Fax 450728, Telex 311715, EZ £55, DZ £89. Parkplätze vorhanden, liegt an der Hauptstraße, luxuriös.

The Angel Hotel, 143 Regent Street, Royal Leamington Spa, CV32 4NZ, ✆ 01926/8812967. EZ £49,50, DZ £59.

Charnwood House, 47 Avenue Road, Leamington Spa CV31 3PF, ✆ 01926/831074, ab £18, £175 pro Woche.

AVON & SHAKESPEARE-LAND

Essen & Trinken

Kismet Restaurant, 11 Spencer Street, in der Nähe vom Bahnhof; indische Küche.

Les Plantagenets, 15 Dormer Place, ✆ 01926/451792; Menü £12 - 18.

Warwick

Schon aus einigen Kilometern Entfernung ist der hohe Turm der Kirche von *St. Mary,* das Wahrzeichen der Hauptstadt der Grafschaft sichtbar. Dies trifft jedenfalls zu, wenn man sich von Westen (Autobahn M40) nähert. Die Ausdehnung der Nachbargemeinde Leamington hatte zur Folge, daß Warwick und Leamington heute schon fast ineinander übergehen. Warwick hat keinen großen Wachstumsprozeß erlebt, vielleicht ein Glücksfall, denn die Stadt ist reich an historischen Sehenswürdigkeiten.

Figur aus der Beauchamp-Kapelle

Ihr Ursprung geht auf das frühe 10. Jahrhundert zurück, *Aethelflaeda,* Herrscherin des Königreiches Mercia, wird als Gründerin der Siedlung angesehen; die Burg entstand erst 1068, zwei Jahre nach der Landung Wilhelms des Eroberers. Neben der großen Stiftskirche und der Burg hat die Stadt noch eine Reihe anderer Sehenswürdigkeiten zu bieten: mittelalterliche Straßenzüge, die vom großen Feuer 1694 verschont blieben, das vom Grafen von Leicester gegründete Hospital sowie einige Museen und die am Avon gelegenen Ruinen des Landsitzes *Guy's Cliff* geben ihr einen hohen Platz auf der Prioritätenliste eines jeden Besuchers.

Warwick Castle

Warwick Castle ist bereits seit Jahrhunderten eine Besucherattraktion. Canaletto malte die oberhalb des Avon gelegene Festung, der bereits erwähnte Fürst Pückler berichtete begeistert von dem »Zauberort« nach Hause. Ursprünglich gab es hier nur eine *Motte,* einen mit Palisaden bewehrten künstlichen Erdhügel, der noch heute, wenn auch ganz unscheinbar, existiert. Erst in den folgenden Jahrhunderten, urkundlich belegt 1174, wurden Gebäude aus Stein ausgeführt. Im 14. Jahrhundert veranlaßte *Thomas Beauchamp,* Graf von Warwick (1331 – 1369) – sein Grab und das seiner Frau befinden sich in der Kirche von St. Mary –, eine große Erweiterung der Burg. Die Torgebäude *(Clock Tower)* sowie *Caesar's Tower* entstanden in dieser Zeit. Sein Sohn, Thomas II. (1369 – 1401), ließ *Guy's Tower* sowie dazu gehörende Mauerstücke bauen. Im 15. Jahrhundert gehörte die Burg dem

›Kingmaker‹ *Richard Neville* (1428 – 1471), Graf von Warwick, ihm folgte sein Schwiegersohn *George,* Herzog von Clarence, schließlich dessen Bruder, König *Richard III.* 1547 wurde sie der *Dudley-Familie* übergeben, nach deren Aussterben 1590 wurde sie den *Grevilles* verliehen, in deren Besitz sie sich noch heute befindet. Die Gebäude standen niemals für längere Zeit leer und wurden allmählich zur Wohnanlage umgestaltet. Diesem Umstand ist es zu verdanken, daß die Burg heute noch intakt ist und Anzeichen der verschiedensten Baustufen aufweist.

Rundgang

Der Eingang zur Anlage befindet sich in den ehemaligen Stallungen, die von der Stadt her am besten durch Castle Street zu erreichen sind. Für die Besichtigung von Warwick Castle und den dazugehörigen Gärten sollte man etwa einen halben Tag einplanen. Eine Tonbandführung in deutscher Sprache ist am Eingang erhältlich. Außer der Burg selbst mit ihren verschiedenen Sammlungen und Ausstellungen ist die umliegende Parkanlage mit dem *Victorian Rose Garden,* der *Castle Meadow,* einer Insel im Avon und dem Pfauengarten sehenswert.

Man betritt die Anlage durch den **Clock Tower,** das große Torhaus, das vermutlich in der Mitte des 14. Jahrhunderts fertiggestellt wurde. Im ersten Stock dieses Gebäudes befindet sich eine Ausstellung zu den Rosenkriegen und König Richard III. Treppen führen auf die *Wehrgänge,* zum Fluß hin zu **Caesar's Tower,** der etwa zur gleichen Zeit wie das Torgebäude entstand und einen hervorragenden Ausblick über den Avon und die Hügellandschaft von Warwickshire bietet, zur anderen Seite zu **Guy's Tower,** dem höchsten Bauwerk der Burg, das einen guten Blick über die Stadt Warwick gewährt. Um in den Turm selbst zu gelangen, muß man über den Burghof zum **Clarence Tower** gehen, einen niedrigen, Ende des 15. Jahrhunderts unter Richard III. angelegten Gebäude-Komplex, der für den Einsatz von Kanonen eingerichtet war. Dort führt dann wieder eine Treppe zum Wehrgang hinauf und zum Aufstieg des Guy's Tower.

Links vom Torgebäude (hinter dem Laden) liegt die **Waffenhalle** mit einer großen Sammlung von Rüstungen, Stich- und Schußwaffen sowie Uniformen. Prunkstück ist eine italienische Turnierrüstung, komplett für Roß und Reiter, aus dem 16. Jahrhundert. An die Waffenhalle schließen sich **Folterkammern** an, mit allerlei Gerätschaften zur Tortur ausgerüstet, die zwar wohl authentisch sind, jedoch eigentlich nicht in die Burg gehören. Echt ist dagegen der **Kerker** im Keller des Caesar Tower, dessen niedriger Eingang sich außen befindet. In den Kerkerräumen kann man sich noch Wandinschriften von Gefangenen ansehen; seitlich in den Boden eingelassen ist eine *Oubliette,* ein Zwangsverließ.

Als nächstes folgt das **Hauptgebäude** der Burg, das in Repräsentationssäle, *state rooms,* und Privaträume, *private apartments,* eingeteilt ist. Im Hauptgebäude befindet sich eine

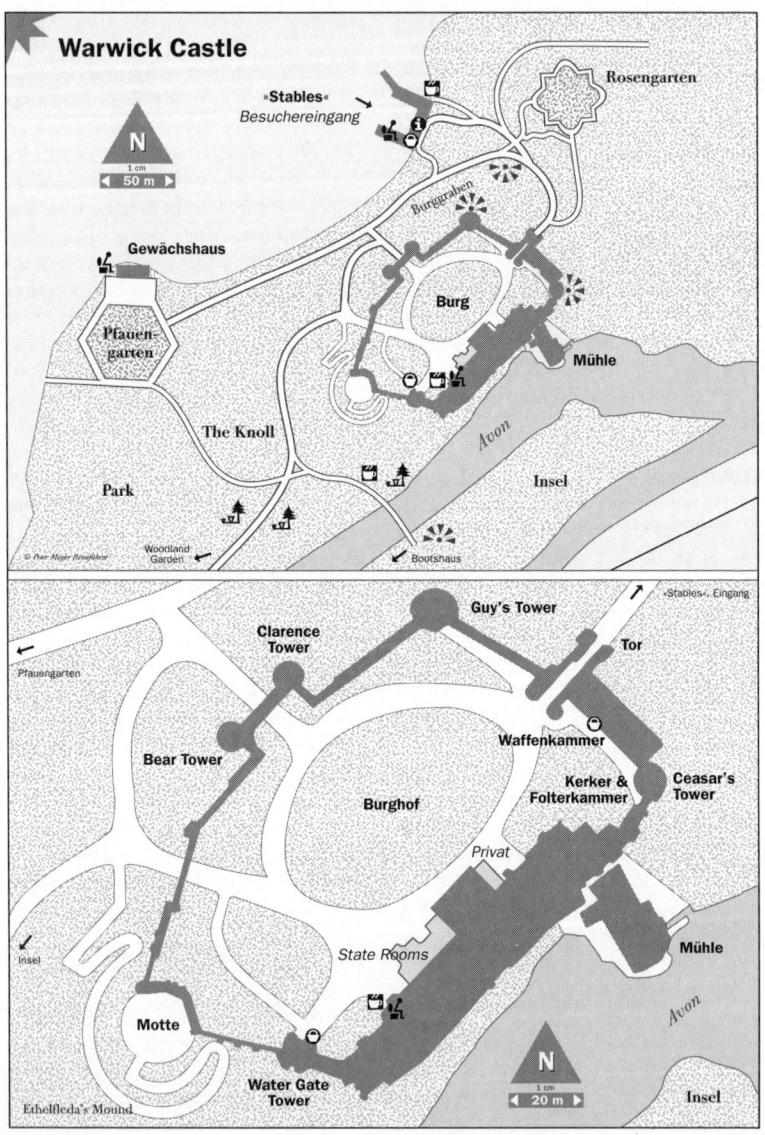

Warwick Castle

»Stables«
Besuchereingang

N
1 cm
◀ 50 m ▶

Rosengarten

Burggraben

Gewächshaus

Burg

Pfauen-
garten

Mühle

The Knoll

Avon

Insel

Park

Woodland
Garden

Bootshaus

© Peter Meyer Reiseführer

»Stables«, Eingang

Guy's Tower

Clarence
Tower

Tor

Pfauengarten

Waffenkammer

Bear Tower

Kerker &
Folterkammer

Ceasar's
Tower

Burghof

Privat

(Insel)

State Rooms

Mühle

Avon

Motte

Water Gate
Tower

N
1 cm
◀ 20 m ▶

Ethelfleda's Mound

Insel

Wachsfigurenausstellung der Firma *Madame Tussauds* zum Thema der Schlacht von Barnet. Richard Neville, Graf von Warwick (der Kingmaker), hatte sich 1469 mit seinem Schützling aus dem Hause York, König Eduard IV., überworfen. In die Enge getrieben, wollte er die Herrschaft des Hauses Lancaster unter dem alten König Heinrich VI. wiederherstellen, es gelang ihm sogar, Eduard IV. aus dem Land zu treiben. Doch der kam bald darauf wieder. Warwick bereitete seine Truppen hier in der Burg und auch in Coventry zum Kampf vor, der dann am Ostersonntag 1471 bei Barnet in der Nähe von London stattfand und mit der Niederlage und dem Tod des Kingmakers endete. Die Ausstellung zeigt die Vorbereitungen und somit auch viele Aspekte des Lebens und der Arbeit im Spätmittelalter. Sie ist sehr zu empfehlen, doch die Besucher sollten ihre Aufmerksamkeit auch den Räumlichkeiten zuwenden, denn dies sind die einzigen erhaltenen alten Teile des Hauptgebäudes.

Im Erd- und Obergeschoß dieses Flügels werden in prächtig eingerichteten Räumen weitere Ausstellungen präsentiert. Außer der *Kapelle* gibt es hier das **Speisezimmer** *(state dining room)* aus dem 18. Jahrhundert mit Gemälden aus den Werkstätten von Rubens und van Dyck, den **Großen Saal** *(great hall)* aus dem 14. Jahrhundert (jedoch nach einem Feuer 1871 fast vollständig restauriert), in dem weitere Rüstungen ausgestellt sind, darunter in der Fensternische eine deutsche Reiterrüstung aus dem 16. Jahrhundert und Helm und Harnisch des Barons Brooke, der während des Bürgerkrieges 1643 bei Kämpfen in Lichfield auf Seite der Parlamentstruppen fiel. Im **Red Drawing Room** ist außer auf das chinesische Porzellan aus dem 18. Jahrhundert noch auf das Porträt des Marquis of Montrose von *William Dobson* (1610–46) und das Porträt des Ambrosio Spinola aus der Werkstatt *Peter Paul Rubens'* hinzuweisen. In dem mit Chippendale-Möbeln ausgestatteten **Cedar Drawing Room** gibt es das Porträt der Beatrice, Herzogin von Lothringen, von *van Dyck* sowie andere Gemälde aus den Werkstätten des van Dyck und des *Sir Peter Lely* (1618–80) zu sehen. Der **Green Drawing Room** ist mit französischem Mobiliar (Louis XVI) bestückt, die Gemälde stammen wiederum meist aus der Werkstatt des van Dyck. Hauptattraktion im **Queen Anne Bedroom** ist nicht das monumentale Bett, sondern der große Wandteppich aus dem Jahre 1604. Er zeigt vermutlich Szenen aus den Gärten des Palastes von Brüssel. Der Platz über dem Kamin vom *Blue Boudoir* ist mit einer Kopie von Holbeins Porträt Heinrichs VIII. geschmückt.

In den Privaträumen des Hauptgebäudes befindet sich eine weitere **Ausstellung Madame Tussauds,** die sehr interessante Einblicke in das Leben der englischen Oberschicht zu Beginn des 20. Jahrhunderts vermittelt. In diesen Jahren hatte die gräfliche Familie oft prominenten Besuch, und eine dieser Hausgesellschaften ist das Thema der Ausstellung. Von den historischen Persönlichkeiten, die hier verkehrten, sind unter anderem (der noch junge) *Winston Churchill* sowie der *Prince of Wales* (der zukünftige König Eduard VII.) nachgebildet. Selbst in den Erklärungen zu den dargestellten Szenen wird die Atmosphäre dieser Zeit detailgetreu nachempfunden: die Figuren der Herrschaften sind selbstverständlich alle mit Namen vorgestellt, das nachgebildete Dienstpersonal bleibt anonym. Ohne Zweifel ist die Ausstellung sehenswert, leider haben Besucher besonders an Wochenenden wenig Gelegenheit, sich alles genau anzuschauen, das Hauptgebäude kann durchaus überfüllt sein.

Die Garten- und Parkanlagen

Außer den Festungsgebäuden selbst, der Einrichtung und den Ausstellungen sind auch die weiten Park- und Gartenanlagen sehenswert. Die beste Zeit für einen Besuch sind die Monate zwischen April und August.

Lassen Sie sich nicht durch den ersten Eindruck täuschen: Wenn die Anlage der Parks und Gärten auch dem Zufall überlassen gewesen zu sein scheint, so trügt dieses Bild. Die Burg hatte ursprünglich keinen Park, und es bedurfte der Sorgfalt von Generationen von Gärtnern und Gartenplanern, bis der heutige Zustand erreicht war. Der bedeutendste dieser Fachleute war Lancelot ›Capability‹ Brown.

In der elisabethanischen Zeit befand sich hinter der Motte am Flußufer ein *Knot Garden*. Die Stadt hatte sich bis an den Burggraben hin ausgedehnt; über Generationen hin kauften die Herren der Burg ganze Straßenzüge, um das Areal allmählich zu erweitern. ›Capability‹ Brown begann 1749 mit seiner Arbeit in Warwick Castle. Um die Burg herum entstand eine Landschaft, die die Bewunderung zahlreicher Besucher hervorrief. Antonio Canaletto fertigte während seiner beiden Aufenthalte in England für den späteren Grafen von Warwick einige Zeichnungen und Gemälde an, die den Zustand der ganzen Anlage in der Mitte des 18. Jahrhunderts dokumentieren, zur gleichen Zeit, in der Brown mit seiner Arbeit begann. Die großen Rasenflächen wie auch die Gestaltung des Innenhofes waren Teil von Browns Konzept. Nach und nach entstand die sich am Fluß hinziehende Landschaft. An der Nordseite wurde 1784 das *Conservatory* gebaut, heute durch den sechseckigen *Peacock Garden* zu erreichen. Einziger Zweck dieses Gebäudes war es, die »Warwick Vase«, eine in der Nähe von Tivoli ausgegrabene römische Prunkschale, zu beherbergen, die von Sir William Hamilton, dem britischen Gesandten in Rom und berühmten Sammler antiker Kunst (übrigens ein Verwandter der Grevilles), nach England gebracht worden war. Die verfallende *mittelalterliche Brücke,* die heute noch als Ruine existiert, wurde in die Anlage miteinbezogen, ein Stück flußaufwärts wurde 1793 die elegante neue Brücke errichtet, über die noch heute der Verkehr nach Süden geleitet wird. Dadurch wurde auch an der Ostseite der Burg Platz für einen Park geschaffen, durch den 1797 die Zufahrt von der neuen Straße her in den Fels geschnitten wurde. Im 19. Jahrhundert wurde der viktorianische *Rose Garden* angelegt.

Öffnungszeiten & Eintritt
Täglich (außer am Weihnachtstag) 1. März – 1. September 10 – 17.30 Uhr, 1. Oktober – 28/9. Februar 10 – 16.30 Uhr. Parkanlagen 10 – 18 Uhr.

Eintritt £8,75, Kinder (4 – 16 Jahre) £5,25, Rentner und Studenten £6,75, Familienkarte £24,50. Kostenlose Parkmöglichkeit.

Stadtrundgang
Die Stadt Warwick wurde 1694 durch ein Großfeuer weitgehend zerstört. In der Altstadt blieb nur wenig alter Baubestand erhalten (hinzuweisen ist hier auf die alten Häuser in *Castle*

Vor dem Warwick Doll Museum

Street), die meisten Gebäude stammen aus dem späten 17. oder frühen 18. Jahrhundert. Einen Eindruck von der mittelalterlichen Stadt Warwick kann man noch in *Mill Street* gewinnen. Auch *West Street* hat noch eine Reihe älterer Häuser aufzuweisen.

Wer sich von der Burg aus dem alten Stadtkern nähert, kommt zwangsläufig durch die erwähnte **Castle Street,** wo sich eine *Informationstafel* für Touristen befindet. Die Straße verzweigt sich am Haus des Kaufmanns *Thomas Oken*, eines Wohltäters der Stadt, dessen Todestag (29. Juli 1573) noch heute gefeiert wird. Für Interessierte sei auf ein kleines **Spielzeugmuseum,** *Warwick Doll Museum,* in dem Haus hingewiesen, Ostern bis Ende September Mo – Sa 10 – 17 Uhr, So 14 – 17 Uhr, ✆ 01926/ 412500.

Am 1725 bis '28 erbauten **Court House,** dem Rathaus der Stadt, vorbei kommen wir durch die High Street nach links zum **Westgate,** einem der beiden erhaltenen Stadttore. Eine *Kapelle* über dem Tordurchgang gab es hier bereits 1129, sie war später der Treffpunkt der *St.-Trinitatis-Gilde* der Stadtbürger. Nachdem die Gilde im Zuge der Reformation aufgelöst worden war, richtete Robert Dudley, Graf von Leicester, 1571 ein *Hospital* ein, das noch heute einer Anzahl von pensionierten Berufssoldaten einen Alterswohnsitz bietet. Die Kapelle, einige der Gebäude des Hospitals sowie ein hier untergebrachtes *Militärmuseum* können besichtigt werden; täglich außer Mo, im Sommer 10 – 17.30 Uhr, im Winter 10 – 16 Uhr, Eintritt £2,25/£1,50.

Nach Norden gelangt man durch Market oder auch Brook Street zum **Marktplatz**, *Market Place*, wo sich in der alten **Town Hall** ein lokalgeschichtliches Museum befindet. Öffnungszeiten Mo – Sa 10 – 17.30 Uhr und (von Mai bis September) So 14.30 – 17 Uhr, ✆ 01926/412500, Eintritt frei.

Von der Nordostecke des Marktplatzes wendet man sich nach rechts durch Old Square˙ zu Warwicks zweitwichtigster Sehenswürdigkeit, der Kirche St. Mary.

St. Mary und die Beauchamp-Kapelle

Das Kollegiatstift St. Mary wurde im frühen 12. Jahrhundert von *Henry von Newburgh*, Graf von Warwick, gegründet, bauliche Reste aus dieser Zeit sind jedoch nicht mehr erhalten. Trotz der guten Ausstattung des Stiftes mit Einkünften und Ländereien war eine kontinuierliche Förderung durch die späteren Grafen – vor allem der Familien Beauchamp und Neville – sowie auch durch die Könige Eduard IV. und Heinrich VII. notwendig, um die immer wieder durch Nachlässigkeit verlorenen Rechte zu ersetzen.

Das Gebäude in seinem heutigen Zustand ist leicht in zwei Teile zu gliedern: *Turm* und *Kirchenschiff* mit dem nördlichen und südlichen Querhaus wurden nach der Zerstörung im Feuer von 1694 zwischen 1698 und 1704 unter Anleitung der Gebrüder Smith neu errichtet, *Chor*, *Seitenkapellen*, *Krypta* und *Kapitelhaus* blieben erhalten. Die **Krypta**, der älteste

Teil der Kirche, ist über die Treppe in der südlichen Seitenkapelle zu erreichen. Vorbei an den Gruften der Familie Greville, der Vorfahren der jetzigen Inhaber des Grafentitels von Warwick, gelangt man in die Krypta, deren massive Pfeiler darauf schließen lassen, daß sich darüber der Turm der normannischen Kirche befand. Der fahrbare Teil eines *ducking stool* kann hier besichtigt werden. An dem Gestell befand sich einst, wie auf einer Wippe, ein beweglicher Balken. Der Delinquent wurde auf dem an einem Ende befindlichen Sitz festgebunden, dann durch die Stadt gefahren und mehrmals in ein Gewässer getaucht. Diese Strafe wurde bei Betrügern und bei streitsüchtigen Nachbarn angewendet.

Nach der Krypta kann man das links hinter der Treppe befindliche **Kapitelhaus** besichtigen. Es wird fast ganz vom Grabmonument des *Fulke Greville,* Baron Brooke (1554 – 1628), eingenommen. Greville, ein enger Freund des Dichters Sir Philip Sidney, dessen Biographie »Life of Sidney« er nach dessen Tod verfaßte, war einer der Günstlinge am Hofe Königin Elisabeths I., im späten 16. Jahrhundert auch Mitbegründer eines literarischen Zirkels in London. Seine Karriere im Staatsdienst konnte er auch nach dem Tod der Königin fortsetzen, er war zuletzt Kanzler des Schatzamtes und Mitglied des Kronrats. Mit Stratford-upon-Avon war er als Vorsteher des städtischen Gerichtes verbunden. Greville wurde in London von einem seiner Diener, der sich zurückgesetzt fühlte, ermordet und

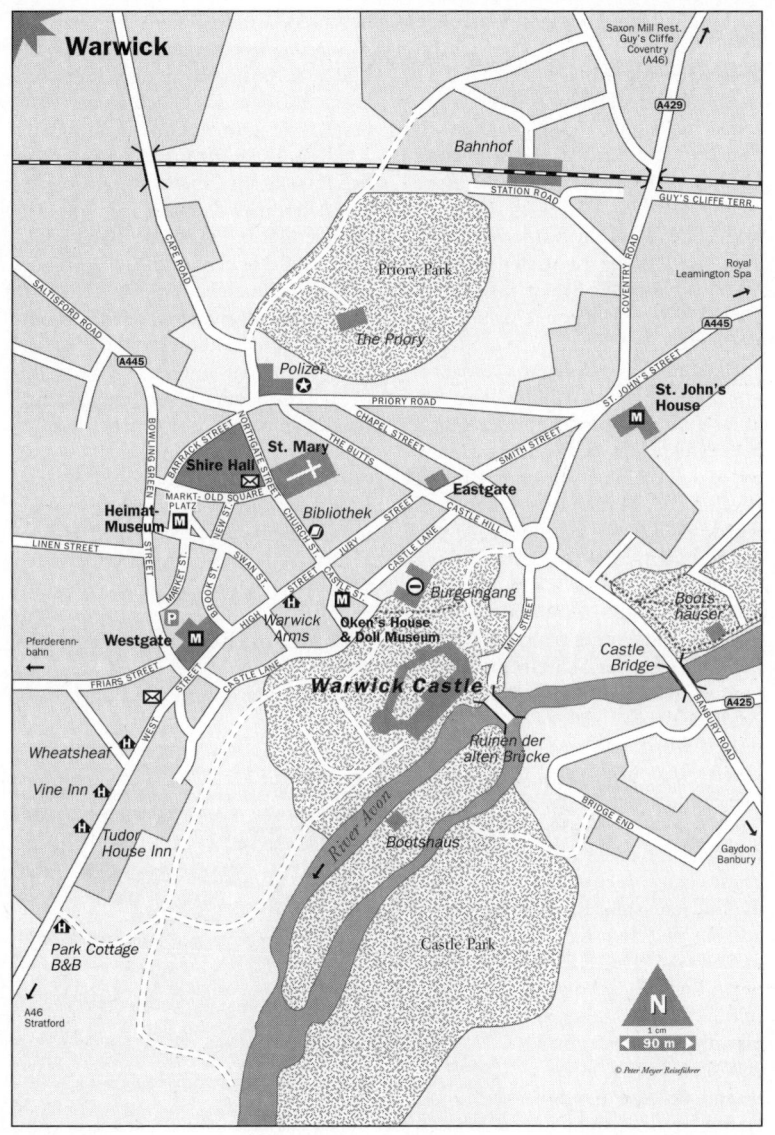

Warwick

Saxon Mill Rest.
Guy's Cliffe
Coventry (A46)

A429

Bahnhof

STATION ROAD

GUY'S CLIFFE TERR.

COVENTRY ROAD

Royal
Leamington Spa

A445

CAPE ROAD

SALTISFORD ROAD

Priory Park

The Priory

A445

Polizei

PRIORY ROAD

ST. JOHN'S STREET

St. John's House

M

CHAPEL STREET

BOWLING GREEN

BARRACK STREET

NORTHGATE STREET

THE BUTTS

St. Mary

SMITH STREET

Shire Hall

Eastgate

Heimat-Museum

MARKT· OLD SQUARE PLATZ

Bibliothek

CHAPEL STREET

CASTLE HILL

M

LINEN STREET

NEW STREET

SWAN ST.

CHURCH STREET

JURY STREET

CASTLE LANE

Bootshäuser

MARKET STREET

BROOK ST.

HIGH STREET

Westgate

P

M

Warwick Arms

M

Burgeingang

HILL STREET

Oken's House & Doll Museum

Pferderenn-bahn
←

FRIARS STREET

CASTLE LANE

WEST STREET

Warwick Castle

Castle Bridge

A425

Wheatsheaf

Ruinen der alten Brücke

Vine Inn

River Avon

Bootshaus

BRIDGE END

Gaydon
Banbury
↘

Tudor House Inn

Park Cottage B&B

Castle Park

A46
Stratford
↙

N
1 cm
◄ 90 m ►

© Peter Meyer Reiseführer

als Mitglied einer der landbesitzenden Familien der Grafschaft Warwickshire dann in St. Mary beigesetzt.

Der **Chor** der Kirche wurde zwischen 1381 und 1396 errichtet. Im Zentrum befindet sich das kostbare Grabmonument des *Thomas Beauchamp,* Graf von Warwick (1313–69), und seiner Ehefrau *Katherine Mortimer.* Ein Durchgang in der südlichen Wand führt einige Stufen hinab in die *Dean's Chapel,* einen ehemals dem Vorsteher der Klerikergemeinschaft vorbehaltenen privaten Andachtsraum, der ganz im Stil des Perpendikular ausgeführt ist. Von hier gelangt man, wiederum einige Stufen hinunter, in den wohl berühmtesten Teil der Kirche, die **Beauchamp Chapel.** Sie wurde zwischen 1443 und 1464 nach den testamentarischen Bestimmungen des *Richard Beauchamp,* Graf von Warwick (1382 – 1439), als Grabkapelle gebaut. Im Zentrum des Raumes befindet sich der Schrein mit der lebensgroßen Figur des Grafen aus vergoldeter Bronze. Angefertigt wurde sie zwischen 1449 und 1453. Die Skulpturen an den Seiten zeigen Mitglieder seiner Familie, die Figur ganz rechts an der Südseite stellt Richard Neville, den ›Kingmaker‹, dar. Der Raum wirkt auch heute noch sehr beeindruckend, obwohl er viel seiner einstigen Pracht eingebüßt hat. Alle *Fenster* waren ursprünglich bunt verglast; im Bildersturm der Reformation wurden aber die Heiligenbilder mit langen Stangen zerstört. Zwar wurden die Glasteile des Ostfensters gesammelt und dienten später zur Rekonstruktion, die Seitenfenster ließen sich aber nicht wiederherstellen. Allerdings blieb in ihnen die Originalverglasung im oberen Teil erhalten, der Besucher kann sich gewissermaßen ausmalen, welche Teile der Fenster die Puritaner erreichen konnten. Im wiederhergestellten Ostfenster ist auf der untersten Ebene des Mittelteiles der Gründer, Richard Beauchamp, im Wappenrock dargestellt. Der Kopf des Bildes wurde durch einen Frauenkopf ersetzt. Links von ihm erscheint Christus mit der Dornenkrone, rechts die Jungfrau Maria. In der Reihe darüber befinden sich Bilder des St. Thomas von Canterbury (ganz links), des Hl. Alban (in Rüstung), die Reste einer Marienszene (im Zentrum), dann St. Winifred im schwarzen Mantel und St. Johann

Das Grab von Richard Beauchamp, Graf von Warwick

Grab des Grafen von Leicester und Frau

heutige Altar wurde im 18. Jahrhundert eingebaut.

Die Kapelle erfuhr nicht nur durch die Reformation Veränderungen, sondern auch dadurch, daß sie von anderen Aristokraten als Grabstätte ausgewählt wurde. 1584 wurde *Robert Dudley*, der im Kindesalter verstorbene Sohn des Grafen von Leicester, an der Südseite der Kapelle bestattet, einige Jahre später fanden auch die Eltern, der mehrfach erwähnte *Robert Dudley*, Graf von Leicester, und seine Frau *Lettice*, Gräfin von Essex, ihr Grab hier – er starb 1588, nach erfolglosen Feldzügen in den Niederlanden, sie überlebte ihn um 46 Jahre und starb hochbetagt 1634. Eine weitere Grabstätte wurde schließlich noch 1590 eingerichtet, in der Mitte des Raumes, etwas versetzt von dem Grab des Beauchamp. Hier ruht *Ambrose Dudley*, Graf von Warwick, der weniger prominente Bruder des Grafen von Leicester.

von Bridlington in seinem Mönchshabit. In der Reihe darüber waren vermutlich Propheten dargestellt.

Richard Beauchamp hatte angeordnet, daß von fest angestellten Klerikern auf ewige Zeiten tägliche Messen gelesen werden sollten. Die Partitur der liturgischen Musik wurde als Motiv für die *Bemalung der Nordwand* verwendet.

Die reich verzierten *Schlußsteine* an der Decke kann man am besten mit einem Opernglas betrachten. Die Kapelle war der Hl. Maria gewidmet, sie wird im großen Schlußstein im Ostteil, fast über dem Altar, im blauen Gewand dargestellt. Der *Altar* und die meisten Heiligenbilder wurden nach der Reformation zerstört, der

Fortsetzung Stadtrundgang

Wendet man sich am Ausgang der Kirche St. Mary nach rechts, so gelangt man in die Northgate Street, wo sich die 1753–58 errichtete **Shire Hall**, die Grafschaftsverwaltung befindet. Ursprünglich war dieser Komplex das Grafschaftsgefängnis. Wer vor der Kreuzung links in die *Barrack Street* einbiegt, wird nicht nur eine dort in die Wand eingelassene alte Zellentür finden, sondern etwas weiter auch noch den heute zugemauerten zweiten Ausgang des Gefängnisses. Hier fanden bis in das letzte Jahrhundert die öffentlichen Hinrichtungen statt.

St. Mary

Mill Street anzusehen. Sie führte ursprünglich zur Wassermühle am Fuß der Burg.

Die Smith Street geht mit der Einmündung weiterer Straßen in *St. John Street* über. Auf der rechten Seite befindet sich hier das **St. John's House Museum,** untergebracht in einem stattlichen Haus aus dem 17. Jahrhundert. Im Mittelalter lag hier vor den Toren der Stadt das Hospital der Johanniter, das nach der Reformation von der Krone in Privatbesitz verkauft wurde. Heute ist St. John's House *Heimatmuseum;* Mai bis September So 14.30 – 17 Uhr, Di – Sa 10 – 12.30, 13.30 – 17.30 Uhr, geöffnet an Bank Holidays. Eintritt frei.

Gegenüber der Eingangspforte geht die Coventry Road ab, sie führt zum *Bahnhof* und nach gut einem Kilometer (auf der A429) hinter dem Ortsausgang zu **Guy's Cliffe.** Hier kann man in *The Saxon Mill,* einem in den Räumen einer alten Wassermühle über dem Avon eingerichteten Restaurant, einkehren. Es bestehen Möglichkeiten für Spaziergänge am Fluß. Die *Höhlen von Guy's Cliffe,* wo gemäß einer alten Legende Graf Guy von Warwick nach seiner Rückkehr vom Kreuzzug die letzten Jahre seines Lebens als Einsiedler verbrachte, und die Gebäude dort befinden sich auf privatem Grund und können nicht besichtigt werden.

Über die Kreuzung am Ende von Northgate Street hinweg gelangt man rechts von der Polizeistation in den **Stadtpark,** *Priory Park.* Im Mittelalter befand sich hier das Heiliggrab-Stift *(St. Sepulchre),* zu besichtigen gibt es jedoch nichts mehr.

Wer sich vor der Kirche nach links wendet und durch die breit angelegte **Church Street** an der *Stadtbibliothek* vorbei wieder Richtung Rathaus geht, biegt dort nach links in die *Jury Street* ein. An deren Ende befindet sich das östlichen Stadttor, **East Gate,** über dem sich ebenfalls eine *Kapelle* befindet. Vor dem Tor, in der *Smith Street,* gibt es noch viele mittelalterliche Häuser (heute gibt es hier unter anderem einige Buchläden und Antiquariate), die vom Großfeuer 1694 verschont geblieben sind. Kein Liebhaber von Fachwerk sollte es außerdem versäumen, sich die gleich beim Castle-Hill-Kreisel rechts abgehende

Unterkunft & Essen

★★★ *Park Cottage,* 113 West Street, Warwick, ✆ 01926/410319; ab £50, altes Haus auf den Grundmauern einer normannischen Kirche.

★★ *Lord Leicester Hotel,* Jury Street, Warwick, ✆ 01926/491481 Fax 491561, EZ 49,50, DZ £69,50.

The Warwick Arms Hotel, 17 High Street, Warwick, ✆ 01926/492759 Fax 410587. Mi – Do EZ £50, DZ £59; Do – Sa EZ £25, DZ £39. Liegt direkt im Stadtzentrum.

The Wheatsheaf Hotel, West Street, Warwick, gemütliche Atmosphäre, auch als Gastwirtschaft zu empfehlen. ✆ 01926/492817, EZ £30, DZ £40.

🏠 *Westham,* 76 Emscote Road, Warwick, ✆ 01926/491751, ab £16.

🏠 *Croft,* Haseley Knob, Warwick CV35 7NL. ✆ 01926/484447, Fax 484447. **Haseley Knob** liegt an der A4177 etwa 10 km nordwestlich von Warwick. Die Nacht kostet ab £20.

Essen und Trinken

The Saxon Mill, Guy's Cliff, Coventry Road (A429), Warwick, ✆ 01926/492255. Pub und Restaurant, ein Teil der Räume liegt über dem Fluß. Menüs zwischen £8 – £25.

The Angry Cheese, St. Nicholas Church Street. Weinbar und Bistro, abends empfiehlt es sich, einen Tisch zu reservieren, ✆ 01926/400411.

Tudor House Inn, West Street, Warwick. ✆ 01926/495447, Fax 492948.

The Vine Inn, 84 – 86 West Street, Warwick. ✆ 01926/490744; spezialisiert auf Cast Ales und Biere.

Weitere Informationen

Im Westen der Stadt gibt es eine **Pferderennbahn,** der Eingang liegt an der Einmündung der Crompton Street in die Friar Street. Die Daten der Rennveranstaltungen sind der Anzeigetafel zu entnehmen. Wenn keine Veranstaltungen abgehalten werden, steht das Gelände Spaziergängern zur Verfügung.

Fahrradläden: *Wirdman Cycles,* 40 West Street, Warwick (Do geschlossen). *Warwick Cycle Centre,* 20 West Street, Warwick.

Stratford-upon-Avon

Stratford ist mit einer Viertelmillion Besucher jährlich eines der wichtigsten Tourismuszentren Englands. Die Marktstadt am Avon, einst ein Zentrum der Handschuhherstellung, verdankt diese Aufmerksamkeit, die neben einem hohen Lebensstandard auch die Entstehung von zahlreichen Hotels, Pubs, Restaurants und anderen Einrichtungen für den Tourismus mit sich brachte, ausschließlich ihrem berühmten Sohn *William Shakespeare* (1564 – 1616). Der Dichter wurde im Haus der Familie in der Henley Street geboren und liegt in der Pfarrkirche *Holy Trinity* begraben.

Bereits im 18. Jahrhundert hatte das Interesse der Besucher solche Dimensionen angenommen, daß Francis Gastrell, der in seiner Ruhe gestörte Besitzer von Shakespeares Haus *New Place,* sich entschloß, das Haus abreißen zu lassen. Trotzdem befinden

AVON & SHAKESPEARE-LAND

sich in Stratford und Umgebung noch eine Reihe von Gebäuden im Besitz des *Shakespeare Birthplace Trust*, die eine enge Beziehung zu der Familie Shakespeares aufweisen. Diese vier Gebäude werden zuerst vorgestellt, denn sie gehören zu den Hauptattraktionen. Doch die Stadt hat mehr zu bieten, auch darauf wird einzugehen sein.

Mary Arden's House

Im Herbst 1557 ehelichte *John Shakespeare,* der Vater des Dichters, die Tochter eines Landbesitzers aus dem benachbarten Dorf **Wilmcote**, *Mary Arden*. Das bis in dieses Jahrhundert hinein als Bauern- und Wohnhaus genutzte Gebäude wurde in seinen Originalzustand versetzt und ist heute als Museum zugänglich. Auf dem Gelände sind alte landwirtschaftliche Geräte zu sehen, Böttcher und Schmiede geben Proben ihres Könnens, und gleich daneben liegt ein Zentrum zur Abrichtung von Raubvögeln für die Jagd.

Wilmcote liegt etwa 5 km von Stratford entfernt, es ist von der A34 Richtung Norden über die erste Abzweigung nach links zu erreichen. Von Stratford aus führt auch eine Bahn in das Dorf. Nach Verlassen des Bahnhofes auf der Straße angelangt, wendet man sich nach links und ist nach Überquerung des Stratford-upon-Avon-Kanals schon auf dem richtigen Weg.

Öffnungszeiten: *Shakespeare Countryside Museum,* 1. März – 31. Oktober Mo – Sa 9.30 – 17 Uhr, So 10.30 – 17 Uhr; 1. November – 28./29. Februar Mo – Sa 10 – 16 Uhr, So 13.30 – 16 Uhr. Eintritt £3,50, Kinder £1,60, Familienkarte £8,50.

> *D ie Unordnung und Unwahrscheinlichkeit, welche in dieser Hintansetzung der Regeln entspringen, die sind auch bei dem Shakespear so handgreiflich und ekelhaft, daß wohl niemand, der nur je etwas Vernünftiges gelesen, daran ein Belieben tragen wird. Sein Julius Cäsar, der noch dazu von den meisten für sein bestes Stück gahalten wird, hat so viel Niederträchtiges an sich, daß ihn kein Mensch ohne Ekel lesen kann. Er wirft darinnen alles durcheinander.«*
>
> JOHANN CHRISTOPH GOTTSCHED,
> *in Critische Beyträge, 1742*

Shakespeare's Birthplace

Das Paar zog dann in das Fachwerkhaus in der Henley Street, das heute Herzstück des Shakespeare-Trust ist. John Shakespeare, Handschuhmacher von Beruf, bekleidete als Bürgermeister und Ratsherr hohe öffentliche Ämter in Stratford. Ihm gehörte das Haus in der Henley Street, wo sein Sohn William 1564 geboren wurde. In dem Museum werden zeitgenössische Möbel ausgestellt, das *Shakespeare Centre* nebenan ist Studien- und Forschungsstätte.

Öffnungszeiten: 1. März – 31. Oktober Mo – Sa 9 – 17.30 Uhr, So 10 – 17 Uhr; 1. November – 28./29. Februar Mo – Sa 9.30 – 16 Uhr, So 10.30 – 16

Das Heiligtum: das Geburtshaus des großen Dichters

Uhr. Eintritt £3,60, Kinder £1,70, Familienkarte £8,75.

Anne Hathaway's Cottage

Im Jahr 1582 heiratete William Shakespeare *Anne Hathaway*, die Tochter eines Grundbesitzers aus **Shottery**, heute ein Vorort von Stratford. Auch dieses stattliche, spätmittelalterliche Bauernhaus, das bis 1911 von 13 Generationen der Hathaways bewohnt wurde, kann besichtigt werden. Gezeigt werden das Wohnzimmer *(parlour)*, in dem sich noch als eines der wenigen Originalmöbelstücke eine alte Sitzbank befindet (auf der Shakespeare natürlich seiner Braut den Heiratsantrag gemacht hat, wie es die Regeln des modernen Tourismus wollen), weiter Molkerei und Waschküche, die Küche mit Herd und Backofen sowie die Schlafräume im

Obergeschoß. Etwa die Hälfte der Einrichtung hier stammt noch aus dem Besitz der Familie Hathaway. **Öffnungszeiten:** 1. März – 31. Oktober, Mo – Sa 9 – 17.30, So 10 – 17.30; 1. November – 28./29. Februar Mo – Sa 9.30 – 16, So 10.30 – 16 Uhr. Eintritt £2,20, Kinder £1,20.

Idyllisch: das Haus der Anne Hathaway

New Place, Nash's House & Hall's Croft

Ab 1592 ist Shakespeare in London nachweisbar, hier begann er seine Karriere als Schauspieler und Dramatiker, schon bald unterstützt vom Grafen von Southampton, schließlich in Hofdiensten von Königin Elisabeth und König Jakob I. Die Kontakte zu seiner Heimatstadt brach er jedoch nie ab. 1597 kaufte er hier das oben erwähnte Haus **New Place** (an der Ecke Chapel Street und Chapel Lane), ein großes Fachwerkhaus aus dem späten 15. Jahrhundert, das von *Hugh Clopton*, einem reichen Bürger der Stadt, der es bis zum Lord Mayor von London brachte, errichtet worden war. Mit £60 war der Kaufpreis für das dreistöckige Gebäude günstig. Allerdings war es baufällig und die rechtliche Situation zunächst noch nicht ganz geklärt, denn der Vorbesitzer war kurz zuvor von seinem Sohn vergiftet worden.

Als Dauerwohnsitz nutzte Shakespeare, der häufig zwischen Stratford und London hin- und herreiste, das Haus erst nach seinem Rückzug aus der Theaterarbeit 1612 bis zu seinem Tode 1616. Nach dem Abriß des Gebäudes wurde das Grundstück nicht wieder bebaut. Nur eine Federzeichnung aus dem Jahre 1737 läßt die Größe des Ziegel- und Fachwerkbaues erahnen.

Dahinter liegt ein *Knot Garden* im Stil des elisabethanischen Zeitalters, und an diesen wiederum schließt sich der *Great Garden of New Place* an, ein schöner öffentlicher Park in Chapel Lane. Öffnungszeiten: März – Oktober wochentags ab 9 Uhr bis zur Abenddämmerung, So ab 10 Uhr; November – Februar wochentags 9 – 16 Uhr, So 12 – 16 Uhr.

Neben dem Grundstück von New Place ist als weiteres Gebäude der Shakespeare-Sehenswürdigkeiten

Nash's House beachtenswert, das Haus des Ehemanns von Shakespeares Enkeltochter *Elizabeth Hall.* Neben Mobiliar aus der Tudorzeit enthält es auch eine kleine heimatkundliche Sammlung. Öffnungszeiten: 1. März – 31. Oktober Mo – Sa 9.30 – 17 Uhr, So 10.30 – 17 Uhr; 1. November – 28./29. Februar Mo – Sa 10 – 16 Uhr, So 13.30 – 16 Uhr.

Im Jahre 1607 heiratete Shakespeares Tochter *Susanna* den prominenten Stratforder Arzt *John Hall.* Sein Haus in Old Town, **Hall's Croft,** ebenfalls mit alter Einrichtung und wunderschönem Garten, ist das vierte erhaltene Shakespeare-Anwesen. 1. März – 31. Oktober Mo – Sa 9.30 – 17 Uhr geöffnet, So 10.30 – 17 Uhr; 1. November – 28./29. Februar Mo – Sa 10 – 16 und So 13.30 – 16 Uhr. Eintritt Erwachsene £2,20, Kinder £1.

> *O*hne Widerspruch sei eingeräumt, daß dem Shakespeare das Recht auf alle Dichterkronen der Welt zusteht; man haue ihm zu Ehren die sämtlichen Lorbeerbäume Italiens um und bringe ihm sogar die vertrockneten Kränze, welche der Zugwind der Gegenwart noch hie oder dort auf diesem oder jenem hervorragendem Haupt unserer eigenen Nation sitzen ließ; wir haben Nichts dagegen...
>
> FRIEDRICH HEBBEL,
> *in einer Theaterkritik, 1851*

Stadtrundgang

Stratford hat mehr zu bieten als nur den *Shakespeare Birthplace Trust,* obwohl es sich um eine kleine Stadt handelt, deren Entwicklung nur sehr langsam fortgeschritten ist. Zu Shakespeares Lebzeiten bestand der Ort lediglich aus 217 Häusern, Mitte des 18. Jahrhunderts waren es 420. Erst mit der Fertigstellung des *Stratford-upon-Avon-Kanals* 1816 entstanden Randsiedlungen und Vororte. Heute leben hier etwa 20.000 Menschen, viele vom Tourismus.

Begräbnisstätte Shakespeares

Zur angelsächsischen Zeit gab es am Südrand der heutigen Stadt vielleicht ein Kloster. Dort, wo sich die **Pfarrkirche Holy Trinity** befindet, nimmt man den Ursprung Stratfords an, der Straßenname *Old Town* – hier ist das Haus von Shakespeares Schwiegersohn John Hall – zeugt noch davon.

Die Kirche selbst stammt in ihrer heutigen Form aus dem 14. und 15. Jahrhundert. Die alte Eingangstür hat noch den Türklopfer, ein Relikt aus der Zeit, in der Verfolgte (auch Kriminelle) in Kirchen noch Zuflucht fanden. Wer den Türring erreicht hatte, befand sich bereits im Schutz der heiligen Stätte. – Am östlichen Ende des Nordschiffes befinden sich die reich ausgestatteten Gräber der Familie Clopton, an der Nordwand das des *William Clopton* und seiner Frau *Anne,* an der Ostseite das der *Joyce Clopton* und ihres Mannes *George Carew,* Graf von Totnes. Gegenüber im Südschiff wurde 1331 von *John Stratford,* der es später zum Bischof von Win-

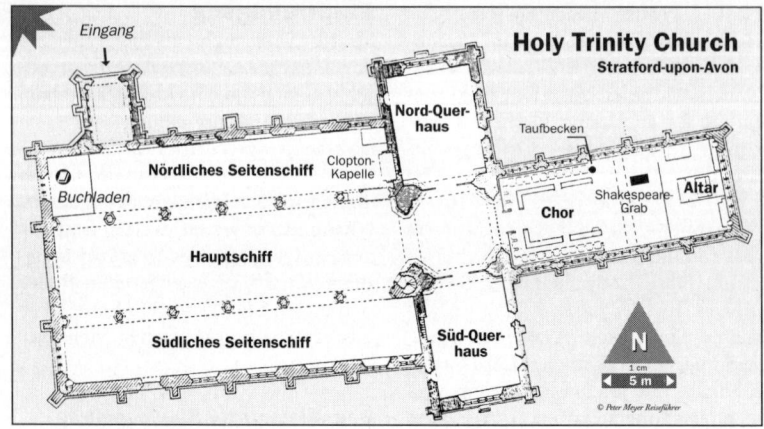

chester brachte, eine Kapelle eingerichtet. Die Decke mit den Schlußsteinen stammt noch aus dieser Zeit. Wer
mehr von der Kirche sehen will, muß
nun Eintritt bezahlen – man nähert
sich dem *Shakespeare-Grab.* Zusammen mit anderen Mitgliedern seiner
Familie liegt der berühmte Sohn der
Stadt auf der linken Seite des Chores
vor dem Hochaltar. Der Platz wurde
noch nicht exakt lokalisiert, vielleicht
werden Forscher von der Inschrift auf
der Grabplatte abgeschreckt, die mit
einer Drohung endet: »Blest be ye
man yt spares thes stones and curst be
he yt moves my bones« (Gesegnet sei,
wer diesen Stein verschont, wer meine
Knochen stört, sei mit dem Fluch belohnt). Die Büste des Dichters an der
Nordwand wurde kurz nach seinem
Tode aufgestellt. Außerdem ist noch
hinzuweisen auf das Grabmonument
von *Thomas Balsall,* der den Chor, ein
gutes Beispiel des Perpendikular-Stils,
1480 errichten ließ (an der Nordwand

neben dem Hochaltar). In dem *Taufbecken* aus dem 15. Jahrhundert
(gleich bei dem Shakespeare-Grab)
wurde einer lokalen Tradition zufolge
auch der kleine William getauft, doch
da die Bilderstürmer der Reformation
viele Kirchen ihrer Ausstattung be-
raubten und man dieses gute Stück im
18. Jahrhundert in einem Garten der
Stadt fand, muß der Besucher selbst
zwischen Dichtung und Wahrheit
wählen. Die schräg gegenüber ange-
kettete *Bibel,* ein Exemplar der auf
Veranlassung König Jakobs I. 1611
herausgegebenen »Authorised Version«, wurde hingegen sicher bei Got-
tesdiensten in Anwesenheit des Dichters benutzt. Sehenswert ist auch das
geschnitzte Chorgestühl aus der Zeit
um 1500.

Von Old Town zur Guildhall

Die Kirche ist ein guter Ausgangspunkt für einen Stadtrundgang. Von
hier gelangt man durch Old Town,

vorbei an *Hall's Croft,* nach rechts in die Church Street. An die lange Reihe der *Almshouses,* ursprünglich Armenhäuser, heute Altersheim, 1427 begonnen und im 16. Jahrhundert umgebaut, schließt sich die **Guildhall** an. Dieses Gebäude der *Holy Cross Gilde* wurde ebenfalls im 15. Jahrhundert errichtet und diente auch als Schulhaus *(Grammar School,* heute King Edward VI. School). Aus dieser Gilde, die bereits 1269 bestand, ging der Stadtrat Stratfords hervor. Im Jahre 1403 wurde sie mit zwei anderen Gilden vereint und hatte von da an bis Mitte des 16. Jahrhunderts die Verwaltung der Stadt unter sich. Die Versammlungen fanden bis 1847 in diesen Räumen statt, obwohl die *Town Hall* in Sheep Street, ein eindrucksvolles Steingebäude, bereits 1767 fertiggestellt war.

Die Reihe der Almshouses mit dem alten Versammlungsgebäude der Gilde wird an der Ecke Church Street mit Chapel Lane mit der **Kapelle der Gilde** abgeschlossen. Schiff und Turm der Kapelle stammen aus dem 15. Jahrhundert, als Sir Hugh Clopton weitreichende Umbauten eines älteren Baues veranlaßte. Der Chor ist etwas älter, er wurde in die Veränderungen nicht mit einbezogen. Hinzuweisen ist auf die Wandmalereien: über dem Chorbogen das Jüngste Gericht, Christus mit Maria und Johannes dem Täufer in der Mitte, rechts die Hölle und links der Himmel mit St. Peter, an der Westseite Darstellungen von den Heiligen Georg, Michael und Thomas Becket. Malereien an den Seitenwänden sind größtenteils durch die Holzvertäfelungen verdeckt.

Die Guildhall aus dem 15. Jahrhundert

Die Town Hall und ihr Dichter-Denkmal

Man überquert nun Chapel Lane und befindet sich am Eckgrundstück, *New Place,* mit dem dahinter gelegenen Garten und Park (Beschreibung siehe oben). Die Verlängerung der Straße heißt hier Chapel Street. Gleich neben dem ebenfalls schon erwähnten *Nash's House* findet sich der **Chaucer Head Book Shop,** ein interessantes kleines Antiquariat, das neben englischer Literatur auch landeskundliche Bücher zu erschwinglichen Preisen anbietet.

Geradeaus kommt man an der nächsten Ecke zur **Town Hall.** Die auffallende Verzierung dieses Gebäudes ist die lebensgroße Statue des Dichters, die der Stadt von einem der größten Darsteller geschenkt wurde, dem Schauspieler *David Garrick.* Auf seine Initiative hin fand im September 1769 eine mehrtägige Feier zu Ehren des Dichters statt, ein aufwendiges Ereignis mit Vorgeschichte und Nachspiel. Bereits wenige Jahre nach Shakespeares Tod hatte die literarische Welt ihre Aufmerksamkeit auf die kleine Stadt am Avon gerichtet. In der Mitte des 18. Jahrhunderts entwickelte sich dann ein reges Theaterleben in Stratford. Der erste Beleg einer Aufführung stammt aus dem Jahre 1746, als »Othello« dargeboten wurde. Es folgte die unrühmliche Episode des Abrisses von New Place durch den Besitzer Gastrell, der die Stadt daraufhin unter den Flüchen ihrer Bewohner verlassen mußte. Als Reaktion auf diesen Verlust beschloß man, die gerade fertiggestellte Town Hall (1767) durch ein Standbild zu schmücken, und kontaktierte den berühmten Schauspieler in London. Ihm wurde zunächst die Ehrenbürgerschaft der Stadt verliehen, und zwar befand sich die Urkunde in einem Holzkästchen, dessen Material vom Maulbeerbaum aus dem Garten des Dichters stammte (dem Abriß des Hauses war die Beseitigung dieses angeblich von Shakespeare selbst gepflanzten Baumes vorausgegangen). Auf diese Weise geschmeichelt, erklärte Garrick sich nicht nur zur Stiftung der Statue bereit, sondern organisierte gleichzeitig noch die aufwendige Feier, zu der er eine eigens komponierte Ode vortrug, bei der neben Pferderennen und Kanonensalut ein Maskenball ebensowenig fehlte wie ein Feuerwerk. Man hatte an alles gedacht, was der Stand der Technik zu bieten hatte, nur die Aufführung eines der Shakespeareschen Theaterstücke war niemandem in den Sinn gekommen. Statt dessen sollte eine Prozession von Figuren aus den Dramen stattfinden, doch die fiel – wegen schlechten Wetters – ins Wasser. Garrick, der sich finanziell sehr exponiert hatte, verbuchte einen Verlust, den er allerdings durch die Wiederholung des Happenings im kleineren Stil in der Londoner Drury Lane wieder wettmachen konnte. So kam die Town Hall zu ihrem Standbild.

Nach rechts gelangt man hier in die Sheep Street mit ihren Restaurants, Cafés und Geschäften, geradeaus geht es weiter in die *High Street.* Gleich an der Kreuzung wartet das *Garrick Inn,* ein Gebäude aus dem späten 16. Jahrhundert, mit englischer Küche auf. Nebenan befindet sich **Harvard House.** Der Bau wurde 1596 nach einem Feuer von *Thomas Rogers,* einem Kaufmann aus Stratford, errichtet. In den beiden Obergeschossen wird etwa zeitgenössisches Mobiliar gezeigt, interessanter ist jedoch die Fachwerkkonstruktion des Hauses selbst. Ende des 19. Jahrhunderts entdeckten Forscher, daß Thomas Rogers der Großvater mütterlicherseits von *John Harvard,* dem Gründer der späteren Harvard University in Massachussetts,

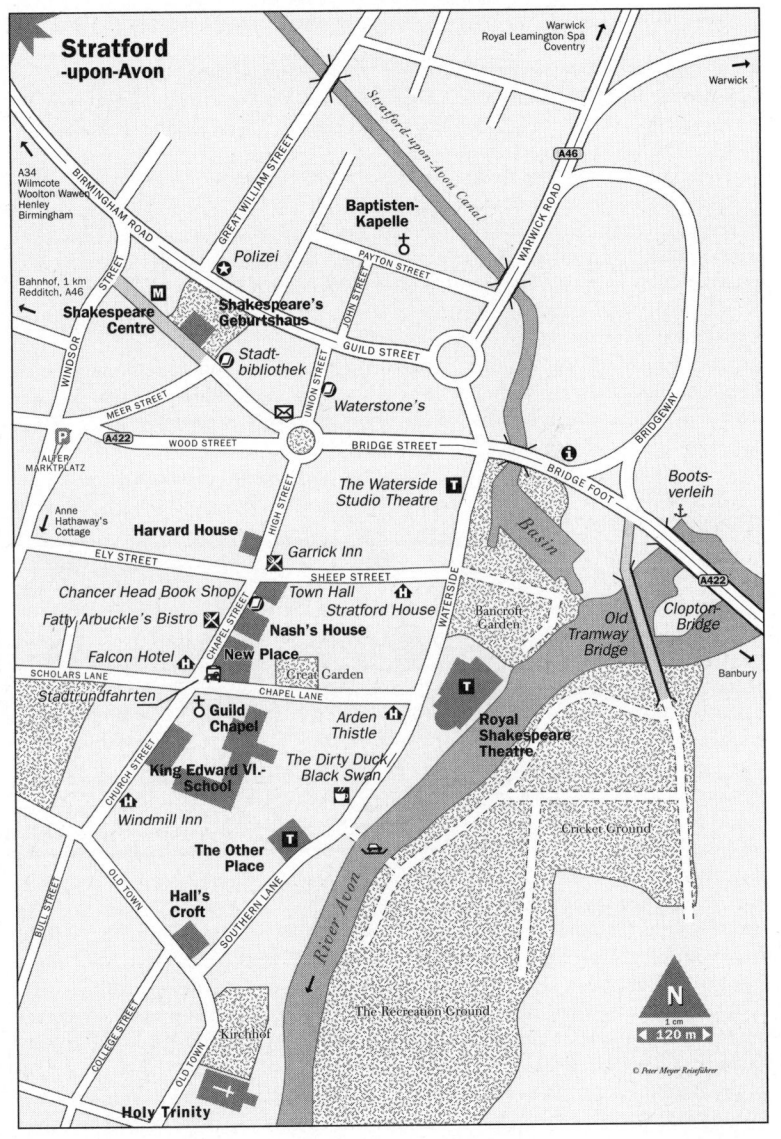

Stratford-upon-Avon

Warwick
Royal Leamington Spa
Coventry

Warwick

A46

Stratford-upon-Avon Canal

BIRMINGHAM ROAD

GREAT WILLIAM STREET

Baptisten-Kapelle ✝

A34
Wilmcote
Wootton Wawen
Henley
Birmingham

Polizei

PAYTON STREET

WARWICK ROAD

JOHN STREET

Bahnhof, 1 km
Redditch, A46

M

Shakespeare Centre

Shakespeare's Geburtshaus

GUILD STREET

WINDSOR STREET

MEER STREET

Stadt-bibliothek

UNION STREET

Waterstone's

A422

WOOD STREET

BRIDGE STREET

BRIDGE FOOT

BRIDGEWAY

i

Boots-verleih
⚓

ALTER MARKTPLATZ
P

The Waterside Studio Theatre

Basin

Anne Hathaway's Cottage

Harvard House

HIGH STREET

Garrick Inn

WATERSIDE

A422

Clopton-Bridge

ELY STREET

SHEEP STREET

Banbury

Chancer Head Book Shop

CHAPEL STREET

Town Hall

Stratford House

Bancroft Garden

Old Tramway Bridge

Fatty Arbuckle's Bistro

Nash's House

Falcon Hotel

New Place

SCHOLARS LANE

Great Garden

CHAPEL LANE

Stadtrundfahrten

Guild Chapel

Arden Thistle

Royal Shakespeare Theatre

Cricket Ground

CHURCH STREET

King Edward VI.-School

The Dirty Duck / Black Swan

Windmill Inn

The Other Place

OLD TOWN

BILL STREET

Hall's Croft

SOUTHERN LANE

River Avon

N
1 cm
◄ 120 m ►

COLLEGE STREET

OLD TOWN

Kirchhof

The Recreation Ground

© Peter Meyer Reiseführer

Holy Trinity ✝

AVON & SHAKESPEARE-LAND

war. Alsbald wurde das Haus von einem amerikanischen Millionär gekauft und der Universität als Stiftung übergeben. Das Museum hier ist täglich zwischen 10 und 16 Uhr geöffnet.

Die High Street mündet in einen Kreisel, links geht es hier in die Wood Street, die mit ihren alten Fachwerkhäusern, z.T. aus dem 16. Jahrhundert, direkt zum Marktplatz führt, nach rechts geht es in die *Bridge Street*. Am *Shakespeare-Memorial* in **Bancroft Gardens** mit seinen flankierenden Figuren Lady Macbeth, Hamlet, Prinz Heinrich und Falstaff vorbei geht es zu einer Sehenswürdigkeit der Stadt, die heute kaum Beachtung findet, da ihre Existenz einfach vorausgesetzt wird: die Brücke über den Avon, **Clopton Bridge.** Der bereits erwähnte *Sir Hugh Clopton* stiftete den Bau, der ursprünglich fünf weitere Bögen zur Stadt hin hatte, circa 1480–90. Noch heute trägt sie die Hauptlast des Verkehrs. Früher mußte jeder Brückenbenutzer einen Zoll entrichten, das turmartige Haus am Nordende war das Haus des Gebühreneinnehmers.

Bootsfahrten: Wer eine Ansicht von Fluß und Stadt vom Boot aus haben möchte, kann gleich hier von der *Stratford Marina Ltd.* ein Motorboot mieten: Clopton Bridge, Statford-upon-Avon CV37 6YY, ℡ 01789/204483.

Auf der anderen Seite der Brücke, in *Swan's Nest Lane,* kann man, zumindest im Sommer, *Ruderboote* mieten, in den Parkanlagen eröffnen sich jedoch auch schöne Spazierwege.

Theater & Show

Den Rückweg kann man über die **Old Tranway Bridge** nehmen, die 1823 unterhalb der mittelalterlichen Brücke für die Pferdebahn zwischen Stratford und Shipston-on-Stour gebaut wurde. An ihrem Nordende befindet sich nicht nur ein schöner *Rosengarten,* sondern auch die letzte *Schleuse* des Stratford-upon-Avon-Kanals. Nach ihrer Überquerung hat man das **Theater der Royal Shakespeare Company** direkt vor sich liegen. Obwohl

Szene aus »Der Widerspenstigen Zähmung«, Holzschnitt

es an Versuchen nicht fehlte, David Garricks Shakespearefest von 1769, für das eigens ein oktogonales Gebäude errichtet worden war, zu einem regelmäßigen Ereignis zu machen, entwickelte sich keine Tradition. Die Ausrichtung war zu teuer, und die Idee geriet bald in Vergessenheit. Die

Dramen wurden freilich an verschiedenen Stellen der Stadt immer wieder aufgeführt. Nach der Gründung des *Shakespeare Club* 1824 wurde 1830 ein Galafest gegeben, für das wiederum eine besondere Bühne errichtet wurde, obwohl es zu diesem Zeitpunkt bereits vier Theater, meist umgebaute Scheunen, in der Stadt gab. Ein stattliches Theater am Fluß wurde 1879 gebaut, ein viktorianischer Bau mit Türmen und Türmchen, der auf die Initiative der *Shakespeare Memorial Association* zurückging. Als der 1926 einem Feuer zum Opfer fiel, errichtete man das moderne, heute existierende Gebäude, das 1932 fertiggestellt wurde.

Die Theaterkasse befindet sich im Foyer, Mo – Sa 9.30 – 18 bzw. bis 20 Uhr an Tagen mit Vorstellung, ✆ 01789/295623, Anfragen übers Programm auch unter Fax 295623.

Im gleichen Haus (Seiteneingang) befinden sich auch das **Swan Theater** und die **Royal Shakespeare Company Collection,** ein *Theatermuseum* (wochentags 9.15 – 20 Uhr, So 12 – 16.30 Uhr). Kostüme und Requisiten früherer Inszenierungen, werden hier neben Zeitungskritiken, Fotografien, Büsten und Gemälden und einer nicht leicht überschaubaren Anzahl von Shakespeareporträts gezeigt. Prunkstück ist ein Stuhl aus dem Besitz des Dichters.

In der gleichen Straße, Waterside, gibt es zwei weitere, kleinere Theater. In Richtung Pfarrkirche liegt **The Other Place,** eine kleine Bühne für moderne Stücke, also eine Art Werkstatt der Royal Shakespeare Company. In der entgegengesetzten Richtung, gegenüber Bancroft Gardens, wurde 1994 ein neues, vielleicht auch nicht uninteressantes Theater eröffnet: **The Waterside Studio Theatre.** Hier werden die Besucher nicht nur mit einer Tonbildschau unterhalten *(The World of Shakespeare),* sondern es gibt regelmäßig auch Kurzfassungen Shakespearscher Dramen, vorgetragen und gespielt von einer kleinen Gruppe von Schauspielern. Der Theaterliebhaber wird sich hier schwerlich wohlfühlen, doch die Idee »Theater beim Bummeln« scheint Anhänger gefunden zu haben. Der Vorteil liegt klar auf der Hand: Wer eine Vorstellung verpaßt, kann gleich auf die nächste warten.

Etwas außerhalb der Stadt, an der B439 Richtung Evesham, liegt die **Pferderennbahn.** Veranstaltungen finden hier auch im Sommer statt, die Termine können erfragt werden: *Stratford-on-Avon Racecourse,* Luddington Road, Stratford-upon-Avon, CV37 9SE, ✆ 01789/267949.

Unterkunft

In Stratford gibt es ein reiches Angebot sowohl an Hotels als auch an preiswerteren Pensionen. Hier seien nur einige Adressen genannt, detailliertere Informationen erhält man beim:

Tourist Information Centre, Bridgefoot (am Nordende der Clopton Bridge). Öffnungszeiten: 9. April – 31. Oktober wochentags 9 – 18 Uhr, So 11 – 17 Uhr; 1. November – 8. April wochentags 9 – 17 Uhr. ✆ 01789/293127, Fax 295262.

★★★★ *The Arden Thistle Hotel,* Waterside, Stratford-upon-Avon, CV37 6BA (gegenüber vom Royal Shakespeare und Swan Theatre). ✆ 01789/294949, Fax 415874, Telex 311726, Reservierungen von Deutschland aus: ✆ 0611/713997, Fax 701379, Telex 4186988; EZ £78, DZ £95.

★★★ *The Falcon Hotel,* Chapel Street (Ecke Scholars Lane), Stratford-upon-Avon (gegenüber von Nash's House und New Place). Hotel-Restaurant mit 73 Zimmern. ✆ 01789/279953,. Fax 414260. Reservierungen von Deutschland aus können unter 0130/4433 vorgenommen werden. EZ £76, DZ £99.

Stratford House Hotel, Sheep Street, Stratford-upon-Avon, CV37 6EF (etwa 100 m vom Royal Shakespeare Theatre). ✆ 01789/268288, Fax 295580. EZ £60, DZ £72. Zum Haus gehört auch das *Shepherd's Garden Restaurant.*

🏠 *Avon Lodge,* Ryon Hill, Warwick Road, an der A439, von Warwick kommend. ✆ 01789/295196, EZ £20, DZ £29.

Camping
🏕 *Elms Camp,* Tiddington, geöffnet April – Oktober, ✆ 01789/292312; über die B4086 zu erreichen.

Essen und Trinken
Fatty Arbuckle's Bistro, Chapel Street.

The Windmill Inn, Church Street, nach eigenen Angaben älteste Gastwirtschaft der Stadt.

The Garrick Inn, High Street, traditionelle englische Küche.

The Recession, Guild Street, Speisen und verschiedene Biere auch im »Garten« (drei Bänke an der Straße).

Bus-Rundfahrten
Wer sich relativ mühelos einen Überblick verschaffen möchte, kann an einer der Bustouren teilnehmen. Ausgangspunkt ist die Haltestelle am *Bridge Foot.* Die Busse fahren in regelmäßigen Abständen, in der Hauptsaison (Mai bis September) alle 15 Minuten, im Dezember, Januar und Februar einmal pro Stunde. Die Anbieterfirma *Guide Friday* offeriert auch Rundfahrten in Birmingham, Chester und Lincoln sowie anderen englischen Städten. Stammkunden wird ein verbilligter Preis angeboten: ✆ 01789/294466, Fax 414681.

Sammeltickets
Wer sich auf den *Shakespeare-Lehrpfad* begeben und mehrere Häuser besichtigen möchte, kann auch an einer der Kassen ein Sammelticket kaufen:
• für 3 Häuser (Geburtshaus, New Place/Nash House und Hall's Croft): £3,50, Kinder £2,75, Studenten und Senioren £5, Familienkarte £13,50.
• für alle 5 Häuser: £8,50, Kinder £4, Senioren und Studenten £7,50, Familienkarte £20,50. Familienkarte: 2 Erwachsene und 2 – 3 Kinder.

Die 3. Avon-Etappe: von Evesham zur Mündung

Der Weg weiter nach Westen den Avon entlang führt über *Bidford-on-Avon* (bis hierher auch Fußweg am Fluß, 8 km, siehe Seite 325) nach **Evesham,** in eine der schönsten Kleinstädte Englands, wäre da nicht werktags der Straßenverkehr, der sich, ungeachtet der neuerdings errichteten Umgehungsstraße, durch die Engpässe der Stadt quält.

Evesham geht auf eine Siedlung zurück, die vor den Toren eines **Klosters** entstand, das der *Bischof von Worcester* im Jahre 714 auf einer von drei Seiten vom Avon umschlossenen Anhöhe gegründet hatte. Vom Kloster selbst ist wenig geblieben. Die Kirche und die meisten Klostergebäude wurden nach der Auflösung unter Heinrich VIII. abgetragen. Doch das alte Klosterareal blieb erhalten und ist leicht erkennbar. Der *Bell Tower,* der reich ausgestattete, zwischen 1533 und 1539 (also in den Anfangsjahren der englischen Reformation) errichtete Turm, ist neben dem *Almonry* (Almosenhaus) das einzige erhaltene Gebäude des Klosters und gleichzeitig auch Wahrzeichen der Stadt.

Evesham ist auch der Ort einer Schlacht, die für die englische Geschichte nicht ohne Bedeutung ist. Nach den in den letzten Jahren der Regierungszeit *König Johanns* (1199 – 1216) einsetzenden politischen Wirren, denen trotz der Verbriefung weitgehender Zugeständnisse in der Magna Carta nur schwer beizukommen war, sah sich erstmals 1258 wieder ein englischer König mit einer organisierten Opposition konfrontiert. Der Monarch, *Heinrich III.,* mußte zahlreiche Reformen zulassen, von denen vor allem der landbesitzende Adel und die städtischen Oberschichten profitierten. Die Reformbewegung, an derern Spitze sich *Simon de Montford,* Graf von Leicester und Schwager des Monarchen, setzte, war zunächst erfolgreich, konnte jedoch auf Dauer ihren Zusammenhalt nicht wahren. So kam es zum Ausbruch von Feindseligkeiten, die 1265 in einer Entscheidungsschlacht gipfelten: der Schlacht von Evesham. Der in der Bevölkerung offenbar recht populäre Simon de Montfort wurde getötet, sein Heer zerstreut, lediglich einige Burgen, so die von Kenilworth, konnten sich noch eine kurze Zeit lang halten. Die Rebellion war damit beendet, der Mythos des Simon de Montfort jedoch begann erst. Er wurde in der Abtei beigesetzt, und sowohl von hier als auch vom Schlachtfeld wurden bald Wunder berichtet. Die Verehrung nahm rasch solche Ausmaße an, daß man offiziell dagegen vorgehen mußte, offenbar mit Erfolg, denn heiliggesprochen wurde der Graf nie.

Jahrhunderte später, zur Zeit des englischen Bürgerkrieges, kam es noch einmal zu blutigen Auseinandersetzungen in der Stadt, als sie im Mai 1645 von Parlamentstruppen eingenommen wurde, doch diese beiden gewalttätigen Vorfälle blieben Ausnahmen.

Rundgang durchs alte Evesham

Nach der Auflösung des Klosters stagnierte die Entwicklung des Ortes zu-

AVON & SHAKESPEARE-LAND

»Stocks«: am Pranger (nicht nur in Evesham) wurden die Verurteilten wie Vieh angekettet und öffentlich zur Schau gestellt

nächst, erst im 19. Jahrhundert setzte eine neue Wachstumsphase ein. Das Stadtbild ist geprägt von Kontinuität, alte Gebäude sind noch in stattlicher Zahl vorhanden. Ein guter Ausgangspunkt für einen Rundgang ist das Areal der Abtei, da sich hier auch gute *Parkgelegenheiten* finden. Die **Touristeninformation** befindet sich zusammen mit dem **Heimatmuseum** in der *Almonry.* Das Gebäude, in dem das Kloster einst Almosen an Bedürftige ausgab, stammt aus dem 14. oder 15. Jahrhundert. Ausgestellt wird hier neben altem Handwerkszeug, Kleidung und verschiedenen Souvenirs aus den Kriegen auch ein Modell der

Schlacht von Evesham mit ausführlichen Erklärungen. Touristeninformation und Heimatmuseum, Abbey Gate, Evesham, WR11 4BG, Mo – Sa 10 – 17 Uhr, So 14 – 17 Uhr geöffnet, ℗ 01386/446944.

Nächste Station ist der **Kirchhof.** Es war eine durchaus übliche Praxis englischer Klöster, eine Pfarrkirche in der unmittelbaren Nähe der Klosterkirche zu haben, so hatten die Laien ihren religiösen Mittelpunkt und die Mönche blieben unter sich. Evesham ist in der ungewöhnlichen Situation, zwei Pfarrkirchen nebeneinander zu besitzen. Von der Eingangspforte geht man zunächst auf *St. Lawrence* zu. Leider ist das im Stil des Perpendikular gestaltete Gebäude, das 1836 stark restauriert wurde, nur sehr selten zu besichtigen. Da hat man in der anderen Kirche, *All Saints,* vielleicht schon eher Glück. Auch All Saints wirkt zunächst durch die spätmittelalterliche Form des Perpendikular, doch nur in ihrer äußeren Architektur. Die Bögen des Innenraumes zeigen, daß der Bau älter ist und wahrscheinlich bis in das späte 12. Jahrhundert zurückgeht. Es ist bemerkenswert, daß der Abt Lichfield hier und nicht in der Klosterkirche seine Grabstätte anlegen ließ. Die aus den Jahren vor 1513 stammende Kapelle blieb so erhalten. Auch eine Reihe kostbarer Steinmetzarbeiten, etwa die Schlußsteine der Gewölbe, wohl ursprünglich Teile der abgetragenen Klosterkirche, wurden in diesen Bau eingefügt und haben deshalb überdauert.

Der **Glockenturm,** *Bell Tower,* des Klosters schließt sich unmittelbar an.

Der Durchgang führt in die **Parkanlagen** am Fluß, auf die die Stadt mit Recht stolz ist. Wenn man sich nach rechts wendet, kommt man nach ein paar Schritten zu einem Gedenkstein für den nach der Schlacht von Evesham hier beigesetzten Simon de Montfort, dessen Standort den Hochaltar der Klosterkirche markiert.

Um nun zum **Marktplatz** zu gelangen, begibt man sich zurück zum Glockenturm an All Saints vorbei zum *Durchgang,* der Klosterbezirk und Stadt miteinander verbindet. Den Ornamenten nach zu urteilen, stammen die unteren Teile des Mauerwerks dieses Durchgangs aus dem 13. Jahrhundert, die Fachwerkbauten darüber und drumherum sind nicht so alt, doch alles fügt sich so gut zusammen, daß dieser Winkel zu einer der malerischen Stellen der Stadt gehört. Blickfang auf dem Marktplatz ist *Booth Hall,* ein stattliches Fachwerkhaus aus dem 15. Jahrhundert. Von hier geht es nach rechts in die *Bridge Street,* hinunter zur Brücke über den Avon und weiter zur *Port Street,* einer weiteren kleinen Geschäftsstraße auf der anderen Seite des Flusses.

Von Booth Hall geradeaus gehend, gelangt man in die **High Street.** Sehenswert hier ist *Dresden House,* ein dreistöckiges Backsteingebäude aus dem Jahr 1692 (gegenüber dem Bingoclub an der Bushaltestelle). Der Name wird auf einen späteren Besitzer, Dr. Baylis, zurückgeführt, der aufgrund finanzieller Schwierigkeiten das Land verlassen mußte und in die Dienste Friedrichs II. von Preußen trat (der offensichtlich mit Dresden assoziiert wurde). Der kleine Garten mit der Sonnenuhr hinter dem Haus stammt wohl aus dieser Zeit.

Stadtbücherei, Avon Street, gleich am Marktplatz, Mo 9.30 – 17.30 Uhr, Di 9.30 – 17.30 Uhr, Do 9.30 – 20 Uhr, Fr. 9.30 – 17.30 Uhr und Sa 9.30 – 16 Uhr. ✆ 01396/442291

Arts Centre, Victoria Avenue (schließt sich an die Prince Henry School an), ✆ 01386/48883. Programminformationen und Karten sind auch erhältlich in *Evesham Book Centre,* Esplays Arcade, 62 High Street, ✆ 01386/45567

Bootsfahrten der *Handsam Boat Company* auf dem Avon beginnen in der Hauptsaison im Sommer stündlich von der Anlegestelle am Park. Auskünfte: ✆ 01386/831600.

Bootsvermietung an der *Evesham Marina,* ✆ 01386/48906

Unterkunft

★★★★ *The Waterside Hotel,* Waterside, Evesham, ✆ 01386/442420, EZ £38,60, DZ £24,50, »weekend breaks« ab 2 Nächten £34 pro Person pro Nacht.

🛏 *The Croft B & B,* 54 Greenhill, Evesham WR11 4NF, ✆ 01386/446035, ab £20.

Essen & Trinken

Antonio's Restaurant, Trumpet Yard, Merstow Green, Evesham WR11 4 BD (am Parkplatz gegenüber der Almonry), ✆ 0186/45312, Mo – Sa 19 – 23 Uhr, So Mittagstisch.

Die Flußlandschaft bei Evesham

Evesham liegt an der Grenze zweier verschiedener Landschaften. Da ist zunächst die Flußlandschaft des *Wychavon District,* die sich mit schönen, ausgeschilderten Wanderwegen von hier nach Westen erstreckt. Außerdem beginnen nur wenige Kilometer südlich der Stadt die Hügel der *Cotswolds* (siehe Seite 325). Einige der Dörfer in der Umgebung der Stadt gehören zu den schönsten des ganzen Landes.

Nördlich der Stadt liegen die »Lenches«, im wesentlichen bestehend aus den Dörfern *Church Lench, Ab Lench, Atch Lench* und *Rous Lench.* In **Ab Lench** können in den *Abbots Court Cottages* Ferienwohnungen gemietet werden (✆ 01386/870520).

Wer sich für Wollproduktion und -verarbeitung interessiert, dem sei die *Annard Woollen Mill* bei **Church Lench** empfohlen. Der Weg ist mit den braunen Touristenschildern gekennzeichnet. Man sollte vorher anrufen, um festzustellen, ob auch gerade geöffnet ist, *Handgate Farm,* Church Lench, Evesham, WR11 4UB, ✆ 01386/870270.

Immer noch nördlich von Evesham, doch nun auf der anderen Seite des Avon, lohnt sich der Besuch in **Middle Littleton.** Zu besichtigen gibt es hier die große *Zehntscheune* des Klosters Evesham, die in der 2. Hälfte des 13. Jahrhunderts gebaut und etwa hundert Jahre später noch erweitert wurde. Die Ausschilderung ist nicht sehr gut. Man biegt von der B4085 ab und folgt der Dorfstraße bis zur Abzweigung vor dem Gutshaus, die Scheune ist 100 Meter entfernt. Das Gebäude wird vom National Trust verwaltet und ist tagsüber zu besichtigen. Nähere Instruktionen befinden sich an der Tür links des großen Eingangstores.

Das Nachbardorf **South Littleton** weist neben der alten *Dorfkirche* ein herrschaftliches Haus auf, *Hatheways,* gegenüber dem Kirchhof, auch das etwa 4 km entfernte **Honeybourne** mit seinen reetgedeckten Häusern und *The Thatched Tavern* ist sehenswert.

Nicht versäumen sollte man **Bretforton.** An dieser etwa 2 km von Honeybourne entfernten Ortschaft scheinen die letzten Jahrhunderte mehr oder weniger spurlos vorbeigegangen zu sein. Neben Fachwerkgebäuden zeigen hier Sandsteinhäuser schon den Einfluß der Cotswolds. Hervorzuheben sind die Kirche *St. Leonard* und das *Fleece Inn* am Dorfplatz. Der winzige *Antiquitätenladen* hat auch sonntags geöffnet.

Westlich von Evesham sind zwei Dörfer hervorzuheben. **Fladbury** ist ausgezeichnet durch seine kleine Kirche mit ihren *brasses,* ziselierten Bronze- oder Messinggrabplatten aus dem Mittelalter vor dem Altar und am Taufbecken (durch Teppiche geschützt). An der Brücke über den Avon etwas außerhalb des Dorfes befindet sich ein Picknickplatz.

Auf einer Anhöhe der anderen Seite des Flusses liegt das Nachbardorf **Cropthorne,** in dessen Kirche das Oberteil eines angelsächsischen Kreuzes zu besichtigen ist (datiert auf die

Jahre zwischen 825 und 850), das als eine der besten Plastiken des Landes aus dieser Zeit gilt.

Unterkunft & Essen

The Chequers Inn, Alan and Daphne Corfield, Fladbury, Pershore, WR10 2 PZ, © 01386/860276. Es wird geraten, sich hier nach Sonderangeboten *(special offers)* an Wochenenden zu erkundigen.

Fleece Inn, Gaststätte am Dorfplatz von Bretforton, Free House.

The New Inn, an der Hauptstraße nach Cropthorne (A44), Restaurant, © 01386/860347.

Pershore

Pershore ist der letzte bedeutende Ort, bevor der Avon bei *Tewkesbury* in den *Severn* mündet. Ähnlich wie Evesham geht das kleinere Pershore auf eine Siedlung zurück, die sich um ein Kloster am Avon bildete, das bereits 689 gegründet worden sein soll. Nach der normannischen Eroberung entstand hier eine Kirche von beträchtlichen Ausmaßen: die Innenlänge wird auf 100 Meter geschätzt. Vor den Toren des Klosters wurde ein Markt angelegt (heute *Broad Street),* eine Brücke über den Fluß sorgte für die Straßenverbindung zwischen Worcester und Evesham. Westminster Abbey besaß Ländereien in unmittelbarer Nachbarschaft, so daß die beiden Klöster die Marktsiedlung im Wettbewerb vorantrieben. Die mittelalterliche *Brücke* über den Avon am südlichen Stadtende stammt aus dieser Zeit. Für Besucher hat die Stadt hier einen Picknickplatz eingerichtet.

Nach der Auflösung der Abtei blieb auch in Pershore die Zeit stehen, spektakuläre Bauten wurden nicht mehr errichtet. Dennoch wurde versucht, mit der Zeit zu gehen, und so präsentiert sich die Stadt heute vorwiegend mit roten Backsteinfassaden.

Die wichtigste Sehenswürdigkeit von Pershore ist die **Klosterkirche,** die selbst in ihrem heutigen fragmentarischen Zustand noch beeindruckt. Das Kirchenschiff und die Chorkapelle wurden abgerissen, das nördliche Querhaus stürzte im 17. Jahrhundert ein, und zusätzliche Pfeiler mußten errichtet werden, um den Turm vor dem gleichen Schicksal zu bewahren. Die Überreste wurden zur Pfarrkirche erklärt und im 19. Jahrhundert sogar restauriert. Der Eintritt erfolgt durch eine unscheinbare Tür an der Nordseite, man hat dann die ältesten, bis in das 11. Jahrhundert zurückgehenden Teile des Bauwerkes vor sich, die mächtigen Pfeiler des Turmes und das südliche Querhaus. Unter den recht gut erhaltenen Grabmonumenten verdient die Figur eines Ritters mit Horn und Schild, wohl aus dem letzten Viertel des 13. Jahrhunderts, hervorgehoben zu werden. Trotz der Beschädigung am unteren Teil ist zu erkennen, daß die Beine der Figur übereinandergeschlagen waren. Dieser Umstand deutet vermutlich darauf hin, daß es sich um einen Kreuzfahrer handelte. – Die fünf Joche des Chors wurden etwa 150 Jahre später erbaut, um die Mitte des 13. Jahrhunderts, und erfuhren nach einem Brand 1288 weitere Veränderungen. Die Deckenkonstruktion besteht aus einem wun-

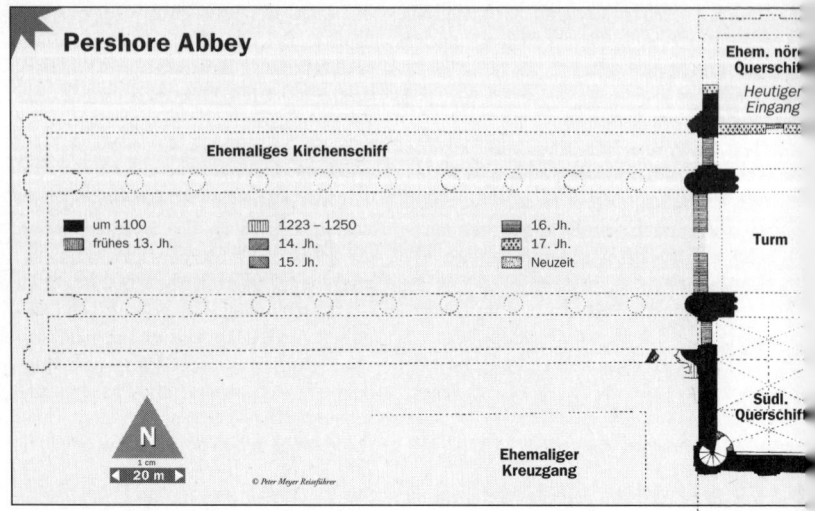

Pershore Abbey

Ehem. nör
Querschi

Heutiger
Eingang

Ehemaliges Kirchenschiff

- um 1100
- frühes 13. Jh.
- 1223 – 1250
- 14. Jh.
- 15. Jh.
- 16. Jh.
- 17. Jh.
- Neuzeit

Turm

Südl.
Querschiff

**Ehemaliger
Kreuzgang**

N
1 cm
◀ 20 m ▶

© Peter Meyer Reiseführer

derschönen sternförmigen Rippenge-
wölbe. Die Größe des Gesamtbaues
kann man nur noch ahnen. Vom
Kreuzgang und den anderen Kloster-
gebäuden, die südlich der Kirche lagen, ist nichts erhalten, doch ein stattliches Fachwerkhaus in der Straße, die
von Norden auf die Kirche zu führt,
das *Almosen- oder Gästehaus* der Abtei, kann zumindest noch von außen
besichtigt werden. Die Kirche ist
nicht immer geöffnet, es empfiehlt
sich, in der Touristeninformation
Auskunft einzuholen.

Unterkünfte

★★★ *Angel Inn & Posting House*,
High Street, Pershore, ✆ 01386/
552046, Fax 55258I, EZ £45, DZ £66.

Manor House, Bridge Street, Pershore, ✆ 01386/561147, EZ £30, DZ
£50.

Touristeninformation, 19 High
Street, Pershore, in der Nähe des Angel Hotel, Mo, Mi, Fr 9 – 17.30 Uhr,
Do 9 – 13 Uhr und Sa 9 – 15.30 Uhr
geöffnet; ✆ 01386/561660.

Die Umgebung von Pershore

Ein schönes Ausflugsziel südlich der
Stadt ist **Bredon Hill,** ein Hügel, der
von ruhigen, abgelegenen Dörfern
umsäumt ist. Um hierher zu gelangen,
muß man auf der A44 in Richtung
Evesham gleich hinter der Avon-
brücke rechts abbiegen. Über *Little
Comberton* gelangt man so nach **Elmley Castle.** Oberhalb von Elmley befinden sich die letzten Ruinen der
Burg, Wanderpfade sind gekennzeichnet.

Das Nachbardorf **Ashton-under-
Hill** ist etwa 3 km entfernt. Ein altes
Marktkreuz deutet noch auf frühere

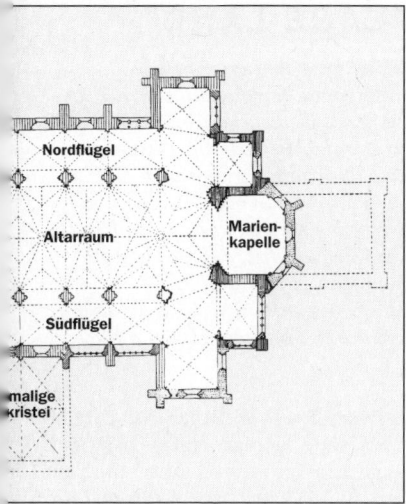

Nordflügel

Altarraum

Marien-kapelle

Südflügel

malige
kristei

tes ist die moderne Fabrik für Seidendrucke, *Beckford Silk.* Stolz wird darauf verwiesen, daß auch das englische Königshaus hier arbeiten läßt. Besucher sind Mo – Sa zwischen 9 und 17 Uhr willkommen.

🚶 Eine angenehme *Wanderung* in der Nähe von Pershore finden Sie auf Seite 67 beschrieben.

Unterkunft & Essen

🏠 *The Cloisters,* David Perry und Elizabeth Dorman, Main Street, Elmley Castle, ✆ 01386/710241, £20 pro Person pro Nacht. Ein gepflegtes, gut ausgestattetes Haus.

❌ Einkehren kann man im *Star Inn,* Ashton-under-Hill.

The Beckford Inn Hotel and Steak House, Beckford, GL 20 7AN, ✆ 011386/881254, Fax 882021, EZ £20, DZ £20. Eine preiswerte Unterkunft, an der A435, zentral, doch ruhig gelegen.

Handelstätigkeit hin, heute liegt das Dorf fernab aller großen Verkehrsverbindungen.

In **Beckford,** dem nächsten Dorf, gibt es zwei Attraktionen sehr unterschiedlicher Art. Da ist zunächst einmal die Dorfkirche *St. Johannes,* deren ungewöhnlich reich verzierten Südeingang mit wahrscheinlich keltischen Motiven im Tympanon man sich nicht entgehen lassen sollte. Einer neuen Interpretation zufolge soll es sich um heilige Tiere handeln, die dem Kreuz, das die neue Religion repräsentiert, ihre Reverenz erweisen. Auch an der Nordseite des Turmbogens im Kirchenschiff befinden sich solche Verzierungen, die durchaus auf die vorchristliche Zeit zurückgehen können. Eine Kirche in Beckford ist schon zu Anfang des 9. Jahrhunderts belegt. Die andere Attraktion des Or-

Das entzückende Tympanon von St. Johann in Beckford

AVON & SHAKESPEARE-LAND

DAS SHAKESPEARE-LAND

*Stratford-upon-Avon ist ideal als Zentrum für Tagesausflüge
ins Umland. Hier soll besonders auf drei Regionen hingewiesen werden: die
Gegend nördlich, in Richtung Birmingham, das Gebiet südlich, im Dreieck
Stratford – Shipston-on-Stour – Banbury, und schließlich die Cotswolds.
Landhäuser und Schlösser wie Charlcote Park oder Farnborough Hall,
malerische Dörfer und kleine Städte wie Warmington oder Alcester und
Museen, wie etwa das Heritage Motor Centre in Gaydon, lohnen den Besuch
ebenso wie die reizvolle Landschaft von Warwickshire, auf die etwa der
Burton Dassett Country Park einen guten Rundblick bietet.
In dem ländlich-verschlafenen Gebiet der Cotswolds sticht das touristisch
lebhafte Broadway heraus, besuchenswert sind unbedingt Hailes Abbey
und Sudeley Castle.*

Ausflüge östlich und südlich von Stratford

Unsere Ausflüge ins sogenannte Shakespeare-Land beginnen östlich von Stratford-upon-Avon, das nicht zwangsläufig Standort sein muß. Unterkünfte gibt es auch unterwegs, jedoch nicht unbedingt billigere.

Charlecote Park

Gleich hinter der *Clopton Bridge* biegt man, vom Stadtzentrum Stratfords kommend (Karte siehe Seite 293), links in die B4086 Richtung *Wellesbourne* ein und nimmt nach etwa 5 km, hinter dem Dorf **Alveston,** die Straße nach Charlecote. Hinter dem kleinen Gartenzentrum befindet sich der Parkplatz des National Trust, der Haus und Gelände heute verwaltet.

Vom 12. Jahrhundert bis in die Zeit vor dem Ersten Weltkrieg war das Areal im Besitz der Familie *Lucy*. Die heutige Anlage ist noch ganz geprägt vom elisabethanischen Stil des Hauses, das *Thomas Lucy* nach 1551 hier errichten ließ. Die Königin selbst verbrachte 1572 hier zwei Nächte und unterstrich damit den sozialen Aufstieg des mittlerweile zum Ritter geschlagenen Sir Thomas. Wenige Jahre später soll – so die Legende – der junge Shakespeare hier von den Parkwächtern beim Wildern gestellt und dem Hausherrn vorgeführt worden sein, der ihn prompt verprügeln ließ, woraufhin sich der gekränkte junge Mann nach London begab und seine spektakuläre Karriere begann. Anhänger der Geschichte haben in der lächerlichen Figur des Richters *Shallow* aus »Henry IV.« (Teil 2) und »The Merry Wives of Windsor« Sir Thomas Lucy wiedererkannt, der als

*Eine **Karte** zu dem in dieser »Griffmarke« beschriebenen Gebiet finden Sie in der hinteren Umschlaginnenseite in Farbe!*

prominenter Landbesitzer auch das Amt des Friedensrichters innehatte.

Das Haus wurde von den folgenden Generationen immer wieder umgestaltet, und vom Stil des 16. Jahrhunderts blieb wenig erhalten. Als 1823 ein neuer Erbe zu den elisabethanischen Urprüngen (oder eher: zu dem, was man sich in dieser Zeit darunter vorstellte) zurückkehren wollte, wurden wiederum beträchtliche Veränderungen vorgenommen. So ist nur das **Torhaus** unverändert geblieben. Die Durchfahrt dieses von zwei kleinen Türmen flankierten Backsteinbaus hat außer einem mittelalterlichen Gewölbe auch Stilelemente der Renaissance in den beiden muschelförmig abgeschlossenen Alkoven. Im ersten Stock befindet sich ein *Museum*, das man vielleicht besser als Kuriositätenkabinett bezeichnen sollte, mit Jagdtrophäen und Sportutensilien aus dem 19. Jahrhundert, die sehr schön veranschaulichen, wie Landedelleute dieser Epoche ihre nicht unbeträchtliche Freizeit verbrachten. Liebhaber von altem Spielzeug werden an der riesigen Puppenstube aus dem 19. Jahrhundert Gefallen finden, beachtlich ist auch der auf einer Tierhaut aufgezeichnete Stammbaum der Lucys. An dem langen Tisch haben Generationen von Lucys gespeist, doch zur Zeit der Umbauten nach 1823 wanderte er als nicht mehr zeitgemäß in die Abstellkammer.

Durch das Torhaus betritt man den **Vorhof,** der rechts von einer Balustrade, verziert mit den Figuren eines Schäfers und einer Schäferin aus dem 18. Jahrhundert, und links von den Stall- und Wirtschaftsgebäuden begrenzt wird. Geradeaus gelangt man ins **Haus,** dessen Erdgeschoß, abgesehen vom noch heute bewohnten *Morning Room,* dem Besucher offensteht. Wer zufällig die Gelegenheit haben sollte, einen Blick in den Raum zu werfen, der achte auf das Portrait des George Lucy von Gainsborough (links neben dem Kamin).

Die **Great Hall,** Hauptstück des elisabethanischen Hauses, wurde stark verändert. Die Decke aus Stuck imitiert eine Holzbalkenkonstruktion, und auch der aus dem 19. Jahrhundert stammende Kamin täuscht größeres Alter vor. Eine Büste der Königin Elisabeth I. hat den Ehrenplatz auf dem Kaminsims, flankiert von dem ersten und zweiten Sir Thomas Lucy. Aufmerksamkeit erregt die 1841 in Florenz gekaufte *Alabastervase* in der Fensternische, neben dem großen *Tisch* aus Onyx und anderen Steinen das Prunkstück des Raumes. Die *Gemälde* an den Wänden zeigen verschiedene Generationen der Lucys, über dem Kamin Sir Thomas III. im Kreise seiner Familie. Die dekorative *Fensterverglasung* enthält die Familienwappen und geht auf die im 16. Jahrhundert angebrachten Teile des nach England ausgewanderten Osnabrücker Handwerksmeisters Nikolaus Eyffeler zurück.

Der **Speisesaal** und die benachbarte Bibliothek wurden zwischen 1829 und 1834 angebaut. Hauptattraktion des Speisesaales ist das mit reichen Schnitzereien verzierte *Büfett,* das 1858 für die immense Summe von £1600 gekauft wurde. Im abgetrennten Teil des Raumes, auf der festlich gedeckten Tafel, werden Silber und Porzellan zur Schau gestellt. In der benachbarten **Bibliothek,** die auf eine Büchersammlung des frühen 17. Jahrhunderts zurückgeht, befindet sich nicht nur kostbares *Mobiliar,* so etwa die mit Einlegearbeiten versehenen Stühle, sondern auch eine Sammlung von 15 *griechischen Vasen,* die ihren Platz auf den Bücherregalen gefunden haben. Sie sollen bis in das sechste vorchristliche Jahrhundert zurückgehen.

Das Treppenhaus zum ersten Stock ist nicht zugänglich, der Eingang daneben führt jedoch in den **Nordostflügel** des Hauses, der aus zwei weiteren großen Räumen besteht. Der erste, der jetzt als Schlafzimmer eingerichtete *Ebony Bedroom,* war im 19. Jahrhundert das Billardzimmer. Das Mobiliar aus Ebenholz wurde nach und nach zusammengekauft. Wer mit der Information, Admiral Nelson habe in dem Bett übernachtet, nichts anzufangen weiß, der möge sich an der Stuckdecke erfreuen, die man mit abgewandeltem Muster auch im Nebenraum findet. Dieser *Drawing Room* nimmt die Zimmer ein, in denen Königin Elisabeth I. während ihres Aufenthalts weilte.

Außer dem Haus selbst sind auch die **Nebengebäude** von Interesse. Kü-che, Waschküche, Brauhaus sowie ein Teil der Stallungen mit alten Kutschen sind ganz im Zustand des 19. Jahrhunderts. Mit ihrer Wasserleitung, der Entlüftung und den verschiedenen Kochgelegenheiten repräsentiert die **Küche** die neuesten technischen Errungenschaften ihrer Entstehungszeit. Außerdem ist sie so angelegt, daß die Herrschaften nicht durch Geräusche oder Gerüche belästigt wurden. **Waschküche** und **Brauhaus** befinden sich in der Gebäudereihe gegenüber, in perfektem Zustand, fast aseptisch, so daß etwas Phantasie dazugehört, sich die Räume als Arbeitsplatz vorzustellen. Die *Brauanlage* reichte aus, um bei besonderen Gelegenheiten, etwa der Geburt des Stammhalters, bis zu 400 Gallonen (etwa 1800 Liter) Bier herzustellen. In den sich anschließenden **Stallgebäuden** gibt es zum einen das *Kutschenhaus,* wo sich neben anderen Gefährten auch die Reisekutsche der Lucys befindet, und den *Tack Room* zu sehen. Großgrundbesitzer wie die Lucys fuhren vierspännig und hatten daneben noch diverse Reitpferde. Im Tack Room wurde das Zaum- und Sattelzeug aufbewahrt und gepflegt. Teile der Ausstattung finden sich dort noch heute.

Im **Filmsaal** des Obergeschosses kann man sich Szenen aus der Geschichte von Charlecote Park ansehen.

Charlecote Park wurde direkt an der Einmündung des von Süden kommenden Flusses *Dene* in den Avon gebaut. Mehrmals wurden die Gebäude durch Hochwasser in Mitleidenschaft gezogen. Das Haus ist von kleinen Gärten umgeben. Im Zentrum befindet sich die *Orangerie,* heute Teestube, sowie – gewissermaßen als Kinderspielzeug – die Nachbildung des Hauses der *Ladies von Llangollen,* Eleanor Butler und Sarah Posonby. Diese beiden unterhielten um die Wende vom 18. zum 19. Jahrhundert in walisischer Abgeschiedenheit einen in ganz Europa bekannten kleinen Salon, wo sie, außer von vielen Berühmtheiten, eben auch von der Familie Lucy besucht wurden, ein Besuch, der auf die junge Tochter der Familie einen solchen Eindruck machte, daß sie das Haus der beiden Damen später aus der Erinnerung rekonstruieren ließ.

Im Garten von Charlecote werden die in Shakespeares Dramen erwähnten Pflanzen gezüchtet. Trotz der Hochwassergefahr hat die Lage des Hauses auch Vorteile, denn als ›Capability‹ Brown hier 1760 tätig wurde, konnte er die Flußlandschaft geschickt in den Park mit einbeziehen. Da der Park auch als Wildgehege dient, wurde er durch einen *Ha-Ha,* der vom Torhaus ausgeht, vom inneren Garten abgetrennt. Zu Browns Bemühungen, das Haus richtig in Szene zu setzen, gehörte auch die Verbreiterung des Avon sowie eine Veränderung des Flußlaufes des Dene an dieser Stelle.

Öffnungszeiten: April – Oktober täglich außer Mo und Do 11 – 13 Uhr und 14 – 17.30 Uhr. Karfreitag geschlossen. Eintritt £3.50. ✆ 01789/ 470277.

Unterkunft

★★★ *The Charlecote Pheasant Country Hotel,* Charlecote, Warwickshire CV35 9EW. ✆ 01789/ 470333, Fax 470222. Zentrale Reservierung 0800/289330. Große Anlage mit Sauna und Schwimmbad; EZ £70, DZ £90.

🏠 *Carolyn Thorpe,* Simmonds Barn, Charlecote CV35 9 EW, ✆ 01789/ 840564, £20, in der Hauptstraße von Charlecote, unweit des Charlecote Pheasant Hotels.

🏠 *Mrs. E. Hunter,* Hill House, Hampton Lucy, Warwick CV35 8AU 01789/840329, £20.

Essen & Trinken

The Boar's Head, Hampton Lucy, Warwick, CV35 8BE, ✆ 01789/ 840533. Liegt auf der anderen Seite des Avon, in Hampton Lucy.

Zu Gast bei Rover & mehr

Von Charlecote gelangt man auf der B4086 über *Wellesbourne* nach Kineton. Dabei kreuzt man zunächst die *Fosse Way* und passiert kurz darauf **Compton Verney** (links). Zwar kann das Landhaus von Compton Verney nicht besichtigt werden, doch von der Straße aus hat man gute Sicht auf den von ›Capability‹ Brown angelegten Park mit See und Brücke.

Kineton ist eine kleine Ortschaft mit Marktplatz. Einige Häuser dort stammen noch aus dem 17. Jahrhundert. Die Pfarrkirche *St. Peter,* ein Sandsteingebäude, weist mittelalterliche Baustufen vom 13. bis zum 15. Jahrhundert auf. Im Inneren der Kirche, an der Nordseite, befindet sich das Grabmonument eines Klerikers aus dem 14. Jahrhundert.

⬛ Schräg gegenüber von der Kirche lädt Gastwirt *Graham Green* (ohne »e«, darauf legt er Wert) ins *Swan Hotel* (☎ 01926/ 640876).

Von Kineton sind es auf der B4451 nur etwa 5 km bis **Gaydon**. Wer sich für Autos, insbesondere alte Autos und Technikgeschichte interessiert, wird im *Heritage Motor Centre* (gelegen an der B4100, am nördlichen Ortsausgang) auf seine Kosten kommen. Auf einem großen Testgelände der *Rover-Werke* wurde hier ein Automobilmuseum, komplett mit Außengelände, Picknickgelegenheit, Kinderspielplatz und Campingplatz eingerichtet, in dem die Geschichte der Autoentwicklung und -produktion in Großbritannien von ihren Anfängen an verfolgt werden kann. In einer großen Ausstellungshalle und diversen Nebenräumen sind ungefähr 100 Fahrzeuge ausgestellt, daneben gibt es alte Maschinen und Fertigungsanlagen sowie Videovorführungen über die Autoherstellung in den ersten Jahrzehnten dieses Jahrhunderts und verschiedene andere Themen. Für eine Extragebühr kann man sich draußen im Landrover durch eine Geländeteststrecke fahren lassen.

Heritage Motor Centre, Gaydon, CV35 0BJ, ☎ 01926/641188. Täglich außer an den Weihnachtsfeiertagen geöffnet, April – Oktober 10 – 18 Uhr, November – März 10 – 16.30. Eintritt £5.

Von Gaydon auf der B4100 nach Süden gelangt man nach etwa 3 km an eine nach links abzweigende Straße, die zunächst über die Autobahn und dann in den **Burton Dasset Country Park** führt. Wer – bei gutem Wetter – mehr von der Landschaft sehen möchte, sollte den Weg auf dieser Straße, der alten Verbindung zwischen Warwick und Banbury, fortsetzen. Trotz der kleinen Gebühr, die man für die Parkgelegenheit entrichten muß, sollte man sich die Hügel des Parks bei *Burton Dasset* nicht entgehen lassen. Auf einem der Hügel befindet sich die Ruine einer mittelalterlichen Mühle (heute: *the Beacon),* daneben gab es auch eine Windmühle aus Holz, doch die hohen Windgeschwindigkeiten (zu jeder Jahreszeit ideal für Leute, die hier Drachen steigen lassen wollen) machten ihr 1946 ein Ende. Gegenüber, auf dem *Pleasant Hill,* fand man 1908 die Gebeine von 35 Männern aus der angelsächsischen Zeit, die man, da sie alle Verletzungen aufwiesen, als Opfer eines Kampfes ansah.

Vom Dorf **Burton Dassett** selbst hat zwar die Pest von 1348/49 wenig übriggelassen, doch für heutige Besucher hat dies eine interessante Konsequenz, denn die Kirche wurde später nie mehr verändert. Den am Abhang gelegenen Bau sollte man sich also auch nicht entgehen lassen.

Römisches in Farnborough

Der Straße auf dem Hügelrücken konsequent folgend, gelangt man nach einigen Kilometern nach Farnborough. Hauptsehenswürdigkeit dieses ruhigen und schön gelegenen Dorfes ist **Farnborough Hall.**

Ein Wohnsitz an dieser Stelle läßt sich bis in das Domesday Book von 1187 zurückverfolgen, der heutige Bau geht auf das 18. Jahrhundert zurück. *William Holbech,* ein Vorfahr der heutigen Bewohner, dessen Vater das Anwesen 1684 erworben hatte, ließ das Gebäude erweitern und stattete es reich aus. Als Reisender in Italien hatte er sich mit der Kultur der Antike, aber auch mit der zeitgenössischen Kunst vertraut gemacht, und diese Einflüsse wurden für die Gestaltung seines Wohnsitzes bestimmend. Nicht zufällig also findet der Besucher hier eine der größten privaten Sammlungen römischer Skulpturen des Landes.

Es gibt vier Räume zu besichtigen. Zunächst die **Hall** mit ihren übereinstimmenden Decken- und Fußbodendekorationen. Der größte Teil der Skulpturen befindet sich hier. Freilich stammen nicht alle der 36 von William Holbeck gekauften Büsten aus der Antike, auch Arbeiten des 18. Jahrhunderts sind darunter. Hervorzuheben sind das antike Medaillon über der Eingangstür, das Medaillon des Kaisers Lucius Verus über dem Fenster daneben sowie die römische Dame (3. Büste von links) auf dem Sims der Ostseite. Weiterhin über der Tür zum Speisezimmer der Kopf eines Jungen und über dem Kamin die Büste eines Mädchens. Drei weitere, perfekt erhaltene Büsten befinden sich im **Treppenhaus,** wiederum Lucius Verus sowie zwei römische Damen. Sie sind wie geschaffen für diesen 1694 mit reichem Stuckwerk versehenen Raum und erhalten durch die dreißig

Jahre später aufgesetzte Kuppel auch die richtige Beleuchtung. Wirklich geschaffen für den Raum wurden die Malereien im **Speisezimmer,** nämlich die Bilder rechts und links des Kamins sowie die auf der gegenüberliegenden Seite. Es sind Arbeiten von *Canaletto,* den Holbech in Venedig getroffen hatte und mit dem er auf dessen erster Englandreise zusammentraf. Auch die Stuckumrahmung wurde von Canaletto entworfen. Leider handelt es sich bei den vier Gemälden nicht mehr um die Originale, die mußten in den zwanziger Jahren aus finanziellen Gründen verkauft werden. Die anderen beiden Gemälde (über dem Kamin und auf der Eingangsseite) sind Ansichten Roms, die *Giovanni Pannini* (1692 – 1765) zugeschrieben werden. Die Stuckverzierungen stammen von verschiedenen Künstlern, Vassalli und Perritt führten die meisten Arbeiten aus, die Verzierungen um den kleinen ovalen Spiegel sind das Werk von Roberts. Der vierte Raum ist die **Bibliothek** mit ihrem Buchbestand aus dem 17. bis 19. Jahrhundert.

Die weitläufigen **Gartenanlagen** bestehen aus zwei Teilen, einmal aus einem dicht am Haus befindlichen Garten mit Zedern, Rhododendron und Rosengarten, zum anderen aus dem *Terrace Walk.* Der Terrace Walk erstreckt sich über mehrere hundert Meter den Hügel hinter dem Haus hinauf. Das breite Rasenstück wird links von Buchen, Ulmen und Eichen flankiert, rechts begrenzt ihn eine Hecke. Abseits des Weges auf der linken Seite stößt man zunächst auf den

race Walk von Farnborough, zu diesem Zeitpunkt war die Anlage also schon zu einem Wahrzeichen der Grafschaft geworden.

Öffnungszeiten: April – September jeweils Mi und Sa von 14 – 18 Uhr, National Trust, Eintritt £2,70. Der Terrace Walk auch Do und Fr 14 – 18 Uhr.

Die Schlacht von Edge Hill

Der Edge Hill liegt gleich gegenüber Farnborough. Bekannt ist der Hügel durch die Schlacht, die 1642 an der Westseite zwischen den Parlamentstruppen und den Kontingenten König Karls I. ausgetragen wurde. An diesen ersten großen Kampf des englischen Bürgerkrieges erinnert das **Edge Hill Battle Museum** in Farnborough (gleich bei Farnborough Hall); April bis September Mi und Sa 14 – 18 Uhr geöffnet.

Game Larder, das Häuschen, in dem Wild abgehangen wurde. Von hier hat man einen schönen Blick auf das Dorf Farnborough. Etwas weiter liegt rechts vom Weg eine als griechischer Tempel gestaltete Laube mit Ausblick nach Südwesten. Die von dort weithin sichtbare Landschaft wird heute von der Autobahn M40 durchschnitten. Noch weiter oberhalb befindet sich links ein ovaler Pavillon, und der Weg endet schließlich am Obelisk. Die Anlage geht auch auf William Holbech zurück, der diesen Park im Zuge des Ausbaus des Hauses anlegen ließ. Der heute ganz in Vergessenheit geratene Heimatdichter *Richard Jago* (1715–81), Pfarrer in Snitterfield (Warwickshire) beschrieb in seinem Gedicht »Edge Hill« (1767) den Ter-

Auf dem Weg zum Edge Hill gelangt man zunächst nach **Warmington,** einem der schönsten Dörfer der Grafschaft. Manche der Steinhäuser gehen bis ins 16. Jahrhundert zurück. Am Dorfplatz im Zentrum liegt das alte Gutshaus, etwas weiter die Straße hinauf der Pub *The Plough* (Free House). Den Hügel hinauf gelangt man zur Pfarrkirche *St. Michael,* deren Bausubstanz (Arkaden im Kirchenschiff) aus dem späten 12. und 13. Jahrhundert stammt.

Von Warmington aus geht es dann auf der B4086 den Hügel hinauf. Oben angelangt, findet man leicht das *Castle Inn* (Speisen um die £12), ein im 18. Jahrhundert im Stil einer alten

Burg errichtetes Bauwerk, von dessen Turm aus man einen guten Ausblick auf das direkt darunter liegende Dorf *Radway* und bis weit in das Land hinein hat. In der Schlacht, die am 23. Oktober 1642 in der Ebene unterhalb des Edge Hill stattfand, standen sich über 20.000 Soldaten gegenüber, die Parlamentstruppen unter dem *Grafen von Essex* auf der einen Seite, gegenüber die *Royalisten* unter König Karl I. Der Kampf erstreckte sich bis nach Kineton und in andere umliegende Dörfer. Der König behauptete das Schlachtfeld, doch der Sieg war für den Ausgang des Krieges nicht von Bedeutung.

Upton House

Nur etwa 2 km südlich des Dorfes *Edgehill* liegt Upton House, das zwei große Sehenswürdigkeiten bietet: seine *Kunstsammlungen,* vor allem Gemälde, Porzellan und Mobiliar, und seine *Gärten.* Ein Gutshaus befand sich wohl schon im 14. Jahrhundert an dieser Stelle, doch von früheren Gebäuden ist praktisch nichts mehr erhalten. Traditioneller Familiensitz einer der englischen Dynastien war Upton nie, die Geschichte des Hauses ist geprägt von monotonen Käufen und Verkäufen, von denen nur zwei erwähnenswert sind. Große Veränderungen traten Ende des 17. Jahrhunderts ein, als ein reicher Londoner Kaufmann, *Sir Rushout Cullen,* das Gelände kaufte und 1695 das heute zu besichtigende Haus errichten ließ. 1927 wurde es schließlich von *Walter Samuel,* Lord Bearsted, gekauft, der die schönen Sammlungen anlegte, die er zusammen mit dem Haus dem National Trust vermachte.

Der **Garten** beginnt bereits am Parkplatz, der sich inmitten einer Obstplantage befindet. Von der Terrasse an der Rückseite (Südfront) des Hauses schweift der Blick dann über die rechts von alten Zedern flankierte weite Rasenfläche des Gartens in die Landschaft hinaus. Die wichtigsten Teile der Anlage bleiben zunächst verborgen, sie liegen in einem Tal, das erst vom Ende der Rasenfläche aus sichtbar ist. Terrassenförmig angelegt sind Kräuter- und Küchengärten, die zum Teich am tiefsten Punkt der Senke hinführen. Auf der Westseite führt eine Treppe geradeaus zu Ziergärten und nach rechts in einen anderen Teil des Geländes mit einem Obstgarten und dem kühlen *Bog Garden* vor dem alten Bankettnaus. Obwohl der Kern dieser Anlage etwa so alt ist wie das Haus, wurden doch viele Details erst Anfang dieses Jahrhunderts angelegt.

Rundgang durchs Haus

Marcus Samuel, der Vater des letzten Eigentümers von Upton House, war Gründer des Shell-Konzerns. Sein Sohn war jedoch nicht nur der Vorsitzende von Shell, sondern auch Präsident der National Gallery in London und Mitglied des Beirates anderer großer Galerien, unter anderem der Tate Gallery. Seine **Kunstsammlung** ist fast über alle Räume des Hauses verteilt. Ein Katalog mit detaillierter Beschreibung der einzelnen Stücke ist an der Kasse erhältlich, hier genügt es, sich auf den Rundgang und einzelne Kunstwerke zu beschränken. Die

Rahmen der Gemälde sind rechts unten mit Nummern versehen, die die Identifizierung erleichtern.

Man betritt das Haus durch den Haupteingang und gelangt in die **Hall**, die mit fünf Brüsseler Wandteppichen geschmückt ist. Die Truhen an der Wand gegenüber dem Eingang, rechts eine italienische, links eine deutsche, wurden im späten 17. Jahrhundert angefertigt. Von hier begibt man sich nach links in einen *Durchgangsraum,* in dem ein weiterer Wandteppich gezeigt wird. Geradeaus gelangt man in die **Luggage Lobby**, den Seiteneingang des Hauses, durch den bei gesellschaftlichen Anlässen das Gepäck der Gäste hereingebracht wurde. Die Luggage Lobby bietet Zutritt zu zwei weiteren Räumen. Geradeaus geht es in den *Dining Room.* Hier hängen vor allem Gemälde mit Jagdszenen und Darstellungen der Erntearbeit. Das Mobiliar stammt aus dem 18. Jahrhundert. Die Stickereien der Sitze wurden nach 1945 vom dritten Lord Bearsted angefertigt, der mit dieser Arbeit seine Kriegsverletzungen auszukurieren hoffte.

Zurück im Luggage Room begibt man sich nun nach links in die **Long Gallery,** wo die Werke niederländischer Meister ausgestellt sind. Eine Reihe dieser Werke waren ursprünglich berühmten Malern zugeschrieben worden, so die Hafenszene Nr. 172 (zwischen den Fenstern im linken Teil des Raumes) und das Dorf Nr. 173. Sie gelten heute nur noch als Nachahmungen im Stil des älteren *Jan Brueghel* (1568 – 1625). Auch die Landstraße Nr. 127 mit der Signie-

rung des Salomon van Ruysdael, an der Seite rechts von der Eingangsür, stammt nicht von diesem Meister, sondern von dem Landschaftsmaler *Guillam Dubois* (1610 – 1680). Gleiches gilt für das Porträt über dem Kamin, Nr. 253, das nur noch als Nachahmung des Francesco de Goya gilt. Hinzuweisen ist dagegen auf die Darstellungen der Sinne durch *Jan Steen* (1625 – 1679) an der Fensterseite, im ersten Gemälde der Geschmackssinn (Nr. 132), auf dem dritten Bild der Geruchssinn (Nr. 133), auf dem vierten und sechsten Bild (Nr. 134 und Nr. 131) dann Sehen und Hören.

Außer den Gemälden befindet sich auch eine bemerkenswerte *Porzellansammlung* in der Long Gallery. Alle Arbeiten stammen, soweit sie sich datieren lassen, aus dem 18. Jahrhundert. Vertreten sind die frühen englischen Fabriken in Chelsea (Vitrinen A, B und D), Bow, Londoner East End (Vitrine C), Derby (Vitrine D) und Worcester (Vitrine C).

Auf die Long Gallery folgt ein weiterer Verbindungsraum, die **West Staircase Lobby.** Von den fünf hier befindlichen Gemälden aus dem 18. und frühen 19. Jahrhundert ist besonders bedeutend das (im Uhrzeigersinn) zweite (Nr. 56), »A Country Girl« von *John Opie* (1761 – 1807) und das vierte (Nr. 63), »The Macdonald Children« von *Sir Henry Raeburn* (1756 – 1823).

Die West Staircase Lobby erschließt einen sehr weitläufigen Flügel des Hauses, von hier aus gelangt man sowohl in die *Bibliothek* als auch in die

Räume des **Untergeschosses,** von denen die größte, eine ehemalige *Squash-Halle,* aufgrund des Anwachsens der Sammlung in einen Museumsraum umgestaltet wurde. Der erste Raum des unteren Stockwerks ist die **Porcelain Lobby.** In den Vitrinen hier wird Sèvres-Porzellan ausgestellt, darunter Teile des 1779 für Zarin Katharina die Große angefertigten Service (Vitrine G). Die meisten Teile werden nach wie vor in St. Petersburg verwahrt,

Satiriker mit moralischem Zeigefinger: 1743 malte William Hogarth seine berühmte »Hochzeit à la Mode«, (London, National Gallery)

Einzelstücke gelangten im letzten Jahrhundert auf mysteriösen Wegen in ausländische Sammlungen.

Der Durchgang links führt in den zweigeschossigen **Picture Room,** in dem die großformatigen Gemälde hängen. Unter den lebensgroßen Porträts befindet sich auch eine Arbeit von *Sir Joshua Reynolds* (1732 – 1792) (Nr. 66 über dem Durchgang zur Lese-Ecke, links vom Eingang), die den Grafen und die Gräfin von Ely wohl im Jahr ihrer Hochzeit zeigt (1775). Von den Arbeiten im kleineren Format sind zwei Werke von *William Hogarth* (1697 – 1764) hervorzuheben: »Morning« (Nr. 43) und »Night« (Nr. 44). Die zwei Bilder sind Bestandteil eines Zyklus aus vier Gemälden, auf denen der alles Neue als dekadent ablehnende Hogarth Szenen des Londoner Lebens satirisch darstellte.

Eine andere Perspektive besonders auf die großformatigen Bilder bietet sich von der Balustrade der ehemaligen **Bibliothek** im darüber gelegenen Stockwerk. An diesen zweigeschossigen Raum schließt sich das **Billard-zimmer** *(Billiard Room)* an, in dem neun Arbeiten englischer Maler des 18. Jahrhunderts ausgestellt sind, darunter auch das Konterfei dreier Billiardspieler (Nr. 54) von *John Hamilton Mortimer* (1741 – 1779), eines Zeitgenossen von Sir Joshua Reynolds, der vom gleichen Lehrer ausgebildet worden war. In dem nun folgenden langen *Gang,* der in die frühere Sporthalle des Hauses führt, befinden sich zwanzig Gemälde unterschiedlicher Stilrichtungen und aus verschiedenen Epochen. Auf dem Tisch am Anfang der Passage steht eine Arbeit von *Hans Holbein d.J.,* ein Porträt eines jungen Mannes (Nr. 211); das zweite Bild auf der linken Seite ist ein *Rembrandt* zugeschriebenes Porträt einer unbekannten Frau (Nr.125); auf der rechten Seite hängt – um bei den großen Namen zu bleiben – ein *Tintoretto,* »Der Weise und die törichten Jungfrauen« (Nr. 239); als drittes Gemälde wieder links folgt die »Entkleidung Christi« von *El Greco* (Nr. 255) und daneben eine Arbeit von *Tiepolo* (Nr. 238): »Die heilige Jungfrau erscheint dem Antonius von Padua«.

In der **Bildergalerie** werden vor allem spätmittelalterliche Werke gezeigt, so das (im Uhrzeigersinn) vierte Gemälde (Nr. 148, »Der Tod der heiligen Jungfrau«) von *Pieter Breughel d.Ä.* (1525/30 – 1569) sowie Arbeiten von *Rogier van der Weyden* (um 1399 – 1464; Nr.171), *Hieronymus Bosch* (um 1450 – 1516; Nr. 143) sowie *Hans Memling* (um 1430/40 – 1494; Nr. 161).

Von hier aus geht es durch das Billardzimmer und die Porzellansammlung wieder zurück in das **westliche Treppenhaus,** wo der Rundgang fortgesetzt wird. Vorbei an weiteren englischen Gemälden des 18. und 19. Jahrhunderts führt der Weg in den ersten Stock des Hauses, wo neben chinesischen Tabaksdosen wiederum Porzellan aus englischer Produktion ausgestellt ist. Die Wohnräume hier stehen nicht zur Besichtigung offen, doch kann man den Gang entlang zum anderen Treppenhaus gehen, das zum Ausgang führt. Auch in diesem Teil des Hauses befinden sich Stücke der Gemäldesammlung, darunter am oberen Treppenabsatz eine frühe Arbeit Canalettos (Nr. 222).

Öffnungszeiten & Eintritt

Banbury, Oxfordshire, OX15 6HT, ✆ 01295/87266; National Trust, Juni – September, täglich außer Do und Fr 14 – 18 Uhr. Garten: April: So, Sa 14 – 18 Uhr, Mai – Juni täglich außer Do und Fr 14 – 18 Uhr, dann bis Oktober: So und Sa 14 – 18 Uhr.

Für Upton House sollte man sich wenigstens einen halben Tag Zeit nehmen. Der an der Kasse erhältliche Katalog zeigt leider die Abbildungen nicht farbig.

Zwei schöne Dörfer in der Nähe

Liebhaber alter Dorfkirchen sollten sich den Besuch zweier benachbarter Dörfer (westlich von Upton House) nicht entgehen lassen: **Middle Tysoe** und **Oxhill.** Die Kirchen beider Orte gehören nicht zu der dominierenden Gruppe spätmittelalterlicher Dorfkirchen. Sie gehen nicht nur auf ältere Gebäude zurück, sondern beachtliche Teile der alten Bauten sind noch erhalten. Der älteste Bestandteil der *Kirche von Middle Tysoe* stammt aus dem 11. Jahrhundert. In der früheren Außenwand, die heute die Südseite des Hauptschiffes bildet, blieben die alten Fenster erhalten. Der Sockel des Turmes entstand etwa zur gleichen Zeit. Schiff und Kanzel der *Kirche St. Lawrence zu Oxhill* sind ganz einheitlich im normannischen Baustil errichtet. Der heutige Haupteingang ist durch schöne Steinmetzarbeiten geschmückt, die freilich im Schatten des sehr bedeutenden Portals an der Südseite stehen, des ehemaligen Eingangs für die männlichen Mitglieder der Pfarrei. Er stammt wie das Taufbecken, verziert unter anderem mit einer Darstellung von Adam und Eva, aus dem 12. Jahrhundert. Auf dem Friedhof erinnert ein Grab an eine Episode aus der späteren Geschichte des Ortes. »Myrtilla, negro slave« wurde hier 1705 beerdigt. Sie war die Sklavin einer der Töchter des Pfarrers. Die wiederum hatte einen Mann geheiratet, der als Zuckerpflanzer in der Karibik sein Vermögen gemacht hatte. Bei seiner Heimkehr nahm er drei Sklaven von dort mit. Das Kirchenbuch berichtet von der Taufe der jungen Fremden, die schon wenige Monate später starb.

Banbury

Von Upton House sind es auf der A422 etwa 10 km bis nach Banbury, einer kleinen Industriestadt, die bereits im nördlichen *Oxfordshire* liegt.

Sehenswertes gibt es hier nur im Stadtzentrum, die recht monotonen Wohngebiete der Randbezirke sind nicht sehr einladend. Ein guter Ausgangspunkt für einen Rundgang ist das *Rathaus,* ein imposanter Bau im gotischen Stil aus der Mitte des 19. Jahrhunderts, am östlichen Ende der Fußgängerzone. Das *Stadtmuseum* bietet im Untergeschoß Wanderausstellungen, im Obergeschoß ist ein Heimatmuseum. Im Haus ist auch die **Touristeninformation** untergebracht. Es befindet sich in der High Street, am Banbury Cross (8 Horsefair), ✆ 01295/259855, zwischen 1. April und 30. September täglich außer So 10 – 17 Uhr, im Winter außer So und Mo 10 – 16.30 Uhr.

🗒 Als ältestes Gasthaus der Stadt gilt der *Reindeer Pub,* Parson Street.

Unterkünfte

★★★★ *Banbury House Hotel,* Oxford Road, Banbury, ✆ 01295/259361, EZ £69, DZ £79 (ohne Frühstück), Wochenende £33 pro Person.

★★ *Lismore Hotel,* Oxford Road, Banbury, ✆ 01295/267661, EZ £45, DZ £65.

Whately Hotel (Trusthouse Forte), Horsefair, Banbury Cross, ✆ 01295/263451, EZ £65, DZ £75, Wochenende (Fr, Sa) £49,50.

🏠 *Mrs. B. Crowther,* Mole End, North Newington Turn, Banbury OX15 6AA, ✆ 01925/258565, ab £20. Das Haus liegt an der ersten Abzweigung der B4035 (in Richtung Broughton) hinter dem Ortsausgang von Banbury.

Sulgrave Manor & Canons Ashby House

In östlicher Richtung bieten sich von Banbury zwei Ausflugsziele an: **Sulgrave Manor** ist ein kleines Gutshaus aus dem 16. Jahrhundert. Seine besondere Bedeutung erhält es durch den Umstand, daß es 1539 von *Lawrence Washington*, einem Ahn des Vaters der amerikanischen Unabhängigkeit, gekauft wurde und 120 Jahre lang im Besitz der Familie blieb. Heute ist es ein Symbol der englisch-amerikanischen Verbundenheit.

Am besten zu erreichen ist Sulgrave Manor über die Autobahn M40, Abfahrt 11. Von Banbury aus fährt man zunächst Richtung *Brackley* bis zum ersten Kreisel, dann weiter auf der B4525. Nach etwa 4 km zweigt links die Straße nach Thorpe Mandeville und Sulgrave ab.

Öffnungszeiten: Oxfordshire, OX17 2SD, ✆ 01295/760205. Das Haus ist im Januar geschlossen, im Februar nur Gruppen nach vorheriger Anmeldung zugänglich; sonst täglich außer Mi: 1. April – 30. Sept. 10.30 – 17.30 Uhr, nach 1. Okt. 10.30 – 16 Uhr.

★★★ *Thatched House*, das Hotel liegt gleich gegenüber. ✆ 0129576/0232, EZ £30, DZ £60.

Canons Ashby House

Von Sulgrave sind es über *Moreton Pinkney* etwa 7 km nach Canons Ashby. Das mittelalterliche Stift wurde nach Reformation und Klosterauflösung von der Familie Dryden erworben. Der Dichter *John Dryden* (1631 – 1700) wurde hier zwar nicht geboren, doch hielt er sich zeitweilig in dem Hause auf, das durch mehrere Umbauten von der Klosteranlage zum Landsitz umgestaltet wurde. Doch dies ist nicht die einzige Verbindung zur Welt der Literatur. Der Dichter *Edmund Spenser* (1552 – 1599) war mit der Familie Dryden befreundet und soll einen Teil seines Hauptwerkes »The Faerie Queene« hier verfaßt haben. Sein Arbeitszimmer wurde später nach ihm benannt, wie der berühmte Biograph *John Aubrey* (1625 – 1697) in seinen »Brief Lives« berichtet.

Öffnungszeiten: Vom 1. April bis 31. Oktober Mi und So 13 – 17.30 Uhr. Daventry, NN11 6SD, ✆ 01327/860044.

Broughton Castle

Nur etwa 3 km südwestlich von Banbury liegt Broughton Castle. Zu erreichen ist es auf der B4035 (Richtung *Shipston-on-Stour)*, man biegt vor dem **Gasthaus** *Saye and Sele Arms* rechts ab.

Wer diese kleine Straße vom Stadtzentrum Banburys aus nicht gleich findet, kann auch die besser ausgeschilderte A361 benutzen. Dazu muß man an der ersten Kreuzung hinter Banbury rechts abbiegen. Die Straße führt direkt auf das Dorf **Broughton** zu. In der hiesigen alten Pfarrkirche *St. Mary* gibt es außer den Resten mittelalterlicher Wandmalerei einige fein gearbeitete Grabmäler des 13. bis 17. Jahrhunderts zu sehen. Darunter befindet sich in einer Wandnische das Grab des 1315 verstorbenen Sir John Broughton, auf den die heutige Burganlage zurückgeht.

Der *Parkplatz* in der weitläufigen **Burg-Anlage** befindet sich direkt neben der Pfarrkirche. Obwohl von einem breiten Wassergraben umgeben und durch ein festes Torhaus gesichert, an das sich eine flankierende Mauer mit Wehrgang anschließt, ist Broughton Castle eigentlich keine Burg. Die Anlage entstand im 13. Jahrhundert als befestigter Gutshof. An den landwirtschaftlichen Charakter erinnern die großen Scheunen und Stallungen links vom Tor. Heute befindet sich hier ein kleiner *Laden* sowie ein *Teerestaurant*. Broughton Castle, dessen Restaurierung erst vor wenigen Jahren abgeschlossen wurde, bot die Kulisse für eine Reihe von Spielfilmen, von denen in der Teestube Szenenfotos und weitere Informationen ausgehängt sind.

Das dem Tor gegenüberliegende *Hauptgebäude* hat sich von seinen mittelalterlichen Anfängen, deren Kern, die Halle aus dem frühen 14. Jahrhundert, noch in dem heutigen Komplex steckt, über umfangreiche Umbauten und Erweiterungen im 16. Jahrhundert entwickelt. Es ist bemerkenswert, daß spätere Veränderungen nur in ganz geringem Umfang stattgefunden haben, so daß das Haus sich noch weitgehend in dem Zustand befindet, den es nach dem Ende des englischen Bürgerkrieges und der Wiedereinsetzung der Monarchie (1660) erreicht hatte. Große bauliche Veränderungen sind also auf die Frühgeschichte Broughtons beschränkt.

Das etwa 1300 von *Sir John Broughton* gebaute Gutshaus ging 1377 in den Besitz von *William von Wykeham* über. 1448 heiratete eine Nachfahrin des Käufers *Sir William Fiennes,* den Inhaber der gerade neu kreierten Herrschaft *Saye and Sele,* in deren Besitz sich das Haus bis heute befindet. 1554 erhöhte Richard Fiennes die Halle, baute Treppenhäuser und fügte Wohnräume hinzu. In den folgenden Jahren wurden weitreichende stilistische Veränderungen ausgeführt, die zumindest die repräsentativen Teile des Hauses dem Geschmack der Tudorzeit anpaßten. Von den der Öffentlichkeit zugänglichen Räumen sind lediglich das *Speisezimmer* und der anschließende Gang in dem ursprünglichen, mittelalterlichen Zustand geblieben. Als 1604 König Jakob I. und seine Frau Anna dem Haus einen Besuch abstatteten (das Schlafzimmer der Königin heißt bis heute *Queen Anne's Room),* konnte man sie in moderner Atmosphäre unterbringen.

Spätestens zur Zeit des Bürgerkrieges rückten Fragen des architektonischen Geschmacks jedoch in den Hintergrund. William Fiennes war Puritaner und stand im Konflikt mit König Karl I. auf der Seite des Parlaments, für das er in der Gegend von Banbury sogar Truppen aushob, die bei der Schlacht vom Edge Hill (1642) kämpften. Bereits in den Jahren vorher hatten in dem heute *Council Chamber* genannten Zimmerchen im 2. Stock konspirative Treffen stattgefunden. Da sein Besitz nach der Schlacht im Einflußbereich der königlichen Truppen lag, wurde Broughton belagert und erobert. Erst 1660 kam es in den Familienbesitz zurück. Da-

Broughton Castle: Eingang zum Oak Room und eine der langen Zimmerfluchten

nach wurde nur noch sehr wenig verändert. Die Galerie im 1. Stock wurde
im »gothic«-Stil umgestaltet, doch
diese Arbeiten blieben weitgehend
oberflächlich.

Spätere Eigentümer hatten andere
Prioritäten und zogen es vor, ihre
Einkünfte auf andere Weise zu ver-
wenden, und da eine andere Residenz
der Familie näher an London und
dem königlichen Hof lag, geriet
Broughton nicht nur in Vergessenheit,
sondern begann allmählich zu verfal-
len. 1837 wurden fast alle Möbel verkauft, deshalb finden Besucher heute
nur noch ein Sammelsurium alten und
neuen Hausrats vor. Dieser Mangel an
Interesse rettete Broughton vor den
übertriebenen viktorianischen Inter-

pretationen früherer Architekturfor-
men: entstellende Umbauten un-
terblieben hier ganz.

Diesem Umstand und den sorgfäl-
tigen Restaurierungen der vergangenen Jahre ist es zu verdanken, daß
man noch ein unverändertes Gutshaus der Tudorzeit vorfindet.

Rundgang durch das Gutshaus

Der Rundgang beginnt in der **Great
Hall,** die auf die ursprüngliche Halle
des 14. Jahrhunderts zurückgeht.
Ausgestellt sind hier Rüstungen und
Waffen aus der Zeit des englischen
Bürgerkrieges, die ledernen Löschei-
mer des Gutes sowie einige Gemälde,
die unter anderem den 1. Viscount
Saye and Sele zeigen. Für Kinder lie-

gen hier nicht nur schöne Schautafeln bereit (allerdings in englischer Sprache), einige der Helme und Rüstungsstücke dürfen auch angefaßt, sogar aufgesetzt werden. Als nächstes folgt der heute als **Speisesaal** genutzte Raum. Die Kreuzrippengewölbe des mittelalterlichen Baues blieben unverändert, lediglich eine Holztäfelung wurde etwa 1550 hinzugefügt. Trotz der Nähe der Pfarrkirche war Broughton Castle mit einer *Privatkapelle* ausgestattet. Die Fenster der Kapelle sind mit Familienwappen und anderen heraldischen Motiven verziert. In dem alten *Gang* vom Speisesaal zur Treppe zum Obergeschoß lohnt es sich, auf die in Form von Gesichtern gestalteten Basissteine der Wölbung zu achten. Hinzuweisen ist auch auf das Porträt des Admirals Swanton (1710 – 1765), eine Arbeit von Sir Joshua Reynolds (letztes Bild im Treppenaufgang).

Im **ersten Stock** erreicht man zunächst die *Galerie.* Sie führt nach rechts in eines der Wohnzimmer der mittelalterlichen Burg, heute *Queen Anne's Room* genannt. Anna von Dänemark, Gemahlin König Jakobs I., übernachtete hier 1604, ein zeitgenössisches Porträt über dem Kamin erinnert an die Monarchin. Das Mobiliar stammt allerdings nicht aus ihrer Zeit. Ein kleines Fenster zur Kapelle ermöglichte die diskrete Teilnahme am Gottesdienst. Zur Mitte der Galerie hin befindet sich *The King's Chamber,* das Schlafzimmer Jakobs I. bei dem Besuch des Paares in Broughton. Später hat auch König Eduard VII. hier übernachtet. Von höchster Qua-

lität ist die Stuckverzierung über dem Kamin, ein Ergebnis der Umbauten aus dem Jahr 1554 im französischen Stil. Etwa zwanzig Jahre früher hatte sich der französische König Franz I. sein Schloß in Fontainebleau in ähnlicher Weise ausschmücken lassen, und auch König Heinrich VIII. zeigte sein Interesse an dieser Art der Renaissancekunst. Allerdings hat nur diese Arbeit in England überdauert. Flankiert von einer weiblichen Figur und einem römischen Soldaten und eingefaßt von ionischen Säulen, wird ein ovales Bild von zwei die Winde symbolisierenden Figuren gehalten. Darauf dargestellt sind Nymphen, die um eine Eiche tanzen, eine Illustration zu Ovids Metamorphosen (VIII, 738). Zur chinesischen Tapete aus dem 18. Jahrhundert gesellt sich ein modernes Möbelstück, ein Bett im »chinesischen Stil«.

Am Ende der Galerie gelangt man in das *Great Parlour*, einen Raum, dem die Stuckverzierungen der Decke aus dem 16. Jahrhundert einen herrschaftlichen Charakter verleihen. Ausgestellt sind hier wichtige Archivalien, so die Verleihung der Herrschaft Saye and Sele an Sir James Fiennes 1447 durch König Heinrich VI. Von hier aus geht man in ein zweites Treppenhaus.

Im **2. Stock** ist (allerdings nicht immer) ein kleiner Raum, *Council Chamber,* zu besichtigen, in dem sich die Oppositionellen und Verschwörer der Jahre 1629 bis 1640 heimlich trafen. Es bietet sich hier ein guter Blick auf die kleine Gartenanlage hinter dem Haus, bei schönem Wetter lohnt auch ein Besuch der *Dachterrasse.* Die Treppe führt zurück ins **Erdgeschoß,** vorbei an der *Bibliothek* in den *Oak Room,* ein Wohnzimmer von großen Proportionen, das durch die Täfelung aus Eichenholz trotz seiner Größe einen behaglichen Eindruck macht.

Öffnungszeiten: 18. Mai – 14. September jeweils Mi und So 14 – 17 Uhr. Im Juli und August zusätzlich Do 14 – 17 Uhr, ebenso an den Feiertagen (einschließlich Ostern). ✆ 01295/262624 und 812027. Eintritt £3/£1,50.

Beer & Stout aus Hook Norton

Etwa 8 km südwestlich von Broughton liegt Hook Norton. Das Dorf mit seinen schönen, teilweise reetgedeckten Sandsteinhäusern ist bekannt für seine Brauereierzeugnisse. *Hook Norton's Old Hooky* und *Hook Norton Stout* behaupten sich glänzend gegen die harte Konkurrenz der mächtigen Großbrauereien. Selbstverständlich kann man sie im *Sun Inn* und im *Bell Inn* (gleich an der Kirche) selbst probieren. Die Brauerei – an der Kirche vorbei bis zum *Pear Tree Inn,* dort dann in die Brewery Lane – ist geöffnet Mo – Fr 9 – 16.15 Uhr.
Unterkunft: *The Sun Inn,* High Street, Hook Norton, OX15 5NH, ✆ 01608/737570, ab £20.

Zurück ins Jahr 1500 v.Chr.: Rollright Stones

Die bronzezeitliche Kultstätte der Rollright Stones, Luftlinie 6 km westlich von Hook Norton, besteht aus drei Teilen, einem *Steinkreis,* dem *King Stone* und den Überresten einer *Grabkammer.* Zu erreichen sind sie am besten vom Nachbardorf Hook Nortons, *Great Rollright,* aus.

Gleich nach Überquerung der A3400 in Richtung *Stow-on-the-Wold* befindet sich links der Straße zunächst die ursprünglich aus großen Steinplatten zusammengesetzte Grabkammer, rechts der Straße dann der King Stone und schräg gegenüber, auf einem Feld wieder links der Straße, der Steinkreis. Wenn auch weniger spektakulär als Stonehenge hat die Stätte doch mindestens einen Vorteil: für den Tourismus vermarktet wird sie nicht.

Auf der A3400 geht es über Shipston-on-Stour zurück nach Stratford.

Ausflüge nördlich und westlich von Stratford

Nur wenige Kilometer nördlich von Stratford, auf der A3400 in Richtung Birmingham bequem zu erreichen, liegt das kleine **Wootton Wawen.** Das stattliche *Gutshaus* kann leider nicht besichtigt werden, doch die *Kirche* gleich daneben entschädigt die Besucher. Man findet hier ein kurioses Sammelsurium der verschiedensten Baustile. Der Kern des Gebäudes, in erster Linie der untere Teil des Turmes, stammt noch aus angelsächsischer Zeit.

Sehenswert ist auch der Nachbarort **Henley-in-Arden.** Entlang der Hauptstraße sind viele der alten Fachwerkhäuser erhalten geblieben. Auf dem Marktplatz steht noch die Säule des alten Marktkreuzes. Gleich daneben ist die *Guild Hall* aus dem 15. Jahrhundert, in der heute die Bibliothek untergebracht ist (Di, Fr 10 – 13 Uhr und 14 – 17 Uhr, 17.30 – 19 Uhr, Sa 9.30 – 12.30 Uhr).

Wer die Straße an der Kirche entlanggeht, gelangt nach einigen hundert Metern in den Ortsteil *Beaudesert,* hinter dessen alter Kirche sich ein Burghügel erhebt. Von den Befestigungen ist nichts erhalten geblieben, doch es bietet sich von hier ein guter Ausblick auf die umliegende Landschaft.

Eine kleine *Wanderung* von Henley-in-Arden zu einem schönen Gutshaus und den Stratford-upon-Avon-Canal entlang ist auf Seite 65 beschrieben.

Unterkunft & Essen

★★ *The White Swan Hotel,* 100 High Street, Henley-in-Arden, B95 5BY, ℡ 01564/792623, EZ £38, DZ £50. Bar und Restaurant, manchmal gibt's live-Musik.

⊠ *Grubb's Wine Bar and Eating House,* ℡ 01564/794322.

Kurioses rund um Alcester

Alcester, die Nachbarstadt Stratfords in westlicher Richtung, geht auf frühe Ursprünge zurück. Eine Siedlung an dieser Stelle, dem Zusammentreffen der zwei kleinen Flüsse *Arrow* und *Alne,* befand sich hier bereits in vorrömischer Zeit, doch sind keine vormittelalterlichen Spuren erhalten geblieben. Einige Straßenzüge im Innern der Stadt sind mit großer Sorgfalt restauriert worden, so daß besonders das Areal um Kirche und Marktplatz herum sehenswert ist. Aus nördlicher Richtung führt die Henley Street auf den *Marktplatz.* Rechts an der *St. Nicholas* geweihten Stadtkirche vorbei gelangt man durch die Butter Street in die *High Street,* das traditionelle Geschäftszentrum des Ortes. Der Weg links an der Kirche vorbei führt zur *Malt Mill Lane,* deren alte Fachwerkhäuser erhalten geblieben sind.

Touristeninformation in der *Alcester Library*, Priory Road, Mo/Mi/Fr 9.30 – 12.30 und 13.30 – 19 Uhr, Do 9.30 – 12.30 und 13.30 – 17 Uhr, Sa 9.30 – 12.30 Uhr. ℡ 01789/762430.

Busverbindung: Midland Red West, von Birmingham über Redditch nach Evesham, ℡ 01905/76388.

Stilmix in Alcesters Gassen

Der Taubenschlag eines Geisterdorfes

In unmittelbarer Nähe der Stadt gibt es eine Reihe von zum Teil kuriosen Sehenswürdigkeiten. Da ist zunächst der **Kinwarton Dovecote** – der Taubenschlag des Dorfes *Kinwarton,* direkt vor der Stadt. Wer sich auf der B4089 hierher begibt und dem ausgeschilderten Weg nach rechts folgt, wird zunächst bemerken, daß das Dorf Kinwarton nicht mehr existiert, und zwar offensichtlich schon seit so langer Zeit, daß auch nicht ein Stein mehr zu sehen ist. Die einzigen Ausnahmen sind die Kirche und der Taubenschlag. Man gelangt an ein stattliches Haus aus dem 18. Jahrhundert, das alte Pfarrhaus, mit der daneben liegenden viel älteren Kirche. Der Weg endet dann vor dem Gatter einer Wiese. Diese Straße war einst die Dorfstraße, auf dem Land gegenüber der Kirche kann man bei genauem Hinsehen noch die Grundformen von Häusern erkennen, und auf der Wiese hinter dem Gatter lag einmal ein großes, mit breitem Graben befestigtes Gut. Auch die Stelle dieser Anlage oder zumindest den Graben kann man noch erkennen, doch es ist nichts mehr davon da – nur eben das Taubenhaus. Das allerdings ist vollständig erhalten und steht, da Taubenschläge aus dem 14. Jahrhundert im Originalzustand nur selten anzutreffen sind, unter Denkmalschutz. Der Schlüssel ist im Pfarrhaus erhältlich. Öffnungszeiten: April bis Ende Oktober täglich 9 – 16 Uhr, am Karfreitag geschlossen.

Verschwörer und Wettkönige

Etwa zwei Kilometer nördlich von Alcester, an der A435, der alten Römerstraße »Raknild Street«, liegt **Coughton Court,** der Stammsitz der Familie *Throckmorton.* Zu besichtigen sind Haus, Stallungen und Gartenanlagen, die sich bis zum Fluß Arrow erstrecken. Die Flügel des Hauses umschließen einen großen Hof, der in den Garten übergeht. Das *Torhaus* mit dem kunstvollen Deckengewölbe ist der älteste Teil des Gebäudekomplexes. Im *Drawing Room,* der noch mit Möbeln aus dem 17. Jahrhundert ausgestattet ist, wartete man angeblich am 5. November 1605 auf das Resultat der »Pulver-Verschwörung«. *Guy Fawkes* wollte das Parlament am Eröffnungs-

Gestreift: Alcester selbst hat auch manch Kurioses

tag der neuen Legislaturperiode in die Luft sprengen, da König Jakob I. die erhoffte Wendung zum Katholizismus nicht vollzogen hatte. Fawkes wurde jedoch entdeckt, und auch die Drahtzieher, die in Zentralengland zum Losschlagen bereit waren, wurden verhaftet. Die Wappen von zwei Verschwörern, *Robert Catesby* und *Francis Tresham,* zieren die Fenster dieses Raumes. Die Throckmortons blieben Anhänger der katholischen Kirche, das beweisen auch die *Priest holes,* die in das Haus eingebauten, oft dunklen und engen Verstecke, in denen die verfolgten Priester Zuflucht fanden.

Es folgt das *Gelbe Zimmer,* in dem neben einer Porzellansammlung auch das Gebetbuch und anderer Besitz der Familie ausgestellt sind. Per Wendeltreppe gelangt man ins *Turmzimmer;* die Ausstellungen hier wechseln jährlich. Im nordöstlichen Ecktürmchen befindet sich eines der Priesterverstecke. In dem holzgetäfelten *Speisezimmer* wie auch in den anschließenden Räumen wird die kostbare Ausstattung des Hauses, bestehend aus Wandteppichen, Geschirr und kostbaren Möbeln, zur Schau gestellt. Dazu gehören auch Reliquien aus der Zeit der Konfessionskämpfe, so das Hemd, das Mary, Königin von Schottland, am 18. Februar 1587 trug, als sie in Schloß Fotheringhay geköpft wurde.

Eine weitere Kuriosität, der *Throckmorton Coat,* befindet sich im großen *Salon,* in dem sich anschließenden Gebäudeflügel. Dieses Kleidungsstück wurde niemals getragen, wurde auch gar nicht zu diesem Zweck angefertigt, sondern geht auf eine Wette aus dem Jahre 1811 zurück. Dabei ging es darum, ob es möglich sei, einen Rock innerhalb eines Tages, und zwar zwischen Sonnenaufgang und Sonnenuntergang anzufertigen – beginnend mit dem Scheren der Schafe, versteht sich. Tatsächlich war es möglich, die verschiedenen Arbeitsvorgänge in der vorgeschriebenen Zeit durchzuführen, und so hängt er nun da, der Rock.

Die Pfarrkirche *St. Peter* befindet sich direkt neben dem Haus. Als Begräbnisstätte der herrschenden Familie enthält sie eine Reihe stattlicher Grabmale, darunter die Darstellung von Sir John und Lady Mary Throckmorton von 1580.

Öffnungszeiten: April Sa, So, 13.30 – 17. Am Karfreitag geschlossen. Mai – Ende September täglich außer Do, Fr 13.30 – 17, Sa und So 13.30 – 16.30.

Fest: Jedes Jahr am 5. November wird mit einem großen Feuer Guy Fawkes gedacht.

Prunk und Pracht

Südlich von Alcester befindet sich ein weiteres Schloß, **Ragley Hall.** Die Einfahrt in das Gelände liegt südlich von Alcester gleich hinter dem Dorf *Arrow* an der A435.

Das zwischen 1680 und 1690 errichtete Gebäude beeindruckt durch die Größe und Ausstattung seiner Räume. Kein Wunder, daß es Jahrzehnte dauerte, bis die Innenarbeiten abgeschlossen waren. Das Schloß befindet sich noch heute im Privatbesitz

Jane Seymour nach einem Gemälde von Holbein d.J. aus dem Jahre 1536 (Wien)

eines Zweiges des Familie Seymour, deren bekanntestes Mitglied, *Jane Seymour,* die dritte Gemahlin König Heinrichs VIII. war.

Besucher begeben sich durch das Portal direkt in die große **Halle,** deren reiche Stuckverzierungen aus dem 18. Jahrhundert stammen. Bei Konzerten finden hier bequem 150 Zuhörer Platz. Diese Great Hall ist der Repräsentationsraum des Gebäudes, doch die sich bei dem folgenden Rundgang anschließenden Zimmer stehen ihr an Qualität nicht nach. Auf das reich mit Stuck verzierte *Musikzimmer* folgt das *Frühstückszimmer,* das neben einem prächtigen Kamin

durch eine gut versteckte Tür im rechten Bücherschrank beeindruckt. Das *Speisezimmer* sowie das nördliche Treppenhaus mit einem Sammelsurium von Souvenirs schließen sich an. Von hier aus gelangt man in den *Ante Room* und von dort nach rechts in ein kleines Porzellankabinett.

Zur anderen Seite hin beginnt die Zimmerflucht an der Rückseite (Sonnenseite) des Hauses. Die Räume hier sind sehr kostbar ausgestattet, sowohl mit Mobiliar aus verschiedenen Epochen als auch mit Porzellan und Gemälden. Kunstliebhaber seien im *Red Saloon* unter anderem auf die »Erweckung des Lazarus« des Cornelius van Harlem (1562 – 1638) hingewiesen, im darauffolgenden *Green Drawing Room* stammt eins der Gemälde, ein Porträt des 1. Markgrafen von Hertford, von Sir Joshua Reynolds (über der rechten Tür).

Um die Wende vom 18. zum 19. Jahrhundert war der Prinzregent mehrfach Gast im Schloß. Sein Bett, auf das man die Federn, Wappenzeichen des Fürsten von Wales, aufmontiert hatte, steht noch heute in dem von ihm benutzten *Schlafzimmer.* Der Rundgang ist nun fast beendet. Das südliche *Treppenhaus* ist erst vor wenigen Jahren ausgemalt worden. Wer sich vor süßlichen Bildern nicht fürchtet, kann hier etwas über das Selbstverständnis der britischen Oberklasse im ausgehenden 20. Jahrhundert lernen: man gibt sich hier formell, dort hemdsärmelig, doch immer in Pastelltönen.

Die **Bibliothek** kann nicht besichtigt werden, nur ein kurzer Blick von der Tür aus ist gestattet. So bleibt dem Besucher das Porträt des englischen Staatsmannes Horace Walpole, eine weitere Arbeit von Sir Joshua Reynolds, verborgen. Am *Souvenirstand im Keller* kann jedoch ein farbiger Katalog erworben werden, in dem sich eine Abbildung des Gemäldes wie auch des Raumes befindet. Dort erfahren die Besucher, daß, als Ragley im Zweiten Weltkrieg Hospital war, die Familie nur in der Bibliothek ungestört wohnen konnte (immerhin ein Raum, der die Wohnfläche einer Arbeiterfamilie der Zeit um ein Vielfaches übertraf!).

Nach dem Rundgang durch das Haus lohnt auch eine Besichtigung der *Stallungen.* Hier sind Kutschen, darunter auch ein Landauer, ausgestellt.

Öffnungszeiten: Ragley Hall, Alcester, Warwickshire B49 5NJ, © 01789/762090. Anfang April – Anfang Oktober, täglich außer Mo und Fr 10 – 17 Uhr, Anlagen 10 – 18 Uhr. Eintritt Haus & Park: £4,50, Kinder £3, Senioren und große Gruppen £4.

Im Frühjahr und Sommer finden hier Veranstaltungen (Konzerte, Antiquitätenmessen, Autovorführungen) statt, die Termine sind telefonisch zu erfragen.

Zu Fuß nach Stratford zurück?

Von Ragley Hall gelangt man, sich an der Ausfahrt des Geländes nach links wendend, über das Dorf *Wixford* auf der B4085 nach **Bidford-on-Avon** und damit auch gleichzeitig wieder an den Fluß. Wanderwege führen von hier am Avon entlang in das

etwa 8 km entfernte Stratford. Gleich bei der alten Brücke, die auch bei geringem Verkehrsaufkommen nur mit Mühe überquert werden kann, sind einladende Picknickplätze.

In den Abendstunden hat man die Auswahl zwischen dem *Frog and Bull Restaurant* (auch sonntags Mittagstisch), dem *Anglo-Saxon* und dem *Bridge Inn* (Free House).

Die A439 nach Westen entlang gelangt man nach **Salford Priors,** einem malerischen Dorf, dessen kleine und gut restaurierte *Kirche* viel älter ist, als man auf den ersten Blick denkt. Die bescheidenen normannischen Portalverzierungen sind der einzige Hinweis. Ganz anders im Nachbarort Bidford, dessen im 19. Jahrhundert durch und durch umgestaltete Kirche vorgibt, viel älter zu sein, als sie eigentlich ist.

Mr. Ian Bolstridge, Orchard House, Salford Priors, WR11 5UX, © 01789/773476, gleich gegenüber der Kirche, £20.

Die Cotswolds

Etwa fünf Kilometer südlich von *Evesham* (siehe Seite 297) beginnen die Ausläufer der Cotswolds. Die Hügellandschaft der Cotswolds bot andere Existenzvoraussetzungen als die fruchtbare Flußebene des Avon. Sie eignete sich mehr zur Schaftzucht, und Wollbekleidung aller Art ist noch heute ein traditioneller Verkaufsartikel in vielen Dörfern. Der überall leicht zur Verfügung stehende, helle, fast goldfarbene Sandstein ermöglichte eine ganz eigene Architektur. Den besten Eindruck davon gewinnt man im etwa 6 km südlich von Evesham gelegenen Broadway.

Broadway

Broadway ist einer der touristischen Schwerpunkte Englands, aus diesem Grund sollte man Besuche an Sonntagen (besonders am Nachmittag) möglichst vermeiden. In der Architektur dieses Ortes, der sich entlang der Hauptstraße nach Oxford erstreckt, sind verschiedene Baustile und Epochen vertreten. Das älteste Gebäude, die Pfarrkirche *St. Eadburga,* liegt jedoch nicht im Ort, sondern etwas außerhalb, an der Straße nach Snowshill, die am *Swan Inn* am Dorfplatz abzweigt. Der äußere Anblick der Kirche zeigt, daß auch sie nicht von der großen Modernisierungswelle des 15. Jahrhunderts verschont blieb, der Innenraum geht jedoch auf die Zeit um 1200 zurück. Liebhaber von Details werden noch Reste der alten Verglasung sowie alte Bodenfliesen am Taufbecken finden. Die Entfernung vom Dorf wurde lange Zeit nicht als Problem angesehen, im letzten Jahrhundert wurde dann allerdings eine neue Kirche in der Nähe des Ortszentrums errichtet.

Ein Gang durch das Dorf sollte sich an der Hauptstraße orientieren. Das *Broadway Hotel* an der Westseite des Dorfplatzes, also direkt am *Village Green,* geht in Teilen bis ins Mittelalter zurück. Moderne Häuser, die sich gut in das Gesamtbild einfügen, schließen sich an. Es fallen hier sofort die kleinen Einkaufszentren und die zahlreichen Geschäfte auf, die sich auf den Tourismus spezialisiert haben. Außer den üblichen Souvenirläden gibt es darunter auch Schneidereien

Hier herrscht Ruhe: Pfarrkirche von Broadway

und Bekleidungsfachgeschäfte (die alte Tradition der Woll- und Textilproduktion ist in dieser Form lebendig geblieben), und sogar eine Galerie ist im Ort: *The Bindery Gallery* (Mo – Sa 9 – 13, 14 – 18 Uhr, ℰ 01386/852649).

Ein Stück weiter folgt auf der anderen Straßenseite das *Lygon Arms,* ursprünglich ein Privathaus, doch seit über zweihundert Jahren schon ein Hotel. An mehreren Stellen der Hauptstraße hängt ein Plan aus, auf dem auf weitere Gebäude hingewiesen wird. Zusätzliche Anregungen gibt es in der *Touristeninformation* im Einkaufszentrum am Dorfplatz. Parkplätze sind ausgeschildert, kostenlos ist allerdings nur der kleine Parkplatz am Swan Inn.

Bibliothek: Mo 14 – 17, 17.30 – 19 Uhr, Mi – Fr. 9.30 – 13, 14 – 17 Uhr, Sa 9.30 – 13 Uhr.

Unterkunft & Essen

Luxusunterkunft mit Möglichkeit der Vermittlung eines Programms, das von Tontaubenschießen, Fischen und Reiten bis hin zu Heißluftballonfahrten reicht: *The Lygon Arms,* Broadway, WR 12 7DU, ℰ 01386/852255, Fax 858611.

★★★ *The Broadway Hotel*, The Green, Broadway, WR12 7AA, ℰ 01386/852401, Fax 853879, EZ £45/ £70.

🅱 *Bourne House*, Leamington Road, Broadway, WR12 7DZ, ℰ 01386/ 853486, ab £25.

Ferienwohnung: in der *Croft Villa* direkt im Zentrum Broadways, ℰ 01386/852372.

🗶 *Hunter's Lodge Restaurant* (Grill), ebenfalls im Zentrum gelegen, ℰ 01386/ 853347.

Broadway Tower Country Park

In den Hügeln oberhalb von Broadway liegt ein Landschaftsschutzgebiet mit Spazierwegen und Wildgehege, das seinen Namen von einem turmartigen Gebäude hat, das der Graf von Coventry 1800 dort errichten ließ. Ein derartiger *Folly,* ein Bauwerk ohne eigentlichen Zweck, konnte als Ausflugsziel für Spazierritte dienen. Es wird behauptet, von der Plattform aus habe man bei gutem Wetter den Wohnsitz des Grafen sehen und bei Dunkelheit Lichtsignale austauschen können.

🚶 Südwestlich des Parks liegt das Dorf **Snowshill,** das in seiner schönen Hügellage ein ideales Wanderziel ist. Der Rundweg auf dem *Cotswolds Way* von Broadway zum Broadway Tower Country Park und über Snowshill zurück nach Broadway beträgt etwa 8 km.

Zwei Marktstädte

Eine weit verbreitete, doch selten beachtete Besonderheit englischer Kleinstädte, die ihren Ursprung auf das Mittelalter zurückführen, ist die Form ihrer Siedlung. Nicht selten entstanden sie entlang einer Hauptstraße, die zwecks Einrichtung eines Marktes in der Mitte stark verbreitert wurde. An Markttagen standen Buden und Verkaufsstände auf der Hauptstraße. Im Laufe der Zeit wurden die Provisorien durch feste Bauten ersetzt. Die Zahl der Ortschaften dieser Art mit ihren langgestreckten, zigarrenförmigen Marktarealen geht wohl in die Hunderte. Hier sollen zwei von ihnen vorgestellt werden: *Chipping Campden* und *Moreton-in-Marsh*. Beide befinden sich südlich von Stratford nahe bzw. an der A44.

Chipping Campden, etwa 8 km östlich von Broadway, war einst Umschlagplatz eines der wichtigsten Exportgüter des Landes, der Wolle. Drei Jahrmärkte fanden hier jährlich statt. Wenn sich das Städtchen auch niemals vergrößerte, so merkt man ihm den Wohlstand doch heute noch an. Bis heute wird das Straßenbild von Steinbauten bestimmt, die an die Nähe der Cotswolds erinnern.

Bibliothek: Mo/Mi/Fr 10 – 12 Uhr, Mi auch 14 – 17 und Fr 14 – 19 Uhr, Sa 10 – 12 Uhr, ℂ 01368/840692.

Moreton-in-Marsh liegt nur wenig entfernt, verkehrsgünstig an der Bahnlinie nach Oxford und an der Römerstraße »Fosse Way«. Sie zieht sich von Norden nach Süden als Hauptstraße durch den Ort. In der Mitte der Hauptstraße steht die *Markthalle,* die im 19. Jahrhundert im alten Stil neu erbaut wurde. Ihr gegenüber, an der Ausfallstraße nach Osten, sieht man das alte *Wachhaus,* heute wohl das älteste Gebäude hier. An der Straße Richtung Westen befindet sich die *Wellington Aviation Gallery.* Im Zweiten Weltkrieg befand sich hier ein Flugplatz mit Fliegerschule (1941 – 1959). Das kleine Museum erinnert an diese Zeit, ℂ 01608/50323.

Hailes Abbey

Nur ein paar hundert Meter von der Bahnstrecke der *Gloucestershire & Warwickshire Railway* entfernt liegen die Ruinen des Zisterzienserklosters Hailes. Nach der Welle der Klosterauflösungen hat man hier fleißig Steine abgetragen, und so sind nur noch wenige Gebäudeteile vorhanden. Dennoch lohnt sich der Besuch, denn zunächst einmal liegt das Kloster landschaftlich schön, außerdem wird die Geschichte des Hauses in einem kleinen *Museum* anschaulich erläutert.

Ein weiterer Grund ist eine vor dem Eingang des Geländes gelegene, ganz unscheinbare **Kapelle,** die viel älter ist als das Kloster. Hier gibt es mehrere Wandmalereien, meist Jagdszenen, gegenüber den Hl. Christophorus und im Altarraum heraldische Ornamente sowie Darstellungen von Personen zu besichtigen. Ein kleiner Durchgang in der Nordwand deutet an, daß es hier einmal benachbarte Gebäude gab, doch weder von ihnen noch von der angrenzenden burgähnlichen Anlage sind irgendwelche Spuren erhalten geblieben, lediglich diese von außen unscheinbare Kirche mit ihren mittelalterlichen Fußbodenfliesen im Altarraum blieb bestehen.

Später wurde dann auf dem unmittelbar südlich angrenzenden Grundstück die riesige **Klosteranlage** gebaut. Man kann davon ausgehen, daß die Kirche zu einer Pilgerkapelle wurde. Hailes war kein typisches Zisterzienserkloster. Der aus einer klösterlichen Reformbewegung der letzten Jahre des 11. Jahrhunderts hervorgegangene Orden wollte auf eine aufwendige architektonische Ausstattung seiner Gebäude verzichten. Abseits der erschlossenen und besiedelten Gebiete wollten die Ordensgründer vom Ertrag ihrer Arbeit leben. Zunächst in Frankreich, dann auch in England, Deutschland und anderen Regionen breitete sich der Orden mit einer bis dato ungekannten Dynamik aus.

Das war im 12. Jahrhundert. Hailes wurde nach dem Ende der Expansionsphase des Ordens gegründet, und zwar von einem Mitglied der königlichen Familie, *Richard von Cornwall,* dem Bruder König Heinrichs III. von England. Als dieser Graf von Cornwall sich im Oktober 1242 auf der Rückkehr vom Kreuzzug befand, geriet er in Seenot und gelobte für den Fall seiner Rettung eine Klostergründung. Drei Jahre später erhielt er von seinem Bruder das Gut Hailes, und der Bau konnte beginnen. Die Klosterkirche war fast 80 m lang, Kapitelhaus, Dormitorium und Refektorium sowie weitere Wohn- und Küchengebäude umgaben einen Kreuzgang von knapp 40 Metern Seitenlänge. Schon die im Museum ausgestellten reich verzierten Schlußsteine und die rekonstruierten kunstvollen Fußbodenmuster weisen darauf hin, daß man sich nicht mehr an das ursprüngliche Prinzip der schlichten Ausstattung der Bauten hielt. Dazu kommt sicher auch ein Stück Selbstdarstellung des Stifters, denn Richard von Cornwall, der auf die ergiebigen Blei- und Silbergruben seiner Grafschaft zurückgreifen konnte, war einer der reich-

sten Fürsten Europas. So hatte er auch die Mittel, im Jahre 1257 deutsche Kurfürsten davon zu überzeugen, daß seine Wahl zum deutschen König von Vorteil sein könnte. Deshalb findet sich unter den heraldischen Motiven der Fußbodenfliesen von Hailes auch der Reichsadler (im Museum an der Wand neben der Kasse).

Das Haus entwickelte sich zu einem Pilgerzentrum, nachdem Richards Sohn Edmund dem Abt 1270 ein Glasröhrchen mit dem heiligen Blut geschenkt hatte – komplett mit Echtheitsbestätigung des Patriarchen von Jerusalem. Neben den Wollerträgen der Schafherden bildeten die Spenden der Pilger, die das heilige Blut von Hailes sehen wollten, für lange Zeit eine wichtige Einkommensquelle.

Nach der Auflösung des Klosters 1539 wurden die Gebäude rasch abgetragen, lediglich die Westseite des Kreuzgangs blieb bestehen und wurde zu einem Privatwohnsitz umgebaut, der dann im 18. Jahrhundert abgebrochen wurde. So kann außer den Grundmauern und Gebäuderesten nur noch die fachmännisch angelegte unterirdische Wasserversorgung des Klosters besichtigt werden.

Winchcombe und Sudeley Castle

Zisterzienserklöster sollten wie gesagt ursprünglich fernab aller menschlichen Siedlungen angelegt werden. Auch darin bildet Hailes eine Ausnahme, wenn auch die Lage auf den ersten Blick recht einsam erscheint. Doch nur etwa 3 km entfernt, in einem Tal der Cotswolds, liegt die kleine Stadt **Winchcombe**. Im Frühmittelalter war hier ein sächsisches Verwaltungszentrum. Auch hier gab es einst ein großes, bedeutendes Kloster, doch dem rückte *Lord Seymor of Su-*

ist die Stadtkirche *St. Peter,* deren Bau 1468 abgeschlossen wurde. *Wollkirche (wool church)* hat man sie genannt. Bekannt ist sie wegen ihrer vierzig grotesken Wasserspeier. Am Westende des Kirchenschiffes befindet sich heute der aus dem 15. Jahrhundert stammende Lettner. Ausgestellt wird auch das prächtig verzierte Altartuch, das mit der ersten Gemahlin König Heinrichs VIII., Katharina von Aragon, in Verbindung gebracht wird, die sich zeitweilig in der Burg Sudeley aufhielt. Es wurde aus Priestergewändern hergestellt, die in die Jahre 1380 – 1390 zu datieren sind. Beachtenswert sind auch zwei alte Sarkophage am Westende des Schif-

Klein, aber berühmt: die Wasserspeier von Winchcombe

fes, die 1815 bei Erdarbeiten gefunden wurden. Die heutige Kirche knüpfte an viel ältere Traditionen an, Kirchenbauten in Winchcombe lassen sich bis in das 8. Jahrhundert zurückverfolgen. So glaubten die Entdecker (ganz im Geist der Romantik), die Gräber des Königs *Kenulf von Mercia* (796 – 821) sowie das eines zeitgenössischen Heiligen gefunden zu haben. Mittlerweile werden sie allerdings auf das 13. Jahrhundert datiert.

deley nach der Auflösung so intensiv zu Leibe, daß auch nicht ein Stein mehr sichtbar ist – mit einer gewissen Einschränkung. Gewiß wurden die Bauten vollständig abgebrochen, doch man kann davon ausgehen, daß die Steine ein begehrtes Baumaterial waren. So fanden sie wahrscheinlich in der Stadt, deren Steinhäuser im Stil der Cotswolds zum Teil bis in die Zeit dieser Klosterauflösung zurückgehen, wieder Verwendung.

An Geld zum Bauen fehlte es gewiß nicht, das brachte die Woll- und Tuchproduktion. Ein Beispiel dafür

Gegenüber der Kirche liegt das *Jacobean House,* ein 1618 errichtetes Schulgebäude, dahinter befinden sich die 1573 gebauten Armenhäuser, *Chandos Almshouses,* in deren Fassade das Wappen der Stifterin, Lady Dorothy Chandos, eingesetzt ist. In Gloucester Street, etwas oberhalb der Kirche, lockt ein kleines *Eisenbahnmuseum* Besucher an, es ist jedoch ebenso wie das *Polizeimuseum* der Stadt nur in den Sommermonaten geöffnet.

Winchcombe liegt am *Cotswolds Way,* einem gut ausgeschilderten Wanderweg, und ist als Ausgangspunkt für Wanderungen nach Broadway ideal.

Unterkunft & Essen

The White Hart, Hotel und Restaurant, High Street, Winchcombe, GL54 5LJ, ℂ 01242/602359, EZ £25, DZ £45 (£22,50 pro Person).

The Homestead, Winchcombe, Cheltenham, GL 54 5JG, 01242/602536, EZ £25, DZ £38, im Winter ab £22. Ein sehr schönes, sorgfältig gepflegtes Haus, Reservierung empfohlen.

Sudeley Castle

Sudeley Castle gehört zu den bedeutenderen historischen Schlössern Englands. Besonders in der Tudorzeit (1485 – 1603) fiel ihm zeitweilig eine wichtige Rolle zu, doch auch andere Phasen der Geschichte des Landes haben ihre Spuren hinterlassen.

Die Anlage geht auf eine Burg zurück, die *Ralph Boteler,* einer der englischen Truppenführer im Hundertjährigen Krieg, hier in der Mitte des 15. Jahrhunderts auf einem alten Landgut errichtete. Der *Dungeon*

Tower am Ende des Westflügels ist noch ein Überrest aus dieser Zeit. Boteler kam nicht in den Genuß der Früchte seiner Investitionen. Als Anhänger der Lancaster-Dynastie wurde er zur Zeit der Rosenkriege gezwungen, das Schloß an die Krone zu verkaufen. So gehörte König *Richard III.* zu den Besitzern, und nach dessen Tod 1485 gelangte es an die Tudor-Dynastie und schließlich an *Sir Thomas Seymour,* dessen Karriere durch die Heirat seiner Schwester Jane mit König Heinrich VIII. nicht unwesentlich gefördert wurde. Nach dem Tode des Königs heiratete Sir Thomas dessen sechste Ehefrau, Königin *Katherine Parr,* eine Heirat, die er schon früher beabsichtigt hatte, doch sofort aufgegeben hatte, als sich herausstellte, daß sein Nebenbuhler niemand anderes als der König war, der bekanntlich in diesen Dingen keinen Spaß verstand.

Gleich nach dem Einzug des frisch vermählten Paares 1548 wurde Sudeley zu einem Zentrum höfischen Lebens. Die Ankunft ihres etwa 200 Personen umfassenden Hofes führte zur Errichtung neuer Wohnquartiere, darunter war auch das *Katherine-Parr-Zimmer,* in dem eine Reihe kleiner Holbein-Gemälde sowie ein Brief der Königin ausgestellt sind. Katherine Parr wurde nach Sudeley von einem Mädchen begleitet, dessen tragisches Schicksal auch heute unvergessen ist: *Lady Jane Dudley,* besser bekannt als *Lady Jane Grey* (1537 – 1554). Sie war die Tochter einer jüngeren Schwester König Heinrichs VIII., und ihre Zugehörigkeit zur Tudor-Dynastie machte sie zum Gegenstand von Intrigen. Es war beabsichtigt, daß sie ihren Vetter, König Eduard VI., heiraten solle, statt dessen wurde sie gezwungen, in die Familie Dudley einzuheiraten, um einen Wechsel der Dynastie zu ermöglichen. Tatsächlich wurde sie nach dem Tode Eduards VI. gegen ihren Willen als Königin proklamiert, doch ihre Hintermänner konnten sich nicht gegen *Maria Tudor*, Tochter Heinrich VIII. aus erster Ehe, durchsetzen. Lady Jane wurde inhaftiert, des Hochverrats angeklagt und am 12. Februar 1554 in London mit ihrem Gatten zusammen enthauptet. In Sudeley lebte die für ihr bescheidenes Auftreten und ihre sprachliche Begabung geschätzte Jane nur ein Jahr, bis zum Tod von Katherine Parr 1548. Als diese in der Kapelle des Schlosses, wo sich noch heute ihr Grab befindet, beigesetzt wurde, führte die 11jährige Jane die Trauergemeinde an.

Das Wappen der Tudors

Königin Elisabeth I. war mehrmals in Sudeley zu Gast und wohnte prächtigen Festen bei, die in dem von Ralph Boteler gebauten *Bankettsaal* stattfanden. Die traditionelle Bindung der Herren von Sudeley an das Königtum wirkte sich im englischen Bürgerkrieg verhängnisvoll aus. Das Schloß wurde zu einem Zentrum der Royalisten, wechselte mehrfach die Hand, wurde geplündert und schließlich als militärische Anlage unbrauchbar gemacht. Waffen und andere Überreste dieser Zeit werden noch heute ausgestellt. Nachdem die große Festhalle abgerissen und auch die im Park gelegene Zehntscheune zerstört war, verfiel das ausgeplünderte Schloß allmählich. Bereits im 18. Jahrhundert waren die Ruinen ein beliebtes Ausflugsziel von Touristen, doch bewohnbar war die Anlage erst wieder ab 1840, nachdem eine wohlhabende Familie die Überreste gekauft und ausgebaut hatte. Die seitdem hier zusammengetragenen Sammlungen bestehen aus einer Mischung von Sehenswertem und Kuriosem. In der *North Hall* hängt das Gemälde »Die Schleuse« (The Lock) von John Constable (1776 – 1837) sowie ein Porträt König Karls I. von van Dyck. Außer dem Schloß selbst sind die Ruinen der *Tithe Barn* (Zehntscheune), der *Park*, die *Kapelle St. Mary* sowie die daneben befindliche *Gartenanlage* zu besichtigen.

Öffnungszeiten: 1. April – 31. Okt. täglich 11 – 17 Uhr, ✆ 01242/602308.

Im Schloß sind verschiedene Geschäfte, ein Kunsthandwerkerzentrum, eine Gärtnerei sowie ein Restaurant untergebracht.

REGISTER

GESCHICHTE & KULTUR

REISEHINWEISE

AKTIV IN DER NATUR

BIRMINGHAM & COVENTRY

VON STAFFORD NACH CHESTER

PEAK DISTRIKT & DERBY

NOTTINGHAM- & LINCOLNSHIRE

SHROPSHIRE & DER SEVERN

AVON & SHAKESPEARE-LAND

Personen- und Sachregister

Begriffe und Gegenstände, *Namen von Personen.*
Haupteinträge **fett**

A

Adam, Robert 149
Aethelflaeda 274
Alban 20
Alfred der Große 23
Anglikanische Kirche 26
Anna 27
Anson, Admiral George 105
Arden, Mary 286
Arkwright, Richard 145
Aubrey, John 316
Augustinus von Canterbury, Hl. 21

B

bailey 23
Balsall, Thomas 290
Banks, Thomas 151
Bass, William 159, **160**
Bateman, James und Maria 128
Beaker-Leute 17
Beauchamp 219, 274, 282
Beeston, Sir George 111
Bennett, Arnold 41
Bess von Hardwick 135, **140**, 156
Bettes, John 96
Boadicea 20
Bol, Ferdinand 149
Boleyn, Anna 26
Bonaparte, Lucien 243
Boots, Jesse 164
Bosch, Hieronymus 314
Boswell, James 89
Boulton, Matthew 200
Brekemaker, Balduin 181
Breughel 137, 312, 314
Broughton, Sir John 317
Brown, Lancelot ›Capability‹ 31, 98, 135, 211, 244, 278
Brydges, George 245
Butler, Samuel 196, 242

Byron 32, 41, **169**

C

Cadbury, George 79
Camoludunum 20
Canaletto 309
Cantilupe, Thomas 248
Carew, Sir George 211
Catesby, Robert 323
Cave, Sir Thomas 255
Cavendish 135, 137, 140, 260
Cecil, William 186, 255
Chad, Hl. 88
Churchill, Winston 260, 278
Claudius, Kaiser 17
Clive, Robert 193
Clopton, Fam. 288, 289
Clubmen 28
Cockayne, Thomas 143
Commonwealth 27, 211
Condate 119
Constable, John 210
Corieltauvii 175
Cornovii 17, 190, 199
Cotton, John 183
Crewe, Sir Vauncey 161
Cromwell, Oliver 27, 28, 211, 219
Cruck-Konstruktion 24, 120, 265
Cullen, Sir Rushout 311
Curzon, George 149, 150

D

dal Pozzo, Isabella Maria 149
Darby, Abraham 200
Darwin, Charles 195
de Brien, Sir Guy 227
de Calveley, Sir Hugh 111
de Clinton, Roger 208
Despenser 226, 227

Deva 257
Diana, Princess of Wales 260
Dickens, Charles 209
Disraeli, Benjamin 211
Dobson, William 277
Domesday Book **25**, 26, 98
Dryden, John 316
Dubois, Guillam 312
Dudley, Fam. 269, 275, 283
Dudley, Lady Jane 331
Dugdale, Sir William 91, 267
Dunstan, Hl. 23

E

Edgar 23
Edmund 23
Edred 23
Eduard der Bekenner 23
Eduard I. 26
Eduard II. 26, 278
Eduard III. 26
Eduard IV. 26, 246
Eduard V. 26
Eduard VI. 27
Eduard VII. 27
Eduard VIII. 27
Edward, Fürst von Wales, 227
Egerton, Fam. 121
El Greco 314
Elgar, Edward 220
Eliot, George 41, 95
Elisabeth I. 27
Elisabeth II. 27
English Heritage 32, 50
Ethelfleda 274
Eurostar 43
Evans, Mary Ann 95

F

Fawkes, Guy   322
Ferrers, Robert   155
Fitton, Mary   125
Foljambe, Godfrey   134
folly   65, **327**
Foxe, John   183
Foxfield Steam Railway   75

G

Gainsborough, Thomas   245
Geoffrey von Anjou   26
Georg I.   27
Georg II.   27
Georg III.   27, 230
Georg IV.   27, 230
Georg V.   27
Georg VI.   27
Giordano, Luca   149
Gloucesterhire & Warwickshire Railway   75
Godiva   **91**, 112
Gower, Lord   13
Gray, Thomas   265
Great Central Railway   74
Greville   21, 275, 280
Grey, Lady Jane   27, 331
Grimes, Martha   40
Grosseteste, Robert   176
Gwynn, Nell   249

H

Ha-Ha   **256**, 307
Hackert, Jacob Philipp   199
hall   30
Hall, Fam.   289
Hals, Frans   137
Hamon, Robert Fitz   227
Harley, Thomas   245
Hastings, Warren   136
Hastings, William   162
Hathaway, Anne   287
Heinrich I.   26
Heinrich II.   26

Heinrich III.   26, 297
Heinrich IV.   26, 269
Heinrich V.   26
Heinrich VI.   26
Heinrich VII.   26, 188
Heinrich VIII.   26, 95, 208, 242, 254, 319, 331, 332
Heinrich von Grosmont   251
Hill, William   199
Hobbes, Thomas   139, **141**
Hogarth, William   313
Holbech, William   309
Holbein d.J., Hans   210 314
Holland, Henry   244
Hone, Nathaniel   150
Housman, Alfred Edward   41, 241
Hughes, Thomas   255
Hwicce   21

I – J

Iceni   20
Internet   49, 260
Jakob I.   27
Jakob II.   27
James, Herzog von Hamilton   126
James, P.D.   40
Jeffries, George   196
Jephson, Dr. Henry   271
Johann ohne Land   26, 217, 297
Johnson, Samuel   **89**, 153
Jones, Inigo   30

K

Karl I.   27, 28
Karl II.   27, 219
Kauffmann, Angelika   199
Kent, William   31
Kenulf von Mercia   330
Kingmaker, Graf Warwick   227, 246, 274, 275, 277, 282

Knot Garden   30, 278, 288

L

Lacy, Fam.   240
Lamb, William   161
Langland, William   223, 224
Lawrence von Ludlow   239
Lawrence, D.H.   41
Le Shuttle   45
Lely, Sir Peter   210, 277
Leofric   91
Letocetum   18, 90
Leveridge, Richard   57
Lichtenberg, Georg Christoph   130
Lindum   18, 175
Little Nell   209
Llangollen, Ladies von   307
Lodge, David   41
Lombe, John und Thomas   156
Londinium   17, 257
Lucy, Fam.   304

M

Macmillan, Harold   137
Magna Carta   26, 217
Magonsaetan   21
Maria I. die Katholische   27, 332
Maria II. Stuart von Schottland   27, 136, 186
Matlock & Darley Steam Railway   75
Memling, Hans   314
Merewald, König   236
Methodisten   206
Milburga   236
Milton, John   242
Miserikordien   108, 114, **182**, 219, 241
Mohun, Charles   126
Montfort, Simon de   26, 297, 268

Moreton, Fam. 127
Mortimer 282, 314
Motte 23, 177, 196
Mulier, Pieter 149

N
Nash, John 198
National Trust 32, 50
Nene Valley Railway 75
Neville, George 275
Neville, Richard 227,
    246, 274, 275, 277, 282
Newcomen, Th. 13, 200
Newdigate, Sir Richard
    13, 95
Newton, Isaac 184

O – P – Q
Opie, John 312
Oswald 217
Pannini, Giovanni 309
Pargeter, Edith 192
Patricius, Hl. 20
Peeping Tom 91
Penn, William 207
Percy, Thomas 195
Perpendikular 92, 282,
    290
Peters, Ellis 40, 192
Pilcher, Percy 256
Pope, Alexander 31
Pourbus d.J., Frans 121
Poussin, Nicolas 122
Priest hole, Priesterver-
    steck 27, **86**, 209, 323
Pückler-Muskau, Fürst
    78, 230, 272
Quäker 200, 206, **207**

R
Raeburn, Sir Henry 312
Ranulf von Chester 110
Ratae Coritanorum 18,
    186
Regency 230
Rembrandt 137, 314
Rendell, Ruth 41
Repton, Humphrey 198

Reynolds, Sir Joshua 96,
    313, 319
Richard I. Löwenherz 26
Richard II. 26
Richard III 26, 28, 188,
    275, 331
Robin Hood 164
Rolls Royce 156
Rosenkriege 26, 28, 188,
    246
Rover 308
Royal Oak 211
Royal Shakespeare Com-
    pany 294
Royce, Frederick Henry
    156
Rubens, Peter Paul 277

S
Samuel, Walter 311
Sayers, Dorothy L. 40
Schadow, Rudolf 137
Scott, Sir Walter 269
Severn Valley Railway 75
Seymor of Sudeley, Lord
    330
Seymour, Jane 27, 324
Shakespeare **285**, 286
Shallow 304
Sheridan, Richard 104
Sickert, Walter 199
Sidney, Sir Philip 195
Spencer, Fam. 260
Spenser, Edmund 316
St. Loe, Sir William 140
Steen, Jan 312
Stephan von Blois 26
Stratford, John 289
Stuart, Charles 140, 211
Stuart, James 105
Sutcliff, Rosemarie 41,
    175

T
Talbot, George 140
Telford, Thomas 201
Thatcher, Margaret 184
Thornhill, James 222
Throckmorton, Fam. 322

Tintoretto 314
Tischbein, Friedrich 96
Tresham, Francis 323
Trevithick, Richard 201
Tussaud, Madame 277

U – V – W
Union of Democratic
    Mineworkers 15
van der Weyden, Rogier
    314
van Dyck 277
van Dyck, Anthonis 122,
    137, 210
Venables, Sir Richard 195
Vernon, Sir Richard 143,
    195
Verulamium 20
Viktoria 27
Vine, Barbara 41
Viroconium Cornoviorum
    17, 190, 199, 257
von Diest, Adraen 149
Wakeman, John 227
Wall, Dr. John 220
Walter, Richard 105
Walton, Izaak 151
Washington, Law. 316
Watt, James 200
Wedgwood, Josiah 107
Well Dressing 147, 148
Wesley, John 206
Wilbraham, Lady 210
Wildman, Thomas 169
Wilhelm I. der Eroberer
    23, 26
Wilhelm II. Rufus 26
Wilhelm III. von Oranien
    27
Wilhelm IV. 27
Wilkinson, John 201
Wilson, Edward 230
Winefrida, Hl. 191
With-Drawing Room 32
Wright, Joseph 157
Wulfstan 23, 217
Wycliffe, John 26, **99**
Wykeham, William von
    317

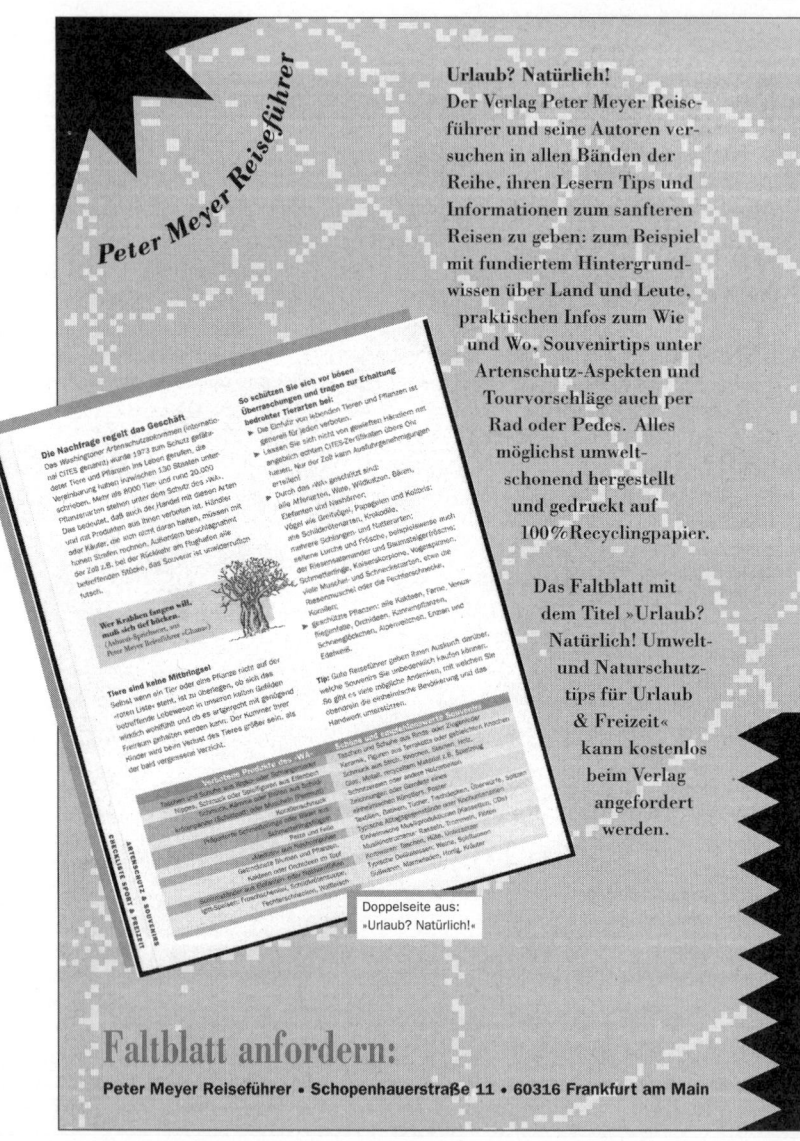

Register der Orte und Sehenswürdigkeiten

Städte, (freistehende) Sehenswürdigkeiten, Bauten
Natur, Natursehenswürdigkeiten, Flüsse, Berge, Kanäle etc.
Haupteinträge **fett**, P = Plan

A

Ab Lench *300*
Abbey Dore Court *251*
Abbots Bromley *154*
Adam's Hill *65*
Alcester *19*, **321**
Alne *67*, **321**
Alstonefield *152*
Althorp *260*
Alton *153*
Alton Towers *16*, **152**
Alveston *304*
Ambion Hill *188*
Anne Hathaway's Cottage *287*
Arbor Low *17*, **142**
Arbury Hall *41*, **95**
Arley Hall *120*
Arrow *246*, **321**
Ashbourne *71*, *151*
Ashby de la Zouch *162*
Ashford-in-the-Water *148*
Ashton-under-Hill *302*
Atch Lench *300*
Attingham Park *198*
Audlem *110*
Ault Hucknall *139*, *148*
Avon **254**, *255*, *263*, *297*
Avoncroft Museum of Buildings *87*

B

Baddesley Clinton *31*, **86**
Bagshawe Cavern *76*
Bakewell **134**, *142*, *148*
Banbury *262*, **315**
Barlow *148*
Baslow **138**, *148*
Beauchamp Chapel *282*
Beaudesert *65*
Beckford *303*
Beeston Castle *110*
Belton House *185*
Belvoir Castle *185*

Benthall Edge *209*
Benthall Hall *208*
Berrington Hall *31*, **244**
Bewdley *75*, **215**, *244*
Biddulph Grange *128*
Bidford-on-Avon *297*, **325**
Bircher *245*
Birdingbury *262*
Birmingham *15*, *64*, **78**, P. *80/81*
Birmingham, Bahnhöfe *86*
Bishop's Castle *239*
Black Country *87*
Black Country Museum *87*
Black Mountains *16*, *244*, *250*
Blue John Cavern *76*
Blue John Mine *76*
Blythe Bridge *75*
Bolsover Castle *140*
Boscobel House **211**, *219*
Boston *182*
Bosworth *188*
Bow Brook *67*
Bow Wood *71*
Brackenfield *148*
Brackley *316*
Bradford *142*
Bradwell *76*
Brailsford *149*
Brandon, B. Castle *263*
Bredenbury *73*
Bredon Hill *17*, *302*
Bretforton *300*
Brewood *212*
Bridgemere Garden World *110*
Bridgnorth *75*, **212**
Brixworth *22*, *29*
Broadheath *222*
Broadway *326*

Broadway Tower Country Park *327*
Bromsgrove *87*
Bromyard *222*
Broseley *200*
Broughton *316*
Broughton Castle *317*
Brownsover *255*
Bubbenhall *264*
Buildwas *200*, **208**
Bunbury *111*
Burg, siehe unter dem Namen
Burghley House *186*
Burslem *107*
Burton *238*
Burton Dasset *308*
Burton Dasset Country Park *308*
Burton-on-Trent *73*, **159**
Buxton *16*, *74*, *130*, **132**, *148*
Buxton Country Park *133*
Byeways *73*

C – CH

Cadbury world *79*
Caldecott Park *255*
Calke Abbey *161*
Calverton *167*
Cannock *87*
Cannock Chase *87*
Canons Ashby House *316*
Capesthorne Hall *123*
Carding Mill Valley *238*
Castle Donington *168*
Castleton *76*
Chad *21*
Charlecote Park *31*, *304*
Chatsworth, Schloß & Park *31*, **135**, P. *137*
Cheltenham *230*
Cheshire *112*, P. *120*

Chester   *23, 24, **112**,* P.
  113
Chester, Amphitheater
  20, 112
Chester, Cathedral   *114,*
  P. *115*
Chesterfield   *139*
Chipping Campden   *328*
Church Lench   *300*
Church Stretton   *238*
Churnet   *153*
Clee Hill   *216, 244*
Clent   *65*
Clent Hill Country Park
  65
Clent Hills   **64**, *87*
Cleobury Mortimer   *216,*
  244
Clifton-upon-Dunsmore
  255
Clun   *239*
Coalbrookdale   *190,* **200**
Compton Verney   *307*
Congleton   *126*
Coningsby   **175**, *181*
Coombe Abbey   *97*
Coquelles   *45*
Cosford   *209*
Cotswolds   *16, 300,* **325**
Cotswolds Way   *327, 331*
Cotton Mill   *145*
Coughton Court   *322*
Coventry   *73,* **91**, P. *92*
Craven Arms   *238*
Credenhill   *74*
Creswell   *148*
Crich   *70*
Croft Castle   *245*
Cromford   *76,* **145**
Cromford Canal   *70, 145*
Cropthorne   *300*

D

Deerhurst   *22, 29,* **229**
Dene   *306*
Derby   *130,* **156**, P. *157*
Derbyshire   *16,* **130**, P.
  131
Derwent   *70, 138*

Donington   *168*
Dorfold Hall   *110*
Dovedale   *151*
*Draycote Water Country
  Park*   *261*
Drayton Manor Park   *90*
Droitwich Spa   *222*
Duckmanton   *148*
Dudley   *87*
Dudmaston Hall   *215*
Duffield   *149*
Dunchurch   *261*

E – F

Eastnor Park   *70*
Edensor   *135*
Edge Hill   *263,* **310**
Elmley Castle   *302*
Elmton   *148*
Elton   *71*
Etwall   *148*
Eurotunnel   *43, 45*
Evesham   *73,* **297,** *325*
Eyam   *138*
Farnborough, F. Hall   *308*
Fenton   *107*
Fladbury   *300*
Folkestone   *45*
Fossdyke   *175*
Fosse Way   *18, 263, 307*
Fotherinhay   *186*
Four Stones   *65*
Foxfield Steam Railway
  75
Freilichtmuseum Blists
  Hill   *205*

G

Gas Street Basin   *78*
Gawsworth Hall   *125*
Gaydon   *308*
Georgian Buxton   *132*
Gib Hill   *142*
Gilmorton   *100*
Gloucester   *23, 225,* **232,**
  P. *233*
Gloucestershire &
  Warwickshire Railway
  75, 328

Goodluck Lead Mine   *76*
Goodrich Castle   *24,* **252,**
  P. *252*
Grafschaften, siehe unter
  dem Namen P. *14*
Grantham   *16, 184*
Great Brington   *260*
Great Budworth   *121*
Great Central Railway
  74
Great Garden of New Pla-
  ce   *288*

Great Malvern   *24, 68,*
  P. *68/69,* **223**
Greet   *75*
Grosmont Castle   *251*
Gulliver's Kingdom   *145*
Gunby Hall   *181*
Guy's Cliff   *274, 284*

H

Haddon Hall   *30,* **143,**
  185
Hailes Abbey   *29,* **328**
Hall's Croft   *289*
Hamnish   *73*
Hanbury Hall   *222*
Hanch Hall   *90*
Hanley   *107*
Hardwick Hall   *30,* **140,**
  156
Hartington   *148*
Hartlebury Castle   *216*
Haseley Knob   *285*
Haughmond Abbey   *197*
Hay-on-Wye   *246, 250*
Heights of Abraham   *144*
Henley Engeneers   *66*
Henley-in-Arden   *65,* **320**
Hensborough Hill   *261*
Hereford & Worcester
  212
Hereford   *23,* **247**
Hereford Cathedral   *247,*
  P. *248*
Herefordshire Beacon
  224
High-Tor-Klippen   *144*

Holy Cross Abbey *191*
Holy Trinity, Stratford
289, P. *290*
Honeybourne *300*
Hook Norton *320*
Horncastle *180*

I – J
Ilam 152
Ippikin's Rock 238
Ironbridge *200*
Ironbridge Gorge Museum
203, P. *204*
Jackfield *200*, *204*
Jodrell Bank Science Park
124

K
Kedleston Hall *31*, *149*
Kenilworth Castle *24*,
266, P. *267*
Kenilworth, Kloster *270*
Kidderminster *75*, *216*
Kilpeck *250*
Kinderbauernhof *123*
Kineton *307*
King's Newnham *263*
Kinton *246*
Kinver Egde 17
Kinwarton Dovecote *322*
Knutsford *121*, *123*

L
Laxton *25*
Lea Wood Pump House
70
Leam 261, *271*
Leamington Hastings
262
Ledbury P. *68/69*, *224*,
225
Leicester *19*, *74*, *95*, *130*,
186
Leicestershire 98, **186**
Leominster *222*, *244*, **246**
Lichfield *21*, **87**
Lincoln *19*, *23*, *24*, **175**,
P. *178*
Lincoln Castle *177*

Lincoln Cathedral *176*,
P. *177*
Lincolnshire 16, P.
172/173, **175**
Little Comberton *302*
Little Malvern *68*
Little Moreton Hall *30*,
126
Littledean *73*
Llanthony Abbey *250*
Long Mynd 15, *238*
Longton *107*
Longville-in-the-Dale
238
Loughborough *74*
Lower Brockhampton
30, *222*
Ludlow *240*
Ludlow Castle *24*, *242*
Lugg *246*
Lutterworth *98*

M
Macclesfield *123*, **124**
Malvern Hills 16, **223**
Mansfield *170*
Market Bosworth *188*
Marston Montgomery
148
Marton *262*
Mary Arden's House *286*
Matlock & Darley Steam
Railway *75*
Matlock *70*, **144**
Matlock Bath *144*
Maud-Foster-Windmühle
184
Melbourne, M. Hall *161*
Meriden *12*
Middle Littleton *300*
Middle Tysoe *29*, **314**
Middleton Dale *138*
Middleton Top *71*, *148*
Midland Motor Museum
214
Monyash *142*, *148*
Moreton Pinkney *316*
Moreton-in-Marsh *328*
Mortimer's Cross *246*

Motstow Hill 266
Mow Cop *128*
Much Wenlock *20*, *22*,
24, *29*, **236**

N
Nantwich *72*, **107**
Naseby *255*
Nash's House *289*
National Indoor Arena *34*
Nene Valley Railway *75*
New Hall *141*
New Place *288*
Newark, N. Castle *171*
Newbold-on-Avon *263*
Newborough *148*
Newport Arch *175*
Newstead Abbey *32*, *41*,
169
Newton *260*
Nimmings Lane Visitor
Centre *64*
Northwich *1198*
Nottingham *15*, *130*, **164**,
P. *165*
Nottinghamshire 16, **164**,
P. *172/173*
Nuneaton *95*

O
Old Hall *123*, *141*
Old Town, Stratford *289*,
290
Old Whittington *148*
Oswestry *17*
Oxford Canal 255
Oxfordshire 315
Oxhill *29*, *314*

P
Packwood House *87*
Peak District 16, **130**,
P. *131*
Peak National Park 151
Peckforton Castle *111*
Pembridge *246*
Pershore *29*, *67*, **301**
Pershore Abbey Church
P. *302*

Peterborough *186*
Pilsley *135*, *148*
Pleasant Hill 308
Poole's Cavern 132, **133**
Potteries 41
Preston Bagot *65, 67*

Q

Queen Mary's Bower
136

R

Ragley Hall *323*
Repton *22*, **161**
Ripley *148*
Rollright Stones *17*, **320**
Ross-on-Wye *252*
Rous Lench *300*
Rowsley *148*
Royal Leamington Spa
271, P. *272*
Royal Shakespeare
Company *294*
Rugby *73*, *95*, **257**
Rugeley *106*
*Ryton Organic Gardens
264*
Ryton Pool 264

S

Salford Priors *325*
Samuel Johnson Birthplace
Museum *89*
Selby *254*
Severn 212, *301*, P. *198*,
P. *237*
Severn Valley Railway
75, *214*
Shakespeare's Birthplace
286
Shakespeare-Land 304
Sheepwash *134*
Sherwood Forest 16, *164*
Shipston-on-Stour *316*
Shobdon *73*, *246*
Shottery *287*
Shrewsbury *23*, *28*, **190**,
P. *192*
Shropshire 15, **190**, P. *198*

Shropshire Canal 201,
205
Shugborough Park *105*
Skegness *182*
Snowshill *327*
Solomon's Temple *133*
South Littleton *300*
Southam *262*
Southwell *171*
Sow 105
St. Albans *20*
St. Ann's Well 68, *132*,
133, *224*
St. Kenelm *65*
St. Mary Magdalene Batt-
lefield *195*
St. Milburga *236*
St.-Mary-le-Wigford *22*
St.-Peter-at-Gowts *22*
Stafford *102*
Stafford Castle *103*
Staffordshire 102, P. *104*
Stamford *186*
Stanford Hall *100*, *254*
Stanford-on-Avon *100*,
254, **257**
Stanley Moor *133*
*Stapeley Water Gardens
110*
Stare Bridge *265*
Stockton Brook *74*
Stoke-on-Trent *12*, *71*,
106
Stokesay Castle *30*, **239**
Stoneleigh *25*, *265*
Stoney Middleston *138*,
148
Stourbridge *211*
Stourport *215*, *216*
Stow-on-the-Wold *320*
Stragglethorp *168*
Stratford-upon-Avon *72*,
285, P. *293*, *304*, *320*,
325
*Stratford-upon-Avon Ca-
nal 65*, P. *66*
Sudbury, S. Hall *154*
Sudeley Castle *331*
Sulgrave Manor *316*

Sutton Cheney *188*
Swan Theater *295*
Swift 98
Swinford **100**, *254*

T

Taddington *148*
Tamworth *90*
Tasley *73*
Tattershall Castle *181*
Tatton Park *121*
Telford *201*
Temple-Mine *145*
Terrace Walk 309
Tewkesbury *24*, *28*, *226*,
301
The Beacon 308
Tixall *106*
Toddington *75*
Tong *209*
Trent 16, *105*, *160*
Trent Washlands 160
Tunstall *107*
Tutbury, T. Castle *155*
Tyddesley Wood 67

U – V

Underhill Farm *68*
Upton House *311*
Upton-on-Severn *72*, *226*
Uttoxeter *153*
Via Gellia 76

W

Wales *119*, *244*, *251*
Wall *90*
Walton Hill 65
Wansford Station *75*
Warmington *310*
Warren *125*
Warwick *28*, *31*, **274**, *279*,
P. *281*
Warwick Castle *274*, P.
276
Warwick Cathedral,
St. Mary *280*
*Warwickshire Centenary
Way 264*
Watling Street 18, *90*, *257*

Weaver *107*
Wedgwood *107*
Wednesbury *21*
Welland *22*
Wellesbourne *307*

Wenlock Edge *15*, *236*,
  238
Weobley *246*
West Midland Safari and
  Leisure Park *216*
Weston *209*
Weston Park *31*, *210*
Whatstandwell, *146*
Whitehall *30*
Wilmcote *286*

Winchcombe *330*
Wirksworth *146*, *148*
Wixford *325*
Wolds *16*
Wollaton Hall *141*
Wolston *263*
Wootton Wawen *22*, *320*

Worcester *23*, *28*, *211*,
  217
Worcester Cathedral *217*,
  P. *218*
Worcester- and Staffordshi-
  re Canal *215*
Worcestershire *217*

Worcestershire Beacon
  68, *70*, *224*
Wrekin *17*, *190*, *199*, **208**
Wroxeter *20*, **199**
Wychavon District *300*
Wyche Cutting *68*
Wye *16*, *134*
Wye-Tal *236*, P. *237*, *247*
Wynds Point *70*
Wyre Forest *216*

Y – Z
Youlgreave *143*, *148*
Zentralengland P. *18/19*
Zisterzienserkloster
  Buildwas *208*

Kartenlegende

❶	(Touristen-)Information		✈	Flughafen
❷ ❸	Reisebüro; Flugbüro		⛴ ⛵	Fähre, Personenboot
✉	Postamt		⚓	Hafen, Ankerplatz
☎	Telefon(-zelle)		⛵	Jachthafen
✪	Polizeistation		🅿 🅿	Tankstelle; Parkplatz
◖	Konsulat, Botschaft		(A22)	Straßennummer
⊖	Zoll, Zahlstelle		🚲	Fahrradladen
⊗	Bank, Wechselstube		🚶	Wanderroute
⊕	Apotheke		⛹	Sportplatz
❶ ✚	Krankenhaus		🎾	Tennisplatz
⊖	Laden		∽ ⊗	Quelle; Brunnen
⊘	Buchhandlung, Bibliothek		⌇	Wasserfall
⊙	Wäscherei		⚓	Strand, Badestelle
⊠	Restaurant		⚐	Surfspot
♨	Bar, Café, Kneipe		⚑	Tauchplatz
🎵	Kulturzentrum, Discothek		⛳	Golfplatz
Ⓚ	Kino		🌲	Picknickplatz
Ⓣ	Theater		1000 ▲	Gipfel mit Höhe in m
Ⓜ	Museum		☀	Aussicht, Rundblick
⌂	Hotel		Ω	Höhle
⌂	Pension		∏	Prähist. Fundstelle
⌂	Bed & Breakfast		⁑ ⁂	Ruine
⌂	Apartments		🏰	Schloß, Burg
Ⱥ	Campingplatz		━✝ ✝	Kirche
🚉	Bahnhof		☥ ✡	Kapelle, Synagoge
🚌	Überlandbus		⊞	Friedhof
🚐	Stadtbus		🧍	Denkmal
🚐🚌	Flughafenbus		🗼 📡	Leuchtturm, Sender
🚐	Taxistandplatz		🏭	Industriegebiet
🚗	Mietwagenfirma		🚻	Toilette

KARTENREGISTER

Groß-Britannien mit Fährverb. *vordere Umschlagklappe*
Mittel-England *vordere Umschlaginnenseite*
Avon & Shakespeare-Land *hintere Umschlaginnenseite*
Mittel-England im Überblick *hintere Umschlagklappe*

Grafschaften *14*
Zentralengland in der Römerzeit *18/19*
Eisenbahnen, Fähren, Flughäfen *54/55*
Wanderung Stratford-upon-Avon-Canal *66*
Wanderung Great Malvern – Ledbury Nord *68*
Wanderung Great Malvern – Ledbury Süd *69*

Orte, Routen & Grundrisse
Birmingham *80/81*
Birmingham-Umgebung *88*
Coventry *92*

Staffordshire *104*
Chester *113*
Chester Cathedral *115*
Cheshire *120*
Peak District & Derbyshire *131*
Chatsworth *137*
Derby *157*
Nottingham *165*
Nottingham- & Lincolnshire *172/173*
Lincoln Cathedral *177*
Lincoln *178*
Shrewsbury *192*
Shropshire & Severn *198*
Ironbridge Gorge Museum Sites *204*
Worcester Cathedral *218*
Gloucester *233*
Wye-Tal & Severn *237*
Hereford Cathedral *248*
Goodrich Castle *252*
Kenilworth Castle *267*
Royal Leamington Spa *272*
Warwick Castle *276*
Warwick *281*
Stratford-upon-Avon, Holy Trinity *290*
Stratford-upon-Avon *293*
Pershore Abbey Church *302*

Was haben Sie in der Karte nicht gefunden? Wer ist umgezogen, was gibt es Neues?
Der Verlag freut sich über Korrekturen und Ergänzungen in seinen speziell für diesen Reiseführer erstellten Karten, Stadtplänen und *Grundrissen. Machen Sie einfach eine Fotokopie, zeichnen Sie dort Ihre Korrekturen ein, und ab geht die Post!*
Verlagsadresse und Weiteres zum Thema Lob & Tadel siehe Vorwort, Seite 9.

GALICIEN	**ANDALUSIEN**	**FUERTEVENTURA**
und der Jakobsweg durch den Norden Spaniens	**Praktischer Kulturreiseführer in den Süden Spaniens**	**Praktischer Reiseführer zu den schönsten Stränden der Kanarischen Inseln**

Monatelang sind die spanienerfahrenen Autoren von verlassenen Klöstern zu Sprachschulen, von Tropfsteinhöhlen zu Unterkünften in alten Monasterien gereist, haben Fischer, Köche und Modemacher interviewt, Öffnungszeiten notiert und Restaurants getestet, um das erste ausführliche Reisebuch über Galicien zu veröffentlichen. Einer gründlichen Landeskunde und Essays zu »Matriarchat«, Schmuggel, Hexen, Natur und Gastronomie schließen sich aktuelle Infos zur Reisepraxis und lebendige Orts- und Routenbeschreibungen an.

400 Seiten, 93 Fotos & Zeichnungen, 25 Karten und Grundrisse, 4 farbige Pläne
Peter Meyer Reiseführer
ISBN 3-922057-48-9
SFr 31,80 • ÖS 239
DM 32,80

Die von Arabien am stärksten geprägte Region Spaniens fasziniert durch die Dichte kultureller Höhepunkte, die den Gegenpol zu einsam schlummernden Bergdörfern und den Nationalarks bilden: Sevilla, die Vielfältige, Granada und die Alhambra, Córdoba mit der Mezquita, Málaga und Cádiz – Städte des Meeres.
Die ausführlichen praktischen Informationen werden von Ausflugstips zu den Weißen Dörfern und den schönsten Badeorten an der Costa del Sol und der Costa de la Luz ergänzt.

384 Seiten, 89 Fotos, Stiche und Zeichnungen, 28 Karten und Grundrisse, 4 farbige Klappenkarten,
Peter Meyer Reiseführer
ISBN 3-922057-45-4
SFr 31,80 • ÖS 239
DM 32,80

Rolf Goetz, der Strand-Fan, bringt Ihnen das Strandparadies so nahe, daß Sie den Sand zwischen den Zehen spüren können. Aber er hat noch mehr zu bieten als Sonne, Sand und Meer: kompetent, unterhaltsam und vielseitig wie immer führt der Kanarenspezialist durch malerische Dörfern und in die besten Restaurants.
Ein erprobter **Wanderführer**, attraktive Radtouren und Ausflüge (u.a. nach **Lanzarote!**) sowie Tips für die besten **Surf-Spots** befriedigen Ihren Tatatendrang.
Hervorragende Karten erleichtern die Orientierung.

320 Seiten, 100 Fotos, Zeichnungen & Stiche, 27 Karten & Pläne, 4 farbige Klappenkarten
Peter Meyer Reiseführer
ISBN 3-922057-76-4
SFr 31,80 • ÖS 239
DM 32,80

PARIS
Praktischer Kulturreiseführer
für Schwärmer und
Kurzentschlossene
In genußvollen Rundgängen
führen der Pariser Pascal
Varejka und der Paris-
Enthusiast Jozef Petro durch
die Seine-Metropole. Auf
verträumten Seitenstraßen
flanieren Sie mit den beiden
über literarische Schau-
plätze des alten, romantischen Paris und geleiten sie
durch den Trubel der
modernen, pulsierenden
Stadt: schließlich sind beide
Autoren Insider der aktu-
ellen Kulturszene. So
können sie Ihnen handfeste
und preiswerte Tips zum
Ausgehen, Essen, Über-
nachten und Fortbewegen in
der »Hauptstadt der Kunst«
vermitteln.

320 Seiten, 99 Abbildungen,
36 Pläne und Grundrisse,
4 Farbkarten, Metroplan
Peter Meyer Reiseführer
ISBN 3-922057-54-3
SFr 29,80 • ÖS 218
DM 29,80

BREMEN
Entdeckerhandbuch für
Stadt und Umland
Touristen, Gäste und Ein-
heimische werden mit diesem
Stadtführer »ihr« Bremen
neu entdecken: Geschichte,
Künstlerleben gestern,
Kulturvielfalt heute, Rund-
gänge von klassisch bis
alternativ, für Neulinge und
für Kinder, quer durch die
Stadt und an der Weser
entlang. Ausflüge per Rad
und Schiff ins Teufelsmoor,
zum Künstlerdorf Worps-
wede und nach Bremer-
haven. Cafés, Kneipen und
Restaurants für alle Lebens-
lagen, Freizeit, Sport,
Adressen, Shopping-Ideen,
Unterkünfte und Verkehrs-
hinweise. *Extra-Infos für
Rollstuhlfahrer.*

320 Seiten, 111 Abbildungen,
20 Pläne und Grundrisse, 4
Farbkarten. Beigelegter farbiger
Stadt- und Verkehrslinienplan.
Peter Meyer Reiseführer
ISBN 3-922057-04-7
SFr 29,80 • ÖS 218
DM 29,80

PRAG und Westböhmen
Praktischer Kulturreiseführer
in die Goldene Stadt
Dieses Buch führt Sie durch
das Gassengewirr links und
rechts der Moldau zu den
Perlen der Gotik und des
Barock, aber auch mitten
hinein in das pralle Kultur-
leben der Musik- und
Theaterszene, zu eleganten
Jugendstil-Cafés und in die
urigen Kneipen der wieder-
erblühenden Hauptstadt
der Bohème.
Und es führt Sie außerdem
in die herrliche Umgebung
und zu den schönsten
Reisezielen in Westböhmen:
Festung Karlstein, Pilsen,
das Chodenland und die
Bäderstädte Karlsbad,
Franzensbad und Marien-
bad.

320 Seiten, 93 Abbildungen,
20 Pläne und Grundrisse,
4 Farbkarten.
Peter Meyer Reiseführer
ISBN 3-922057-53-5
SFr 29,80 • ÖS 218
DM 29,80

SENEGAL/GAMBIA
Praktischer Reiseführer an die Westküste Afrikas

Das rundum praktische Buch gibt einen fundierten Überblick über Land, Leute und Kultur der beiden westafrikanischen Länder. Es geht einfühlsam auf die Besonderheiten der jeweiligen Regionen und Völker ein, führt durch urwüchsige Nationalparks, karge Trockensavannen und zu paradiesischen Atlantikstränden – immer mit konkreten Adressen, Preisen und Tips. Es berichtet vom vorbildlichen senegalesischen Projekt des »integrierten sanften Tourismus« und von der lebendigen Musiktradition Gambias, sowie den Möglichkeiten, beides individuell kennenzulernen.

352 Seiten, 87 Fotos und Stiche, 36 Pläne, 4 farbige Klappenkarten.
Peter Meyer Reiseführer
ISBN 3-922057-09-8
SFr 35,80 • ÖS 269
DM 36,80

GHANA
Praktisches Reisehandbuch für die »Goldküste« Westafrikas

Ein Ghanaer beschreibt mit viel Humor sein Heimatland. Für die Seele: Sonne, Atlantik und Palmenstrände wie aus dem Bilderbuch. Für die Augen: offene Savannen, imposante Bäume des Regenwaldes, Naturparks mit exotischen Tieren und versteckten Wasserfällen. Für den Tatendrang: Bootstouren auf Dschungelflüssen oder dem größten Stausee der Welt.
Und einen besseren Reiseführer zu Ghana werden Sie schwerlich finden: dieser ist der einzige!

408 Seiten, 107 Fotos und Zeichnungen, 21 Karten, 4 farbige Klappenkarten.
Peter Meyer Reiseführer
ISBN 3-922057-10-1
SFr 38,80 • ÖS 291
DM 39,80

*Alle Peter Meyer Reiseführer sind auf 100% Recyclingpapier gedruckt – **für umweltbewußten Urlaub von Anfang an!***

OMAN
Praktischer Reiseführer an die Ostküste Arabiens

Die vom arabischen Kulturkreis begeisterte Autorin berichtet nach jahrelanger Reiseerfahrung über das Land an der »Weihrauchküste«. Sie paart dabei professionelle Kenntnis mit viel Einfühlungsvermögen. Im ersten praktischen Reiseführer zu dem Sultanat am Indischen Ozean, das sich dem »sanften Tourismus« verschrieben hat, bietet sie umfassende Informationen zu Landeskunde, Geschichte, Kultur und Religion, zu Reisevorbereitung, Anreise, allen Unterkünften, zu Essen & Trinken, Verkehrsmitteln, Aktivitäten und viele einmalige Tips für Individual- und Pauschalreisende.

312 Seiten, 114 Abbildungen, 32 Karten und Grundrisse, 4 farbige Klappenkarten.
Peter Meyer Reiseführer
ISBN 3-922057-12-8
SFr 38,80 • ÖS 291
DM 39,80

COSTA RICA
Reisehandbuch für das Naturparadies zwischen Pazifik und Karibik

Ob Sie die Reggae-Klänge der Karibik suchen oder das Rauschen des Pazifiks in Ruhe genießen wollen, ob Sie aktive Vulkane besteigen oder den geheimnisvollen Regenwald erforschen wollen – die beiden Amerika-Spezialisten führen Sie per Bus, Rad oder Boot sicher durch Costa Rica, nennen Ihnen zuverlässig, wie und wo Sie unterkommen, gut speisen, faul oder aktiv sein können und zeigen Ihnen die schönsten Routen und Wandertouren durch die Naturparks dieses »fabelhaften« Landes.

416 Seiten, 76 Fotos, 23 Zeichn., 65 Pläne und Grundrisse, 4 Farbkarten
Peter Meyer Reiseführer
ISBN 3-922057-29-2
SFr 35,80 • ÖS 269
DM 36,80

MEXIKOS NORDEN
Von der Baja California bis Mexiko-Stadt

Diese beiden aufeinander abgestimmten Bände werden den unterschiedlichen Landesteilen erstmals gleichermaßen gerecht. Mit Baja California, Kupfer-Cañon.

416 Seiten, 47 Karten, 103 Fotos und Zeichn., 4 farbige Klappenkarten
Peter Meyer Reiseführer
ISBN 3-922057-60-8

MEXIKOS SÜDEN
Von Yucatán bis Mexiko-Stadt

Cancún und die Karibikküste, Halbinsel Yucatán und die großen Mayastätten, Acapulco und die Pazifikküste. In beiden Bänden ist Mexiko-Stadt enthalten!

400 Seiten, 59 Karten, 100 Fotos und Zeichn., 4 farbige Klappenkarten
Peter Meyer Reiseführer
ISBN 3-922057-61-6
Beide Bände je SFr 35,80
ÖS 269 • **DM 36,80**

VENEZUELA
Das praktische Reisehandbuch für Erlebnisurlaub

Palmenumsäumte Karibikstrände, schneebedeckte Andenberge, wüstenhafte Sanddünen, weite Savannen und ein Dschungel, wie er im Buche steht. Bootstouren auf dem Orinoco, Trekking durchs Hochland und der höchste Wasserfall der Erde – ein Land wie ein Cocktail. Wie Sie das alles entdecken können, sagt Ihnen dieses Reisehandbuch: Was pack' ich ein, wie komm' ich günstig hin, wo komme ich preiswert unter, und wo geht es zu den schönsten Stränden? Dazu eine umfangreiche und einfühlsame Landeskunde, die Sie auf Land und Leute einstimmt. Das Buch für Erlebnishungrige.

400 Seiten, 126 Fotos und Stiche, 53 Karten und Pläne
Peter Meyer Reiseführer
ISBN 3-922057-59-4
SFr 33,80 • ÖS 254
DM 34,80

ARUBA, BONAIRE, CURAÇAO
Natur und Kultur in der
niederländischen Karibik
entdecken

Aus jeder Zeile des flüssig
geschriebenen Buch spricht
profunde Orts- und Sach-
kenntnis ... Tips und reise-
praktische Informationen in
Hülle und Fülle. Durchweg
wurden alle wissenswerten
Angaben en detail von der
Öffnungszeit, der Telefon-
nummer bis zum Preis
recherchiert. Inselkarten,
Stadtpläne und solche mit
Tauchplätzen oder Stränden
vereinfachen die Orientie-
rung.
(Aus einer Besprechung der
Frankfurter Allgemeinen
Zeitung)
Von den gleichen Autoren:
Venezuela und *Costa Rica.*

312 Seiten, 185 Fotos, Stiche
und Zeichnungen, 23 Karten
und Grundrisse, 4 farbige
Klappenkarten,
Peter Meyer Reiseführer
ISBN 3-922057-28-4
SFr 33,80 • ÖS 254
DM 34,80

USA – DER NORDWESTEN
Praktischer Kultur- und
Naturführer zwischen Seattle
und Yellowstone-Nationalpark

Endlich der spezielle Reiseführer für den gesamten
Nordwesten der USA: Die
Bundesstaaten Washington,
Oregon und Idaho mit dem
Technologie- und Kultur-
zentrum Seattle und dem
Touristenmagneten Yellow-
stone. Aber auch Orte,
Rundfahrten und Wande-
rungen (mit vielen Karten)
zu den unbekannteren
Nationalparks beschreibt der
in der »last frontier« aus-
gebildete Journalist Richard
Haimann detailliert, informativ – immer mit einem
Seitenblick fürs Liebens-
werte, Ungewöhnliche und
historisch Interessante.

480 Seiten, 159 Fotos & Zeich-
nungen, 41 Karten und
Grundrisse, 4 farbige Pläne
Peter Meyer Reiseführer
ISBN 3-922057-71-3
SFr 35,80 • ÖS 269
DM 36,80

KORSIKA
Reisehandbuch für Bade- und
Aktivurlaub

Während über zwanzigjäh-
riger Korsika-Erfahrung
erkundete der Autor die
schönsten Flecken der Insel
und präsentiert sie Ihnen
gespickt mit aktuellen Fakten
und neuesten Preisen:
Beurteilung aller Campingplätze, Informationen für
Radler, Taucher, Surfer,
Wanderer ..., Tips zum
Relaxen, Sehenswürdig-
keiten im Detail. – Das
praktische Handbuch für
Reisen mit Auto, Motor-
rad, Wohnmobil, Fahrrad
oder Rucksack. Es zeigt, wie
Sie das »Gebirge im Meer«
behutsam entdecken und
einen preiswerten, aktiven
und individuellen Urlaub
erleben können.

464 Seiten, 145 Fotos, Zeichn.
& Stiche, 36 Pläne & Grundrisse,
4 farbige Klappenkarten
Peter Meyer Reiseführer
ISBN 3-922057-18-7
SFr 35,80 • ÖS 269
DM 36,80